教育部　财政部职业院校教师素质提高计划职教师资培养资源开发项目

Qiche Jiance yu Guzhang Zhenduan Jishu
汽车检测与故障诊断技术

闫光辉　主　编

人民交通出版社股份有限公司
China Communications Press Co.,Ltd.

内 容 提 要

本书为教育部、财政部职业院校教师素质提高计划成果系列丛书。本书以汽车服务类本科专业教学改革为出发点，理论联系实际，以现代汽车整体性能检测及综合故障诊断技术两大部分为核心，本着情境教学、任务驱动的教学理念，重点介绍了汽车检测与故障诊断所需要具备的知识储备和岗位技能。内容旨在培养学生分析和解决实际问题的能力。

本书适合作为本科和高等职业院校汽车服务工程、汽车检测与维修、汽车运用与维修、汽车电子技术等专业教材，也可作为从事本专业工作的技术人员或管理人员参考使用。

图书在版编目(CIP)数据

汽车检测与故障诊断技术 / 闫光辉主编. —北京：人民交通出版社股份有限公司，2017.2

ISBN 978-7-114-13520-0

Ⅰ.①汽… Ⅱ.①闫… Ⅲ.①汽车—故障检测—高等学校—教材②汽车—故障诊断—高等学校—教材 Ⅳ.①U472.9

中国版本图书馆 CIP 数据核字(2016)第 300479 号

书　　名：汽车检测与故障诊断技术
著 作 者：闫光辉
责任编辑：郭　跃　李　良
出版发行：人民交通出版社股份有限公司
地　　址：(100011)北京市朝阳区安定门外外馆斜街 3 号
网　　址：http://www.ccpress.com.cn
销售电话：(010)59757973
总 经 销：人民交通出版社股份有限公司发行部
经　　销：各地新华书店
印　　刷：北京市密东印刷有限公司
开　　本：787 × 1092　1/16
印　　张：16.25
字　　数：373 千
版　　次：2017 年 2 月　第 1 版
印　　次：2017 年 2 月　第 1 次印刷
书　　号：ISBN 978-7-114-13520-0
定　　价：36.00 元

项目专家指导委员会

教育部　财政部职业院校教师素质提高计划成果系列丛书

《汽车服务工程》专业职教师资培养资源开发(VTNE015)项目组

项目牵头单位:天津职业技术师范大学

项目负责人:关志伟

出版说明

《国家中长期教育改革和发展规划纲要(2010—2020年)》颁布实施以来,我国职业教育进入到加快构建现代职业教育体系、全面提高技能型人才培养质量的新阶段。加快发展现代职业教育,实现职业教育改革发展新跨越,对职业学校“双师型”教师队伍建设提出了更高的要求。为此,教育部明确提出,要以推动教师专业化为引领,以加强“双师型”教师队伍建设为重点,以创新制度和机制为动力,以完善培养培训体系为保障,以实施素质提高计划为抓手,统筹规划,突出重点,改革创新,狠抓落实,切实提升职业院校教师队伍整体素质和建设水平,加快建成一支师德高尚、素质优良、技艺精湛、结构合理、专兼结合的高素质专业化的“双师型”教师队伍,为建设具有中国特色、世界水平的现代职业教育体系提供强有力的师资保障。

目前,我国共有60余所高校正在开展职教师资培养,但由于教师培养标准的缺失和培养课程资源的匮乏,制约了“双师型”教师培养质量的提高。为完善教师培养标准和课程体系,教育部、财政部在“职业院校教师素质提高计划”框架内专门设置了职教师资培养资源开发项目,中央财政划拨1.5亿元,系统开发用于本科专业职教师资培养标准、培养方案、核心课程和特色教材等系列资源。其中,包括88个专业项目,12个资格考试制度开发等公共项目。该项目由42家开设职业技术师范专业的高等学校牵头,组织近千家科研院所、职业学校、行业企业共同研发,一大批专家学者、优秀校长、一线教师、企业工程技术人员参与其中。

经过三年的努力,培养资源开发项目取得了丰硕成果。一是开发了中等职业学校88个专业(类)职教师资本科培养资源项目,内容包括专业教师标准、专业教师培养标准、评价方案,以及一系列专业课程大纲、主干课程教材及数字化资源;二是取得了6项公共基础研究成果,内容包括职教师资培养模式、国际职教师资培养、教育理论课程、质量保障体系、教学资源中心建设和学习平台开发等;三是完成了18个专业大类职教师资资格标准及认证考试标准开发。上述成果,共计800多本正式出版物。总体来说,培养资源开发项目实现了高效益:形成了一大批资源,填补了相关标准和资源的空白;凝聚了一支研发队伍,强化了教师培养的“校—企—校”协同;引领了一批高校的教学改革,带动了“双师型”教师的专业化培养。职教师资培养资源开发项目是支撑专业化培养的一项系统化、基础性工程，是加强职教教师培养培训一体化建设的关键环节，也是对职教师资培养培训基地教师专业化培养实践、教师教育研究能力的系统检阅。

自2013年项目立项开题以来，各项目承担单位、项目负责人及全体开发人员做了大量深入细致的工作，结合职教教师培养实践，研发出很多填补空白、体现科学性和前瞻性的成果，有力推进了“双师型”教师专门化培养向更深层次发展。同时，专家指导委员会的各位专家以及项目管理办公室的各位同志，克服了许多困难，按照两部对项目开发工作的总体要求，为实施项目管理、研发、检查等投入了大量时间和心血，也为各个项目提供了专业的咨询和指导，有力地保障了项目实施和成果质量。在此，我们一并表示衷心的感谢。

编写委员会
2016年3月

前言

为顺应《国家中长期教育改革和发展规划纲要(2010—2020年)》对职业教育质量的相关要求,职业教育的发展重点已逐渐从扩张规模向提高质量和效益进行转变,而从职业教育持续发展的角度出发,着力提高我国职业教育质量,加强职业教育教师队伍建设,提高职教师资培养质量,拥有一支高水平、高质量、高素质的教师队伍已成为职业院校今后进一步发展的必经之路。据此在2012年11月,教育部、财政部在"职业院校教师素质提高计划"框架内设置了100个培养资源开发项目,旨在重点开发应用于本科专业职教师资培养的专业教师标准、专业教师培养标准、评价方案、各专业培养方案、课程标准、特色教材和数字化资源。本套特色教材属于汽车服务工程专业职教师资培养资源开发项目。

在汽车工业各项技术快速发展的同时,人们也对汽车的使用与服务提出了更高的要求,包括整车技术性能、整车性能检测、综合故障诊断和汽车故障准确修复。为此,在教育部、财政部职业院校教师素质提高计划项目的支持下,编写了教材《汽车检测与故障诊断技术》。本教材按照"以能力为本位,以职业实践为主线,以项目化和任务化课程为主体"的总体设计要求,彻底打破学科课程的设计思想,紧紧围绕学习项目和学习任务完成的需要来选择和组织课程内容,突出工作任务与知识的联系,让学生在职业实践活动的基础上掌握知识,增强课程内容与职业岗位能力要求的相关性,提高学生的实践能力。学习任务选取依据汽车服务一线技术岗位为载体,使工作任务具体化,针对任务按本专业所特有的逻辑关系编排教材模块。

本教材采用"积木法"的原理进行编写,主要包括两部分。第1部分以汽车整车技术检测与不解体整车技术检测为主线,系统地介绍了整车各项技术性能的检测要求、检测仪器、检测标准和检测过程,同时又介绍了汽车检测线的检测方法。第2部分以汽车综合故障诊断与综合故障检测为主线,首先介绍了汽车故障诊断的基础和注意事项,然后以汽车无法行驶、汽车行驶异常、汽车油耗过大和汽车行驶无力四种综合故障学习项目为例,系统地介绍了汽车综合故障的诊断思路、诊断树、诊断流程和故障诊断实施过程工单。教材整篇分为14个学习项目,不同的学习项目又分为若干学习任务,学习任务是采用理实一体化教学的载体，学习任务中以别克君威、丰田卡罗拉和大众速腾为实例讲解，使师生共同完成故障诊断过程。

本教材由天津职业技术师范大学闫光辉主编，天津职业技术师范大学尤明福、关志伟主审，参加编写的还有天津职业技术师范大学童敏勇、杜海兴、肖金坚、彭涛和侯海晶，深圳职业技术学院高谋荣，天津市东丽区职业教育中心学校李军、李春旭，天津市劳动经济学校谢婉茹。尽管编者在编写时尽力秉承严谨、科学并合理的态度，但书中也难免有疏忽和错误之处，敬请广大读者给予批评指正。本书在编写过程中参考了大量的文献资料，在此向文献的作者表示感谢！

编　者

2016 年 8 月

目录

学习项目一　汽车动力性和经济性的检测 …… 1

学习任务 1　汽车动力性能的道路试验法 …… 2

学习任务 2　动力性能的台架试验方法 …… 5

学习任务 3　汽车燃油经济性的检测方法 …… 18

学习任务 4　新能源汽车的性能要求及试验 …… 24

学习项目二　汽车排放污染物的检测 …… 28

学习项目三　汽车噪声的检测 …… 37

学习项目四　汽车侧滑量的检测 …… 44

学习项目五　汽车车速表的校验 …… 49

学习项目六　汽车制动性能的检测 …… 54

学习项目七　汽车前照灯的检测 …… 62

学习项目八　汽车检测站与检测线 …… 67

学习任务 1　汽车安全技术检测站 …… 68

学习任务 2　汽车环保性能检测站 …… 77

学习任务 3　汽车综合性能检测站 …… 79

学习项目九　汽车检测与故障诊断认知 …… 89

学习项目十　汽车故障诊断的基本方法及注意事项 …… 99

学习项目十一　汽车无法行驶的检测与诊断 …… 117

学习任务 1　起动机运转不正常的故障检测与诊断 …… 118

学习任务 2　起动机运转正常而发动机无起动征兆的故障检测与诊断 …… 128

学习任务 3　起动机运转正常而发动机起动困难的故障检测与诊断 …… 133

学习任务 4　离合器故障而导致汽车无法行驶的故障检测与诊断 …… 144

学习任务 5　手动变速器故障而导致汽车无法行驶的故障检测与诊断 …… 152

学习任务 6　自动变速器无挡而导致汽车无法行驶的故障检测与诊断 …… 156

学习项目十二　汽车行驶无力的检测与诊断 …… 163

学习任务 1　发动机加速不良而导致汽车行驶无力的故障检测与诊断 …… 164

学习任务 2　发动机怠速不良而导致汽车行驶无力的故障检测与诊断 …… 171

学习任务 3　离合器打滑而导致汽车行驶无力的故障检测与诊断 …… 182

学习任务 4　自动变速器打滑而导致汽车行驶无力的故障检测与诊断 …… 186

学习任务 5　制动拖滞而导致汽车行驶无力的故障检测与诊断 …………………… 193
学习项目十三　汽车油耗过大的检测与诊断 ……………………………………………… 200
学习任务 1　发动机油耗过大的故障检测与诊断 ……………………………………… 201
学习任务 2　自动变速器无高速挡引起油耗过大 ……………………………………… 207
学习项目十四　汽车行驶状况异常的故障检测与诊断 ………………………………… 212
学习任务 1　汽车行驶跑偏的故障检测与诊断 ………………………………………… 213
学习任务 2　汽车制动力不足与跑偏的故障检测与诊断 ……………………………… 218
学习任务 3　汽车转向沉重的故障检测与诊断 ………………………………………… 225
学习任务 4　轮胎异常磨损的故障检测与诊断 ………………………………………… 229
学习任务 5　变速器换挡不良引起行驶不良的故障检测与诊断 ……………………… 234
参考文献 ………………………………………………………………………………………… 248

学习项目一　汽车动力性和经济性的检测

1. 项目描述

一辆行驶5年的别克君威轿车在二手车市场上要进行转让，客户想从动力性和经济性两个方面上对该车进行定量评价，需对该车进行动力性和经济性检测。

2. 项目提示

检查汽车动力性和经济性的试验，包括道路试验（路试）和台架试验（台试）两类。其中路试是最基本和最直接的试验方法，但需要一定的道路条件和气候条件，也比较费时费力；台试是路试的模拟方法，操作比较方便，也节省空间，一般汽车检测维修部门多采用台试方法。按GB/T 18276—2000《汽车动力性台架试验方法和评价指标》的规定：整车动力性可用底盘测功机检测汽车驱动轮的输出功率来评价。

1. 知识目标

（1）掌握底盘测功机的构造、测功原理和注意事项。

（2）掌握驱动轮输出功率检测时汽车工况的选择要求。

（3）了解新能源汽车动力性和经济性检测方法。

2. 技能目标

（1）掌握底盘测功机的使用方法。

（2）掌握驱动轮输出功率检测的步骤和方法。

学习资讯

车辆的动力性是指汽车发挥最大功率或最大转矩时所表现的性能，包括汽车在平坦路面上行驶时的最高车速、汽车的加速性能（从某一低速到某一高速的加速时间）、汽车最大爬坡能力（以最低挡能够爬上的最大坡度）以及汽车的滑行性能（在平坦路面上停止动力后靠惯性滑行的距离）等。显然动力性是汽车最基本的、也是最重要的性能之一。

车辆的经济性是指汽车行驶时燃料消耗的状况。燃油经济性不但与发动机技术状况有关，而且与汽车的传动系和行驶系等技术状况都有关系。

学习任务1 汽车动力性能的道路试验法

一、路试的试验条件

汽车动力性路试的试验条件包括被测车辆的准备、道路条件、气象条件以及仪器设备要求等方面。

1. 被测车辆的准备

试验要求汽车的发动机、传动、行驶、转向等系统完好无损，各轮胎气压正常，装载质量为厂定最大装载质量，客车乘员质量或替代重物也应符合规定要求。试验前，汽车应进行预热行驶，使发动机达到正常行驶温度。

2. 道路条件

进行最高车速试验的道路应是平坦、干燥、清洁、具有良好附着系数的路面，路长2～3km，宽度不小于8m，加速区和测量区的纵向坡度在0.5%以内，单方向实验中直线道路纵向坡度在0.1%以内，横向坡度在3%以内。进行最大爬坡度试验时，要求坡道长度不小于25m，坡度均匀，坡前应有8～10m的平直路段。

3. 气象条件

试验应在气温0～40℃、相对湿度小于95%、风速不大于3m/s、没有雨雾的天气下进行。

4. 仪器设备要求

路试要求测量汽车行驶的速度、加速度、行驶里程、时间等，使用的仪器主要是"第五轮仪"或非接触式车速仪等。

第五轮仪如图1-1所示。机械部分主要就是一个车轮，使用时拖在车后，故称为"第五轮"。附加的机械装置可使第五轮对地面有一定压力以保持与地面的良好接触。电子仪表部分包括传感器、微控制器（单片机）以及显示仪表等，传感器多用磁电式或光电式，相应的信号盘则使用多齿或多孔的圆盘。当信号盘随车轮一起转动时，传感器每经过一个齿或孔都会感应出电信号。磁电式传感器产生的信号是非正弦周期信号，需经过整形电路处理后形成一系列脉冲，如图1-2所示。对于光电式传感器，它可以直接产生脉冲信号，就不需要进行整形处理。由于信号盘圆周上的齿或孔数是固定的，车轮每转一周产生的脉冲数就是一定的。这样微控制器就可以根据单位时间接收到的脉冲数计算出车轮的转速，再根据转速可折算出汽车行驶速度（km/h），并根据行驶时间（s）计算出行驶距离（m或km）。

第五轮仪有时因路面状况不良而打滑，或因轮胎气压等原因而影响测试精度，而且不适合180km/h以上的高速测试。因而近年来多采用非接触式车速仪代替第五轮仪。非接触式车速仪采用光电原理和滤波技术，投光器向地面发射光束，受光器根据地面的反射信号经过滤波处理后得到的光电信号频率来计算车速。其原理比较复杂，这里不再详述。

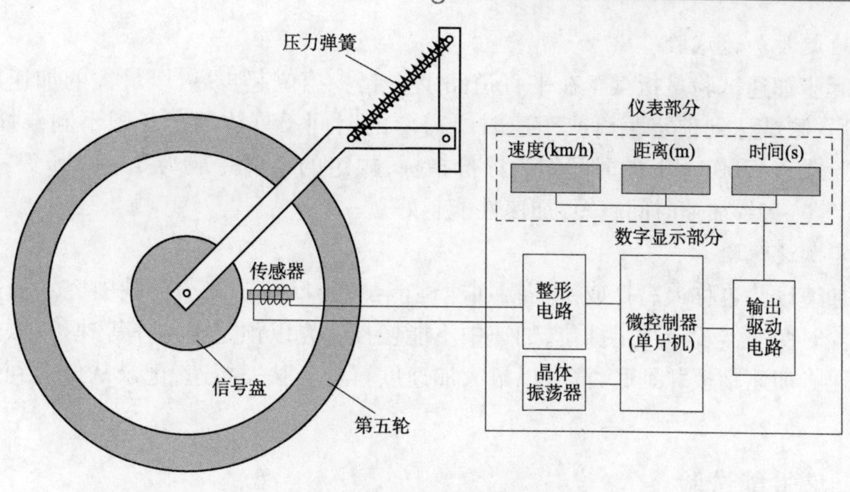

图 1-1 第五轮仪组成原理示意图

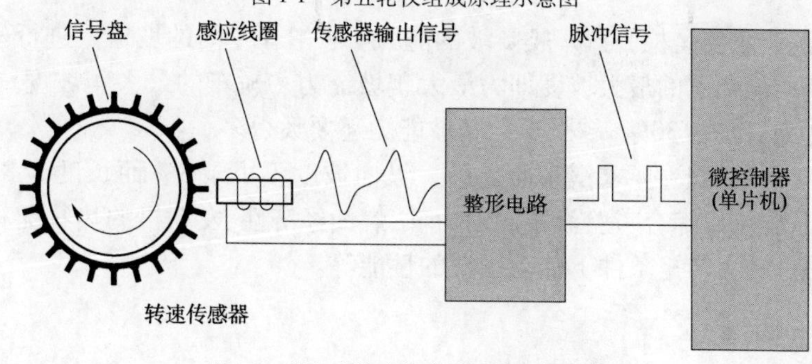

图 1-2 磁电式转速传感器及输出信号处理

二、最高车速试验

GB/T 12544—2012《汽车最高车速试验方法》规定：最高车速试验应在直线道路或环形道路上进行，试验路面应坚硬、平整、干净、干燥并具有良好的附着系数。试验前应先检查车辆的转向、制动等效能以保证安全。试验时应关闭汽车门窗。直线道路测量区的长度应至少 200m，环形道路测量区的长度应至少 2000m，测试区应保留足够的加速路段，使汽车在进入测量路段前能够达到最高稳定车速。试验汽车在加速区间以最佳加速状态行驶，节气门全开，换入最高车速对应挡位，使汽车以最高的稳定车速通过测量路段。试验往返各进行一次，按式(1-1)计算试验结果：

$$v = \frac{L \times 3.6}{t} \tag{1-1}$$

式中：v——汽车最高车速，km/h；

L——测量道路长度，m；

t——测试时间，s。

三、加速性能试验

汽车的加速性与动力性有直接的关系。加速性试验分为原地起步加速试验和超车加速试验两种。

1. 原地起步加速试验

原地起步加速试验是指汽车在平直道路上用起步挡位起步后，以最大的加速度逐步换到最高挡后，测试达到预定距离或车速时所需要的时间。具体规定各国不同，对轿车常用0～80km/h或0～100km/h的时间作为评价指标，规定的距离一般为0～400m、0～800m或0～1000m等。起步加速时间越短，加速性能越好。

2. 超车加速试验

超车加速试验也称最高挡或次高挡加速性能试验，反映了汽车行驶中突然加速的快慢程度。试验时变速器置于预定挡位，加速中不能换挡。先以预定车速作等速行驶，进入测试路段后迅速将加速踏板踩到底，汽车以最大加速度行驶至某一高速，记录从低速到高速所需要的时间。

四、爬坡性能试验

爬坡性能试验主要是检验汽车爬陡坡的能力。一般在专门的坡道上进行。汽车以最低挡开始爬坡，其所能爬上的最大坡度即为最大爬坡能力。轿车的最大爬坡度一般在20%以上，货车爬坡度为20%～30%，越野车的爬坡能力还要大得多。

另有一种爬长坡试验，要求汽车通过最大纵向坡度不小于8%而长度为8～10km的连续长坡。这种试验可以综合考验汽车的动力性、燃油经济性、发动机的热状况和冷却系统的冷却能力以及低速、大转矩条件下传动系统的性能等。

五、滑行试验

滑行是指汽车加速到某预定车速后，脱开发动机动力，利用汽车自身动能继续行驶直到停车的过程。滑行试验的目的是测试汽车车轮的滚动阻力、车身空气阻力以及传动系统的各种阻力。简单的滑行距离试验常被用作汽车装配质量的检验手段。

滑行试验在平直路面上进行，初速度一般选择50km/h。在进入滑行之前，先让车速略高于50km/h，然后将变速器置于空挡，开始滑行，当车速达到50km/h时开始测量，记录整个滑行过程的时间和滑行距离。

六、任务实施过程工单

学习任务	采用道路实验法，对一辆行驶5年的别克君威轿车进行动力性检测		
1. 信息	汽车动力性路试的试验条件有哪些?		
	汽车动力性路试的试验的项目有哪些?		
2. 计划	知识准备、车辆准备、仪器设备准备，检测项目及其计划		
3. 决策	检测汽车动力性过程拟订		
4. 实施	检测内容	检测方法	检测结果
	汽车最高车速试验		
	汽车加速性能试验		
	汽车爬坡性能试验		
	汽车滑行性能试验		

续上表

<table>
<tr><td>5. 检查</td><td colspan="6">汽车动力性的评定结果：</td></tr>
<tr><td rowspan="11">6. 评估</td><td colspan="2">评 估 项 目</td><td>自我评估</td><td>组长评估</td><td>教师评估</td><td>备　注</td></tr>
<tr><td rowspan="2">素质考评 10 分</td><td>劳动纪律 5 分</td><td></td><td></td><td></td><td></td></tr>
<tr><td>环保意识 5 分</td><td></td><td></td><td></td><td></td></tr>
<tr><td colspan="2">工单完成情况 20 分</td><td></td><td></td><td></td><td></td></tr>
<tr><td rowspan="4">实操考评 40 分</td><td>工具使用 5 分</td><td></td><td></td><td></td><td></td></tr>
<tr><td>任务方案 10 分</td><td></td><td></td><td></td><td></td></tr>
<tr><td>实施过程 20 分</td><td></td><td></td><td></td><td></td></tr>
<tr><td>完成情况 5 分</td><td></td><td></td><td></td><td></td></tr>
<tr><td colspan="2">合计 70 分</td><td></td><td></td><td></td><td></td></tr>
<tr><td colspan="2">综合评价 100 分</td><td></td><td></td><td></td><td></td></tr>
</table>

学习任务2　动力性能的台架试验方法

动力性台架试验一般也称为底盘测功试验，使用的主要设备是底盘测功机。底盘测功机是非常有用的设备，它可以很容易地给汽车驱动轮施加负载，所以在底盘测功机上能够进行很多模拟路面的试验。在介绍动力性台架试验之前，先介绍一下底盘测功机。

一、底盘测功机的基本功能和结构

1. 底盘测功机的基本功能

底盘测功机（Chassis Dynamometer）是一种滚筒式的试验台，也叫转鼓试验台。在底盘测功机上进行试验采用的是模拟方法，用滚筒代替路面，用机械加载方法模拟道路和迎风阻力，用飞轮来模拟汽车的惯性。与道路试验相比，这种台架试验方法具有试验时间短、操作简便灵活和不受外界道路和气候条件影响等优点，在汽车检测和维修部门得到广泛应用。

在底盘测功机上可进行的试验项目很多，并不限于动力性能试验，主要包括：

（1）驱动轮的输出功率和驱动力试验。

（2）加速性能试验。

（3）滑行性能试验。

（4）车速、里程表校验。

（5）燃油消耗试验（在后面章节专门介绍）。

（6）各种模拟工况下排气污染物检测，包括汽油车的加速模拟工况、瞬态工况和简易瞬态工况试验，以及柴油车的加载减速工况试验等。

2. 底盘测功机的基本结构

底盘测功机主要由滚筒及机械部件、功率吸收装置（即测功装置）、测量控制系统和附属设备等组成。

底盘测功机根据滚筒部分的结构形式可以分成两种，见图 1-3。

图 1-3a）是一种大直径、单滚筒的底盘测功机，其滚筒直径多为 1500 ~ 2500mm。滚筒直

径越大,模拟路面的效果就越好。但直径过大则设备太笨重,占地面积大,安装也不方便。这种大滚筒的试验台主要在汽车制造厂或科研部门使用,不适用于汽车维修和检测部门。

图1-3b)、c)是双滚筒结构的试验台。滚筒直径比大滚筒要小得多,一般为185~400mm。滚筒不能做得太小,否则,将会增大滑转率、滚动阻力和滚动损失功率,还会提高轮胎的温度,特别是高速转动时这些不利影响更加显著。因此,在试验车速达到160km/h时,滚筒直径不应小于300mm,当试验车速达到200km/h时,滚筒直径不应小于350mm。这种双滚筒式试验台安装和使用都很方便,广泛应用于汽车检测维修部门。

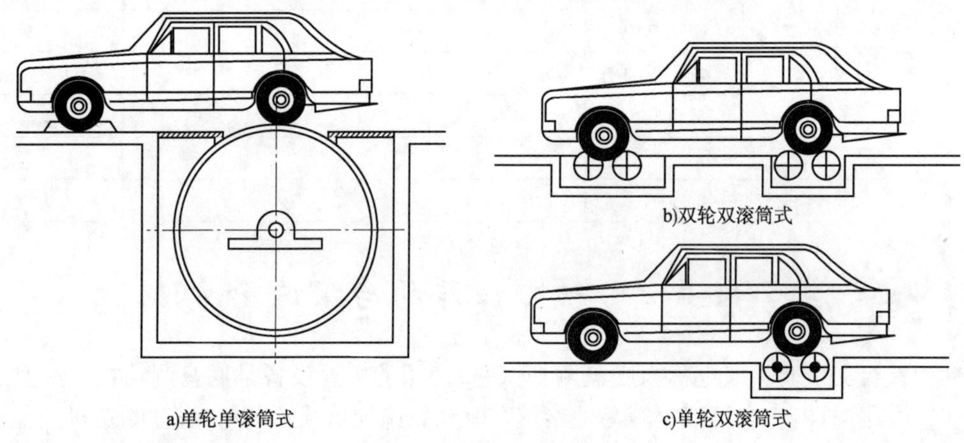

图1-3 滚筒装置的类型

对滚筒表面的处理,目前主要有两种方法。一种是表面光滑的滚筒,因加工简单,故应用较多,但表面摩擦系数较低;另一种是表面带有涂复层的滚筒,其表面带有摩擦系数与路面接近的涂覆材料,使用效果较好,不过成本较高,对轮胎的磨损也比较大。

一种国产双滚筒式底盘测功机的机械部分的结构见图1-4。其中,滚筒又分为主、副滚筒,左右两个主滚筒通过联轴器彼此连接并与测功器相连接,而左右两个副滚筒处于自由状态。

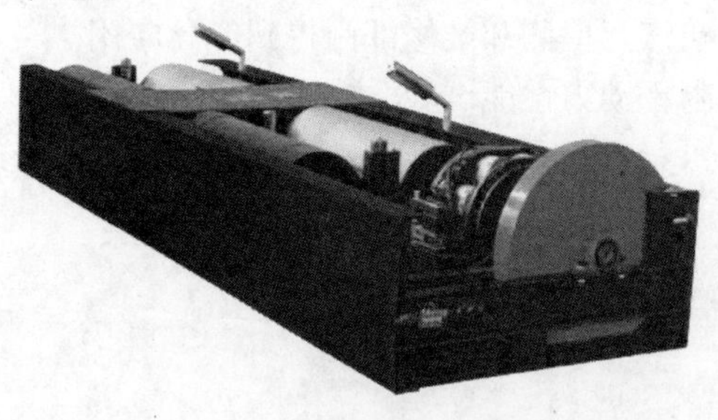

图1-4 国产双滚筒式底盘测功机

滚筒和其他机械部件都安装在机械框架之内,并整体放置在事先挖好的地坑内固定好。

为了能够在试验台上检测汽车的加速性能和滑行性能,需要模拟汽车行驶时的惯性。为此可以在测功机上安装一套飞轮组,按照不同汽车的质量配以相应质量的飞轮。飞轮与滚筒的接合与断开由电磁离合器控制。

在前后两个滚筒之间装有举升器。举升器是一套可升降的装置,在测试前和测试后,举升器支承板处于升高位置,以便顶起车轮,帮助汽车平稳驶入和驶出试验台。在测试中则是处于下降位置,使车轮落到两滚筒之间。举升器可有气压、液压和电动三种动力形式,一般气压举升器应用最多。

3. 功率吸收装置

功率吸收装置或测功器是给汽车驱动轮加载的装置。在做台架试验时,为了模拟汽车在路面行驶时的各种阻力,就必须人为地给汽车驱动轮施加大小可调节的负载。测功器是底盘测功机特有的关键部件。根据负载种类的不同,测功器可分为水力测功器、电力测功器和电涡流测功器三种。其中,水力测功器是以水的阻力作为负载的;电力测功器是以发电机作负载,也就是将汽车的驱动功率转变为发电机的电功率;电涡流测功器则是以转子旋转时产生的涡流阻力矩为负载的装置。以上三者当中,水力测功器目前应用不多;电力测功器的功能最强,但成本较高,更适合于科研部门和高等院校作科研使用;电涡流测功器因具有体积小、运转平稳和测量精度较高等特点,因而在汽车检测维修部门的底盘测功机中应用最为广泛。

这里主要介绍一下电涡流测功器,其测功器及测力装置的总体结构如图 1-5 所示,主要有定子和转子两大部分。其中定子是以一个钢的框架作机壳,在圆周方向上安装有若干个带铁芯的励磁线圈,一般是 4 ~ 8 个。转子是两个钢制的、很厚实的圆盘,固定在转轴上,位于定子线圈两侧,可随转轴一起转动,而测功器的转轴是与测功机滚筒连接在一起的。转子圆盘和定子铁芯线圈之间都只有很小的间隙。

图 1-5　电涡流测功器及测力装置总体机构

电涡流测功器的工作原理如图 1-6 所示。当在线圈中通入直流电时,就会产生磁场。相邻两个线圈磁场极性相反,磁力线将经过相邻两个线圈的铁芯和转子盘形成闭合回路,如图 1-6 中虚线所示。当转子转动时,转子盘将切割磁力线而感应很强的涡流。涡流与励磁线圈的磁场间的相互作用,将使转子的转动受到一定的阻力。汽车驱动轮要通过带动涡流测功器的转子转动,就必然要克服这种涡流阻力而消耗能量。调节励磁线圈的电流,就能改变磁场和涡流的强度,就可以轻而易举地、精确地调整驱动轮的负载。

实际的电涡流测功器可以有多种结构形式,但基本原理都是一样的。

电涡流测功器运行时要吸收几十到上百千瓦的功率,涡流部件很容易发热。需采用水冷或空气冷却的方法将热量带走。根据冷却方式,电涡流测功器又可分为水冷和风冷(即空气冷却)两种类型。图 1-5 为风冷型测功器,转子盘上带有风扇叶片,转动时起到通风冷却作用。

4. 测量装置

底盘测功机为了测量驱动功率和转矩,就必须分别测量驱动力和转速。所以测量控制系统应包括测力装置和测速装置等部分。

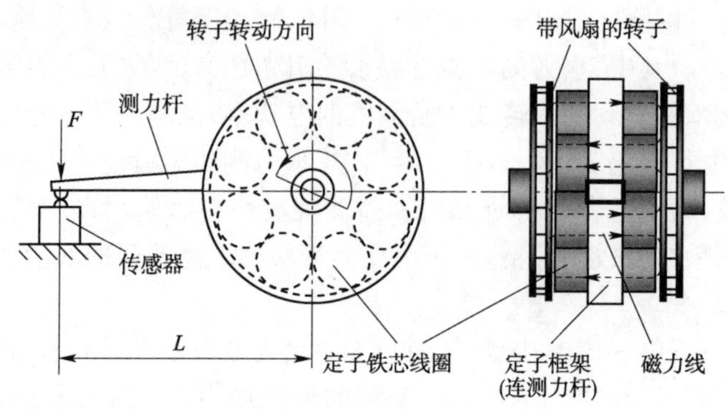

图 1-6　电涡流测功器结构原理

(1)测力装置。

上述转子所受涡流力矩是可以测量的。根据作用力和反作用力的原理,当转子转动受到电涡流的阻力矩时,定子也会受到大小相等、方向相反的力矩。所以我们只要测得定子所受的反力矩,就可以知道转子的涡流力矩。电涡流测功器的定子不是固定安装的,而是与转子一起安装在同一轴的轴承上。也就是说,如果定子不被限制,它也可以与转子一样自由转动。但是在定子外表面的框架(机壳)上固定了一个测力杆,并将测力杆压在一个压力传感器上面(见图 1-7)。这样,当定子受到反作用力矩时,会通过测力杆对传感器施加一个压力。测力杆的长度是一定的,从而可以通过传感器受的力,即可算出电涡流测功器的阻力矩 $M=F\cdot L$(见图 1-6),该力矩通过滚筒作用于汽车驱动轮,与驱动轮的驱动力矩平衡,从而可进一步计算出汽车在各种不同工况下驱动轮的驱动力或转矩。

图 1-7　压力传感器

(2)测速装置。

底盘测功机在测试功率、加速性能以及油耗等项目时,都需要测试车速。测量车速要使用速度传感器。速度传感器有很多种类,常用的有霍尔元件式、光电式、磁电式以及使用测速发电机等,其工作原理详见项目五“车速表校验”部分。无论哪种方法,都是先测试滚筒的转速(r/min),再换算成汽车行驶的车速(km/h)。

5. 计算机测量控制系统

底盘测功机采用计算机测量控制系统,与相关的电气控制设备都集中在一个控制柜内。

计算机是测量控制系统的核心,它承担底盘测功机的操作控制、数据采集、数据处理计算以及显示打印等任务。控制系统框图见图 1-8。

操作控制包括根据输入的测试项目进行全部操作过程的控制、通过调节电涡流测功器励磁电流对驱动轮的加载控制、选挂飞轮的电磁离合器控制以及举升器升降控制等。其中,最主要的功能是对电涡流测功器的加载控制。计算机内有一套自动调节系统,可以根据试验内容的需要,精确调节测功器励磁电流,从而实现恒定转速或恒定转矩的控制。

计算机的数据采集部分要对上述测力和测速传感器输出的各种信号分别进行收集和处理。凡属模拟量信号的(如压力传感器和测速发电机的信号),都需经过放大和 A/D 转换,再送入计算机进行数据处理；凡属数字信号的（如光电式或霍尔元件式转速传感器输出的脉冲信号），则需经过光电隔离等环节后送入计算机处理；对于非正弦周期信号（如前述磁电式传感器信号）还要进行整形处理。然后根据输入的数据进行转速、车速、距离（里程）、驱动力和驱动功率等参数的计算。

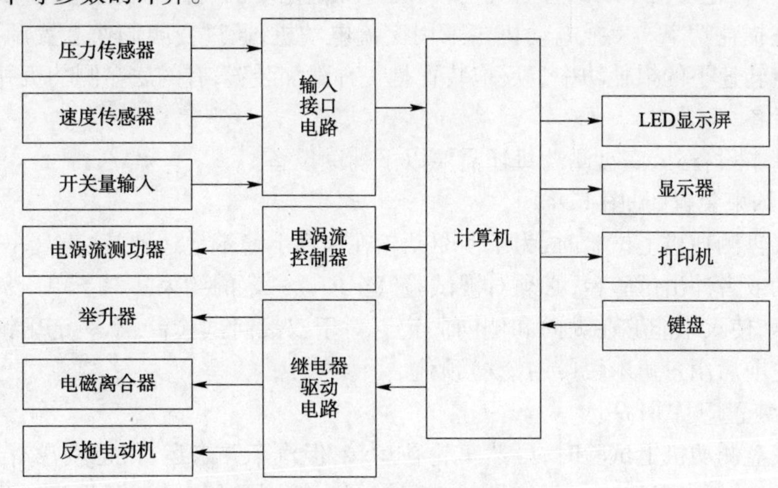

图1-8　底盘测功机控制系统框图

（1）计算汽车车速。

滚筒转速与汽车车速间有如下关系：

$$v = \pi Dn/60(\mathrm{m/s}) = 0.188Dn(\mathrm{km/h}) \tag{1-2}$$

式中：v——车速，km/h；

D——滚筒直径，m；

n——滚筒转速，r/min。

（2）计算驱动轮的驱动力。

若电涡流测功器的压力传感器测量的压力为 F，则测功器阻力矩 $M = F \cdot L$。由此可推算出驱动轮对滚筒的驱动力：

$$F_k = M/r = F \cdot L/r \tag{1-3}$$

式中：F_k——驱动轮的驱动力，N；

M——电涡流测功器的阻力矩，N·m；

L——测力杆长度，m；

r——滚筒半径，m。

（3）计算驱动轮驱动功率。

根据驱动力和车速，可按下式计算驱动轮输出的驱动功率：

$$P_k = F_k \cdot v/3600 \tag{1-4}$$

式中：P_k——驱动轮驱动功率，kW；

F_k——驱动轮的驱动力，N；

v——车速，km/h。

6. 反拖装置

底盘测功机本身并不具备驱动能力，各种试验都以汽车的驱动轮作为动力来源。在进

行最大驱动力和驱动功率试验时,由于存在汽车传动系统功率损耗、车轮与滚筒间的滚动功率损耗以及底盘测功机本身的机械功率损耗,结果驱动轮最后输出的、用于平衡电涡流测功器的功率,只是发动机驱动功率的一部分。为了比较准确地测量这些功率损耗,可以采用反拖的方法,用一台电动机带动试验系统空转,通过测量电动机消耗的功率或电动机轴输出转矩来计算上述损耗功率。反拖电动机多采用交流电动机,通过变频调速装置调节电动机转速以测量指定转速下的损耗功率。反拖装置是一种附加装置,有的底盘测功机并不配备。

7. 辅助设备

除上述基本设备外,底盘测功机还需要以下辅助设备。

(1)纵向约束装置[见图1-9a)]。

汽车在底盘测功机上试验时,为了使驱动轮在滚筒上稳定地运转,防止汽车可能出现的前后左右移动或者冲出试验台,必须对被试验汽车加以一定的约束。对于单滚筒试验台,必须用钢索拉紧,使汽车能够在纵向和侧向固定。对于双滚筒试验台,不一定用钢索,但至少需要在从动轮前后用三角木块(或挡铁)顶住。

(2)风冷装置[见图1-9b)]。

汽车在底盘测功机上试验时,虽然车轮在运转,但汽车并未运行,也就没有迎面风以冷却发动机,靠发动机自身的冷却系统散热就不够了。特别是长时间、大负荷试验时,发动机很容易发热。所以,试验时应在车前放置移动式冷却风机,对发动机强制冷却。连轮胎也存在同样的问题。轮胎周围空气不流通,轮胎长时间在滚筒上转动也容易受热甚至变形。因此,在驱动轮附近也应使用冷却风机进行冷却。

a)用三角形挡铁顶住非驱动车轮

b)发动机前放置冷却风机

图1-9　纵向约束装置与风冷装置

二、利用底盘测功机对驱动轮输出功率进行检测

1. 试验工况条件

发动机功率与转矩随转速变化的特性曲线即发动机的转速特性,其与节气门开度有关。节气门全开时的转速特性称为发动机的外特性,表示发动机所能达到的最高性能,见图1-10;节气门部分开启时的转速特性称为部分特性。图1-10中有两组曲线,细线为转矩 M

的特性，粗线为功率 P 的特性，每组曲线对应于节气门的不同开度，其中最高的功率和转矩曲线对应于节气门全开，即发动机的外特性。曲线的最高点 A 与 B 分别对应于发动机的额定转矩 M_e 和额定功率 P_e，表示发动机最大动力性能。对应的转速 n_M 和 n_P 分别为额定转矩转速与额定功率转速。

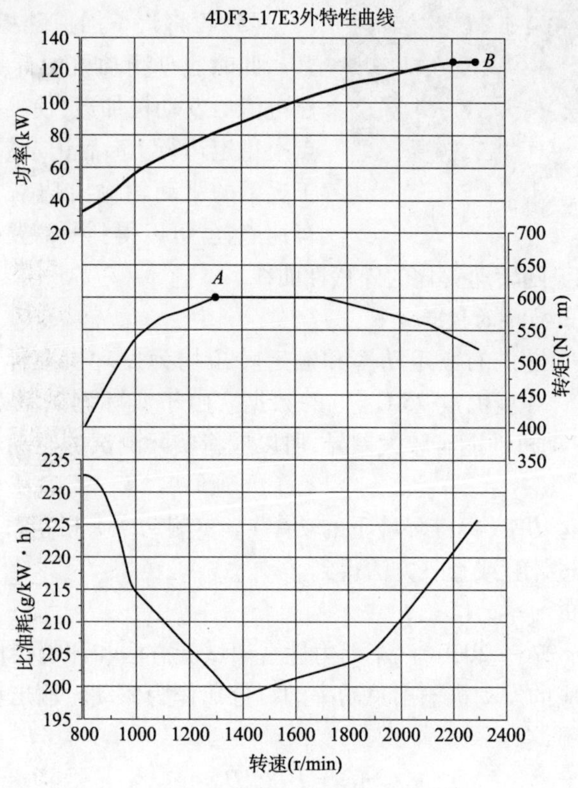

图 1-10　发动机外特性曲线

在同样的发动机运行工况下，若变速器的挡位不同，驱动轮将会输出不同的特性。因此，进行动力性试验还应配合适当的变速器挡位。由于低挡位时，特性曲线对应车速范围很窄而高挡位时对应车速范围较宽，所以理想情况应选择直接挡进行动力性试验。

按国标 GB/T 18276—2000《汽车动力性台架试验方法和评价指标》的规定，以汽车发动机在额定转矩（最大转矩）和额定功率（最大功率）时的驱动轮输出功率作为汽车动力性的评价指标。测量时要求采用“额定转矩工况”和“额定功率工况”，也就是在发动机全负荷情况下，驱动轮达到与额定转矩转速 n_M 对应的直接挡车速以及与额定功率转速 n_P 对应的直接挡车速时的工况。对于乘用车，由于发动机额定功率转速很高，为了试验安全和减少车辆损坏，一般只按额定转矩工况进行试验。

2. 试验条件与方法

（1）试验应在规定的温度、湿度和大气压力条件下进行。

（2）设定测试车速：按国标 GB/T 18276—2000 规定设置额定转矩工况对应车速 v_M 以及额定功率工况对应车速 v_P。一般在测量前，先在底盘测功机的计算机上设定好覆盖 v_M 和 v_P 的若干车速点，这样可以同时测试驱动轮输出功率和驱动力的特性曲线。

图1-11　汽车在底盘测功机上进行试验

(3)将被测试汽车驶上底盘测功机并将驱动轮置于测功机滚筒上,见图1-11。

(4)起动汽车,逐步加速并换入直接挡,以直接挡的最低车速稳定运转。

(5)再将汽车加速踏板踩到底,使节气门全开。此时底盘测功机的计算机能够自动调节励磁电流给发动机加载,使发动机在预定的各车速点上稳定运行15s后记录数据,并计算出v_M和v_P工况下的驱动轮输出功率。若是连续测量若干车速点,就可以得到所需要的驱动轮输出功率和驱动力(可折算成转矩)随转速变化的外特性曲线。

3. 关于驱动轮输出功率的校正

汽车使用手册中所提供的额定功率和额定转矩均为发动机在标准环境下(大气压为100kPa,相对湿度30%,环境温度25℃等)的数据。由于实际测试状态与标准环境差别很大,不同环境条件下发动机性能有较大差异,所以应将实际测试的驱动轮输出功率校正为标准环境下的功率:

校正功率(标准环境下的功率)=实测功率×校正系数

校正系数可以通过计算或查表方法得到。

4. 关于驱动轮输出功率的限值

按照国标GB/T 18276—2000《汽车动力性台架试验方法和评价指标》的规定,采用校正驱动轮输出功率与相应的发动机输出总功率的百分比作为驱动轮输出功率的限值。

对于额定转矩工况,有:

$$\eta_{VM} = P_{VM0}/P_M \tag{1-5}$$

式中:η_{VM}——汽车在额定转矩工况下校正驱动轮输出功率与额定转矩功率的百分比;

P_{VM0}——汽车在额定转矩工况下校正驱动轮输出功率,kW;

P_M——发动机在额定转矩工况下的输出功率,kW。

汽车动力性合格条件为:

$$\eta_{VM} \geqslant \eta_{Ma} \tag{1-6}$$

其中,η_{Ma}为国标规定的允许值,与汽车车型有关。表1-1给出了部分车型驱动轮输出功率的限值。

对于额定功率工况,有:

$$\eta_{VP} = P_{VP0}/P_e \tag{1-7}$$

式中:η_{VP}——汽车在额定功率工况下校正驱动轮输出功率与额定功率的百分比;

P_{VP0}——汽车在额定功率工况下校正驱动轮输出功率,kW;

P_e——发动机的额定功率,kW。

汽车动力性合格条件为:

$$\eta_{VP} \geqslant \eta_{Pa} \tag{1-8}$$

其中η_{Pa}为国标规定的允许值,见表1-1。

部分汽车驱动轮输出功率限值　　表 1-1

汽车类别	汽车系列与类型		额定转矩工况		额定功率工况	
			直接挡车速 v_M (km/h)	限值 η_{Ma} (%)	直接挡车速 v_P (km/h)	限值 η_{Pa} (%)
货车	1010、1020 系列	汽油车	60	50	90	40
	1030、1040 系列	汽油车	60	50	90	40
		柴油车	55	50	90	45
	1050、1060 系列	汽油车	60	50	90	40
		柴油车	50	50	80	45
	1070、1080 系列	柴油车	50	50	80	45
	1090 系列	汽油车	40	50	80	45
		柴油车	55	50	80	45
	1100、1110、1120、1130 系列	柴油车	50	45	80	40
	1140、1150、1160 系列	柴油车	50	50	80	40
	1170、1190 系列	柴油车	55	50	80	40
客车	6600 系列	汽油车	60	45	85	35
		柴油车	45	50	75	40
	6700 系列	汽油车	50	40	80	35
		柴油车	55	45	75	35
	6800 系列	汽油车	40	40	80	35
		柴油车	45	45	75	35
	6900 系列	汽油车	40	40	85	35
		柴油车	60	45	85	35
	6100 系列	汽油车	40	40	85	35
		柴油车	40	45	85	35
	6110 系列	汽油车	40	40	85	35
		柴油车	55	45	85	35
	6120 系列	柴油车	60	40	90	35

5. 关于试验结果的分析

如前所述，整个测试系统的损耗功率主要由三部分组成：汽车传动系的传动损耗、驱动轮在试验台滚筒上的滚动阻力损耗以及底盘测功机本身的机械损耗(包括轴承、联轴器的机械摩擦损耗以及空冷电涡流测功器冷却风扇的风阻损耗)。再加上在用车发动机自身老化造成的功率下降，所以驱动轮的实际输出功率总是远小于发动机额定功率。

从发动机输出功率到驱动轮输出功率两者之间的传动效率可表示为：

$$\eta_m = \frac{P_k}{P_e} \tag{1-9}$$

式中：P_e——发动机输出功率，kW；

P_k——驱动轮输出功率，kW；

η_m——汽车传动系统的传动效率。

汽车传动系的传动效率正常值见表1-2。可见在一般情况下,各种类型汽车传动系的传动阻力所消耗的功率,约占发动机输出功率的10% ~20% 。

汽车传动系的机械传动效率 表1-2

汽车类型		机械传动效率 η_m
轿车		0.90 ~0.92
客车与货车	单级主减速器	0.90
	双级主减速器	0.84
4×4 越野汽车		0.85
6×4 货车		0.80

驱动轮在双滚筒上的滚动阻力所消耗的功率,与滚筒的直径、轮胎的直径、气压及转速有关,有资料表明,这种滚动损耗常可占到所传递功率的15% ~20% 。

试验台自身的机械摩擦损耗功率所占比例不大,约为所传递功率的5%,其中冷却风扇的风阻损耗随转速变化而显著变化。

以上三者累计,可占到所传递功率的30%以上。实际上,在底盘测功机上实测驱动轮输出功率与额定功率的百分比对于新车只有70%左右,对于在用车则更要低得多,见表1-1。

图1-12 给出从发动机到驱动轮输出的动力传递流程示意图。该图形象地表示出功率传递过程中各项主要损耗对输出功率的影响。

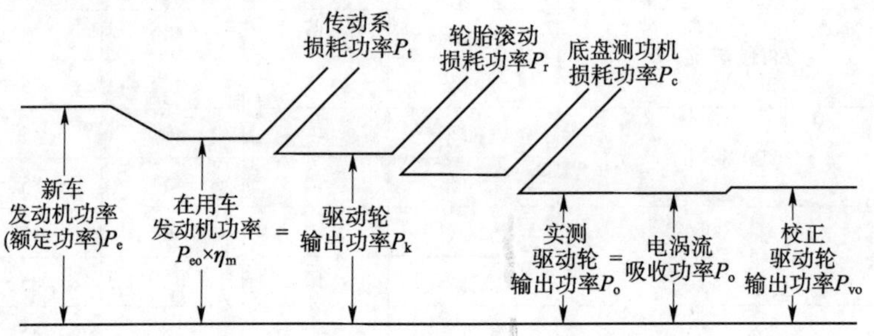

图1-12 汽车在底盘测功机上动力传递流程示意图

驱动轮实际输出的功率也就是底盘测功机电涡流测功器所吸收的功率 P_o,它与驱动轮输出的功率 P_k 有如下关系:

$$P_o = P_k - P_r - P_c \tag{1-10}$$

式中:P_r——轮胎滚动损耗功率;

P_c——底盘测功机机械损耗功率。

为了测试各项功率损耗,可以进行电动机反拖试验。国标 GB/T 18276—2000《汽车动力性台架试验方法和评价指标》具体给出了各种反拖试验方法和各项损耗的计算方法。例如通过电动机拖动试验台空转的方法测试底盘测功机在各种转速下的机械损耗;通过反拖车轮(不带传动系统)的方法测试滚动损耗;通过反拖汽车传动系统的方法测试汽车传动系统损耗等,具体可参考该国家标准。

三、在底盘测功机上进行的其他试验项目

1. 加速性能试验

加速性能试验是评价汽车动力性能的试验项目之一。这本是路试项目,但也可在底盘测功机上测试。按照国标 GB/T 18276—2000 的规定,要求将汽车驱动轮置于底盘测功机滚筒上以后,起动发动机,逐步加速并换至直接挡后,当车速稳定在 30km/h 时,全力加速至该车最高车速的 80%,并记录累计加速时间。

需要指出,在进行加速性能试验时,为了模拟汽车在路上行驶的惯性,应根据汽车的整备质量,在底盘测功机上选挂相应转动惯量的飞轮。

2. 滑行性能试验

通过测试滑行距离,可以检验底盘维修的质量。

国标 GB/T 18276—2000 规定的测试滑行距离和时间的方法是,先按表 1-3 设定滑行初速度 v_1 和终速度 v_2,当车速超过 v_1 后,将变速器置于空挡,利用汽车与底盘测功机储存的动能使系统继续运转直至设定的终速度 v_2,然后记录系统自 v_1 滑行至 v_2 的距离和时间。

滑行速度的设定　　表 1-3

车型分类	滑行初速度 v_1(km/h)	滑行终速度 v_2(km/h)
轿车	80	50
客车、货车	60	30

与加速性能试验类似,为了模拟汽车在路上行驶的惯性,进行滑行性能测试时,也要根据汽车的整备质量,在底盘测功机上选挂相应转动惯量的飞轮。

3. 经济性能(油耗)试验

有关经济性能的试验方法在后续内容中将详细介绍。

4. 车速表校验

由于底盘测功机已经具备了车速表试验台的功能,所以完全可以用来校验车速表。试验方法也和车速表试验台测试方法相同。测试时,将汽车驱动轮置于滚筒上,测功机不加负载。驾驶员逐步加速汽车,同时监视车内仪表板上的车速表。当车速表指示为 40km/h 时立即给计算机发出信号,计算机根据实测车速数值,按照国家标准《机动车运行安全条件》(GB 7258—2012)规定的方法计算车速表误差并判断是否合格(详见车速表校验有关章节)。

5. 里程表校验

用底盘测功机也可以校验汽车的里程表。方法为:预先设定里程数(例如 2km),驾驶员监视车内里程表,当车内的里程表达到 2km 时给控制计算机发出信号,计算机通过测量转速、时间和滚筒直径等数据,可计算出准确的行驶里程,同时给出汽车里程表的误差。

四、基本技能——底盘测功的操作方法

1. 使用前的准备工作

1)车辆的准备

(1)调整发动机供油系统及点火系统,使其处于最佳工作状态。

(2)对汽车底盘传动系进行检查、调整、紧固并检查各部件润滑是否良好。

(3)检查轮胎是否沾有水、油等或轮胎花纹沟槽内是否嵌有沙子,若有应先清除,且轮胎气压要符合规定值。

(4)使汽车预热到正常工作温度。

2)测功机的准备

(1)对于水冷测功机,应将冷却水阀打开。

(2)接通电源,升起举升器托板,根据被检车的功率,选择测试功率的挡位。

图 1-13　汽车底盘测功

(3)用两个三角铁抵住停在地面上的车轮的前方,防止汽车在检测中由于误操作而冲出去。

(4)为防止发动机过热,将一台冷却风机置于被检汽车前方约 0.5m 处,对发动机吹风。

(5)使汽车以 5km/h 的速度运行,观察有无异常。看冷却液指示灯是否点亮。检测场景,见图 1-13。

2. 汽车底盘测功机的使用

(1)开机前必须按使用说明书的要求,对底盘测功机做好准备工作。

(2)按规定程序进行操作。

(3)惯性模拟系统除进行多工况油耗试验、加速和滑行试验用外,不允许任意使用。

(4)突然停电时,引车驾驶员应即刻松开加速踏板并挂空挡。

(5)引车驾驶员必须严格按引导系统提示操作。

3. 汽车驱动轮输出功率 P_k 测试工况的规定

根据 GB 18565—2001《营运车辆综合性能要求和检测方法》的规定,检测工况应采用:发动机全负荷(节气门全开)与发动机额定转矩转速或额定功率转速所对应的直接挡车速(无直接挡时,指传动比最接近于 1 的挡)构成的工况。

4. 检测方法

(1)选择试验控制方式,设定试验的恒定车速或恒定转矩。在全面评价汽车发动机及底盘技术状况时,可以选择 3 个有代表性的工况检测驱动轮输出功率:一是发动机额定功率转速所对应的车速;二是发动机最大转矩转速所对应的车速;三是选用汽车的常用速度(如经济车速)。在一般情况下,不选用最大输出功率测试,而选取常用车速,如载货汽车选用 50km/h、轿车选用 80km/h,节气门全开测试驱动轮输出功率。

(2)起动发动机,由低速挡逐级换入直接挡(对于自动挡的车辆应观察发动机转速表并确定挡位尽量在直接挡),同时逐渐踩下加速踏板,使节气门全开。测试过程中应由两个测试员进行,测试人员甲操作车辆,测试人员乙操作底盘测功机。

(3)测试人员甲应根据发动机额定功率下车辆在直接挡或接近直接挡的传动比时观测发动机的额定功率转速;或者根据发动机额定转矩下车辆在直接挡或接近直接挡的传动比时观测发动机的额定功率转速。

(4)测试人员乙操作底盘测功机并设定试验的恒定车速或恒定转矩,不断调整底盘测功机的加载量，当发动机转速低于要求转速时，要减小加载量，反之应增加加载量，保证被测车辆的发动机转速在测试时处于要求的被测工况点，见图 1-14。

图 1-14　汽车底盘测功机的操作

(5)待发动机稳定后，读取和记录功率值。

(6)重复检测 3 次，取平均值。

5. 注意事项

(1)磨合期的新车或大修车，不宜进行底盘测功试验。

(2)检测时，被测车辆要进行必要的纵向约束，车前方严禁站人，以确保安全。

(3)检测时，应密切注意被检汽车的各种异响、发动机冷却液温度及底盘测功机的工作状态，保证测试的顺利进行。

(4)必要时要对被检车辆吹迎面来风。

(5)定期对底盘测功机进行维护及标定。

五、任务实施过程工单

<table>
<tr><td>学习任务</td><td colspan="6">利用底盘测功机对一辆行驶 5 年的别克君威轿车进行动力性检测</td></tr>
<tr><td rowspan="3">1. 信息</td><td colspan="4">汽车底盘测功机的基本功能和构造</td><td colspan="2"></td></tr>
<tr><td colspan="4">汽车底盘测功机的测功原理</td><td colspan="2"></td></tr>
<tr><td colspan="4">汽车底盘测功的操作方法</td><td colspan="2"></td></tr>
<tr><td>2. 计划</td><td colspan="6">知识准备、车辆准备、底盘测功机的准备，底盘测功的步骤及计划</td></tr>
<tr><td>3. 决策</td><td colspan="2">检测汽车动力性过程拟订</td><td colspan="4"></td></tr>
<tr><td rowspan="4">4. 实施</td><td colspan="2">检 测 内 容</td><td colspan="2">检 测 方 法</td><td colspan="2">检 测 结 果</td></tr>
<tr><td colspan="2">测功前的准备工作</td><td colspan="2"></td><td colspan="2"></td></tr>
<tr><td colspan="2">检测工况的确定</td><td colspan="2"></td><td colspan="2"></td></tr>
<tr><td colspan="2">汽车不同工况检测方法的执行</td><td colspan="2"></td><td colspan="2"></td></tr>
<tr><td>5. 检查</td><td colspan="6">汽车功率的测量结果：
被测车辆动力性的评价结果：</td></tr>
<tr><td rowspan="11">6. 评估</td><td colspan="2">评 估 项 目</td><td>自我评估</td><td>组长评估</td><td>教师评估</td><td>备　　注</td></tr>
<tr><td rowspan="2">素质考评 10 分</td><td>劳动纪律 5 分</td><td></td><td></td><td></td><td></td></tr>
<tr><td>环保意识 5 分</td><td></td><td></td><td></td><td></td></tr>
<tr><td colspan="2">工单完成情况 20 分</td><td></td><td></td><td></td><td></td></tr>
<tr><td rowspan="4">实操考评 40 分</td><td>工具使用 5 分</td><td></td><td></td><td></td><td></td></tr>
<tr><td>任务方案 10 分</td><td></td><td></td><td></td><td></td></tr>
<tr><td>实施过程 20 分</td><td></td><td></td><td></td><td></td></tr>
<tr><td>完成情况 5 分</td><td></td><td></td><td></td><td></td></tr>
<tr><td colspan="2">合计 70 分</td><td></td><td></td><td></td><td></td></tr>
<tr><td colspan="2">综合评价 100 分</td><td></td><td></td><td></td><td></td></tr>
</table>

学习任务3　汽车燃油经济性的检测方法

一、提高汽车燃油经济性的意义

提高燃油经济性对于减少能源消耗、保护大气环境和降低运输成本方面都有重要意义。提高燃油经济性与控制汽车尾气排放两者有密切的关系，“节能”与“减排”有本质上的一致性。一方面，汽车尾气有害污染物不仅是传统概念的 CO、HC、NO_x，也包括 CO_2。减少汽车燃料消耗量，自然也减少了 CO_2 排放量，是对广义的“碳排放”的限制，有利于保护大气环境。另一方面，测量尾气排放与燃料消耗的新试验方法也是一致的。我国针对新生产的汽车普遍实施新的排放标准 GB 18352.3—2005《轻型汽车污染物排放限值及测量方法(中国Ⅲ、Ⅳ阶段)》与新的燃油消耗量试验方法 GB/T 19233—2008《轻型汽车燃料消耗量试验方法》，在试验方法方面都是通过某种模拟工况试验对排放的尾气进行收集和分析计算，可以同时计算出有害污染物的排放量以及燃料消耗量。可见，上述有关标准的同步实施，对我国节约能源和保护环境起到重要的推动作用。

此外，在汽车运输成本中，燃油消耗的费用占 20% ~30%，所以提高燃油经济性也有利于降低运输成本。

二、燃油经济性的评价指标和基本试验

1. 燃油经济性评价指标

汽车的燃油经济性常用一定工况下行驶百公里的燃油消耗量或一定燃油量能行驶的里程数来表示。我国和欧洲采用前者，单位为 L/100km，即行驶 100km 所消耗的燃油量(升)。我国常采用等速行驶工况测试的油耗作为燃油经济性指标，故又称为“等速百公里油耗”。有时为了比较不同载质量汽车的燃油消耗量，也可用每吨总质量行驶 100km 所消耗的燃油量(升)评价，称为“吨百公里燃油油耗量”(L/100km · t)。美国则采用 MPG(Mile Per Gallon)，即每加仑燃油能行驶的英里数。

2. 基本试验方法分类

与动力性试验类似，汽车燃油经济性试验方法也有道路试验和台架试验两类。

汽车燃油消耗量的道路试验，可归纳为不控制的道路试验、控制的道路试验以及循环道路试验三种类别。

不控制的道路试验是指对道路交通状况、周围环境和驾驶习惯等都不加限制的试验方法。控制的道路试验是指对上述因素中维持某些因素不变的条件下进行的试验。循环道路试验是指汽车完全按照限定的时间顺序进行加速、减速和匀速等多工况的试验，循环工况试验规范是根据不同车辆类型预先制订好的。

因道路和气候条件限制，汽车检测维修部门一般都是进行室内的台架试验测试燃油消耗量。台试方法也是在底盘测功机上进行，在室内模拟各种道路试验工况，即通过不同加载方式来模拟道路行驶所遇到的惯性阻力、滚动阻力、空气阻力以及负荷特性等。一般多进行等速试验，即一定车速、一定负荷的试验。近年来，国内外大力推广在底盘测功机上进行多

工况循环试验方法。

3. 我国相关标准对燃油消耗量的限值

为了提高燃油经济性、降低燃料消耗，国家发布了《乘用车燃油消耗量评价方法及指标》国家标准（GB/T 27999—2011）。《乘用车燃油消耗量评价方法及指标》是目前我国控制汽车燃料消耗量的最重要的国家标准之一，标准于 2012 年 1 月 1 日正式实施。该标准按照整备质量的大小对乘用车燃料消耗量的目标限值做出了具体规定，见表 1-4 和表 1-5。标准规定了汽车生产企业在 2015 年及以后生产的汽车的燃油消耗量都应达到的目标规定值。

车型燃料消耗量目标值（一）　　表 1-4

汽车整备质量 CM（kg）	车型燃料消耗量目标值（L/100km）	汽车整备质量 CM（kg）	车型燃料消耗量目标值（L/100km）
CM≤750	5.2	1540 < CM≤1660	8.1
750 < CM≤865	5.5	1660 < CM≤1770	8.5
865 < CM≤980	5.8	1770 < CM≤1880	8.9
980 < CM≤1090	6.1	1880 < CM≤2000	9.3
1090 < CM≤1205	6.5	2000 < CM≤2110	9.7
1205 < CM≤1320	6.9	2110 < CM≤2280	10.1
1320 < CM≤1430	7.3	2280 < CM≤2510	10.8
1430 < CM≤1540	7.7	CM > 2510	11.5

注：适用于在结构上具有以下一种或多种特征的车型：装有非手动变速器；具有三排或三排以上座椅。

该标准对新生产汽车的燃油经济性提出了强制性要求，也成为在用汽车油耗检验的参考依据。标准的实施将鼓励低能耗汽车的生产，限制高能耗汽车的生产。

车型燃料消耗量目标值（二）　　表 1-5

汽车整备质量 CM（kg）	车型燃料消耗量目标值（L/100km）	汽车整备质量 CM（kg）	车型燃料消耗量目标值（L/100km）
CM≤750	5.6	1540 < CM≤1660	8.4
750 < CM≤865	5.9	1660 < CM≤1770	8.8
865 < CM≤980	6.2	1770 < CM≤1880	9.2
980 < CM≤1090	6.5	1880 < CM≤2000	9.6
1090 < CM≤1205	6.8	2000 < CM≤2110	10.1
1205 < CM≤1320	7.2	2110 < CM≤2280	10.6
1320 < CM≤1430	7.6	2280 < CM≤2510	11.2
1430 < CM≤1540	8.0	CM > 2510	11.9

注：适用于除表 9-4 以外的车型。

除了对于乘用车做出明确的规定之外，GB 20997—2007《轻型商用车辆燃料消耗量限值》、QC/T 924—2011《重型商用车辆燃料消耗量取值（第一阶段）》、GB/T 18566—2011《道路运输车辆燃料消耗量检测评价方法》、GB/T 27840—2011《重型商用车辆燃料消耗量测量方法》等一系列的相关标准，对商用车燃油消耗量测量方法和限值都做出了明确的规定。

目前，对于在用车的燃油消耗量，我国有关标准规定，也是采用等速百公里燃油消耗量作为评价汽车燃油经济性的指标。国标 GB 18565—2001《营运车辆综合性能要求和检验方法》中提出：在规定车速下（乘用车 60km/h、其他车辆 50km/h），采用台试方法在底盘测功机上测得的百公里燃油消耗量不得大于该车型原厂规定的相应车速等速百公里燃油消耗量的110%。例如某车制造厂给出的百公里油耗数据为 10L/100km，则测量的百公里油耗数据以不大于 11L/100km 为合格。

三、燃油消耗量的基本测定方法

从理论上，可以通过在一定时间和车速工况下，测量燃料容积、质量、流量或流速等方法确定燃料消耗量，相应的测量方法也称为容积法、质量法等。计量燃料消耗的仪器称为油耗计或油耗仪（Fuel Consumption Gauge），其中测量燃油消耗量的元件称为油耗传感器。

另有一种测定油耗的方法，称为碳平衡法。这是通过排气分析仪对汽车排气污染物中的 CO、CO_2和 HC 进行定量的分析，得出排气中碳元素含量，从而间接算出燃油消耗量的方法。如前所述，我国实行新排放标准后，检测尾气排放有害污染物的方法将与燃油消耗量试验方法趋于一致，碳平衡方法越来越受到重视，国标 GB/T 19233—2008《轻型汽车燃料消耗量试验方法》中就规定采用这种碳平衡方法。

目前汽车检测维修部门一般都是使用油耗计测量燃油消耗量。油耗计有很多种，其中容积式油耗计应用较为普遍。

四、油耗传感器在燃油管路中的安装

要准确地测量汽车的油耗，必须保证两个问题：第一，经过油耗传感器的燃油必须是全部进入燃烧室的，不能有部分燃油经回油管返回油箱，否则，传感器所计量的燃油必然多于实际的消耗量；第二，进入油耗传感器的燃油不得含有气体，油路中的气泡对油耗测量结果的影响非常大，油耗传感器会把空气泡所占的容积当作燃油消耗量计量，会影响传感器的脉冲信号输出，使得测试数据大于实际值。这些问题涉及油耗传感器在燃油管路中的安装和必要的油路改接以及排除管路中空气的操作方法。

五、汽车燃油经济性的试验条件

GB/T 12545—2008《汽车燃料消耗量试验方法》对汽车燃料消耗量的试验做了具体规定。标准规定乘用车具体的燃料消耗量试验方法有等速行驶燃料消耗量试验和工况循环燃料消耗量试验两种。等速行驶燃料消耗量试验可在道路或台架上试验，而工况循环燃料消耗量试验则应在台架上进行。

1. 汽车条件

汽车在进行工况循环燃料消耗量试验时不需要磨合，但在进行等速行驶燃料消耗量试验时需要磨合，磨合至少应行驶 3000km。

试验车辆各性能应保证正常，汽车的装载质量、轮胎气压等都应符合规定，润滑油和燃油都应符合车辆制造厂的规定。

试验车辆应根据制造厂规定调整发动机和车辆操纵件。

试验前汽车应放在环境温度为 20 ~ 30℃的环境下至少 6h，直至发动机机油温度和冷却液温度达到该环境温度 ±2℃,车辆应在常温下运行之后的 30h 内进行试验。

试验时应关闭车窗和驾驶室通风口。

2. 燃料消耗量的测量条件

距离的测量准确度应为 0.3%,时间的测量准确度应为 0.2s,燃料消耗量、行驶距离和时间的测量装置应同步起动。

燃料通过一个精确度为 ±0.2% 的能测量质量的装置供给发动机,该装置使车辆上的燃料记录装置进口处的燃料压力和温度的变化量分别不超过 10% 和 ±5℃,如果选用容积法测量时,应记录测量点的燃料温度。

3. 环境条件

试验应在没有雨雾的天气下进行,气温为 5 ~ 35℃,大气压力为 91 ~ 104kPa,相对湿度小于 95%,风速不大于 3m/s,阵风不大于 5m/s。

4. 测试仪器条件

车速测试仪器和油耗计的精度应为 0.5%,计时器最小读数为 0.1s。

六、等速行驶燃料消耗量试验

等速行驶燃料消耗量试验既可在底盘测功机上进行,也可在道路上进行,等速行驶燃料消耗量试验又分为 90km/h 和 120km/h 等速行驶燃料消耗量试验。

1. 道路试验

(1)试验要求。

试验测试路段长度至少 2km,试验道路上任意两点之间的纵向坡度不应超过 3%。其他气象和道路应符合前面所提到的试验条件。车辆试验质量为整车整备质量加上 180kg,当车的 50% 载质量大于 180kg 时,则车辆的试验质量为整车整备质量加上车辆的 50% 载质量(包括测量人员和仪器的质量)。

在第一次测量之前,车辆应进行充分的预热,并达到正常工作条件。

(2)试验过程。

在每次测量之前,车辆以尽可能接近试验速度的速度行驶至少 5km,该速度在任何情况下与试验速度相差不应大于 ±5%,试验的目的是为了保持车辆温度稳定。

为了确定在规定速度时的燃油消耗量,应至少在低于或等于规定速度下进行两次试验,并在至少等于或高于规定速度下再进行另外两次试验,但应满足在每次试验行驶期间,速度误差为 ±2km/h,即每次试验的平均速度与试验规定速度之差不应超过 2km/h。

2. 底盘测功机试验

(1)试验要求。

在底盘测功机试验时,车辆的装载与道路试验时相同,测功机应符合相关规定,试验室的条件应能调整,轮胎等条件与之前所述一致。这些条件的设置目的都是为达到与道路试验条件尽量一致。

(2)试验程序。

在试验前,发动车辆,待车辆一旦达到试验温度,就应以接近试验速度的速度在测功机上运行足够长的距离,以便调节辅助冷却装置来保证车辆温度的稳定性,该阶段持续时间不应低于5min。

汽车在底盘测功机上试验时，应给汽车施加一定负载，以模拟汽车在平直道路上按规定车速行驶时所受到的阻力。

这种阻力主要包括车轮所受的滚动阻力以及汽车的迎风阻力两部分。这两项对应的功率可根据车速、车的总质量、路面滚动阻力系数、车辆的迎风面积等参数计算，具体加载的计算公式这里从略。

测量的过程和最终结果计算方法与道路试验一致。在试验时，速度变化幅度不大于0.5km/h，此时可断开惯性装置。测量行驶距离不少于2km。

七、工况循环燃料消耗量试验

GB/T 12545—2008《汽车燃料消耗量试验方法》规定了工况循环燃料消耗量应在底盘测功机上进行。因此，试验要取得与路试一致的结果，关键是模拟道路上的行驶阻力，包括轮胎的滚动阻力和迎面风的空气阻力，将这些阻力转化为底盘测功机对被试汽车的负载。

1.试验准备

试验前确保车辆的性能正常，并根据标准对测功机的载荷、惯量以及行驶阻力进行设定。做好安全防范工作，避免人身和设备事故。

2.试验过程

按照国标有关规定，试验循环分为1部（城市行驶）和2部（市郊行驶）两部分，其循环见图1-15。在试验循环中记录试验车辆所排放的HC、CO_2和CO的数值，并记录车辆排放容积。

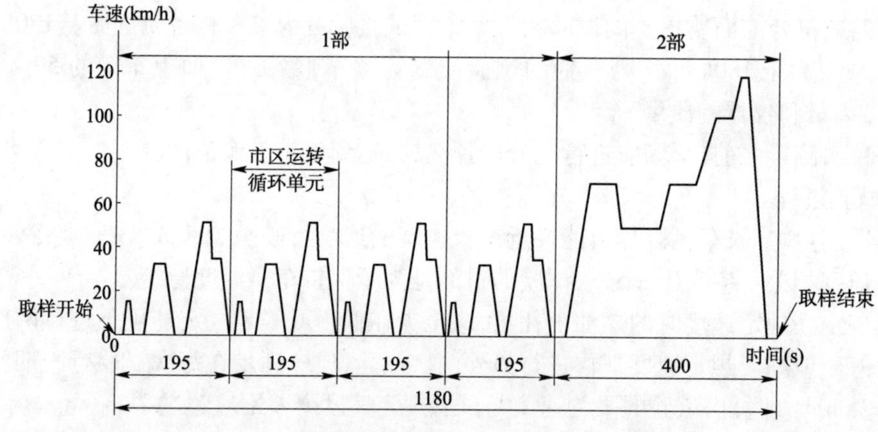

图1-15 Ⅰ型试验指常温下冷起动后排气污染物排放试验

3.实验判定

GB/T 12545—2008规定，采用碳平衡方法测量燃料消耗量。根据碳平衡法原理，通过排气分析仪对汽车排气污染物中的CO、CO_2和HC进行定量的分析后所得出排气中碳元素含量，应等于燃油中的碳元素含量。因此，利用所测量的HC、CO_2和CO的数值，最终计算出燃油的消耗量。对于装备柴油机的车辆，其计算公式为：

$$FC=\frac{0.1155}{D}\times[(0.866\times M_{HC})+(0.273\times M_{CO_2})+(0.429\times M_{CO})] \tag{1-11}$$

对于装备汽油机的车辆，计算公式为：

$$FC = \frac{0.1154}{D} \times [(0.866 \times M_{HC}) + (0.273 \times M_{CO_2}) + (0.429 \times M_{CO})] \tag{1-12}$$

式中：FC——燃油消耗量，L/100km；

M_{HC}——测得的碳氢排放量，g/km；

M_{CO_2}——测得的二氧化碳排放量，g/km；

M_{CO}——测得的一氧化碳排放量，g/km。

上述公式中各系数与“碳质量比”有关。所谓“碳质量比”，就是碳元素在该种化合物中所占质量比例，例如公式(1-11)中的0.429表示CO中碳的质量占CO总质量的0.429，公式前面的系数0.1155与柴油碳质量比的倒数有关。

八、任务实施过程工单

学习任务	对一辆行驶5年的别克君威轿车进行燃油经济性检测					
1. 信息	汽车燃油经济性的评价指标					
	汽车燃油经济性的测定方法					
	油耗传感器在供油管路中的安装方法					
	工况循环燃油经济性试验方法					
2. 计划	知识准备、车辆准备、油耗计的准备，底盘测功机的准备					
3. 决策	等速行驶燃油经济性检测过程的拟订					
	工况循环燃油经济性检测过程的拟订					
4. 实施	检测内容		检测方法		检测结果	
	等速行驶燃油经济性检测					
	工况循环燃油经济性检测					
5. 检查	汽车燃油经济性的检测结果： 被测车辆动力性的评价结果：					
6. 评估	评估项目		自我评估	组长评估	教师评估	备注
	素质考评10分	劳动纪律5分				
		环保意识5分				
	工单完成情况20分					
	实操考评40分	工具使用5分				
		任务方案10分				
		实施过程20分				
		完成情况5分				
	合计70分					
	综合评价100分					

学习任务4 新能源汽车的性能要求及试验

目前混合动力汽车和纯电动汽车是我国重点扶持的新能源车辆之一，本教材简单地介绍混合动力车和纯电动车的一些基本性能要求和试验。

一、动力性试验和评价

1. 纯电动汽车

(1)试验条件。

根据GB/T 18385—2005《电动汽车动力性能试验方法》，纯电动汽车进行动力性试验时，其试验条件与普通车辆试验条件接近：应保证车辆的各项性能完好，且符合相关标准规定。

与普通车辆试验条件主要区别在于，电动汽车的动力性试验增加了对蓄电池的要求，国家标准规定：试验驾驶员应按照车辆制造厂推荐的操作程序使蓄电池在正常运行温度下工作；试验前7天，试验车辆应至少用安装在试验车辆上的蓄电池行驶300km，蓄电池应处于各项试验要求的充电状态。

(2)试验程序。

试验时间为2天，具体的试验内容见表1-6。试验应按照表中试验顺序进行，每项试验开始时，蓄电池的荷电状态是前一项试验后的状态。

电动汽车动力性能试验项目 表1-6

第一天		第二天	
第一天	车辆准备	第二天	车辆准备
			最高车速试验
	30min最高车速试验		蓄电池40%放电
			加速性能试验
	蓄电池完全放电		4%和12%的爬坡车速试验
			坡道起步能力试验

表中每项试验都单独进行，最高车速、30min最高车速试验开始时，蓄电池应处于完全充电的100% ~90%；而加速性能、爬坡车速、坡道起步能力试验开始时，蓄电池应处于完全充电的60% ~50%。试验各项目具体的操作如下：

①车辆的准备主要是指蓄电池的常规充电、里程表调至零及试验车辆的预热(以制造厂估计的最高车速的80%速度行驶至少5000m)。

②30min最高车速试验是指试验车辆以该车30min最高车速估计值的±5%的车速行驶30min。试验测量车辆驶过的路程S_1(m)，因此，30min最高车速为$v_{30} = S_1/500$，单位为km/h。这项试验可以在环形跑道上进行也可以在底盘测功机上试验。

③蓄电池完全放电则是完成v_{30}试验之后，试验车辆停放30min，然后以v_{30}的70%恢复行驶，直至车速下降到当加速踏板踩到底时，车速为(v_{30} ±10)km/h的50%，或者直到信号装置提示驾驶员停车。

④最高车速是指车辆行驶的最高稳定车速。

⑤40% 蓄电池放电为将试验车辆以(v_{30} ±5)km/h 的 70% 恒定速度行驶使蓄电池放电，直到行驶里程达到第一天总里程(包括预热阶段的行驶里程、v_{30}的行驶里程和蓄电池完全放电的行驶里程)的 40%。

⑥乘用车的加速性能试验包括 0～50km/h 和 50～80km/h 两个加速性能试验，道路正反方向加速时间的平均值即为加速车辆加速时间。

⑦4% 的爬坡车速试验是指将车辆加载到最大设计总质量，调整测功机使其分别增加一个相当于 4% 的附加载荷，将加速踏板踩到底使车辆加速，确定试验车辆能够达到并能够持续行驶 1km 的最高稳定车速。最终该稳定时间为 4% 爬坡车速。12% 的爬坡车速试验与 4% 爬坡车速试验过程相同。

⑧坡道起步能力试验就是在一个与车辆最大爬坡角相接近角度的道路，将车辆加载到最大设计总质量，起动车辆，使车辆以每分钟至少行驶 10m 的速度通过 10m 的测试区。

(3)动力性能要求。

GB/T 28382—2012 规定：纯电动汽车 30min 最高车速应不低于 80km/h，0～50km/h 和 50～80km/h 的加速性能其加速时间分别不超过 10s 和 15s。4% 坡度的爬坡车速不低于 60km/h，12% 坡度的爬坡车速不低于 30km/h，车辆的最大爬坡度不低于 20%。

2. 混合动力汽车

如果试验的混合动力电动汽车是纯电动模式车辆，则试验车辆的纯电动模式按纯电动车的有关标准进行测试和要求。而混合动力模式则按 GB/T 19752—2005《混合动力电动汽车动力性能试验方法》要求进行测试。

混合动力汽车动力性能试验条件与普通车辆、纯电动车的动力性能试验条件基本一致。其试验过程共分为三个阶段，具体项目见表 1-7。

混合动力汽车动力性能试验项目　　表 1-7

顺　序	试验准备或项目	模　式
准备阶段	充电	
第一阶段	预热	混合动力
	混合动力模式下的最高车速	混合动力
	纯电动模式下的最高车速	纯电动
	0～100km/h 加速性能	混合动力
	纯电动模式下 0～50km/h 加速性能	纯电动
	纯电动模式下爬坡速度	纯电动
	混合动力模式下爬坡速度	混合动力
第二阶段	充电	
	预热	混合动力
	混合动力模式下的 30min 最高车速	混合动力
	纯电动模式下的坡道起步能力	纯电动
	混合动力模式下的坡道起步能力	混合动力
	混合动力模式下的最大爬坡度	混合动力

表中充电项目主要是指如有车载充电机，则由车载充电机完成充电任务，如果未安装车载充电机，则应使用车辆制造厂家推荐的外部充电机进行充电，一般充电 12h 后应停止充电。

表中的预热则指试验车辆在混合动力模式下，以制造厂估计的 30min 最高车速的 80% 行驶 5000m 以上，使电动机和传动系统预热。

最高车速、0～100km/h 加速、爬坡速度、坡道起步能力等其他项目与普通车辆、纯电动车试验方法相类似。

二、能量消耗量试验

1. 纯电动车

试验按照普通车辆的工况循环燃料消耗量试验方法进行，试验质量按规定进行加载，即电动汽车整备质量与以下三种条件之一规定的质量之和。三种条件如下：

(1) 如果最大允许装载质量小于或等于 180kg，该质量为最大允许装载质量；

(2) 如果最大允许装载质量大于 180kg，且小于 360kg，该质量为 180kg；

(3) 如果最大允许装载质量大于 360kg，该质量为最大允许装载质量的一半。

试验程序包括以下 4 个步骤：

(1) 对动力蓄电池进行初次充电，测量来自电网的能量；

(2) 进行工况或等速条件下的续驶里程试验；

(3) 试验后再次为动力蓄电池充电，测量来自电网的能量；

(4) 计算标定的能量消耗率。

在每两个步骤执行之间，如果需要移动车辆，则不允许使用车上的动力来将车辆移动到下一个试验地点(不允许使用制动能量回收)。

使用下式计算标定的能量消耗率 C，用 W · h/km 圆整到整数表示：

$$C = E/D \tag{1-13}$$

式中：E——充电期间来自电网的能量，W · h；

D——试验期间行驶的总距离，即续驶里程，km。

2. 混合动力车

目前混合动力汽车实施的国家标准主要有 GB/T 19753—2013《轻型混合动力电动汽车能量消耗量试验方法》和 GB/T 19754—2015《重型混合动力电动汽车能量消耗量试验方法》。

标准规定，对于可外接充电的混合动力电动汽车分别在下列两状态下进行：

条件 A：储能装置处于充电终止的最高荷电状态；

条件 B：储能装置处于运行放电结束的最低荷电状态。

分别用碳平衡法计算发动机的能耗和测量来自电网的能量消耗量。最后根据这两种能量的消耗量得出混合动力电动汽车的能耗。

对于不可外接充电的混合动力电动汽车，用碳平衡法计算发动机的能耗，同时测得化学蓄电池或者超级电容的电量变化量，根据这两种的能耗变化值，最后得到测试车辆的能量消耗量。具体的操作过程见相关国家标准。

三、任务实施过程工单

<table>
<tr><td>学习任务</td><td colspan="6">对丰田普锐斯混合动力轿车进行动力性和能量消耗量检测</td></tr>
<tr><td rowspan="2">1. 信息</td><td colspan="4">混合动力汽车动力性能试验项目和模式有哪些</td><td colspan="2"></td></tr>
<tr><td colspan="4">混合动力汽车能量消耗试验项目有哪些</td><td colspan="2"></td></tr>
<tr><td>2. 计划</td><td colspan="6">知识准备、车辆准备、测试仪器的准备</td></tr>
<tr><td rowspan="2">3. 决策</td><td colspan="2">混合动力汽车动力性能试验过程的拟订</td><td colspan="4"></td></tr>
<tr><td colspan="2">混合动力汽车能量消耗试验过程的拟订</td><td colspan="4"></td></tr>
<tr><td rowspan="3">4. 实施</td><td colspan="2">检 测 内 容</td><td colspan="2">检 测 方 法</td><td colspan="2">检 测 结 果</td></tr>
<tr><td colspan="2">混合动力汽车动力性能试验</td><td colspan="2"></td><td colspan="2"></td></tr>
<tr><td colspan="2">混合动力汽车能量消耗试验</td><td colspan="2"></td><td colspan="2"></td></tr>
<tr><td>5. 检查</td><td colspan="6">被测车辆动力性和能量消耗特性的评价结果：</td></tr>
<tr><td rowspan="10">6. 评估</td><td colspan="2">评 估 项 目</td><td>自我评估</td><td>组长评估</td><td>教师评估</td><td>备　注</td></tr>
<tr><td rowspan="2">素质考评 10 分</td><td>劳动纪律 5 分</td><td></td><td></td><td></td><td></td></tr>
<tr><td>环保意识 5 分</td><td></td><td></td><td></td><td></td></tr>
<tr><td colspan="2">工单完成情况 20 分</td><td></td><td></td><td></td><td></td></tr>
<tr><td rowspan="4">实操考评 40 分</td><td>工具使用 5 分</td><td></td><td></td><td></td><td></td></tr>
<tr><td>任务方案 10 分</td><td></td><td></td><td></td><td></td></tr>
<tr><td>实施过程 20 分</td><td></td><td></td><td></td><td></td></tr>
<tr><td>完成情况 5 分</td><td></td><td></td><td></td><td></td></tr>
<tr><td colspan="2">合计 70 分</td><td></td><td></td><td></td><td></td></tr>
<tr><td colspan="2">综合评价 100 分</td><td></td><td></td><td></td><td></td></tr>
</table>

学习项目二　汽车排放污染物的检测

1. 项目描述

随着汽车尾气污染的日益严重，汽车尾气排放立法势在必行，世界各国早在20世纪六七十年代就对汽车尾气排放建立了相应的法规制度，推动了汽车排放控制技术的进步，而随着汽车排放控制技术的不断提高，又使制订更高标准成为可能。汽车排放污染物是每辆车安全环保检测的必检项目，其需进行汽油机或柴油机的排放污染物检测。

2. 项目提示

汽车排放的欧洲法规（指令）标准在1992年前已实施若干阶段，欧洲从1992年起开始实施欧Ⅰ（欧Ⅰ类型认证排放限值）、1996年起开始实施欧Ⅱ（欧Ⅱ类型认证和生产一致性排放限值）、2000年起开始实施欧Ⅲ（欧Ⅲ类型认证和生产一致性排放限值）、2005年起开始实施欧Ⅳ（欧Ⅳ类型认证和生产一致性排放限值）。

汽油机和柴油机的排放污染物的检测设备和检测方法各不相同。

1. 知识目标

掌握汽油机和柴油机排放污染物检测原理。

2. 技能目标

（1）掌握汽油机和柴油机的检测要求。

（2）掌握汽油机和柴油机的检测方法。

一、排放污染物检测的重要性

随着汽车保有量急剧增加，汽车排放的废气对大气环境已构成危害。这些排放的尾气恶化了人类的生存环境，影响了人们的身体健康，已发展成为严重的社会问题。检测汽车排放污染物的浓度，已成为汽车性能检测中重要的检测项目。

汽车排放的污染物主要是一氧化碳（CO）、碳氢化合物（HC）、氮氧化物（NO_x）、铅化合物、二氧化硫（SO_2）、炭烟及其他一些有害物质。这些有害物质在大气中达到一定浓度后，将对人体和生物造成极大的危害，即排气公害。汽车排放污染物也是PM2.5的主要来源之一。

为能有效地控制汽车尾气排放中有害物质的浓度，减少汽车尾气对环境的污染，必须对汽车尾气进行检测，使有害气体的排放符合国家标准的要求。另外，汽车尾气成分与燃烧质量有关，对汽车尾气进行分析，也是汽车故障诊断的有效手段之一。

汽车尾气排放的检测分为汽油机尾气检测和柴油机尾气检测。在相同工况下，汽油机的 CO、HC、NO_x 排放量比柴油机大，因此，国家标准主要限制汽油机的 CO、HC 和 NO_x 排放量；而柴油机主要是产生炭烟污染，国家标准主要限制柴油机排气的烟度。

二、汽油机排放污染物的检测原理

汽油发动机在怠速运转时，由于节气门开度小、发动机转速低、残余废气量相对增大和燃烧温度低等原因，使得 CO 和 HC 的排放量明显增多。为此，在国家标准 GB 18285—2005《点燃式发动机汽车排气污染物排放限值及测量方法（双怠速法及简易工况法）》中予以限制。该标准规定了点燃式发动机汽车怠速和高怠速工况下排气污染物排放限值及测量方法，同时规定了点燃式发动机轻型汽车稳态工况法、瞬态工况法和简易瞬态工况法等几种测量法。

1. 不分光红外线分析法的基本原理

汽车废气中的 CO、HC 等气体，都分别具有能吸收一定波长范围红外线的性质，而且红外线被吸收的程度与废气浓度之间有一定的关系。不分光红外线分析法就是根据这一原理，即根据废气吸收一定波长红外线能量的变化，来测量废气中各种污染物的浓度。例如 CO 主要吸收波长为 4.7μm 附近的红外线，为此可以让红外线通过一定量的汽车尾气，通过对比 4.7μm 红外线经过尾气前后能量的变化，来测定尾气中 CO 的含量。在各种气体混合的情况下，这种测量方法具有测量值不受影响的特点。

2. 不分光红外线气体分析仪的组成与工作原理

不分光红外线 CO 和 HC 气体分析仪，是一种能从汽车排气管中采集气样，并对气体中所含有的 CO 和 HC 的浓度进行连续测定的仪器。它主要由废气取样装置、废气分析装置、废气浓度指示装置及校准装置等构成。图 2-1 所示为佛山 MEXA-324 型不分光红外线废气分析仪。

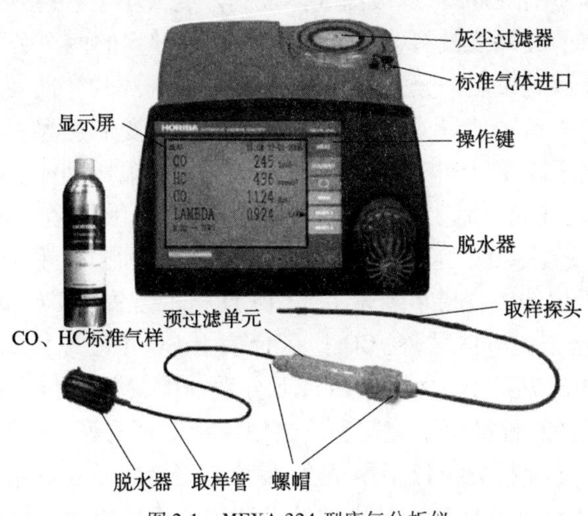

图 2-1　MEXA-324 型废气分析仪

(1)废气取样装置见图2-2,废气取样装置由取样探头、滤清器、导管、水分离器和泵等构成。用探头、导管、泵从排气管采集废气,排气中的粉尘和炭粒用滤清器滤除,水用水分离器分离出去,最后,将气体成分输送到分析部分。

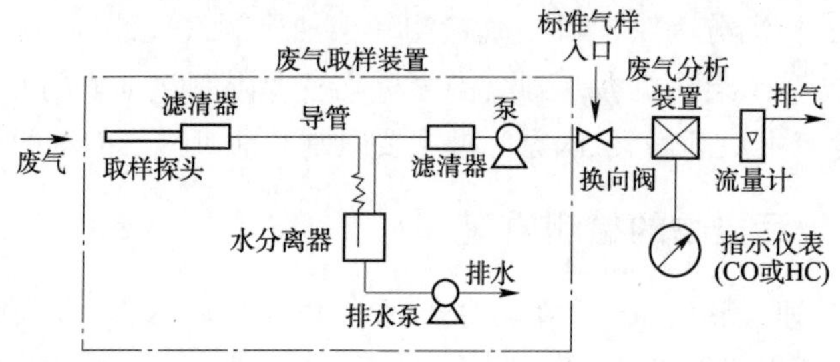

图2-2 废气取样装置

(2)废气分析装置由红外线光源、气样室、旋转扇轮、测量室和传感器等组成。从取样装置输送来的多种气体共存在废气中,通过不分光红外线分析装置分析测定气体CO、HC的浓度,用电信号将其输送到浓度指示装置,工作原理见图2-3。从两个红外线光源发出的红外线,分别通过标准气样室和测量气样室后到达测量室。在标准气样室里充有不吸收红外线的氮气,在测量气样室里充有被测量的废气。测量室由两个分室构成,在两个分室中间装有金属膜式电容微音器作为传感器。为了能够从废气中选择出只需要测量的成分,在测量室的两个分室内,分别充入与被测气体相同的气体。在测量CO的分析装置内充入CO气体;在测量HC的分析装置内充入正己烷气体。

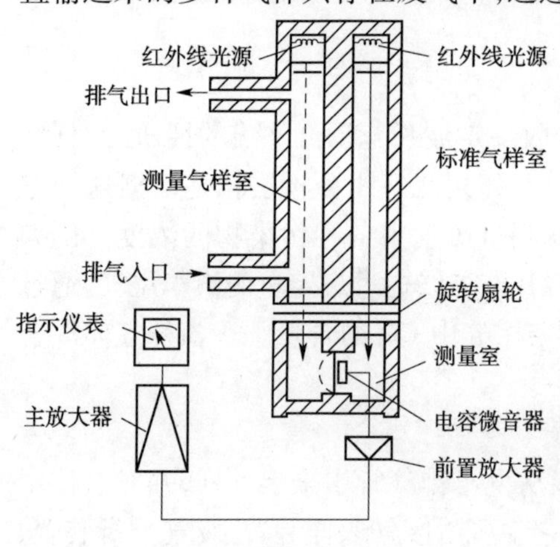

图2-3 废气分析装置

当红外线通过旋转扇轮后断续地到达测量室时,由于通过测量气样室的红外线,所被测气体按其浓度大小吸收掉一部分一定波长的红外线,而通过标准气样室的红外线没有被吸收,因此,在测量室的两个分室内因红外线的能量差别而出现温度差,从而导致两个分室的压力差,致使金属膜片弯曲变形。废气中被测气体浓度越大(两个分室红外线的能量差越大),金属膜片弯曲变形愈大。膜片弯曲变形使电容改变,电容改变引起电压改变,该电压信号经放大器放大后输送到浓度指示装置。

由于检测不同的尾气成分需要使用不同波长的红外光,所以在多种气体分析仪中需要相应数量的气体分析装置,如两个气体分析仪需要有分别检测CO和HC的分析装置。

(3)指示装置分析仪的浓度指示装置主要由CO指示装置和HC指示装置组成,见图1-10。从废气分析装置送来的电信号,在CO指示仪表上CO浓度以体积分数(%)为单位;在HC指示仪表上HC浓度以正己烷当量体积百万分数(10^{-6})为单位直接显示出来。仪表的指示可利用零位调整旋钮、标准调整旋钮和读数挡位转换开关等进行控制。

(4)校准装置是为了保持分析仪指示精度,使之能经常显示正确指示值的一种装置。在分析仪上通常设有加入标准气样进行校准的校准装置和机械的简易校准装置。

①标准气样校准装置是把标准气样从分析仪单设的一个专用注入口(图2-4)直接送到废气分析装置,再通过比较标准气样浓度值和仪表指示值的方法来进行校准的装置。

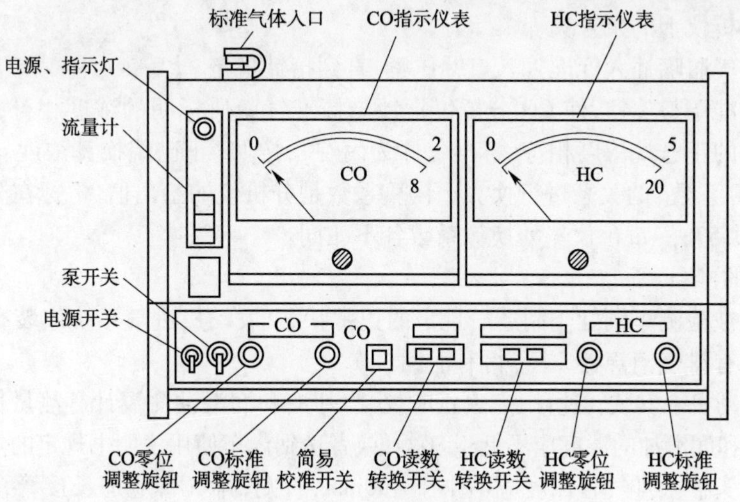

图2-4　废气分析仪面板图

②简易校准装置是用遮光板把废气分析装置中通过测量气样室的红外线挡住一部分,用减少一定量红外线能量的方法进行简单校准。

3. 四气体与五气体分析仪简介

鉴于目前实施的怠速工况只测定CO、HC两种气体的排气检测手段已无法有效反映汽车排气中的NO_x和CO_2的情况,现多使用四、五气体分析仪来满足测量要求。四气与五气的分析仪区别在于五气分析仪可检测氮氧化合物(NO_x),五气分析仪中CO、CO_2、HC通过不分光红外线不同波长能量吸收的原理来测定,可获得足够的测试精度,而NO_x与O_2的浓度采用氮氧化合物的传感器和氧传感器测定。

氧(O_2)传感器的基本结构包括一个电解质阳极和一个空气阴极组成的金属—空气有限度渗透型电化学电池。氧传感器电流是一个电流发生器,其所产生的电流正比于氧的消耗率。此电流通过在输出端子跨接一个电阻来产生一个电信号。如果通入传感器的氧气只是被有限度地渗透,利用上述信号可测氧气的浓度。

应用于汽车废气检测的氧电池,使用一种塑料膜作为渗透膜,其渗透量受控于气体分子撞击膜壁的强度,如果气体压力增加,分子的渗透率增加。因此,输出的结果直接正比于氧的分压且在整个浓度范围内呈线性响应。由氧传感器输出的信号经放大后,送至仪器的数据处理系统的A/D输入端,进行数字处理及显示。

检测NO_x的传感器是在氧传感器基础上发展起来的电化学电池式传感器。

4. 汽油车双怠速法污染物的检测方法

(1)仪器的准备。

按使用说明书要求做好各项检查工作,校准仪器。以MEXA-324E为例,首先用标准气样校准仪器。

①接通电源,预热仪器30min。

②按标准气体的浓度把量程切换开关置于要校正的量程。

③取下水分离器，导入新鲜空气。

④指针稳定后，旋转零位调整旋钮将指针调零。

⑤关掉分析仪上的泵开关。

⑥将标准气瓶嘴插入标准气入口并压紧，直到指针稳定。

⑦旋转标准调整旋钮，使 CO 分析仪指针与标准气瓶所标明的浓度相符，使 HC 分析仪指针与换算出的正己烷浓度相符（标准气样为丙烷），按照"正己烷换算浓度 = 标准气样（丙烷）浓度 × 换算系数"的关系进行换算。换算系数是分析仪的给出值，常标在分析仪右侧，一般为 0.472 ~ 0.578。每台仪器的换算系数各不相同。

（2）车辆的准备。

①应保证被检测车辆处于制造厂规定的正常状态，发动机进气系统应装有空气滤清器，排气系统应装有排气消声器，并不得有泄漏。

②应在发动机上安装转速计、点火正时仪、冷却液和润滑油测温计等测量仪器。测量时，发动机冷却液和润滑油的温度应不低于 80℃，或者达到汽车使用说明书规定的热车状态。

③取样探头插入排气管深度应不小于 400mm，否则，排气管应加长接管，但必须保证接口处不漏气。

④按规定调整怠速和点火正时。

（3）检测方法。

①发动机由怠速工况加速至 0.7 倍额定转速，维持 30s 后降至高怠速状态，并使转速稳定；把量程转换开关调到最高量程挡位。

②取样探头插入排气管中，深度等于 400mm，并固定于排气管。

③发动机在高怠速状态，维持 15s 后开始读数，由具有平均值功能的仪器读取 30s 内的平均值，或者人工读取 30s 内的最高值和最低值，其平均值即为高怠速污染物测量结果。

④发动机从高怠速降至怠速状态 15s 后，由具有平均值功能的仪器读取 30s 内的平均值，或者人工读取 30s 内的最高值和最低值，其平均值即为怠速污染物测量结果。

⑤对于使用闭环控制电子燃油喷射系统和三元催化转化器技术的汽车，还应同时读取过量空气系数 λ 的数值。

⑥若发动机为多排气管，检测结果取各排气管检测结果的平均值。

⑦测试中保证仪器处于废气浓度的合适量程挡位。

⑧检测工作结束后，从排气管中取出取样探头，吸入新鲜空气约 5min，仪器指针回零后关掉电源。

5. 检测标准

汽车怠速排气污染物排放限制应符合表 2-1 规定的数值。

汽车怠速排气污染物排放限值（体积分数）　　表 2-1

车　型	类　别			
	怠速		高怠速	
	CO(%)	HC(10^{-6})	CO(%)	HC(10^{-6})
2005 年 7 月 1 日起新生产的第一类轻型汽车	0.5	100	0.3	100
2005 年 7 月 1 日起新生产的第二类轻型汽车	0.8	150	0.5	150

续上表

车　型	类　别			
	怠速		高怠速	
	CO(%)	HC(10^{-6})	CO(%)	HC(10^{-6})
2005 年 7 月 1 日起新生产的重型汽车	1.0	200	0.7	200
2000 年 7 月 1 日起生产的第一类轻型汽车	0.8	150	0.3	100
2001 年 10 月 1 日起生产的第二类轻型汽车	1.0	200	0.5	150
2004 年 9 月 1 日起生产的重型汽车	1.5	250	0.7	200

三、柴油车自由加速烟度的检测

柴油车排气烟度检测目前实施 GB 3847—2005《车用压燃式发动机和压燃式发动机汽车排气烟度排放限值及测量方法》。按标准规定车型核准批准车型生产的在用汽车,应该按该标准附录 I 的要求进行自由加速试验,其所测得的排气光吸收系数不应大于车型核准批准的自由加速排气烟度排放限值再加 $0.5m^{-1}$;标准规定 2001 年 10 月 1 日起生产的在用汽车,应该按该标准附录 I 的要求进行自由加速试验,所测得的排气光吸收系数,自然吸气式不应大于 $2.5m^{-1}$,涡轮增压式不应大于 $3.0m^{-1}$;自 1995 年 6 月 30 日以前生产的在用汽车,应按附录 K 的要求进行自由加速试验,所得的烟度值应不大于 5.0Rb;自 1995 年 7 月 1 日至 2001 年 9 月 30 日期间生产的在用汽车,应按附录 K 的要求进行自由加速试验,所得的烟度值应不大于 4.5Rb。

自由加速工况的定义:在发动机怠速下,迅速但不猛烈地踩下加速踏板,使喷油泵供给最大油量。在发动机达到调速器允许的最大转速前,保持此位置。一旦达到最大转速,立即松开加速踏板,使发动机恢复至怠速。

柴油车排气烟度的测量,从测量方法、测量仪器到烟度的允许限值,到目前为止没有形成世界性的统一标准,各国都根据本国的具体情况制定了有关规定。GB 3847—2005 规定在用车可以继续使用滤纸式烟度计。

1. 滤纸式烟度计的结构

滤纸式烟度计是应用最广的烟度计之一,有手动、半自动和全自动三种形式。其结构都是由废气取样装置、染黑度检测与指示装置和控制装置等组成。图 2-5 所示为佛山 FBY-1 型烟度计结构示意图。

(1)废气取样装置。

废气取样装置由取样探头、抽气泵和取样软管等组成。取样探头有台架用和整车试验用两种类型。整车试验用取样探头带有散热片,并有安装夹具以便固定在排气管上。取样探头在抽气泵的作用下抽取废气。

(2)染黑度检测与指示装置。

染黑度检测与指示装置见图 2-6,它由光源(白炽灯泡)、光电元件(环形晒电池)和指示电表等组成。根据光学反射作用,由光源的光线射向已被炭烟染黑的滤纸,光线一部分被黑色炭烟吸收,一部分被滤纸反射至光电元件,从而产生相应的光电流。

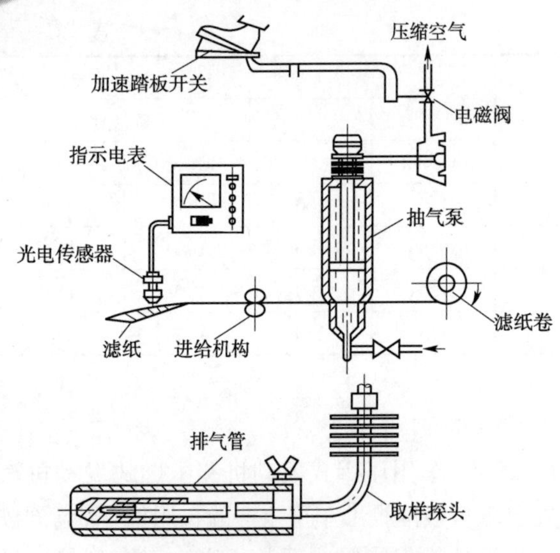

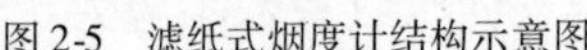
图 2-5　滤纸式烟度计结构示意图

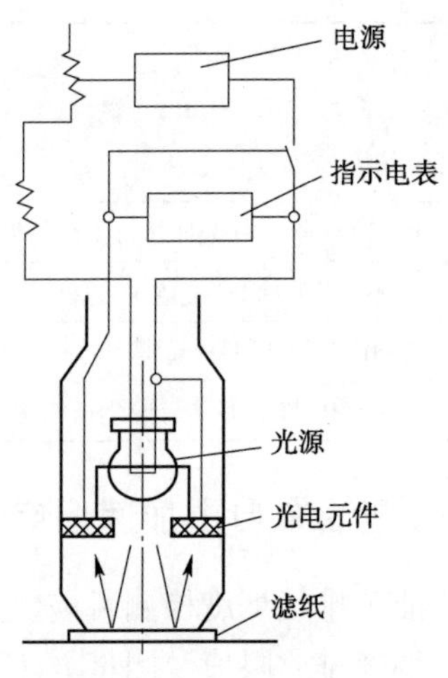

图 2-6　染黑度检测与指示装置结构示意图

(3)控制装置。

控制装置包括用脚操纵的抽气泵开关、滤纸进给机构和压缩空气清洗机构等。压缩空气清洗机构能在取样前,用压缩空气清洗取样探头和取样软管内的残留废气炭粒。

2. 柴油车自由加速烟度的检测方法

(1)仪器的准备。

①通电前,检查指示仪表指针是否在机械零点上,若不在,则用零点调整螺钉使指针与“0”刻度重合。

②接通电源,仪器进行预热。打开测量开关,在检测装置上垫 10 张全白滤纸,调节粗调及微调电位器,使表头指针与“0”刻度重合。

③在 10 张全白滤纸上放上标准烟样,并对准检测装置,仪表指针应指在标准烟样的染黑度数值上,否则应进行调节。

④检查取样装置和控制装置中各部件的工作情况,特别要检查加速踏板开关与活塞抽气泵动作是否同步。

⑤检查控制用压缩空气和清洗用压缩空气的压力是否符合要求。

⑥检查滤纸进给机构的工作情况是否正常。检查滤纸是否合格,应洁白无污。

(2)受检车辆的准备。

①进气系统应装有空气滤清器,排气系统应装有消声器并且不得有泄漏。

②柴油应符合国家规定,不得使用燃油添加剂。

③测量时发动机的冷却液和润滑油温度应达到汽车使用说明书所规定的热状态。

(3)测量程序。

①用压力为 0.3 ~ 0.4MPa 的压缩空气清洗取样管路。

②把抽气泵置于待抽气位置,将洁白的滤纸置于待取样位置,将滤纸夹紧。

③将取样探头固定于排气管内,插入深度等于 300mm,并使其轴线与排气管轴线平行。

④将加速踏板开关引入汽车驾驶室内,但暂不固定在加速踏板上。

⑤按照自由加速工况的规定加速 3 次，以清除排气系统中的积存物。然后，把加速踏板开关固定在加速踏板上，进行实测。

⑥按自由加速工况和取样循环要求，在取样期间内完成抽气泵抽气、走纸、抽气泵复位、滤纸夹紧、读数、清洗等过程。测量 4 次，取后 3 次读数的算术平均值为所测烟度值。注意每次循环取样应在 20s 内完成。

⑦当汽车发动机黑烟冒出排气管的时间与抽气泵开始抽气的时间不同步时，应取最大烟度值作为所测烟度值。

⑧检测结束，及时关闭电源和气源。自由加速烟度测量规程见图 2-7。

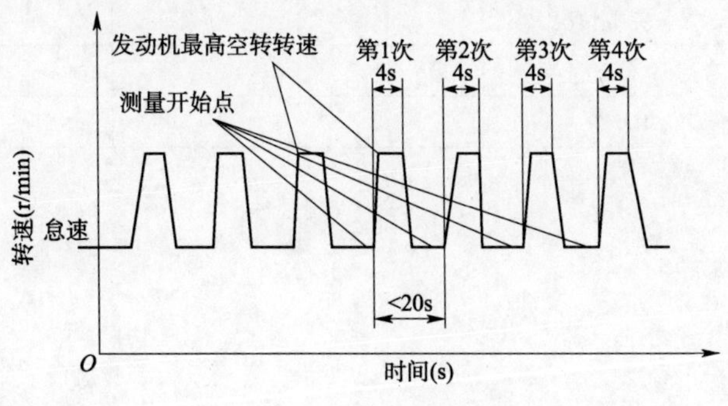

图 2-7　自由加速烟度测量规程

四、任务实施过程工单

<table>
<tr><td>学习任务</td><td colspan="3">汽车排放污染物的检测</td></tr>
<tr><td>任务描述</td><td colspan="3">(1)汽油机的排放污染物检测原理、检测仪器、检测方法、检测标准。
(2)柴油机的排放污染物检测原理、检测仪器、检测方法、检测标准</td></tr>
<tr><td rowspan="2">1. 信息</td><td colspan="2">汽油机的排放污染物检测原理</td><td></td></tr>
<tr><td colspan="2">柴油机的排放污染物检测原理</td><td></td></tr>
<tr><td rowspan="2">2. 计划</td><td>汽油机的排放污染物检测准备</td><td colspan="2" rowspan="2">知识准备、车辆准备、仪器准备</td></tr>
<tr><td>柴油机的排放污染物检测准备</td></tr>
<tr><td rowspan="3">3. 决策</td><td>人员分配</td><td colspan="2"></td></tr>
<tr><td>检测仪器</td><td colspan="2"></td></tr>
<tr><td>检测过程</td><td colspan="2"></td></tr>
<tr><td rowspan="3">4. 实施</td><td>检 测 内 容</td><td>检 测 方 法</td><td>检 测 结 果</td></tr>
<tr><td>汽油机的排放污染物检测</td><td></td><td></td></tr>
<tr><td>柴油机的排放污染物检测</td><td></td><td></td></tr>
<tr><td>5. 检查</td><td colspan="3">检查汽车排放污染物检测结果并与检测标准进行对比。
结果：</td></tr>
</table>

续上表

<table>
<tr><td rowspan="9">6. 评估</td><td colspan="2">评 估 项 目</td><td>自我评估</td><td>组长评估</td><td>教师评估</td><td>备　注</td></tr>
<tr><td rowspan="2">素质考评 10 分</td><td>劳动纪律 5 分</td><td></td><td></td><td></td><td></td></tr>
<tr><td>环保意识 5 分</td><td></td><td></td><td></td><td></td></tr>
<tr><td colspan="2">工单完成情况 20 分</td><td></td><td></td><td></td><td></td></tr>
<tr><td rowspan="4">实操考评 40 分</td><td>工具使用 5 分</td><td></td><td></td><td></td><td></td></tr>
<tr><td>任务方案 10 分</td><td></td><td></td><td></td><td></td></tr>
<tr><td>实施过程 20 分</td><td></td><td></td><td></td><td></td></tr>
<tr><td>完成情况 5 分</td><td></td><td></td><td></td><td></td></tr>
<tr><td colspan="2">合计 70 分</td><td></td><td></td><td></td><td></td></tr>
<tr><td></td><td colspan="2">综合评价 100 分</td><td></td><td></td><td></td><td></td></tr>
</table>

学习项目三 汽车噪声的检测

1. 项目描述

随着汽车保有量的急剧增加，功率和行驶速度的提高，汽车噪声已成为城市环境中最主要的噪声源之一。控制汽车噪声污染也越来越引起人们的重视。对汽车噪声进行检测，就是要把噪声控制在标准值范围内，最大限度地减少汽车噪声的危害。

2. 项目提示

汽车噪声包括发动机噪声、排气管噪声、车体振动噪声、传动机构噪声、高速行驶轮胎噪声和喇叭声级等。汽车噪声的检测是利用噪声检测设备对车内噪声和车外噪声进行检测，检测结果应该符合汽车噪声检测标准。

1. 知识目标

掌握汽车噪声的检测内容和检测原理。

2. 技能目标

掌握汽车噪声的检测方法。

一、汽车噪声的检测原理

1. 噪声的评价指标

(1)噪声的声压和声压级。

噪声的主要物理参数有声压与声压级、声强与声强级和声功率与声功率级。其中声压与声压级是表示声音强弱的最基本的参数。

声压是指由于声波的存在引起在弹性介质中压力的变化值。声音的强弱取决于声压，声压越大听到的声音越强。人耳可以听到的声压范围是 2×10^{-5}(听阈声压)~20Pa(痛阈声压)，相差100万倍，因此用声压的绝对值表示声音的强弱会感到很不方便，所以人们常用声压级来表示声音的强弱。

声压级是指某点的声压 P 与基准声压(听阈声压)P_0 的比值取常用对数再乘以20的值[$L_p=20\lg(P/P_0)$]，单位为分贝(dB)。可闻声声压级范围为0~120dB。

(2)噪声级。

声压级相同的声音,但由于频率不同,听起来并不一样响,相反,不同频率的声音,虽然声压级也不同,但有时听起来却一样响,因此,用声压级测定的声音强弱与人们的生理感觉往往不一样。因而,对噪声的评价常采用与人耳生理感觉相适应的指标。

为了模拟人耳在不同频率有不同的灵敏性,在声级计内设有一种能够模拟人耳的听觉特性,把电信号修正为与听觉近似值的网络,这种网络称作计权网络。通过计权网络测得的声压级,已不再是客观物理量的声压级,而是经过听感修正的声压级,称作计权声级或噪声级。

国际电工委员会(IEC)对声学仪器规定了 A、B、C 等几种国际标准频率计权网络,它们是参考国际标准等响曲线而设计的。由于 A 计权网络的特性曲线接近人耳的听感特性,故目前普遍采用 A 计权网络对噪声进行测量和评价,记作 dB(A)。

2. *声级计*

汽车噪声的检测一般用声级计。声级计一般由传声器、放大器、衰减器、计权网络、检波器、指示表头和电源等组成。其工作原理是:被测的声波通过传声器被转换为电压信号,根据信号大小选择衰减器或放大,放大后的信号送入计权网络作处理,最后经过检波并在以 dB 标度的表头上指示出噪声数值。图 3-1 所示为我国生产的爱华 AWA5633A 型精密声级计。

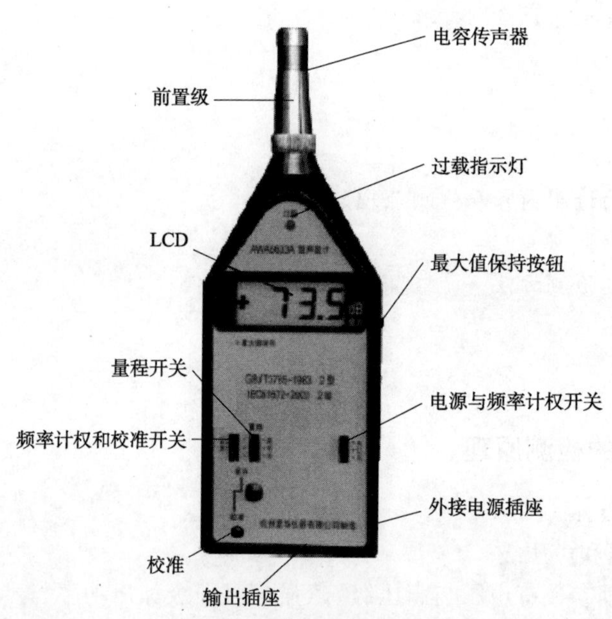

图 3-1　爱华 AWA5633A 型声级计

(1)传声器。

传声器是将声波的压力转换成电压信号的装置,也称话筒,是声级计的传感器。常见的传声器有动圈式和电容式等多种形式。

动圈式传声器由振动膜片、可动线圈、永久磁铁和变压器等组成。振动膜片受到声波压力作用产生振动,它带动着和它装在一起的可动线圈在磁场内振动而产生感应电流。该电流根据振动膜片受到声波压力的大小而变化。声压越大,产生的电流就越大。

电容式传声器由金属膜片和金属电极构成平板电容的两个极板,当膜片受到声压作用发生变形，使两个极板之间的距离发生变化，电容量也发生变化，从而实现了将声压转换为电信号的作用。电容式传声器具有动态范围大、频率响应平直、灵敏度高和稳定性好等优点，因而应用广泛。

(2)放大器和衰减器。

在放大线路中都采用两级放大器，即输入放大器和输出放大器，其作用是将微弱的电信号放大。输入衰减器和输出衰减器是用来改变输入信号的衰减量和输出信号衰减量的，以便使表头指针指在适当的位置上。衰减器每一挡的衰减量为10dB。

(3)计权网络。

计权网络一般有A、B、C三种。A计权声级模拟人耳对55dB以下低强度噪声的频率特性，B计权声级模拟55～85dB的中等强度噪声的频率特性，C计权声级模拟高强度噪声的频率特性。三者的主要差别是对噪声低频成分的衰减程度不同，A衰减最多，B次之，C衰减最少。A计权声级由于其特性曲线接近于人耳的听感特性，因此，目前应用最广泛，B、C计权声级已逐渐不被采用。

(4)检波器和指示表头。

为了使经过放大的信号通过表头显示出来，声级计还需要有检波器，以便把迅速变化的电压信号转变成变化较慢的直流电压信号。这个直流电压的大小要正比于输入信号的大小。根据测量的需要，检波器有峰值检波器、平均值检波器和均方根值检波器之分。峰值检波器能给出一定时间间隔中的最大值，平均值检波器能在一定时间间隔中测量其绝对平均值。

(5)其他部件。

声级计表头阻尼一般都有“快”和“慢”两挡。“快”挡的平均时间为0.27s，很接近于人耳听觉器官的生理平均时间。“慢”挡的平均时间为1.05s。当对稳态噪声进行测量或需要记录声级变化过程时，使用“快”挡比较合适；在被测噪声的波动比较大时，使用“慢”挡比较合适。

声级计面板上一般还备有一些插孔，这些插孔如果与便携式倍频带滤波器相连，可组成小型现场使用的简易频谱分析系统；如果与录音机组合，则可把现场噪声录制在磁带上储存下来，待以后再进行更详细的研究；如果与示波器组合，则可观察到声压变化的波形，并可存储波形或用照相机把波形摄制下来；还可以把分析仪、记录仪等仪器与声级计组合、配套使用，这要根据测试条件和测试要求而定。

3.汽车噪声检测标准

根据GB 7258—2012《机动车运行安全技术条件》国家标准要求，检测标准包括如下方面。

(1)汽车驾驶人耳旁噪声级不应大于90dB(A)。

(2)客车以50km/h的速度匀速行驶时，客车内噪声不应大于79dB(A)。

(3)汽车应具有连续发声功能，其工作应可靠。喇叭声级的值应为90～115dB(A)。

二、汽车噪声的检测操作方法

1.汽车噪声测量操作方法

国家标准规定汽车噪声使用的测量仪器有精密声级计或普通声级计和发动机转速表，

声级计误差不超过 ±2dB,并要求在测量前后,按规定进行校准。

1)声级计的检查与校准

(1)在未接通电源时,先检查并调整仪表指针的机械零点。可用零点调整螺钉使指针与零点重合。

(2)检查电池容量。把声级计功能开关对准"电池",此时电表指针应达到额定红线,否则读数不准,应更换电池。

(3)打开电源开关,预热仪器 10min。

(4)校准仪器。每次测量前或使用一段时间后,应对仪器的电路和传声器进行校准。根据声级计上配有的电路校准"参考"位置,校验放大器的工作是否正常。如不正常,应用微调电位计进行调节。电路校准后,再用已知灵敏度的标准传声器对声级计上的传声器进行对比校准。

常用的标准传声器有声级校准器和活塞式发声器,它们的内部都有一个可发出恒定频率、恒定声级的机械装置,因而很容易对比出被检传声器的灵敏度。声级校准器产生的声压级为 94dB,频率为 1000Hz;活塞式发声器产生的声压级为 124dB,频率为 250Hz。

(5)将声级计的功能开关对准"线性""快"挡。由于室内的环境噪声一般为 40 ~ 60dB,声级计上应有相应的示值。当变换衰减器刻度盘的挡位时,表头示值应相应变化 10dB 左右。

(6)检查计权网络。按上述步骤,将"线性"位置依次转换为"C""B""A"。由于室内环境噪声多为低频成分,故经三挡计权网络后的噪声级示值将低于线性值,而且应依次递减。

(7)检查"快""慢"挡。将衰减器刻度盘调到高分贝值处(例如 90dB),通过操作人员发声,来观察"快"挡时的指针能否跟上发音速度,"慢"挡时的指针摆动是否明显迟缓。

(8)在投入使用时,若不知道被测噪声级多大,必须把衰减器刻度盘预先放在最大衰减位置(即 120dB),然后在实测中再逐步旋至被测声级所需要的衰减挡。

2)车外噪声测量方法

(1)测量条件。

①测量场地应平坦而空旷,在测试中心以 25m 为半径的范围内,不应有大的反射物,如建筑物、围墙等。

②测试场地跑道应有 20m 以上平直、干燥的沥青路面或混凝土路面,路面坡度不超过 0.5%。

③本底噪声(本底噪声是指测量对象噪声不存在时,周围环境的噪声,包括风噪声)应比所测车辆噪声至少低 10dB,并保证测量不被偶然的其他声源所干扰。

④为避免风噪声干扰,可采用防风罩,但应注意防风罩对声级计灵敏度的影响。

⑤声级计附近除测量者外,不应有其他人员,如不可缺少时,则必须在测量者背后。

⑥被测车辆不载重,测量时发动机应处于正常使用温度,车辆带有其他辅助设备亦是噪声源,测量时是否开动,应按正常使用情况而定。

(2)测量场地及测点位置。

汽车噪声的测量场地及测量位置见图 3-2,测试传声器位于 20m 跑道中心点 O 两侧,各距中线 7.5m，距地面高度 1.2m，用三脚架固定，传声器平行于路面，其轴线垂直于车辆行驶方向。

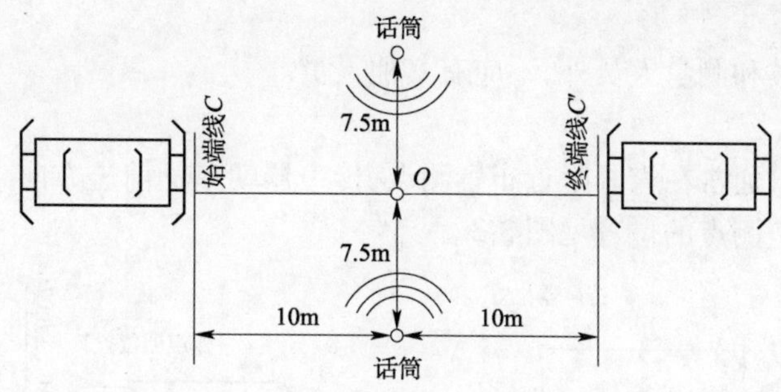

图 3-2　车外噪声测量场地及测量位置

(3)加速行驶车外噪声测量方法。

①车辆须按规定条件稳定地到达始端线，前进挡位为 4 挡以上的车辆用第 3 挡，前进挡位为 4 挡或 4 挡以下的用第 2 挡，发动机转速为其标定转速的 3/4。如果此时车速超过了 50km/h，那么车辆应以 50km/h 的车速稳定地到达始端线。对于装备自动变速器的车辆，使用在试验区间加速最快的挡位。辅助变速装置不应使用。在无转速表时，可以控制车速进入测量区，即以所定挡位相当于 3/4 标定转速的车速稳定的到达始端线。

②从车辆前端到达始端线开始，立即将加速踏板踏到底或使节气门全开，直线加速行驶，当车辆后端到达终端线时，立即停止加速。车辆后端不包括拖车以及和拖车连接的部分。

本测量要求被测车在后半区域发动机达到标定转速，如果车速达不到这个要求，可延长距离至 15m，如仍达不到这个要求，车辆使用挡位要降低一挡。如果车辆在后半区域超过标定转速，可适当降低到达始端线的转速。

③声级计用"A"计权网络、"快"挡进行测量，读取车辆驶过时的声级计表头最大读数。

④同样的测量往返进行 1 次。车辆同侧两次测量结果之差，应不大于 2dB，并把测量结果记入规定的表格中。取每侧 2 次声级平均值中最大值作为检测车的最大噪声级。若只用 1 只声级计测量，同样的测量应进行 4 次，即每侧测量 2 次。

(4)匀速行驶车外噪声测量方法。

①车辆用常用挡位，加速踏板保持稳定，以 50km/h 的车速匀速通过测量区域。

②声级计用"A"计权网络、"快"挡进行测量，读取车辆驶过时声级计表头的最大读数。

③同样的测量往返进行 1 次，车辆同侧两次测量结果之差不应大于 2dB，并把测量结果记入规定的表格中。若只用 1 个声级计测量，同样的测量应进行 4 次，即每侧测量 2 次。

3)车内噪声测量方法

(1)测量条件。

①测量跑道长度应足够试验的需要，路面条件应是平直、干燥的沥青路面或混凝土路面。

②测量时风速(指相对于地面)应不大于 3m/s。

③测量时车辆门窗应关闭。车内带有其他辅助设备是噪声源，测量时是否开动，应按正

常使用情况而定。

④车内本底噪声比所测车内噪声至少低 10dB，并保证测量不被偶然的其他声源所干扰。

⑤车内除驾驶员和测量人员外，不应有其他人员。

(2)测点位置。

①车内噪声测量通常在人耳附近布置测点，传声器朝车辆前进方向。

②驾驶室内噪声测点的位置见图 3-3。

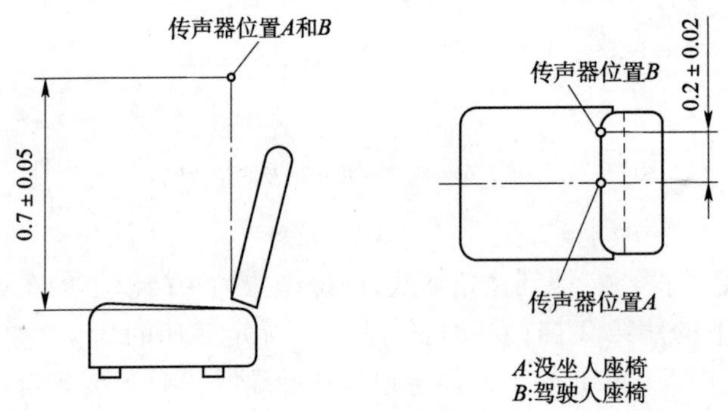

图 3-3　驾驶室内噪声测点的位置（图示单位：m）

③客车室内噪声测点可选在车厢中部及最后一排座的中间位置。

(3)测量方法。

①车辆以常用挡位、50km/h 以上的不同车速匀速行驶，分别进行测量。

②用声级计"慢"挡测量"A""C"计权声级，分别读取表头指针最大读数的平均值，测量结果记入规定的表格中。

③做车内噪声频谱分析时，应包括中心频率为 31.5Hz、63Hz、125Hz、250Hz、500Hz、1000Hz、2000Hz、4000Hz、8000Hz 的倍频带。

4)驾驶员耳旁噪声的测量方法。

①车辆应处于静止状态且变速器置于空挡，发动机应处于额定转速状态。

②测点位置见图 3-3。

③声级计应置于"A"计权、"快"挡。

2. 汽车喇叭声的测量

汽车喇叭声的测点位置见图 3-4，测量时应注意不被偶然的其他声源峰值所干扰，测量次数宜在 2 次以上，并注意监听喇叭声是否悦耳。

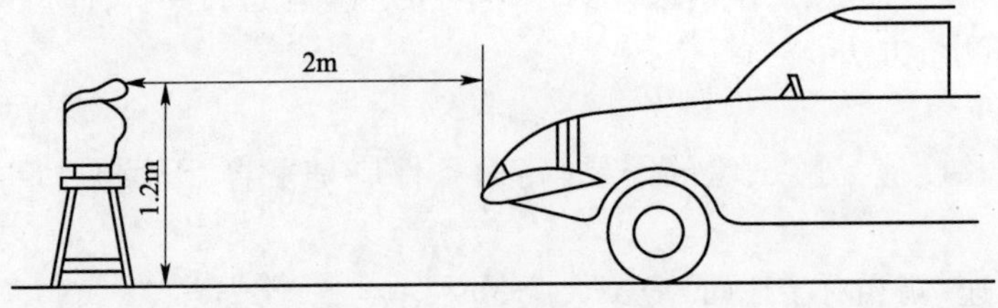

图 3-4　汽车喇叭噪声的测点位置

三、任务实施过程工单

<table>
<tr><td>学习任务</td><td colspan="6">用声级计测量汽车车内外噪声</td></tr>
<tr><td rowspan="3">1. 信息</td><td colspan="4">汽车噪声检测标准</td><td colspan="2"></td></tr>
<tr><td colspan="4">汽车噪声的检测位置有哪些</td><td colspan="2"></td></tr>
<tr><td colspan="4">声级计如何使用</td><td colspan="2"></td></tr>
<tr><td>2. 计划</td><td colspan="6">知识准备、车辆准备、仪器准备，检测内容的计划</td></tr>
<tr><td rowspan="3">3. 决策</td><td colspan="2">人员分配</td><td colspan="4"></td></tr>
<tr><td colspan="2">检测仪器</td><td colspan="4"></td></tr>
<tr><td colspan="2">检测过程</td><td colspan="4"></td></tr>
<tr><td rowspan="5">4. 实施</td><td colspan="2">检 测 内 容</td><td colspan="2">检 测 方 法</td><td colspan="2">检 测 结 果</td></tr>
<tr><td colspan="2">汽车车内噪声</td><td colspan="2"></td><td colspan="2"></td></tr>
<tr><td colspan="2">汽车车外噪声</td><td colspan="2"></td><td colspan="2"></td></tr>
<tr><td colspan="2">驾驶员耳旁噪声</td><td colspan="2"></td><td colspan="2"></td></tr>
<tr><td colspan="2">汽车喇叭声</td><td colspan="2"></td><td colspan="2"></td></tr>
<tr><td>5. 检查</td><td colspan="6">检查汽车各项噪声的检测结果并与检测标准进行对比。
结果：</td></tr>
<tr><td rowspan="10">6. 评估</td><td colspan="2">评 估 项 目</td><td>自我评估</td><td>组长评估</td><td>教师评估</td><td>备　注</td></tr>
<tr><td rowspan="2">素质考评 10 分</td><td>劳动纪律 5 分</td><td></td><td></td><td></td><td></td></tr>
<tr><td>环保意识 5 分</td><td></td><td></td><td></td><td></td></tr>
<tr><td colspan="2">工单完成情况 20 分</td><td></td><td></td><td></td><td></td></tr>
<tr><td rowspan="4">实操考评 40 分</td><td>工具使用 5 分</td><td></td><td></td><td></td><td></td></tr>
<tr><td>任务方案 10 分</td><td></td><td></td><td></td><td></td></tr>
<tr><td>实施过程 20 分</td><td></td><td></td><td></td><td></td></tr>
<tr><td>完成情况 5 分</td><td></td><td></td><td></td><td></td></tr>
<tr><td colspan="2">合计 70 分</td><td></td><td></td><td></td><td></td></tr>
<tr><td colspan="2">综合评价 100 分</td><td></td><td></td><td></td><td></td></tr>
</table>

学习项目四　汽车侧滑量的检测

1. 项目描述

一辆于2010年2月购置的大众速腾1.6L手动挡轿车已行驶5年(行驶100000km),客户反映该车出现行驶稳定性差;燃油消耗量增加;轮胎过度磨损,胎面成平板状,胎肩呈锯齿形等问题。

2. 项目提示

经过分析发现,该车轮胎过度磨损,胎面成平板状,胎肩呈锯齿形。根据对侧滑量与轮胎磨损关系的定量分析,磨损量和磨损速度与侧滑量成正比。经过初步分析,可以基本判断该车侧滑量过大,因此会出现转向沉重,自动回正作用减弱,转向盘明显跑偏,车头摇摆(车速50km/h以上时)等现象。同时侧滑量过大时行驶阻力随之增大。因此,汽车油耗增加,一般耗油量增加4%左右。

前轮侧滑量若在允许的范围(GB 7258—2012《机动车运行安全技术条件》规定不大于5m/km),对车辆使用没有大的影响,但侧滑量过大时,危害很大。检测前轮侧滑量的主要目的是为了确知前轮前束与前轮外倾角的配合是否恰当。当二者配合恰当时,汽车前轮保持稳定的直线行驶状态。侧滑量的检测采用侧滑试验台,有滑板式和滚筒式之分,其中,滑板式侧滑试验台(以下简称为侧滑试验台)在我国获得了广泛的应用。

1. 知识目标

掌握汽车侧滑量检测的必要性和原理。

2. 技能目标

掌握汽车侧滑的检测方法。

一、侧滑试验台的检测原理

侧滑试验台是让汽车在滑动板上驶过,用测量滑动板左、右方向移动量的方法,来检测车轮侧滑量并判断是否合格的一种检测设备。其基本原理是:若转向轮外倾和前束配合不当,则汽车直线行驶时,转向轮将处于边滚边滑状态,轮胎与地面间由于滑动摩擦的存在而产生相互作用力。若使汽车驶过可以横向自由滑动的滑板,则该作用力将使滑板产生侧向滑动，见图 4-1。侧滑量的大小反映了汽车转向轮外倾和前束的匹配情况，但并不能表示外倾和前束的具体数值。当汽车转向轮外倾和前束匹配情况理想时，侧滑量为零，汽车行驶时转向轮处于纯滚动状态，轮胎磨损轻，行驶阻力小，转向轻便，操纵稳定性好。

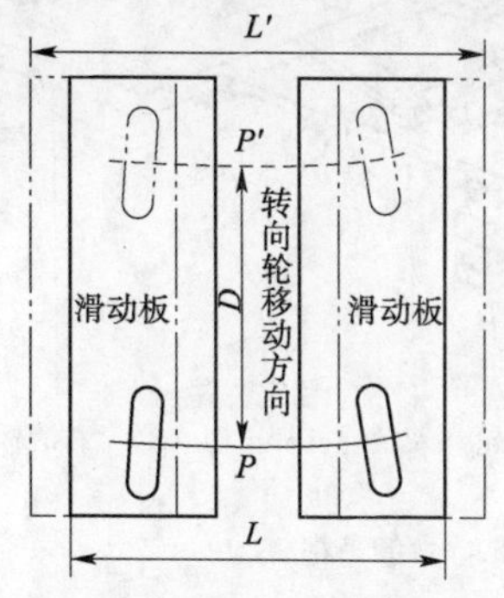

a)由车轮前束引起滑动板的侧滑

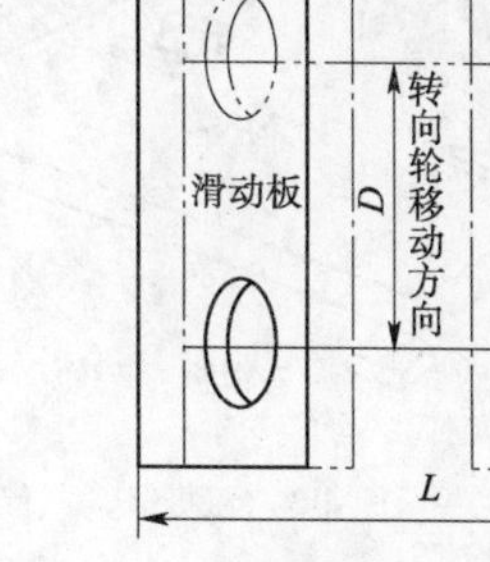

b)由车轮外倾角引起滑板的侧滑

图 4-1　汽车侧滑的检测原理

应明确说明的是：转向轮外倾和前束均合格时，侧滑量合格；但是，当侧滑量合格时，只能说明转向轮的外倾和前束配合得恰到好处，不一定保证外倾和前束都合格。

二、侧滑试验台的结构与工作原理

滑板式侧滑试验台，按其结构可分为单板式与双板式两种。前者只有一块滑动板，检验时汽车只有一侧车轮从滑动板上通过；后者共有左、右两块滑动板，检验时汽车两侧车轮同时从滑动板上通过。目前国内多采用双板式侧滑试验台。车辆在双板式侧滑试验台上进行侧滑量检测见图 4-2。

图 4-2　汽车在进行侧滑量检测

图 4-3 所示为双板联动式侧滑试验台的结构简图，该试验台主要由机械部分、测量装置、侧滑量定量指示装置和侧滑量定性显示装置等组成。

机械部分主要包括左右滑板、双摇臂杠杆机构、复位装置、导向和限位装置等。通常由于侧滑试验台的规格型号不同，滑板的纵向长度也不同，双滑板联动式侧滑试验台左右两块滑板由杠杆联动（图 4-4），同时向外或向内移动，且移动量相等；在其中一块滑板上还装有位移传感器，将滑板的位移量变成电信号送给侧滑量显示装置。不同试验台所用位移传感器可能不一样，主要有电位计位移传感器（图 4-4）、差动变压器位移传感器和自整角电动机位移传感器。如图 4-5 所示为 WG200 型侧滑试验台结构原理图。

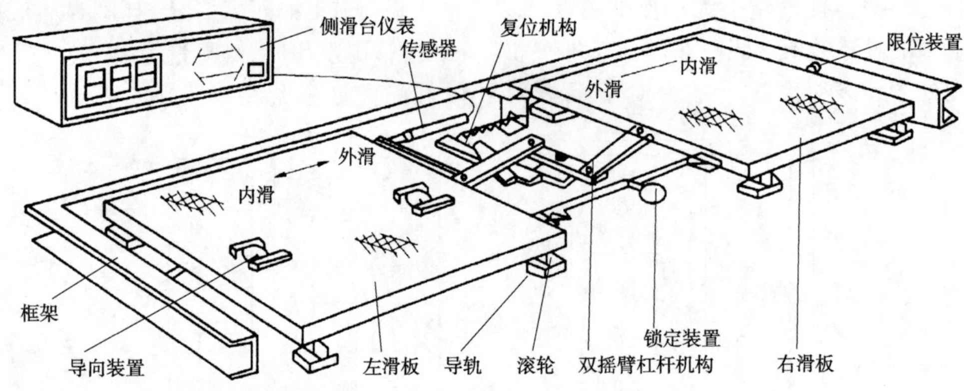

图 4-3　双板联动式侧滑试验台的结构

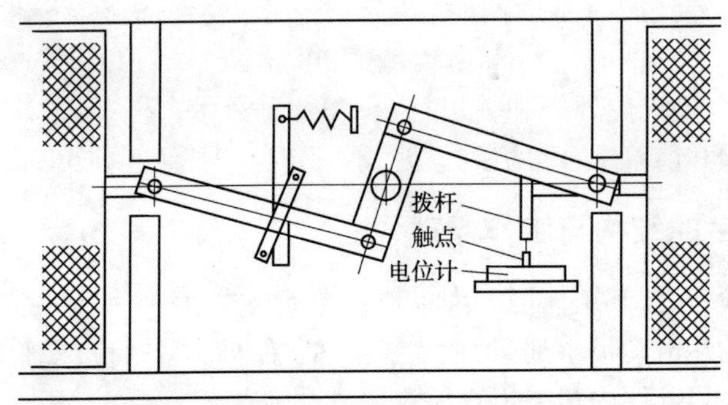

图 4-4　滑板杠杆联动机构和电位计位移传感器

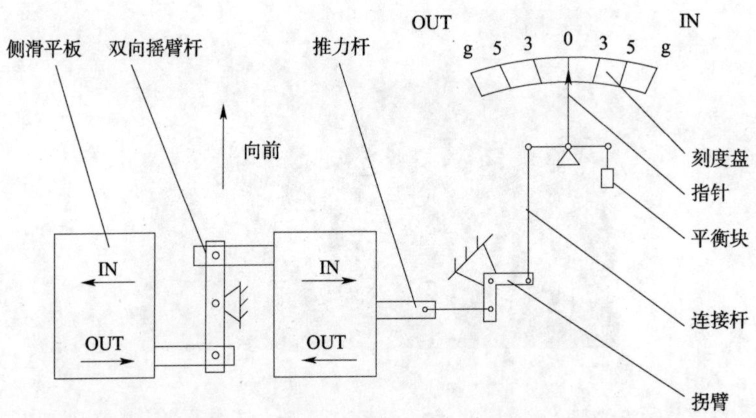

图 4-5　WG200 型侧滑试验台结构原理图

三、汽车侧滑量的检测操作

不同型号、不同规格的侧滑试验台的使用方法不尽相同，在使用前一定要仔细阅读其使用说明书。各侧滑试验台的使用方法主要包括如下方面。

1）检测前的准备工作

（1）确保轮胎气压应符合规定。

(2)清理轮胎,轮胎表面应无油污、泥土、水,花纹槽内无石子嵌入。

(3)检查侧滑试验台导线连接情况,在导线连接良好的情况下打开电源开关,查看指针式仪表的指针是否在机械零点上,并视情况进行调整,或查看数码管亮度是否正常并都在零位上。

(4)打开试验台锁止装置,检查滑动板是否滑动自如,能否复位。滑动板复位后,检查指示装置是否指在零点。

(5)检查报警装置在规定值时能否发出报警信号,并视情况进行调整或修理。

(6)检查侧滑试验台上面及其周围的清洁情况,如有油污、泥土、砂石及水等应予以清除。

2)检测方法

(1)汽车以 3 ~ 5km/h 的速度垂直平稳通过侧滑试验台的滑动板。

(2)当转向轮完全通过滑动板后,从指示装置上观察侧滑方向并读取或打印最大侧滑量。

(3)检测结束后,切断电源并锁止滑动板。

3)使用注意事项

(1)避免侧滑试验台超载。

(2)不允许汽车在滑动板上转向、制动或停放。

(3)保持侧滑试验台内、外及周围环境的清洁。

4)诊断参数标准

诊断参数标准根据国家标准 GB 7258—2012 的规定,用侧滑试验台检测转向轮的侧滑量时,其值应在 ±5m/km 间。

5)检测后轴技术状况

检测后轴技术状况对于后轮没有定位的汽车,可用侧滑试验台按如下方法检测后轴是否弯曲变形和轮毂轴承是否松旷。

(1)检测时,使汽车后轮从侧滑试验台的滑动板上分别前进和后退驶过。

①如两次侧滑量读数均为零,表明后轴无任何弯曲变形。

②如两次侧滑量读数都不为零,且前进和后退驶过滑动板后,侧滑量读数相等而侧滑方向相反,表明后轴在水平面内发生弯曲。

a. 若前进时滑动板向外滑动,后退时又向内滑动,说明后轴端部在水平面内向前弯曲,这相当于后轮有了前束。

b. 若前进时滑动板向内滑动,后退时又向外滑动,说明后轴端部在水平面内向后弯曲,这相当于后轮有了负前束。

③如两次侧滑量读数不为零,且前进和后退驶过侧滑板后,侧滑量读数相等而侧滑方向相同,表明后轴在垂直平面内发生弯曲。

a. 若滑动板向外滑动,说明后轴端部在垂直平面内向上弯曲,相当于后轮有了负外倾。

b. 若滑动板向内滑动,说明后轴端部在垂直平面内向下弯曲,相当于后轮有了正外倾。

(2)后轮多次驶过侧滑试验台滑动板,每次读数都不相等,说明轮毂轴承松旷。对于后轮有定位的汽车,仍可按上述方法检测后轴是否变形和轮毂轴承是否松旷,只是需要在检测结果中减去车轮定位值，剩余值即为后轴弯曲变形造成的。

四、任务实施过程工单

<table>
<tr><td>学习任务</td><td colspan="6">利用侧滑试验台检测汽车侧滑量</td></tr>
<tr><td rowspan="2">1. 信息</td><td colspan="4">汽车侧滑量的检测目的</td><td colspan="2"></td></tr>
<tr><td colspan="4">汽车侧滑量的合格标准</td><td colspan="2"></td></tr>
<tr><td>2. 计划</td><td colspan="6">知识准备、车辆准备、仪器准备，检测侧滑的计划</td></tr>
<tr><td rowspan="3">3. 决策</td><td colspan="2">人员分配</td><td colspan="4"></td></tr>
<tr><td colspan="2">检测仪器</td><td colspan="4"></td></tr>
<tr><td colspan="2">检测过程</td><td colspan="4"></td></tr>
<tr><td rowspan="3">4. 实施</td><td colspan="2">检 测 内 容</td><td colspan="2">检 测 方 法</td><td colspan="2">检 测 结 果</td></tr>
<tr><td colspan="2">汽车前轮侧滑量</td><td colspan="2"></td><td colspan="2"></td></tr>
<tr><td colspan="2">汽车后轮侧滑量</td><td colspan="2"></td><td colspan="2"></td></tr>
<tr><td>5. 检查</td><td colspan="6">检查汽车侧滑量检测结果并与检测标准进行对比。
结果：</td></tr>
<tr><td rowspan="11">6. 评估</td><td colspan="2">评 估 项 目</td><td>自我评估</td><td>组长评估</td><td>教师评估</td><td>备　　注</td></tr>
<tr><td rowspan="2">素质考评 10 分</td><td>劳动纪律 5 分</td><td></td><td></td><td></td><td></td></tr>
<tr><td>环保意识 5 分</td><td></td><td></td><td></td><td></td></tr>
<tr><td colspan="2">工单完成情况 20 分</td><td></td><td></td><td></td><td></td></tr>
<tr><td rowspan="4">实操考评 40 分</td><td>工具使用 5 分</td><td></td><td></td><td></td><td></td></tr>
<tr><td>任务方案 10 分</td><td></td><td></td><td></td><td></td></tr>
<tr><td>实施过程 20 分</td><td></td><td></td><td></td><td></td></tr>
<tr><td>完成情况 5 分</td><td></td><td></td><td></td><td></td></tr>
<tr><td colspan="2">合计 70 分</td><td></td><td></td><td></td><td></td></tr>
<tr><td colspan="2">综合评价 100 分</td><td></td><td></td><td></td><td></td></tr>
</table>

学习项目五　汽车车速表的校验

1. 项目描述

一辆行驶里程约60000km的2010年上海大众帕萨特2.0轿车。用户反映:该车行驶中车速表指针晃动严重,有时还会突然降到零位,不管怎么加减速都没有反应。

2. 项目提示

车速表的常见故障包括指针不指示、指针摇摆不定或抖动、指针不回"0"位、指针指示误差较大、计数不走或计数误差很大。车速里程表是汽车行驶速度和记录累计里程的组合指示仪表,它能提示汽车已行驶多少里程,应该做哪些维护。所以当车速里程表不走或计数误差很大时,应及时检修。

1. 知识目标

掌握车速里程表的常见故障现象、工作原理。

2. 技能目标

掌握车速表校验的方法。

汽车驾驶室内的车速表是提供行驶速度信息的重要仪表,驾驶人在行车途中能够正确控制车速是保证行车安全和提高运输生产力的关键。车速表经长期使用,指示误差会越来越大,车速表故障或失灵将影响驾驶人对汽车行驶速度的判断。因此,为确保车速表的指示精度,保证行车安全,必须适时对车速表进行检测、校正。

一、车速表误差的形成与测量原理

1. 车速表误差的形成

车速表有磁感应式和电子式等类型,由于零件在使用过程中发生自然磨损、磁性元件的磁性发生变化和轮胎滚动半径发生变化等原因,都会造成车速表指示误差增大。不管是磁感应式车速表还是电子式车速表,在本身技术状况正常的情况下,轮胎滚动半径的变化是造成车速表误差的主要原因。轮胎滚动半径的变化主要是由于轮胎磨损、气压不足或气压过高等原因造成的。

汽车行驶速度的计算公式:

$$v=0.377\frac{rn}{i_g i_0} \tag{5-1}$$

式中：v——汽车行驶速度，km/h；

r——轮胎的滚动半径，m；

n——发动机转速，r/min；

i_g——变速器传动比；

i_0——主减速器传动比。

由上式可知，汽车实际行驶速度与车轮滚动半径成正比关系。因此，即使车速表的技术状况正常，车速表的指示值也会因车轮滚动半径的变化，与实际车速存在误差。

2. 车速表误差测量原理

目前，车速表的检测一般用台架实验法。车速表误差是利用车速表试验台测出车速与车速表上显示的车速进行比较确定的。试验时，将车速表有传动关系的车轮置于滚筒上，见图5-1，利用发动机的动力或试验台本身的动力，使车轮和滚筒旋转。滚筒端部装有速度传感器，能发出与滚筒转速成正比的电信号。

滚筒表面的线速度、滚筒圆周长度和滚筒转速之间的关系，可用下式表示：

$$v=Ln\times 60\times 10^{-6} \tag{5-2}$$

式中：v——滚筒表面的线速度，km/h；

L——滚筒的圆周长度，mm；

n——滚筒的转速，r/min。

由于滚筒表面的线速度就是车轮的线速度，因此，上述计算值即汽车的实际车速，由车速表试验台上的速度指示仪表显示，又称试验台指示值。车轮带动滚筒或滚筒带动车轮转动时，汽车驾驶室内的车速表也显示车速值，称为车速表指示值。

3. 车速表试验台的结构

车速表试验台有三种类型：无驱动装置的标准型，它依靠被测车轮带动滚筒旋转；有驱动装置的驱动型，它由电动机驱动滚筒旋转；把车速表试验台与制动试验台或底盘测功试验台组合在一起的综合型。

1）标准型车速表试验台

该试验台由速度测量装置、速度指示装置和速度报警装置等组成，见图5-1。

（1）速度测量装置。

速度测量装置由滚筒、速度传感器和举升器等组成。滚筒分两组共4个（或2个），直径为185mm（或370mm），滚筒的每端通过滚动轴承安装在底座框架上。试验时为防止汽车差速器齿轮滑转，试验台的两个前滚筒由万向节或普通联轴器连在一起，以便于4个滚筒同步转动。速度传感器一般采用测速发电机（现在多用光电式或霍尔式），装在滚筒的一端，测出滚筒转速信号，转化成电压信号或脉冲信号经处理后送到速度指示装置。为使汽车进出试验台方便，在前、后滚筒之间设有举升器。举升器与滚筒装置联动，举升器升起时，滚筒被制动而不能转动。

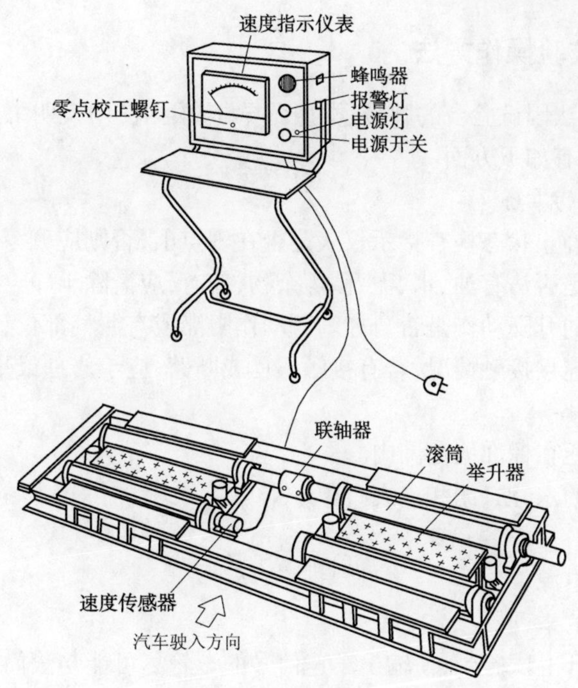

图 5-1　车速表误差测量原理

(2)速度指示装置。

速度指示装置根据速度传感器传来的电信号(电压或脉冲数)与滚筒外圆周长等参数,经处理后驱动速度指示仪表指示车速,以 km/h 为单位显示。

(3)速度报警装置。

速度报警装置是为判断车速表误差是否在合格范围内而设置的。在速度低于或超过某个速度时就用报警灯或蜂鸣器进行报警,以引起注意。

2)驱动型车速表试验台

汽车车速表的转速信号多数取自变速器或分动器的输出端,但对于后置发动机的汽车,如车速表软轴过长,会出现传动精度和寿命方面的问题,因此,转速信号取自前轮。驱动型车速表试验台就是为适应后置发动机汽车的试验而制造的,其结构见图 5-2。

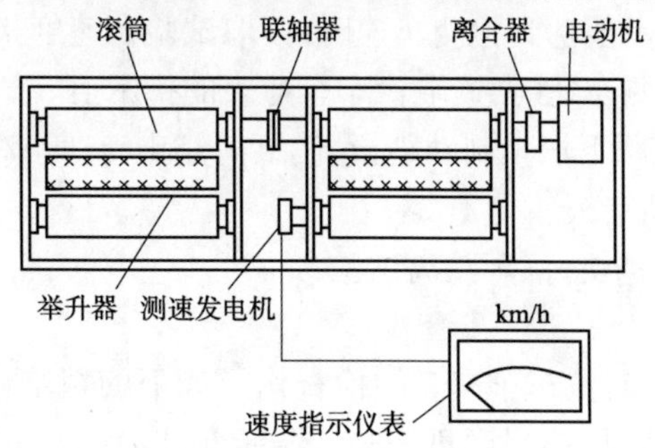

图 5-2　驱动型车速表试验台

这种试验台在滚筒的一端装有电动机,由它来驱动滚筒旋转。此外,这种试验台在滚筒与电动机之间装有离合器,若试验时将离合器分离,又可作为标准型试验台使用。

二、车速表的校验操作方法

车速表的检测方法因试验台的牌号、类型而异，应根据使用说明书进行操作。车速表试验台通用的检测方法有如下方面。

1. 车速表试验台的准备

（1）在滚筒处于静止状态检查指示仪表是否在零点上，否则应调零。

（2）检查滚筒上是否沾有油、水、泥、砂等杂物，若有，应清除干净。

（3）检查举升器的升降动作是否自如。若动作阻滞或有漏气部位，应予修理。

（4）检查导线的连接接触情况，若有接触不良或断路，应予修理或更换。

2. 被测车辆的准备

（1）确保轮胎气压在标准值范围内。

（2）清除轮胎上的水、油、泥和嵌夹石子。

3. 车速校验方法

（1）接通试验台电源。

（2）升起滚筒间的举升器。

（3）将被检车辆开上试验台，使输出车速信号的车轮尽可能与滚筒呈垂直状态停放在试验台上。

（4）降下滚筒间的举升器，至轮胎与举升器托板完全脱离为止。

（5）用挡块抵住位于试验台滚筒之外的一对车轮，防止汽车在测试时滑出试验台。

（6）使用标准型试验台时应进行如下操作。

①待汽车的驱动轮在滚筒上稳定后，挂入最高挡，松开驻车制动器，踩下加速踏板使驱动轮带动滚筒平稳地加速运转。

②当汽车车速表的指示值达到规定检测车速（40km/h）时，读出试验台速度指示仪表的指示值；或当试验台速度指示仪表的指示值达到检测车速时，读取车速表的指示值。

（7）使用驱动型试验台时应进行如下操作。

①接合试验台离合器，使滚筒与电动机连在一起。

②将汽车的变速器挂入空挡，松开驻车制动器，启动电动机，使电动机驱动滚筒旋转。

③当汽车车速表的指示值达到检测车速时，读取试验台速度指示仪表的指示值；或当试验台速度指示仪表达到检测车速时，读取汽车车速表的指示值。

（8）测试结束后，轻轻踩下汽车制动踏板，使滚筒停止转动。对于驱动型试验台，必须先关断电动机电源，再踩制动踏板。

（9）升起举升器，去掉挡块，汽车驶离试验台。

4. 车速表诊断参数标准

在 GB 7258—2012 中，对汽车车速表的检查作了如下的规定：车速表指示误差（最高设计车速不大于 40km/h 的机动车除外）即车速表指示车速 v_1（km/h）与实际车速 v_2（km/h）之间应符合关系式：

$$0 \leqslant v_1 - v_2 \leqslant \frac{v_2}{10} + 4 \tag{5-3}$$

即当实际车速为40km/h时，车速表的指示值应为40～48km/h，或当汽车车速表指示值为40km/h时，实际车速为32.8～40km/h，超过上述范围为车速表的指示不合格。

三、任务实施过程工单

<table>
<tr><td>学习任务</td><td colspan="6">利用驱动型车速表试验台对车辆车速表进行校验</td></tr>
<tr><td rowspan="2">1. 信息</td><td colspan="4">车速表校验目的</td><td colspan="2"></td></tr>
<tr><td colspan="4">车速表误差的合格标准</td><td colspan="2"></td></tr>
<tr><td>2. 计划</td><td colspan="6">知识准备、车辆准备、仪器准备，做好车速表校验计划</td></tr>
<tr><td rowspan="3">3. 决策</td><td colspan="2">人员分配</td><td colspan="4"></td></tr>
<tr><td colspan="2">检测仪器</td><td colspan="4"></td></tr>
<tr><td colspan="2">检测过程</td><td colspan="4"></td></tr>
<tr><td rowspan="2">4. 实施</td><td colspan="2">检 测 内 容</td><td colspan="2">检 测 方 法</td><td colspan="2">检 测 结 果</td></tr>
<tr><td colspan="2">车速表校验</td><td colspan="2"></td><td colspan="2"></td></tr>
<tr><td>5. 检查</td><td colspan="6">检查车速表误差的检测结果并与检测标准进行对比。
结果：</td></tr>
<tr><td rowspan="10">6. 评估</td><td colspan="2">评 估 项 目</td><td>自我评估</td><td>组长评估</td><td>教师评估</td><td>备　注</td></tr>
<tr><td rowspan="2">素质考评10分</td><td>劳动纪律5分</td><td></td><td></td><td></td><td></td></tr>
<tr><td>环保意识5分</td><td></td><td></td><td></td><td></td></tr>
<tr><td colspan="2">工单完成情况20分</td><td></td><td></td><td></td><td></td></tr>
<tr><td rowspan="4">实操考评40分</td><td>工具使用5分</td><td></td><td></td><td></td><td></td></tr>
<tr><td>任务方案10分</td><td></td><td></td><td></td><td></td></tr>
<tr><td>实施过程20分</td><td></td><td></td><td></td><td></td></tr>
<tr><td>完成情况5分</td><td></td><td></td><td></td><td></td></tr>
<tr><td colspan="2">合计70分</td><td></td><td></td><td></td><td></td></tr>
<tr><td colspan="2">综合评价100分</td><td></td><td></td><td></td><td></td></tr>
</table>

学习项目六　汽车制动性能的检测

1. 项目描述

一辆于2011年2月购置的别克英朗1.6L手动挡轿车已行驶4年(行驶60000km),客户反映该车未曾对制动系进行检修和维护过,由于长时间的使用,该车制动力变差,制动过程中会出现制动距离较长、减速较慢、制动时方向不稳和制动跑偏等现象。

2. 项目提示

当车辆的制动系不能正常地发挥作用时,便会对行车安全构成不同程度的威胁。其中主要包括制动失效、制动距离过长、制动跑偏和侧滑。制动系是汽车安全环保性能检测的必检项目之一。依据GB 7258—2012《机动车运行安全技术条件》规定:可通过室内制动台架试验对汽车的行车制动性能和驻车制动性能进行检测。

1. 知识目标

(1)掌握汽车整车制动性能的检测原理及注意事项。

(2)掌握汽车整车制动性的检测参数及其合格条件。

2. 技能目标

掌握汽车制动性能的检测方法。

汽车制动性能是汽车重要的使用性能之一。良好的制动性能,可确保行车安全,避免交通事故,同时,制动性能的好坏还影响汽车动力性的发挥。因此,必须对汽车的制动装置和制动性能进行严格检测,并进行定期维护。

根据国家标准GB 7258—2012的规定,机动车制动性能的检验方法可分为路试制动性能检验和台试制动性能检验两种。

机动车安全技术检验时,机动车制动性能的检验宜采用滚筒反力式制动检验台或平板制动检验台检验制动性能,其中前轴驱动的乘用车更适合采用平板制动检验台来检验其制动性能。不宜采用制动检验台检验制动性能的机动车及对台试制动性能检验结果有质疑的机动车应采用路试来检验制动性能。

一、汽车制动性能的台架检测

根据国家标准 GB 7258—2012《机动车运行安全技术条件》的规定，机动车可以用制动距离、制动减速度和制动力检测制动性能，检测设备经常分别用五轮仪、制动减速度仪和制动试验台，只要其中之一符合要求，即判为合格。

汽车试验台有多种类型，按测试原理的不同，可分为反力式和惯性式两种；按试验台支承车轮形式不同，可分为滚筒式和平板式两类。目前，单轴反力式滚筒制动试验台应用最为普遍，国内、外汽车检测站所用制动检测设备多为这种类型。

利用制动试验台检测汽车制动性能时，其制动的参数标准是以轴制动力占轴荷的百分比为依据的，因此，必须在测得轴荷和轴制动力后才能评价制动性能是否符合国标要求。用于检测车轴轴载质量的设备称为轴重检测台，又称轴重仪。电子轴重仪一般由机械部分和显示仪表组成。双载荷台板式轴重仪的外形见图 6-1。

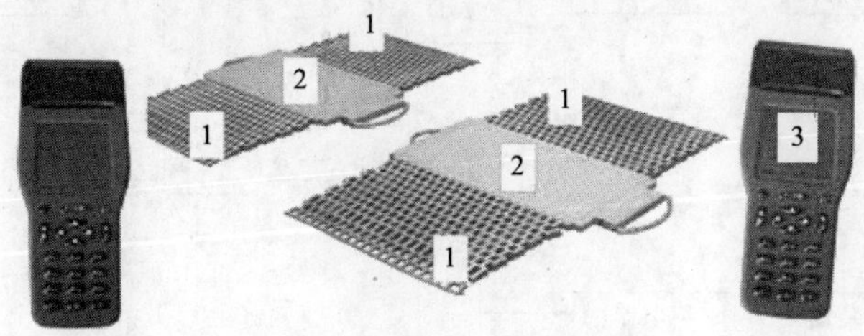

图 6-1　双载荷台板式轴重仪外形图

1-引桥；2-秤板；3-仪表

1. 用反力式滚筒制动试验台检测制动性能

1）反力式滚筒制动试验台的结构与工作原理

（1）结构。

单轴反力式滚筒制动试验台的结构见图 6-2。它由框架、驱动装置、滚筒装置、测量装置、举升装置和指示与控制装置等组成。为使制动试验台能同时检测车轴两端左、右车轮的制动力，除框架、指示与控制装置外，其他装置都是独立设置的。

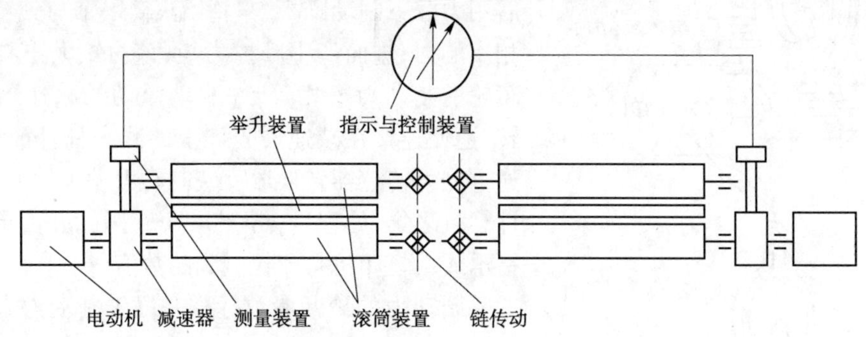

图 6-2　单轴反力式滚筒制动试验台的结构简图

①驱动装置。该装置由电动机、减速器和链传动等组成。电动机的动力经减速器后驱动主动滚筒，主动滚筒又通过链传动带动从动滚筒。

②滚筒装置。滚筒装置由左、右独立设置的两对滚筒构成。被测车轮置于两个滚筒之间，滚筒相当于活动路面，用来支承车轮并在制动时承受和传递制动力。

③测量装置。测量装置由测力杠杆和传感器组成，传感器将测力杠杆传来的力或位移转变成电信号，送入指示与控制装置。

④举升装置。该装置由举升器、举升平板和控制开关等组成。举升装置的功能是便于汽车平稳地出入制动试验台。

⑤指示与控制装置。指示装置有数字显示和指针显示两种，带微机的控制装置多配置数字式显示器。汽车制动试验台计算机式指示与控制装置组成见图6-2，主要由放大器、模数转换器（A/D）、数模转换器（D/A）、继电器、计算机、显示器和打印机等组成。在键盘和脚踏开关的控制下，计算机控制举升装置的升降，滚筒电动机转动与停止，测力传感器信号的采集、存贮和处理，它不仅能指示左右轮制动力，还能输出左右轮制动力的和与差值、车轮阻滞力、制动协调时间和制动释放时间，并能将检测结果与检测标准对照，做出技术状况评价。指示与控制装置的工作流程见图6-3。

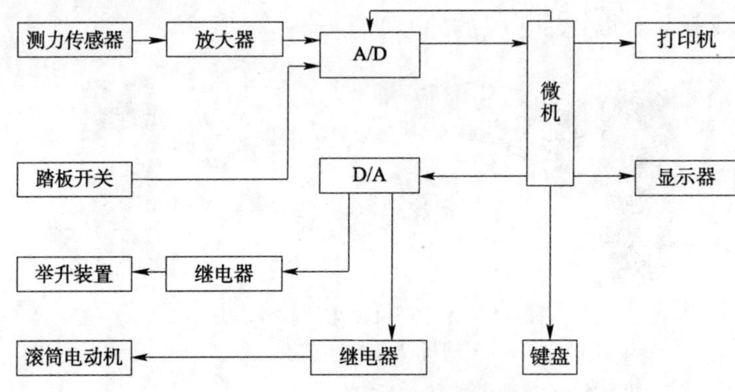

图6-3　指示与控制装置的工作流程

（2）工作原理。

反力式滚筒制动试验台测量车轮制动力的原理见图6-4。

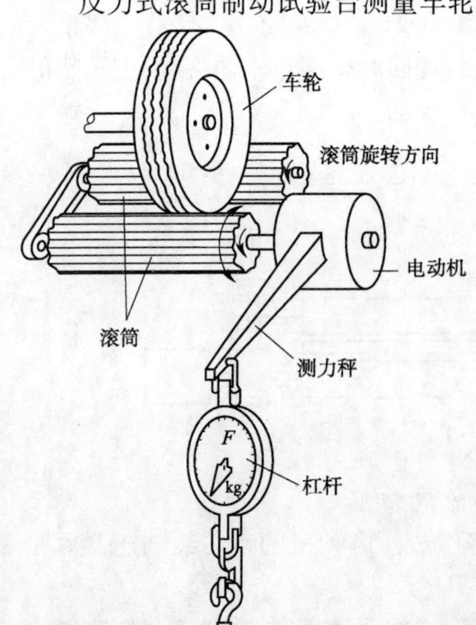

图6-4　单轴反力式滚筒制动试验台工作原理

将被检车左右车轮置于每对滚筒之间，用电动机通过减速器、链传动使主、从动滚筒带动车轮旋转，然后用力踩下制动踏板，车轮给滚筒一个与其转动方向相反的力，进而产生摩擦力矩，该力矩大小与滚筒对车轮的制动力矩相等，并驱动浮动的减速器壳体偏转，迫使连接在减速器壳体上的测力杠杆产生位移，通过测力传感器转换成反映制动力大小的电信号，由计算机采集、处理后，指令电动机停转，并由指示装置指示或由打印机打印检测到的数值。

制动力的诊断参数标准是以轴制动力占轴荷的百分比为依据的，因此必须在测得轴荷及轴制动力后才能评价轴制动性能，所以，测力式滚筒制动试验台需要配备轴重计或轮重仪，有些制动试验台本身带有内藏式轴重测量装置。另外，有些试验台在两个滚筒之间装有直径较小的第三滚筒，其上带有转速传感器，其作用是一旦检测时车轮制动抱死，其上的转速传感器送出的电信号可使滚筒立即停转，防止轮胎损伤。

2）反力式滚筒制动试验台的使用方法

反力式滚筒制动试验台检测工作流程图见图6-5。具体有如下步骤。

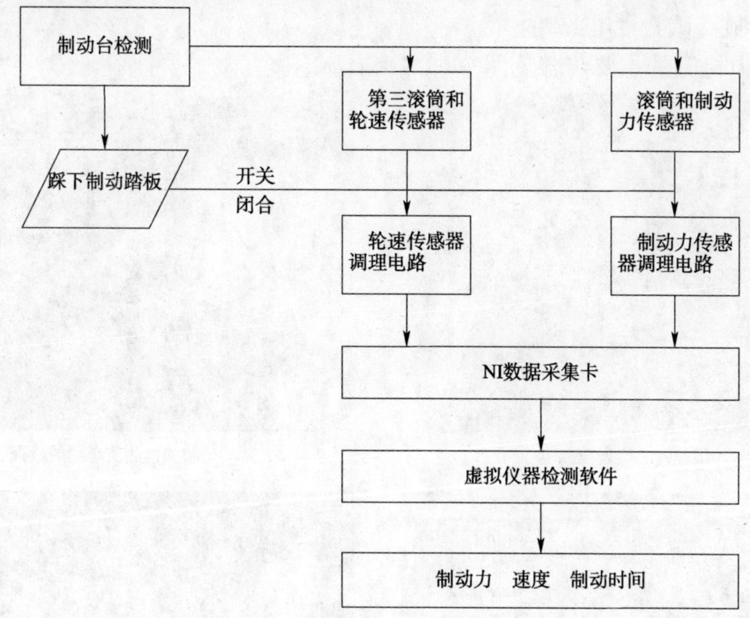

图6-5　制动力检测工作流程

（1）如果指示装置为指针式仪表，检查指针是否在机械零点，如果不在零点应进行调整。

（2）检查并清除制动试验台滚筒上的泥、水、砂、石等杂物。

（3）核实汽车各轴轴荷，不得超过制动试验台的允许值。

（4）检查并清除汽车轮胎上的泥、水、砂、石等杂物。

（5）检查汽车轮胎气压是否符合汽车制造厂的规定，如不符应充至规定气压。

（6）将制动试验台举升器升起。

（7）被测车轴在轴重计或轮重仪上检测完轴荷后，汽车应尽可能以垂直于滚筒的方向驶入制动试验台。先前轴，再后轴，使车轮处于两个滚筒之间。

（8）汽车停稳后变速杆置于空挡位置，行车制动器和驻车制动器处于完全放松状态，能测制动时间的试验台还应把脚踏开关套在制动踏板上。

（9）降下举升器，至举升器平板与轮胎完全脱离为止。

（10）对于带有内藏式轴重测量装置的制动试验台，则应在此时测量轴荷。

（11）起动电动机，使滚筒带动车轮转动，先测出制动拖滞力。

（12）用力踩下制动踏板，检测轴制动力一般在1.5～3.0s后或带有第三滚筒的发出信号后，制动试验台滚筒自动停转。

（13）读取并打印检测结果。

（14）升起举升器，开出已测车轴，开入下一车轴，按上述同样方法检测轴荷和制动力。

（15）当与驻车制动器相关的车轴在制动试验台上时，检测完行车制动性能后应重新起动电动机,在行车制动器完全放松的情况下用力拉紧驻车制动器操纵杆,检测驻车制动性能。

(16)所有车轴的行车制动性能及驻车制动性能检测完毕后,升起举升器,汽车开出制动试验台。

(17)切断制动试验台电源。

汽车制动力检测的主要步骤见图6-6。

a)制动试验台的检查与标定

b)制动检测前车辆的检查

c)轴重的检测

d)制动力、阻滞力、驻车制动力的检测

图6-6　汽车制动力检测的主要步骤

2. 提高检测精度的措施

(1)改进检测方法。

对汽车制动力平衡要求进行检测时,可采用GB 7258—2012标准中制动力平衡条件的规定:当轴制动力与轴荷的百分比比前轴大20%,比后轴大15%时开始判定偏差,或根据实际情况确定合理的判定时机。当被测车轮抱死在滚筒上滑动,测得的制动力没有达到标准,则可在汽车上增加适当的附加质量后再检测。检测小轿车时,应对称增加乘坐人员,防止重心偏移。在测试时,为了防止车轮被滚筒推出后移,可对被检车辆采取牵引措施或在非被测车轮后面垫上三角垫块,来提高制动试验台检测制动力的能力,提高检测精度。

(2)引车员应严格按检测规程正确操作。

在检测制动性能时,引车员首先应认真学习相关标准,提高检测质量的意识,严格按检测规程正确操作,应使被检车辆沿行车线垂直于检验台,缓慢平稳地驶上检验台,将被检车轮均匀停放在滚筒上。检测前轮制动时不得转动转向盘,按显示屏的提示进行制动操作。

(3)适当增大安置角 β 和车轮与滚筒表面间的附着系数 Φ。

适当增大的安置角 β 对检测制动有利,但并不是越大越好,因为当安置角增大时,车轮轮胎相对变形增大,迟滞损失增加,滚筒带动车轮旋转的转矩增大,增加了车轮驶离滚筒时的难度。

检测车辆制动性能时应选择附着系数较高的制动试验台,同时应定期对制动试验台进行维护,保持滚筒和台内清洁干燥,无油、水、泥等杂物,尽量减少对滚筒涂敷层的损坏,确保试验台制动力的检测能力。

(4)保持制动检验台的技术性能与状态。

定期对制动试验台进行维护、技术性能检验,对设备进行检定或校准,同时进行期间核查,保持良好的技术性能与状态。避免因试验台的技术状况而对检测结果的精度造成影响。改善滚筒表面的附着系数,确保试验台检测制动力的能力。对技术落后、严重影响检测结果精度的制动检验台,应及时报废并更新。除此之外,还应当对操作人员进行必要的培训和教育。

3. 台架检测制动性能诊断参数标准

(1)制动力。

台架检测出的制动力应符合表 6-1 的规定。在进行台架检测时,车辆一般可在空载状态下进行。测试时,只乘坐一名驾驶人。检测时制动踏板力或制动气压要求与路试测制动距离相同。

台架检测时对汽车制动力的要求 表 6-1

机动车类型	制动力总和与整车质量的百分比		轴制动力与轴荷[1]的百分比(%)	
	空载	满载	前轴[2]	后轴[3]
三轮汽车	—		—	≥60
乘用车、总质量不大于 3500kg 的低速货车	≥60	≥50	≥60[3]	≥20[3]
铰接客车、铰接式无轨电车、汽车列车	≥55	≥45	—	—
其他汽车	≥60	≥50	≥60[3]	≥50[4]
普通摩托车	—	—	≥60	≥55
轻便摩托车	—	—	≥60	≥50

注:①用平板制动检验台检验乘用车时应按左右轮制动力最大时刻所分别对应的左右轮动态轮荷之和计算。

②机动车(单车)纵向中心线中心位置以前的轴为前轴,其他轴为后轴;挂车的所有车轴均按后轴计算;用平板制动试验台测试并装轴制动力时,并装轴可视为一轴。

③空载和满载状态下测试均应满足此要求。

④满载测试时后轴制动力百分比不做要求;空载用平板制动检验台检验时应大于等于 35%;总质量大于 3500kg 的客车,空载用反力滚筒式制动试验台测试时应大于等于 40%,用平板制动检验台检验时应大于等于 30%。

(2)制动力平衡要求。

在制动力增长全过程中同时测得的左右车轮制动力差的最大值,与制动力增长全过程中测得的该轴左右轮最大制动力中大者之比,对前轴不得大于 20%;对后轴,当后轴制动力大于或等于后轴轴荷的 60%时,不得大于 24%,当后轴制动力小于后轴轴荷的 60%时,不得大于后轴轴荷的8%。在制动力增长全过程中同时测得的左右轮制动力差的最大值,与全过程中测得的该轴左右轮最大制动力中大者(当后轴及其他轴,制动力小于该轴轴荷的60%时为与该轴轴荷)之比,对新注册车和在用车应分别符合表6-2的要求。

台架检测时对汽车制动力平衡的要求 表6-2

车辆使用情况	前轴	后轴(及其他轴)	
		轴制动力总和大于或等于该轴轴荷的60%时	轴制动力总和小于该轴轴荷的60%时
新注册的车辆	≤20%	≤24%	≤8%
在用车辆	≤24%	≤30%	≤10%

(3)制动协调时间。

制动协调时间的定义与限值与路试试验的要求相同。

(4)车轮阻滞力。

车轮阻滞力是指行车和驻车制动装置处于完全释放状态,变速杆置于空挡位置时,试验台驱动车轮所需的作用力。汽车各车轮的阻滞力不得大于该轴轴荷的5%。

(5)制动完全释放时间。

制动完全释放时间是指从松开制动踏板到制动消除所需要的时间。单车的制动完全释放时间不得大于0.8s。

(6)驻车制动性能检测。

当采用制动试验台检验车辆驻车制动器的制动力时,车辆空载,乘坐一名驾驶人,使用驻车制动装置,测得的驻车制动力的总和应不小于该车在测试状态下整车质量的20%,对总质量为整备质量1.2倍以下的车辆,此值为15%。

二、任务实施工单

学习任务	利用反力式滚筒制动试验台检测汽车制动性能		
1. 信息	汽车制动性能的检测参数有哪些		
	汽车制动性能的检测方法有哪两类		
2. 计划	做好利用反力式滚筒制动试验台进行汽车制动力检测的计划;做好制动试验台的校准;做好被检车辆的准备		
3. 决策	检测人员分工		
	检测参数的确定		
	检测过程细分		
4. 实施	检测内容	检测方法	检测结果
	利用反力式滚筒制动试验台对汽车制动力检测		
5. 检查	将汽车制动力检测结果与检测标准进行对比。 结果:		

续上表

	评估项目		自我评估	组长评估	教师评估	备　注
6. 评估	素质考评 10 分	劳动纪律 5 分				
		环保意识 5 分				
	工单完成情况 20 分					
	实操考评 40 分	工具使用 5 分				
		任务方案 10 分				
		实施过程 20 分				
		完成情况 5 分				
	合计 70 分					
	综合评价 100 分					

学习项目七　汽车前照灯的检测

1. 项目描述

一辆行驶里程约60000km的2012年奔驰ML350运动型多功能车。用户反映：在一次雨天长途行驶在颠簸的道路上以后，该车前照灯出现故障，表现为前照灯发光强度不足同时伴有光轴偏斜的现象。在晚上行车时看不清前方的道路状况，偏斜的光束方向很容易误导驾驶人的行车方向。

2. 项目提示

前照灯是汽车在夜间或在能见度较低的条件下，为驾驶人提供行车道路照明的重要设备，而且也是驾驶人发出警示，进行联络的灯光信号装置。所以前照灯必须有足够的发光强度和正确的照射方向。由于在行车过程中，汽车受到振动，可能引起前照灯部件的安装位置发生变动，从而改变光束的正确照射方向，同时，灯泡在使用过程中会逐步老化，反射镜也会受到污染而使其聚光的性能变差，导致前照灯的亮度不足。这些变化，都会使驾驶人对前方道路情况辨认不清，或在与对面来车交会时造成对方驾驶人眩目等，从而导致事故的发生。因此，前照灯的发光强度和光束的照射方向被列为机动车运行安全检测的必检项目。

1. 知识目标

掌握汽车前照灯的检测参数。

2. 技能目标

掌握汽车前照灯的检测方法。

一、汽车灯光光学基础

1. 光的度量

(1)电光源是将电能转化为光能的装置。汽车的前照灯、信号灯等均是电光源。

(2)发光强度是表示光源发光强度的物理量，计量单位为坎德拉(cd)。

(3)照度表示受光表面被照明程度的物理量，计量单位是勒克斯(Lx)。

(4)发光强度与照度的关系在不计光源大小的情况下(看作是点光源)，照度与离开光源距离的平方成反比(倒数二次方法则)，即：

$$照度 = 发光强度/离开光源距离^2$$

2. 前照灯的光学特性

前照灯的特性有配光特性、全光束和光束照射方向，见图 7-1。

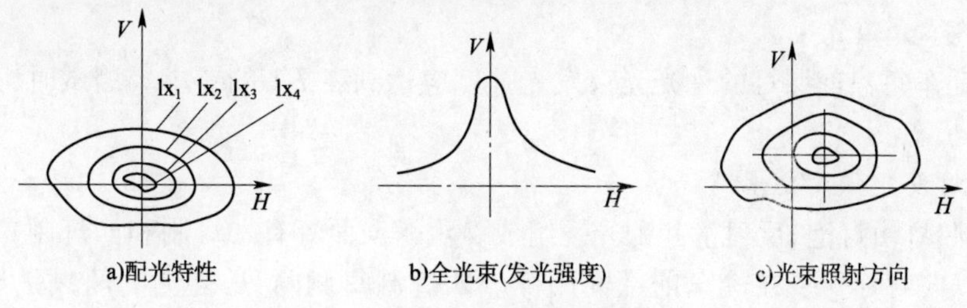

图 7-1　等照度曲线

(1)配光特性。

配光特性是指前照灯灯光的光形分布特性。如果将照度相同的点连成一条等照度曲线，则等照度曲线的形状与分布就反映出了前照灯的配光特性，见图 7-1a)。对称式配光特性的等照度曲线应左右对称，不偏向一边，上下的扩展也不太宽。非对称式配光特性又有两种形式：一种是在配光屏幕上明暗截止线水平部分在 *V-V* 线的左半边，右半边与水平线成 15°的斜线，如图 7-2a)所示；另一种是明暗截止线的左半边平行且低于 *h-h* 水平线 25cm，而右半边为一与水平线成 45°的斜线，至与 *h-h* 水平线相交时，又转折为与 *h-h* 线重合的水平线，如图 7-2b)所示。

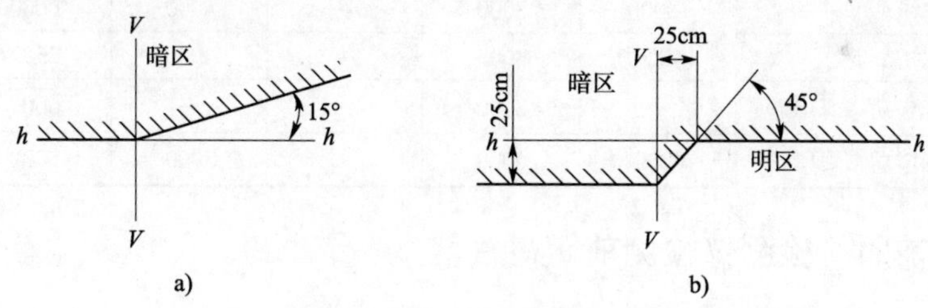

图 7-2　非对称配光示意图

(2)全光束。

光束用明亮度分布纵断面的配光特性曲线来表示，该端面的积分值(该曲线的旋转体积)即为全光束。可以认为全光束是光源发出的光的总量，如图 7-1b)所示。

(3)光束照射方向。

一般情况下，可把前照灯光束最亮处看作光轴。光轴中心对水平、垂直坐标轴交点的偏离，表示光轴的照射方向，也即表示光束的照射方向，如图 7-1c)所示。

二、前照灯安全检测的要求

1. 前照灯光束照射位置要求

(1)机动车在检验前照灯的近光光束照射位置时，前照灯在距离屏幕 10m 处，光束明暗截止线转角或中点的高度应为 0.6*H*～0.8*H*(*H* 为前照灯基准中心高度)，其水平方向位置向左向右偏差均不得超过 100mm。

(2)四灯制前照灯其远光单光束灯的调整，要求在屏幕上光束中心离地高度为 0.85*H*～

0.90H,水平位置要求左灯向左偏不得大于100mm,向右偏不得大于170mm;右灯向左或向右偏均不得大于170mm。

(3)机动车装用远光和近光双光束灯时以调整近光光束为主。对于只能调整远光单光束的灯,调整远光单光束。

(4)机动车每只前照灯的远光光束发光强度应达到表7-1的要求。测试时,其电源系统应处于充电状态。

2. 前照灯发光强度要求

汽车前照灯由灯泡、反射镜和配光镜组成。汽车前照灯有二灯制和四灯制,二灯制均为远近双光束灯,对称安装在汽车前部的两侧。四灯制每侧两只,外侧的两只是远近双光束灯,内侧两只是远光单光束灯。允许手扶拖拉机运输机组只装用一只前照灯。汽车前照灯发光强度要求见表7-1。允许四灯制的机动车其中两只对称的灯达到两灯制要求视为合格。

前照灯远光光束发光强度要求(单位:cd) 表7-1

机动车类型		检测项目					
		新注册车			在用车		
		一灯制	二灯制	四灯制	一灯制	二灯制	四灯制
三轮汽车		8000	6000	—	6000	5000	—
最大设计车速小于70km/h的汽车		—	10000	8000	—	8000	6000
其他汽车		—	18000	15000	—	15000	12000
普通摩托车		10000	8000	—	8000	6000	—
轻便摩托车		4000	3000	—	3000	2500	—
拖拉机运输机	标定功率>18kW	—	8000	—	—	6000	—
	标定功率≤18kW	6000	6000	—	5000	5000	—

三、使用前照灯检测仪检测前照灯性能

1. 前照灯检测仪的检测原理

用于检测汽车前照灯性能的设备,称为前照灯检测仪。前照灯检测仪是一种专用的光学仪器镜,使用的主要元器件是硅半导体光电池和聚光透镜。光电池用于吸收前照灯发出的光能,将其转变成光电池的电流,按该电流的大小来确定前照灯的发光强度与光轴偏移量。

光电池构造见图7-3,它是由结晶硅、金属薄膜、底板和引线等组成。当光电池受到光照射后,光能使金属薄膜和硅晶体上下部之间产生电动势,使结晶硅上部带负电,下部带正电。因此,在金属薄膜和铁底板上接出引线后,即可将电路接通,从而使电流表指针偏转。

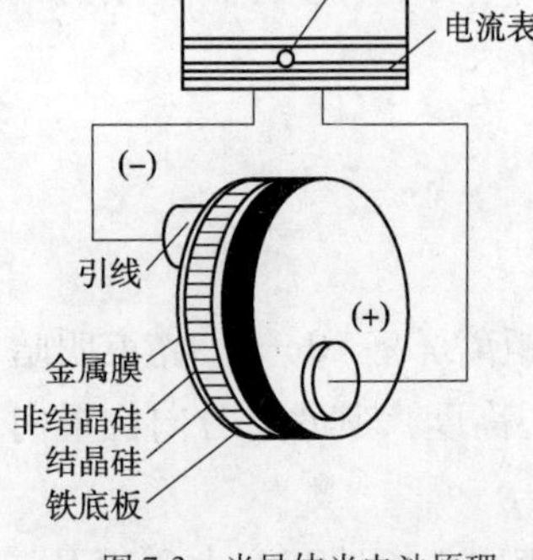

图7-3 半导体光电池原理

(1)发光强度的检测原理见图7-4。检测主要将光电池与光度计用导线连接起来,在规定的距离使前照灯灯光照射光电池后,光电池产生对应于前照灯发光强度大小的电流使光度计指针偏转,从而检测出前照灯的发光强度。

(2)光轴偏斜量的检测原理见图7-5,把光电池分成S_1、S_2、S_3、S_4四份。S_1和S_3之间接有上下偏斜指示针,S_2和S_4之间接有左右偏斜指示针。当前照灯光束照射光电池后,各分光电池

分别产生电流。当 S_1 和 S_3 或 S_2 和 S_4 受光面不一致时，产生的电流也不一致，根据其差值，可使左右偏斜指示针或上下偏斜指示针动作，指示出光轴的偏斜量。

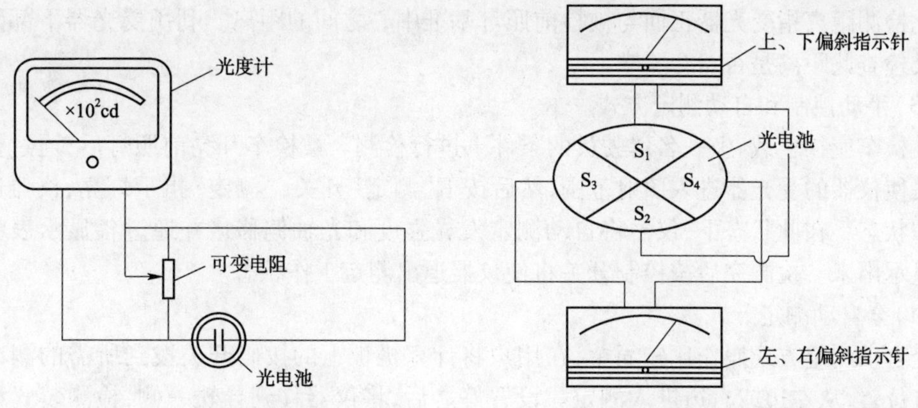

图 7-4　发光强度检测原理　　　　图 7-5　光轴偏斜量的检测原理

2. 汽车前照灯检验仪的组成

根据结构特征与测量方法，前照灯检验仪可分为聚光式、屏幕式、投影式和自动追踪光轴式（图 7-6）等。这些不同类型的前照灯检验仪都是由接收前照灯光束的受光器、使受光器与汽车前照灯对正的校准装置、前照灯发光强度指示装置、光轴光度计偏斜量指示装置、支柱、底座、导轨、汽车摆正找准装置等组成。

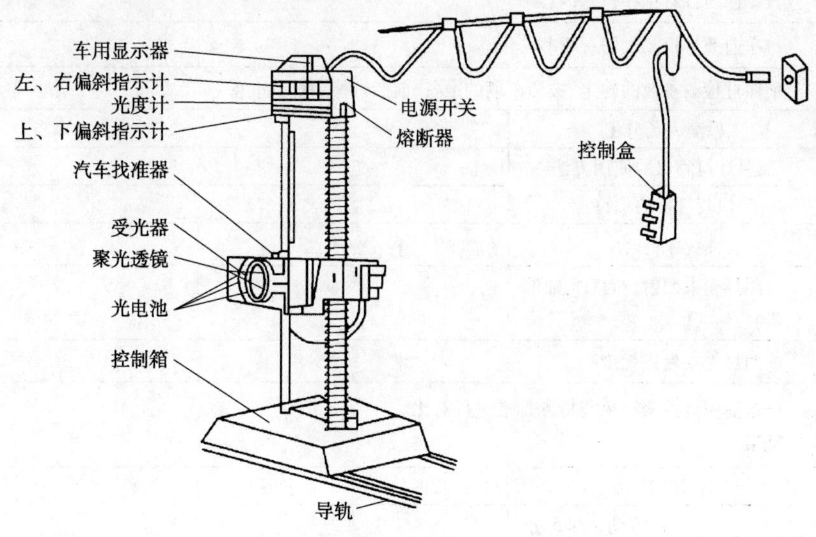

图 7-6　自动追踪光轴式前照灯检测仪

3. 使用前照灯仪检测前照灯的方法

以自动式前照灯检测仪为例，介绍前照灯仪检测前照灯的方法。

（1）仪器与被检车辆的对准。

将被检车辆垂直对准仪器的受光器。一般在检测场地上画出行驶标志线（安装时已保证仪器的受光器正面与行驶标志线垂直），如车辆停放时其纵向中心线与行驶标志线平行，则可认为已对准，否则，应进行如下对准工作：

①在被检车的纵向中心线（或某平行线）上设定前后距离不少于 1m 的两个标志点；

②通过仪器的瞄准器进行瞄准和调整。

(2)检测距离的确认。

此检测距离指受光器正面与被检前照灯基准中心之间的距离。利用受光器下部附装的钢卷尺检查此距离是否符合要求。

(3)手动控制和自动测定方式。

被检车应在空载、坐一名驾驶员的条件下进行检测。被检车开亮前照灯后,通过操纵控制开关使仪器的受光器进入照射范围,然后按下“测定”开关,“测定”指示灯亮,仪器进入测定工作状态。在此状态下,仪器将自动测定发光强度和光轴偏移量并通过各显示表将结果直接显示出来。检测完后按控制开关将使仪器退出测定工作状态。

(4)全自动测定方式。

全自动测定方式操作比较简单,在用户将计算机板上的拨码开关拨到所需的测单灯或测双灯位置,从左边或右边进入测定。设置好之后,将仪器移到导轨一侧,检测装置移到最低位置(初始位置)。然后按下仪器的进入键,即可进行自动检测。检测结果可由检测线上的计算机通过串行口读取。检测完毕,仪器将自动返回初始位置。

四、任务实施过程工单

<table>
<tr><td>学习任务</td><td colspan="6">使用前照灯检测仪检测前照灯性能</td></tr>
<tr><td rowspan="2">1. 信息</td><td colspan="4">汽车前照灯有哪些检测内容</td><td colspan="2"></td></tr>
<tr><td colspan="4">汽车前照灯检测仪器有哪些</td><td colspan="2"></td></tr>
<tr><td>2. 计划</td><td colspan="6">前照灯检测参数的确定、被测车辆的准备、前照灯检测仪的准备</td></tr>
<tr><td rowspan="3">3. 决策</td><td colspan="2">检测人员分工</td><td colspan="4"></td></tr>
<tr><td colspan="2">前照灯检测仪的使用方法</td><td colspan="4"></td></tr>
<tr><td colspan="2">检测过程的拟订</td><td colspan="4"></td></tr>
<tr><td rowspan="3">4. 实施</td><td colspan="2">检 测 内 容</td><td colspan="2">检 测 方 法</td><td colspan="2">检 测 结 果</td></tr>
<tr><td colspan="2">前照灯光束照射位置(光轴偏斜量)</td><td colspan="2"></td><td colspan="2"></td></tr>
<tr><td colspan="2">前照灯光束发光强度</td><td colspan="2"></td><td colspan="2"></td></tr>
<tr><td>5. 检查</td><td colspan="6">汽车前照灯检测结果与检测标准进行对比。
结果:</td></tr>
<tr><td rowspan="11">6. 评估</td><td colspan="2">评 估 项 目</td><td>自我评估</td><td>组长评估</td><td>教师评估</td><td>备　　注</td></tr>
<tr><td rowspan="2">素质考评 10 分</td><td>劳动纪律 5 分</td><td></td><td></td><td></td><td></td></tr>
<tr><td>环保意识 5 分</td><td></td><td></td><td></td><td></td></tr>
<tr><td colspan="2">工单完成情况 20 分</td><td></td><td></td><td></td><td></td></tr>
<tr><td rowspan="4">实操考评 40 分</td><td>工具使用 5 分</td><td></td><td></td><td></td><td></td></tr>
<tr><td>任务方案 10 分</td><td></td><td></td><td></td><td></td></tr>
<tr><td>实施过程 20 分</td><td></td><td></td><td></td><td></td></tr>
<tr><td>完成情况 5 分</td><td></td><td></td><td></td><td></td></tr>
<tr><td colspan="2">合计 70 分</td><td></td><td></td><td></td><td></td></tr>
<tr><td colspan="2">综合评价 100 分</td><td></td><td></td><td></td><td></td></tr>
</table>

学习项目八　汽车检测站与检测线

1. 项目描述

现有一辆于2008年9月购置的大众速腾1.6L手动挡轿车已行驶7年。根据国家2014年发布并实施的《关于加强和改进机动车检验工作的意见》中的对机动车安全检测的新规定,车辆注册登记已经超过6年(含6年)的,仍按规定每年检验1次。因此该车需要例行安检。

类似的实例:现有一辆于2006年2月购置的江淮帅铃W系轻型货车,该车已使用9年,各项技术性能已严重下降,车主对其进行了全面维修。为了评价维修质量和维修后的车辆性能,需要对该车进行综合性能检测。

2. 项目提示

对车辆进行安检必须在国家指定的安全检测站进行,汽车安全检测的检测项目、检测方法、检测指标和检测流程都必须依据机动车安全检测要求进行。

汽车综合性能检测站是对道路运输车辆进行综合性能技术监督检测、汽车维修质量监督检测、汽车性能诊断检测的技术服务机构,它是道路运输管理机构从事道路运输管理的重要技术基地。交通部《汽车运输业车辆综合性能检测站管理办法》([1991]第29号部令)对汽车综合性能检测站的建设、管理、职责、基本条件、认定等都做了详细规定,是汽车综合性能检测站管理的依据。

1. 知识目标

(1)了解检测线的类型、检测项目及检测设备。

(2)熟悉检测流程、掌握汽车安全检测和环保检测的检查项目的检测方法。

(3)掌握汽车综合检测各检测项目的检测方法。

2. 技能目标

(1)能够对汽车安全、环保各检测项目进行检测操作。

(2)能够对汽车综合检测各检测项目进行检测操作。

学习资讯

学习任务1 汽车安全技术检测站

一、汽车安全技术检测站的基本职能

安全技术检测站主要检测汽车安全与环保的有关项目，隶属公安部门管理，见图8-1。

图8-1 汽车安全技术检测站

根据有关政策法规的要求，汽车安全技术检测站对外承担如下检验功能。

（1）初次检验。

初次检验是指新车登记上牌时的安全技术检验。2004年5月实施的《中华人民共和国道路交通安全法》第十条规定，申请机动车登记时，应当接受对该机动车的安全技术检验。但是，经国家机动车产品主管部门依据机动车国家安全技术标准认定的企业生产的机动车车型，该车型的新车在出厂时经检验符合机动车国家安全技术标准，获得检验合格证的，免予安全技术检验。

初次检验的目的是保证汽车上路行驶之前，在技术性能方面必须符合国家有关规定的要求。目前技术上检验的依据，主要就是GB 7258—2012及相关标准。

（2）定期检验。

定期检验就是在用汽车必须按照国家有关规定，定期到指定的检测站进行安全技术方面的检验。许多国家都有对在用车进行定期检验的要求。

《中华人民共和国道路交通安全法》第十三条规定，对登记后的机动车，应当依照法律、行政法规的规定，根据车辆用途、载客载货数量、使用年限等不同情况，定期进行安全技术检验。对符合机动车国家安全技术标准的，公安机关交通管理部门应当发给检验合格标志。

以前规定一般汽车都是每年检验一次，称为"年检"。近年来，随着新的道路交通安全法的实施，针对不同类型、不同使用年限的车辆规定了不同的检验周期，在《中华人民共和国道路交通安全法实施条例》中规定，机动车应当从注册登记之日起，按照下列期限进行安全技术检验：（一）营运载客汽车5年以内每年检验一次；超过5年的，每6个月检验一次；（二）载货汽车和大型、中型非营运载客汽车10年以内每年检验一次；超过10年的，每6个月检验一次；（三）小型、微型非营运载客汽车6年以内每2年检验一次；超过6年的，每年检验一次；超过15年的，每6个月检验一次。

通过定期检查，可及时发现技术上的问题。凡检查不合格的，必须进行维修调整后方能上路行驶。

二、主要检测项目与设备布置

1. 检测项目

（1）车辆唯一性认定。

车辆唯一性认定是指对机动车的号牌号码、车辆类型、品牌型号、颜色、发动机号码、车辆识别号（VIN）或整车出厂编号以及主要特征和技术参数进行核查，以确定送检车辆的唯一性。

（2）联网查询。

联网查询主要查询送检车是否发生过交通事故或尚未处理完毕的道路交通安全违法行为。

（3）线外检验。

线外检验是指被检车辆在检测线外人工检验的项目，包括车辆外观检查和底盘动态检验两部分。

①车辆外观检查。

主要包括车身外观、照明与电气信号装置、发动机舱、驾驶室、发动机运转状况、客车内部、底盘部件、车轮以及其他部件的检查。

②底盘动态检验。

底盘动态检验要求起动车辆并行驶一段距离，检验车辆转向系、传动系和制动系的基本功能。

（4）线内检验。

即被检车辆在检测线上逐一检验的项目。

①车速表校验。

该项目要在车速表试验台上进行，目的是校验车速表的误差。

②前轮侧滑量检验。

检查转向轮侧滑量，要使用侧滑试验台。

③轴重（轮重）测量。

轴重或轮重也分别叫轴荷或轮荷，即汽车某一轴或某车轮的质量。这是为了配合检查制动效果而做的一个检测项目。测量轴重需使用轴重仪，有时将轴重仪与制动试验台制作在一起。

④制动检测。

制动检测是安全检测站最重要的检测项目之一。检测制动力要使用制动试验台。检测站一般使用滚筒式制动试验台，但近年来也有不少检测站使用了平板制动试验台，两种试验台都可以使用，但操作方法不同。

⑤前照灯检验。

前照灯检验包括检查前照灯远、近光检查。其中远光需要检查发光强度和照射方向,近光只检查照射方向,即明暗截止线转折点的位置偏移情况。使用的仪器是前照灯检验仪。

⑥底盘输出功率检验。

仅需要对使用年限超过20年的非营运车辆进行检验。

⑦车辆底盘检查。

这是在检测线的地沟内对车辆底盘进行的人工检查项目,主要包括对转向系、传动系、行驶系、制动系、电器线路以及底盘其他部件的检查。

全部人工检验的项目(包括车辆唯一性认定、车辆外观检查、底盘动态检查和车辆底盘检查)总共达100多项。

2. 检测设备的布置

首先我们提出一个"工位"概念。为了提高检测效率,将上面所有检测项目适当组合成几个检测单元,称为若干工位。每个工位可安排一辆汽车接受该组项目的检测。工位数也就是检测线上同时接受检测的汽车数。一般的检测线可设计成3~5个工位。工位数太少,则检测效率太低。例如若一辆汽车通过全部检测项目需要8min,若检测线有4个工位,则平均8min内可以检测4辆车。如果工位数太多,检测线将会太长,占地过多。

至于检测项目的先后顺序问题,对于被测试汽车来说倒没有什么关系,只是涉及如何布置有利于提高工作效率和使用合理方便。

一方面,要提高检测效率,各工位需要的检测时间应该比较均衡。比如四个工位的检测线,如果第三个工位的几个检测项目特别费时间,那就会出现第一、二工位的车辆长期等待,而第四个工位长期空闲的局面。

另一方面,要考虑检测项目的配合问题。例如,称轴重一定要在测制动之前进行,而汽车在检测线上只能前进、不能后退,所以这两台检测设备的布置不能变动。另外,有的项目是在汽车前面检测(如前轴重、前制动、侧滑、前照灯),有的是在后面检测(如后轴重、后制动),也有的项目可能在车前、可能在车后(如车速表校验),各工位的设备布置要考虑该工位被测汽车的停车位置。

我国不少检测站中检测线的布置是参考了早期引进的某些国外检测线的布置方式,一般设置如下几个工位:车体上部的外观检查工位,称之为L工位(Lamps and Safety Device Inspection,即灯光与安全装置检查)。将侧滑、制动和车速表的检测放在一起,称为A. B. S. 工位(A-Alignment tester,即侧滑试验台;B-Brake tester,即制动试验台;S-Speedometer tester,即车速表试验台)。另外把前照灯与废气检测放到一起,称为H. X. 工位(H-Headlight tester,即前照灯检验仪,X-Exhaust gas tester,即废气分析仪)。另设车底检查工位,称为P工位(Pit Inspection 表示地沟内检查)。

图8-2是传统四工位检测线设备布置的一个例子。其中,第一工位为车辆申报和外观检查工位,第二工位为A. B. S. 及噪声检查工位,第三工位是H. X. 工位,第四工位是车底检查及结果打印工位。也有的检测线是将外观检查和车底检查合并在一个工位的。

我国自行设计的检测线,因当地条件和采用的设备不同,工位布置方式也不尽相同。

目前国内的检测线都设计成计算机控制的自动检测系统,检测线除了需要上述检测设备外,还需要一些控制设备。首先是两台计算机:一台放在检测线入口处,用于输入被检车辆有关信息;另一台则是全系统的主控计算机,放在检测线出口处,用于系统监控、数据采集处理、结果打印和档案管理等。两台计算机以串行通信方式传送信息。

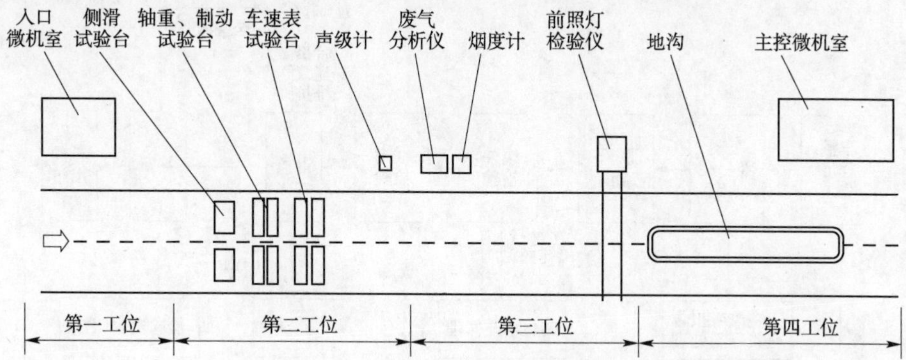

图 8-2　安全检测线设备布置图

对全自动检测线来说,为了提示各工位检测流程和显示检测结果,常使用工位操作指示器。一般采用电子显示屏作为工位操作指示器,提示信息的字符和数字直接以 LED(发光二极管)点阵形式显示,图 8-3 表示某一工位的 LED 指示器,显示的内容可随时变化,用以及时提示本工位检测员各项操作和给出测试结果。例如图 8-3a)是属于车辆行驶提示,图 8-3b)是属于检测操作提示,图 8-3c)、d)都是检测结果提示。

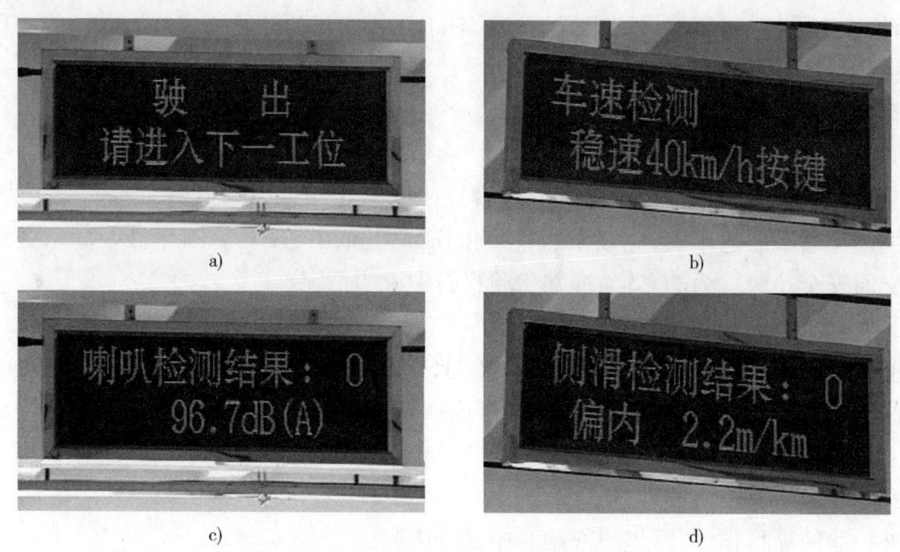

图 8-3　LED 显示屏式工位指示器示例

三、检测流程

检测流程是指某一汽车接受检验的全过程,总体流程框图见图 8-4。

具体检测项目流程显然与检测站的设备布置有关,不同检测站的设备及布置都有不同,其检测过程和方法也会不同。

一般在检测线入口处设一个红绿灯。当第一工位空闲时，绿灯亮，受检车可以驶入第一工位。一工位检查结束时，程序指示器会显示检测结果。当下一工位无车时，指示器会显示“前进”，提示本工位的车可进入下一工位。

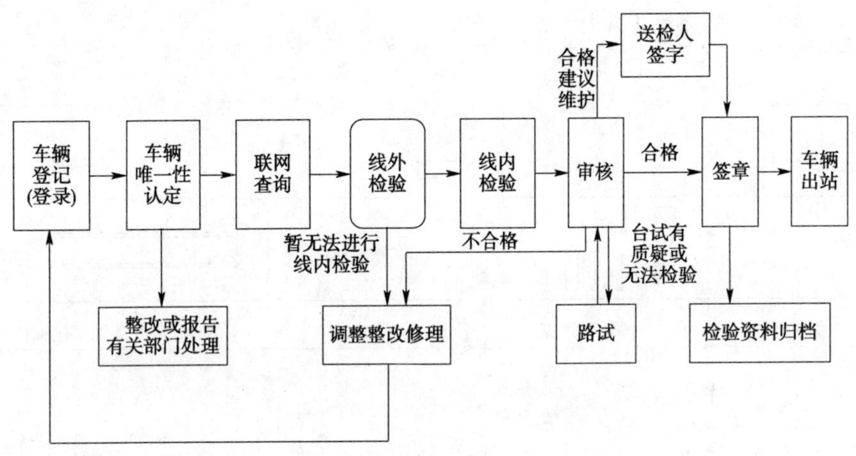

图 8-4　机动车安全技术检验流程图

1. 车辆登录

(1)车辆唯一性认定。

在被检车辆登录时，检验员首先要核对车辆的号牌号码、车辆类型、品牌型号、颜色、发动机号码、VIN 码(或整车型号和出厂编号)，对于注册登记的车辆还应检查车辆的外廓尺寸等主要特征和技术参数，确认与机动车注册登记资料是否一致，并将资料输入计算机。对该项认定有怀疑的车辆应停止进行安全技术检验并报告有关部门处理。

(2)联网查询。

检验员应查询送检车是否发生过交通事故或尚未处理完毕的道路交通安全违法行为。对于发生过交通事故的车辆，应该重点检查损伤部位和相关项目。对于涉及尚未处理完毕的道路交通安全违法行为的车辆，应在检验报告中说明情况。

(3)输入车辆相关资料。

车辆登录时还应输入以下资料：驱动类型(前驱动或后驱动，因为不同的驱动方式在 ABS 工位的检测顺序不同)、前照灯制(二灯或四灯，因为不同灯制检测标准不同)、检验类型(初检或年检等)、检验次数等。

2. 线外检验

线外检验的项目很多，这里只介绍其中部分内容。

(1)车辆外观检查。

检查保险杠、后视镜、车窗玻璃等是否完好并符合规定；检查车体是否周正；检查后悬是否符合要求；检查货厢有无改动、固定是否可靠；检查车身漆面是否完好、图形文字标志等是否符合相关规定。

(2)照明和电气信号装置检查。

检查前位灯、后位灯、转向灯、制动灯、雾灯、后牌照灯、倒车灯、危险报警闪光灯和示廓灯等是否齐全完好，前照灯远、近光光束变换功能是否正常；检查上述外部照明和信号装置的数量、位置、光色、最小几何可见度是否符合规定等。

应检查喇叭能否正常发声，必要时应用声级计测量喇叭声级是否符合规定。

(3)发动机舱检查。

检查发动机各系统机件是否齐全有效；检查蓄电池与导线连接是否牢固；检查电器导线线束是否完好；检查各种管路是否完好、固定可靠；检查液压制动汽车的储液罐液面是否符合要求及有无泄漏等。

(4)驾驶室检查。

检查驾驶人座椅固定是否可靠、门锁、铰链和前风窗玻璃是否完好；检查驾驶人两侧窗玻璃是否符合要求；检查仪表是否配备齐全；检查刮水器、洗涤器工作是否正常，安全带是否齐全有效；对于长途客车，检查是否按照规定安装了汽车行驶记录仪等。

(5)发动机运转状况检查。

检查发动机能否正常起动；检查发动机怠速情况、电源充电状况、各仪表及指示器工作情况；检查发动机运转有无"回火""放炮"等异常状况；检查有无漏水、漏油、漏气现象；检查冷却液温度、油压指示是否正常；对柴油车还应检查停机装置是否灵活、有效等。

(6)客车内部检查。

检查客车座椅、卧铺位等的安装是否牢固、数量和布置是否符合规定；检查地板密封是否良好，乘客通道、安全出口、车厢灯、门灯、灭火器等装置是否符合要求；对卧铺客车检查每个铺位的安全带是否齐全有效等。

(7)底盘部件检查。

检查燃料箱是否固定可靠，燃料箱盖是否完好；检查蓄电池、蓄电池架的固定是否牢固可靠；检查钢板弹簧的类型、片数是否符合规定，有无裂纹和断片现象；检查大型载货汽车和挂车的防护装置是否完好；检查汽车列车的牵引连接装置是否连接可靠等。

(8)车轮检查。

检查同轴两侧轮胎的规格型号是否相同；检查轮胎的型号、等级、承载能力及胎冠花纹深度是否符合规定，胎面、胎壁有无损伤；检查轮胎气压是否符合规定等。

检验员将上述检查结果输入计算机，汽车线外安全检测见图8-5。

图8-5　汽车外观检测

3. 底盘动态检验

在检测线外面起动车辆并行驶一段距离，检验车辆以下各系统性能。

(1)转向系。

检查转向盘最大自由转动量是否符合要求；检查行驶时转向是否沉重；检查行驶时车辆是否具有自动回正能力以及保持直线行驶的能力。

(2)传动系。

在车辆行驶中检查离合器接合是否平稳、有无异响、打滑、抖动、沉重和分离不彻底等现象；检查变速器倒挡能否锁止，换挡是否正常，有无异响；检查传动轴有无异响、抖动、驱动桥的主减速器和差速器有无异响等。

(3)制动系。

以20km/h左右车速正直行驶，急踩制动踏板后放松，初步检查车辆制动性能；对于气压制动系统，应检查低气压报警装置是否正常等。

(4)仪表和指示器。

在底盘动态检验过程中检验员应注意观察各种仪表和指示器工作是否正常。

4. 线内检验

线内检验包括侧滑、轴重、制动力检测、车速表校验以及车辆底盘人工检查等项。

(1)前轮侧滑量检测。

让汽车低速驶过侧滑试验台(见图8-6)，此时不可转动转向盘。通过后，第二工位指示器即可显示侧滑检测结果。

(2)轴重测量与制动力检测。

先将前轮驶上轴重仪测量前轴重(见图8-7)，再将前轮驶上制动试验台测量前轴制动力。按工位指示器的提示，将制动踏板踩到底，即可测得前轴制动力。此时指示器会显示出检测结果。

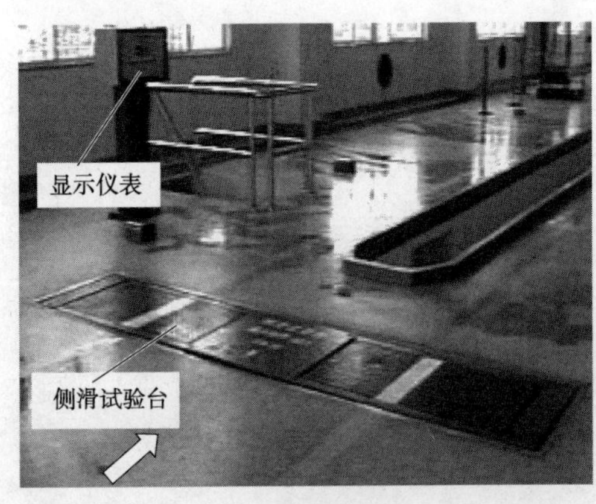

图8-6　检测线的侧滑试验台

图8-7　轴重的称量

然后将后轮驶上轴重仪测量后轴重，再将后轮驶上制动台，按指示器的提示踩住制动踏板检测后制动力(见图8-8)，图中的电器控制柜用于控制制动试验台的电动机。指示器会显示后制动结果。

最后检测驻车制动(手制动)力,方法与测量前、后轮制动力相同。可按指示器的提示拉住驻车制动杆。

有些检测站采用平板式制动试验台检测制动力,其操作方法如下:

①首先,检验员将被检车辆以 5 ~ 10km/h 的速度正直平稳驶上试验台平板;

②当各车轮均驶上平板时,急踩制动踏板,使车辆停止,测得轮重、制动力等各项数值;

③汽车再次起步,在尚未离开平板时立即拉住驻车制动杆,即可测量驻车制动力。

(3)车速表校验。

将驱动轮驶上车速表试验台,驾驶员手持测试按钮。慢慢踩下加速踏板,当车速表指示 40km/h 时按下测试按钮(通常使用遥控器,见图 8-9)。指示器即可显示检测结果。测完后放松加速踏板,令车轮停转。

图 8-8　制动性能检测

当车速表显示40km/h时
按遥控按键
车速表试验台

图 8-9　车速表校验

这里需要注意,检测顺序与驱动轮的位置以及驻车制动器安装位置有关。处理的原则,就是测完前轮的项目之后,再测后轮的项目,以免车辆倒退。例如不同结构的车可采用如下不同的检测顺序。

①后驱动、后驻车:前制动——后制动——驻车制动——车速表。

②前驱动、前驻车:前制动——驻车制动——车速表——后制动。

③前驱动、后驻车:前制动——车速表——后制动——驻车制动。

(4)前照灯检验。

将车停在与前照灯检测仪一定距离处,面向正前方。前照灯仪会自动沿轨道进入测量位置,分别测量左右灯远光的发光强度以及远、近光光束照射方向(见图 8-10)。检测结果会在工位指示器上显示。

图 8-10　前照灯检验

(5)底盘输出功率测试。

仅对使用年限超过 20 年的非营运车辆才要求测试底盘输出功率。试验在底盘测功机上进行,要求测试底盘最大输出功率,具体操作方法将在后面章节中介绍。

(6)车辆底盘检查。

检查车底的工位需要设置地沟,检查时将车辆停放在地沟上方的指定位置,发动机停止运转,检验员以人工方式检查车底情况,主要包括如下方面。

①转向系检查:由驾驶室操作人员配合来回转动转向盘,检查转向机构各部件紧固、锁止、限位情况、转向器固定情况、在转向过程中有无干涉现象以及各机件有无损伤等。

②传动系检查:检查变速器、分动器、传动各部件连接、安装情况、有无机械损伤和松旷现象等。

③行驶系检查:检查钢板吊耳、中心螺栓、U 形螺栓等部件有无损伤或松动;检查车桥、车架的变形移位等。

④制动系检查:检查制动系部件有无擅自改动;检查制动主缸、轮缸、制动管路等有无漏气、漏油,制动软管有无老化等。

⑤电器线路检查:检查电器导线线束是否紧固、线路有无破损现象;检查接头、绝缘套管是否完好等。

⑥底盘其他部件检查:检查发动机的固定是否可靠;检查排气管、消声器、燃料箱是否完好;检查排气管口指向是否符合要求等。

然后将检验结果输入计算机,工位指示器会给出检测结果。

5. 关于路试检验

通常路试检验只对因车辆结构原因无法上检测线检验的车辆或对检测线上检验结果有质疑的车辆进行,主要有如下几种情况。

(1)对无法上检测线检验制动力或对检测结果有怀疑时,可以采用路试方法检测行车和驻车制动力。

(2)对无法上检测线校验车速表的车辆,可以采用第五轮仪等仪器进行路试检验。

四、检验结果及评价

主控计算机汇总了被测车的全部检测数据后,经过整理,打印出检测报告。

五、任务实施过程工单

<table>
<tr><td>学习任务</td><td colspan="3">汽车安全技术检测</td></tr>
<tr><td>1. 信息</td><td colspan="3">汽车安全技术检测的检测项目及流程</td></tr>
<tr><td>2. 计划</td><td colspan="3">计划检测项目的计划</td></tr>
<tr><td rowspan="2">3. 决策</td><td>检测过程的拟订</td><td colspan="2"></td></tr>
<tr><td>检测设备的选用</td><td colspan="2"></td></tr>
<tr><td rowspan="3">4. 实施</td><td>检 测 内 容</td><td>检 测 方 法</td><td>检 测 结 果</td></tr>
<tr><td></td><td></td><td></td></tr>
<tr><td></td><td></td><td></td></tr>
<tr><td>5. 检查</td><td colspan="3">检查不同检测参数的检测过程,检查检测结果的合格性</td></tr>
</table>

续上表

评估项目			自我评估	组长评估	教师评估	备　注
6. 评估	素质考评 10 分	劳动纪律 5 分				
		环保意识 5 分				
	工单完成情况 20 分					
	实操考评 40 分	工具使用 5 分				
		任务方案 10 分				
		实施过程 20 分				
		完成情况 5 分				
	合计 70 分					
	综合评价 100 分					

学习任务 2　汽车环保性能检测站

一、基本职能和工作依据

在用机动车排放污染物检测站是开展在用机动车排放污染物年度(定期)检测工作的机构。机动车排放污染物检测站分为 A、B 两类。A 类检测站是指具备实施在用机动车污染物排放标准,具备较全面检测服务能力的机构,自动化和信息化程度较高,可以提供网络信息传输服务的检测机构;B 类检测站则是指具备实施国家在用机动车排放标准,具有基本检测服务能力的机构。

A 类检测站可以设立一个或多个检测场所,而 B 类检测机构不得设立多个检测场所。我国规定了 A、B 类检测机构均不得经营任何形式的机动车辆排气污染治理、调整和维修业务。图 8-11 为机动车排放污染物检测站。

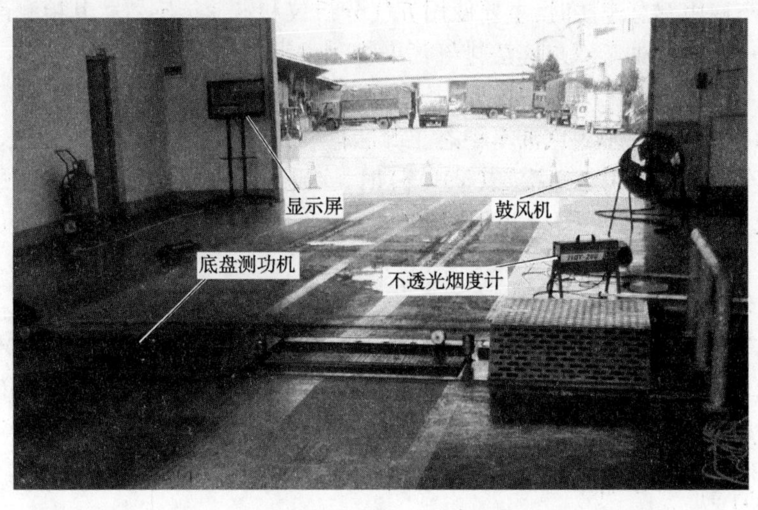

图 8-11　机动车排放污染物检测站

各省根据各自的实际情况制定相关法律依据,机动车环保检测站受各省环境保护主管部门的委托,按照规范对机动车排放的污染物进行定期检测。检测站的检测依据主要根据国家和各省有关的法律和技术标准。

二、检测方法及设备要求

1. 检测方法

环保性能检测站主要对点燃式发动机汽车和压燃式发动机汽车排气污染物进行检测。点燃式发动机汽车检测的排气污染物主要包括 CO、HC、NO_x 三种主要污染物,而压燃式发动机汽车主要针对排气烟度进行检测。

(1)汽油车排气污染物测量。

按 GB 18285—2005《点燃式发动机汽车排气污染物限值及测量方法(双怠速法及简易工况法)》及相关标准规定,针对不同类型和不同使用年限的车辆,选用不同的方法对汽油车排气污染物进行检测。目前汽油车排气污染物一般选用双怠速法、加速模拟工况法或简易瞬态工况法三种方法之一进行测量。

(2)柴油车排气污染物测量。

按 GB 3847—2005《车用压燃式发动机和压燃式发动机汽车排气烟度排放限值及测量方法》及相关标准规定,针对不同类型和不同使用年限的车辆,选用滤纸烟度计测量排气烟度(Rb),或采用不透光烟度计测量光吸收系数 k。

2. 检测设备

排放污染物检测设备应符合国家在用机动车排放标准对检测设备的要求。同时检测设备应具有可靠性高、稳定性强等特点。对于 A 类检测机构的设备应具备网络数据传输功能,通过实时数据传输系统获得车辆信息的功能,以及检测设备的操作控制程序必须具备数据安全保护功能,防止人为改动等。根据不同的检测内容和检测方法,具体使用的检测设备主要有如下仪器。

(1)汽油车使用双怠速法时,主要使用五气分析仪和转速传感器。其检测设备应符合标准 HJ/T 289—2006《汽油车双怠速法排气污染物测量设备技术要求》的要求。

(2)汽油车使用稳态工况法(ASM)时,主要使用五气分析仪、底盘测功机。其检测设备应符合标准 HJ/T 291—2006《汽油车稳态工况法排气污染物测量设备技术要求》的要求。

(3)汽油车使用简易瞬态工况法(VMAS)时,主要使用五气分析仪、底盘测功机和流量计。其检测设备应符合标准 HJ/T 290—2006《汽油车简易瞬态工况法排气污染物测量设备技术要求》的要求。

(4)柴油车使用自由加速不透光烟度法时,主要使用设备为不透光烟度计。

(5)柴油车使用加载减速不透光烟度法时,主要使用设备为不透光烟度计和底盘测功机。其检测设备应符合标准 HJ/T 292—2006《柴油车加载减速工况法排气烟度测量设备技术要求》的要求。

三、结果评判

各省市根据各自的实际情况,所选择的检测方法有所不同,其结果的评判也不一样。汽油车在使用双怠速法时主要是评判 CO 和 HC 在高低怠速时的排放浓度值和过量空气系数 λ，在使用 ASM 工况法时主要是评判 CO、HC 和 NO_x 在测试工况下的浓度值，而在使用 VMAS 工况法时则主要评判 CO、HC 和 NO_x 在测试工况下的排放总质量。柴油车在使用自由加速不透光烟度法测试烟度时，主要测量其光吸收系数，而利用加载减速不透光烟度法时，不仅需要测试烟度，还应测试发动机功率。

四、任务实施过程工单

学习任务	汽车环保性能的检测					
1. 信息	汽车环保技术检测的检测项目及流程					
2. 计划	计划检测项目的计划					
3. 决策	检测过程的拟订					
	检测设备的选用					
4. 实施	检测内容		检测方法		检测结果	
5. 检查	检查不同检测参数的检测过程，检查检测结果的合格性					
6. 评估	评估项目		自我评估	组长评估	教师评估	备注
	素质考评 10 分	劳动纪律 5 分				
		环保意识 5 分				
	工单完成情况 20 分					
	实操考评 40 分	工具使用 5 分				
		任务方案 10 分				
		实施过程 20 分				
		完成情况 5 分				
	合计 70 分					
	综合评价 100 分					

学习任务 3 汽车综合性能检测站

一、综合性能检测站的基本职能

综合性能的主要内容包括动力性、燃油经济性、安全性、使用可靠性、环保性能以及整车装备完整性、防雨密封性等多种技术性能。与安全技术检测站相比，汽车综合性能检测站检测项目更多、功能更全面。

汽车综合性能检测站原是隶属交通监理部门并受其委托的检测站，主要用于对运输车

辆进行技术状况的监督和综合性能检验。随着检测站建设逐步社会化,综合检测站的社会服务职能更加突出。GB/T 17993—2005《汽车综合性能检测站能力的通用要求》对汽车综合性能检测站的职能进行重新定位,指出综合性能检测站是对在用汽车综合性能进行检测(验)评价工作并提供检测数据、报告的社会化服务机构,其主要功能包括如下方面。

(1)依法对营运车辆的技术状况进行检测。

(2)依法对车辆维修竣工质量进行检测。

(3)接受委托,对车辆改装(造)、延长报废期及其相关新技术、科研鉴定等项目进行检测。

(4)接受交通、公安、环保、商检、计量、保险和司法机关等部门、机构的委托,为其进行规定项目的检测。

可以看出,综合性能检测站的功能比安全技术检测站要全面一些,也是技术上比较权威的检验部门。

二、汽车综合性能检测站的建站要求

1. 汽车综合检测项目及检测设备要求

GB/T 17993—2005《汽车综合性能检测站能力的通用要求》对汽车综合性能检测站的人员、技术、设备和服务等方面都有明确规范的要求。

综合性能检测站的检测项目比安全检测站要多,不仅包括了安全检测站的全部检测项目,而且还增加了很多动力性、经济性试验以及发动机和底盘技术状况检查的项目,其中最主要的是其增加了底盘测功机、发动机综合分析仪、四轮定位仪、车轮动平衡机等较大设备。

2. 对计算机控制检测系统的要求

GB/T 17993—2005 规定,如综合性能检测站采用计算机控制检测系统,应满足如下要求。

(1)控制系统应具有车辆信息的登录、规定项目与参数的受控自动检测、检测数据的自动传输与存档、检测报告与统计报表的自动生成、指定信息的查询等功能,所有记录(包括报告和报表)格式及内容均应符合有关规定。

(2)控制系统配置的计算机等硬件和操作系统等软件应符合相关标准的要求。

(3)控制系统应建立适用检测车型数据库和适用检测标准项目、参数限值数据库,并符合相关委托检测行业管理的要求。

(4)控制系统不应改变联网检测仪器设备的测试原理、分辨力、测量结果数据有效位数和检测结果数据,检测参数的采集、计算、判定应符合有关标准。

(5)应具有人工检测项目和未能联网的检测仪器设备检测结果的人工录入功能(IC 卡或其他方式)。

(6)应设置检测标准、系统参数等数据修改的访问权限及操作日志。

(7)计算机控制系统其他要求应符合 JT/T 478—2002 的有关规定。

3. 对检测站技术人员的要求

(1)检测站应设站长(或其他称谓)、技术负责人、质量负责人、计算机控制网络系统管理员、检测员、引车员以及仪器、设备(维护)管理员、文件资料档案管理员等主要岗位。

(2)应制订人员培训制度并有效实施,保证检测有关人员能按新的检测标准开展检测工作。

(3)对持证上岗从业人员,应通过专门培训,取得岗位从业资格证书后,方可上岗。

三、检测站设备的布置

以A级综合检测站为例进行说明。

检测站一般设计成两条检测线,一条就是普通的安全检测线,另一条为综合检测线。图8-12给出了一种双线综合检测线布置图。

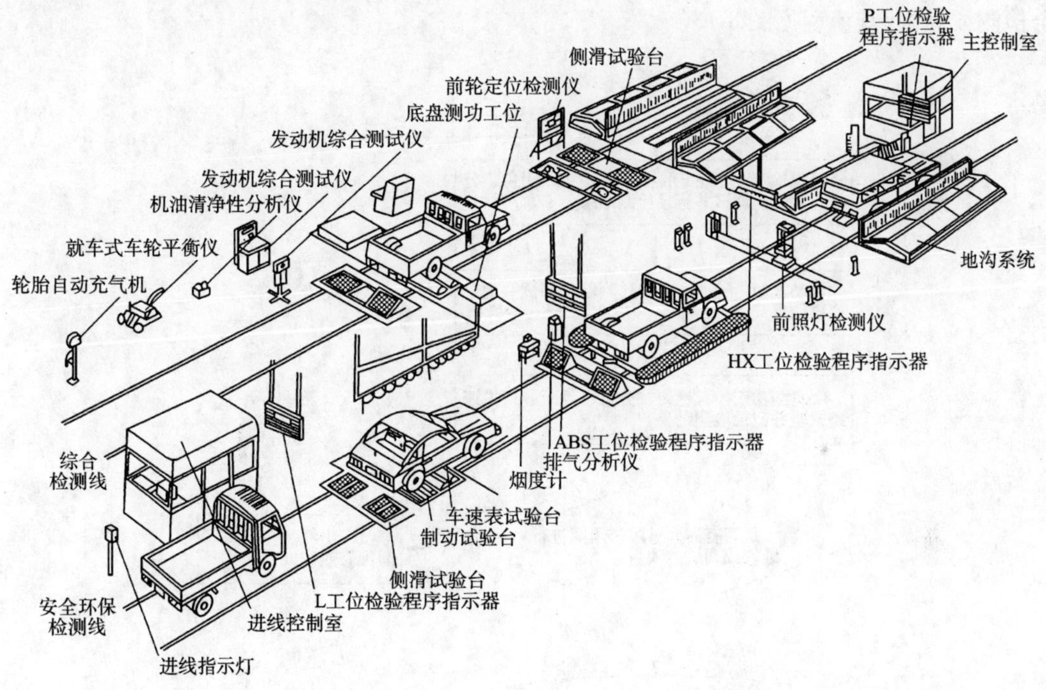

图8-12　汽车综合性能检测线设备布置图

1. 安全检测线部分

安全检测线为三个工位:第一工位除车辆数据录入之外,包括车速表、废气(或烟度)和侧滑,之所以把这几个检测项目放在一起,是考虑它们的污染都比较大,置于检测线入口处,有利于通风;第二工位包括灯光、喇叭和外观检查,所以该工位有一条地沟;第三工位包括轴重、制动以及主机打印等。

2. 综合检测线部分

综合检测线是一种接近全功能的综合检测线。它由发动机测试及车轮平衡工位、底盘测功工位、车轮定位及车底检查工位组成,除制动性能不能检测外,安全环保检测线上的其他检测项目均能在该线上检测。

第一工位的设备主要包括发动机综合分析仪、油耗计和底盘测功机等。发动机综合分析仪是测试发动机功率、点火等工作状况的仪器,底盘测功机和油耗计用于测量汽车的驱动力、功率、加速性等动力性能和燃料消耗情况。

第二工位的设备主要包括传动系游动角度检测仪、汽缸漏气量检测仪和润滑油质量检

测仪等,分别用于测量传动系游动角度、汽缸漏气量和分析润滑油质量。

第三工位主要包括车轮动平衡机、前轮定位仪、转向角度测试仪、转向盘测力计等设备。其中车轮动平衡机用于检验和校正轮胎动平衡,前轮定位仪可测量前轮定位的4个参数,转向角度测试仪用于测量前轮最大转向角度,转向盘测力计可测量转动转向盘时所用的力。

需要说明的是,综合检测站中,安全检测线一般是自动检测线,而综合检测线由于有些设备需手工操作,所以一般是手动线。

3. 汽车综合检测线工艺路线流程

检测线的工位布置是固定的,进线检测的汽车按工位顺序流水作业。以三工位全能综合检测线为例,其流程见图8-13。

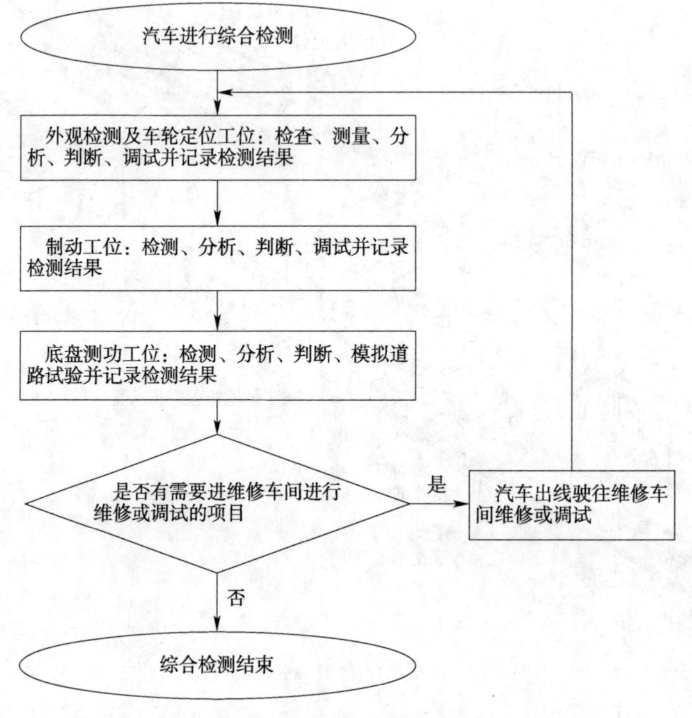

图8-13　汽车综合性能检测线检测流程图

四、汽车检测站计算机控制系统简介

从技术上来说,用于检测线的计算机控制系统应属于计算机工业控制的一个领域。由于这种系统集测量和控制于一体,所以也被称为计算机测控系统。

20世纪80年代初期,汽车检测线在自动化程度和计算机控制水平方面经历了手动线、半自动线和全自动线三个阶段。"手动"是指检测靠人工操作、数据由人工记录的方式;"半自动"是指部分设备采用计算机控制、另外的设备仍用人工操作记录的方式;"全自动"是指除了外观检查以外其他仪器设备的数据采集、数据处理、操作过程控制和显示、打印和数据存储等全部采用计算机的全自动检测方式。目前全自动线已经成为国家标准。

不论汽车安全检测站或综合检测站都应采用计算机控制系统。国家标准GB/T 17993—2005《汽车综合性能检测站能力的通用要求》、JT/T 478—2002《汽车检测站计算机控制系统技术规范》等对汽车检测站采用计算机控制系统提出了具体要求，规定主要检测仪器设备应能进行计算机联网，实现自动检测。

1. 对检测站计算机控制系统的总体要求

1）基本功能要求

（1）控制系统应具有车辆信息登录、规定项目的受控自动检测、检测数据的自动传输与存档、检测报告与统计报表的自动生成、指定信息的查询等功能。

（2）控制系统配置的计算机等硬件和操作系统等软件应符合相关标准的要求。

（3）控制系统应建立检测车型数据库和检测标准数据库。

（4）应具有人工检验项目和未能联网的检测仪器设备检测结果的人工录入功能。

（5）有条件的地区应建立检测站计算机网络。

2）基本性能要求

（1）检测数据要准确。

（2）系统可靠性要高。

2. 检测线中常见输入/输出信号处理与传输

这里结合检测线中常见计算机输入/输出信号及处理传输方式做一些具体介绍。

（1）模拟信号。

模拟信号主要来自某些传感器，例如轴重、制动台和底盘测功机的力传感器、侧滑试验台的位移传感器信号等。一般传感器模拟信号都不大，只有几十毫伏，需要经过放大处理和A/D转换后才能送入计算机。这些小信号需经放大后，成为"标准信号"，也就是一定大小的电压或电流信号。如0～5V、0～10V的电压信号，或4～20mA的电流信号。一般检测线用的A/D转换器采用10位或12位，位数越大，精度越高。

（2）开关量输入输出（I/O）信号。

检测线上的开关量输入信号主要有车辆位置信号（如制动试验台的车轮到位信号、前照灯检测的车辆到位信号等）、控制信号（如车速表校验时用的遥控器信号）。输入开关信号一般需要经过预处理，主要进行信号整形和消除抖动。为了将车辆到位信号输入计算机，常常采用对射式光电开关。对射式光电开关由光发射器和光接收器组成，接收器可将来自发射器的光束信号转化为电信号送计算机。当有车辆通过时，光束被遮挡，电信号会发生变化。图8-14给出了前照灯检测的车辆到位信号示意图。这里使用了两对光电开关A-A′和B-B′，其中A和B为光发射器，A′和B′为光接收器。A和B发出的光束很接近，由于前照灯检验仪要求前照灯到仪器受光面的距离必须保持一定，为此控制系统可采用这两束光限制停车位置，当车头刚好能够挡住后面光束B-B′而又不能挡住前面光束A-A′时，前照灯到仪器受光面的距离正好符合规定。

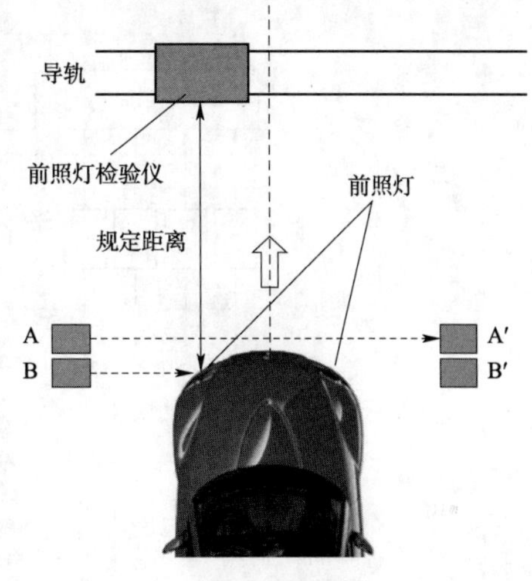

图8-14　光电开关作停车位置信号示意图

检测线上的开关量输出信号很多，例如入口处的红绿灯信号控制、制动、车速表试验台和底盘测功机的举升器控制、制动试验台的驱动电动机控制等。为了控制有一定功率的电器设备,输出开关信号需要经过继电器驱动。继电器一般采用24V直流电源。为了能够控制较大功率的交流电动机,还需要由直流继电器触点控制交流接触器线圈,交流接触器触点控制交流电动机。

(3)数字信号的串行通信方式。

为了实现检测现场的某些信号与位于机房的计算机之间信息串行传输,例如主机发送到各工位LED显示屏的信息,可采用串行通信方式。采用的通信接口标准有RS232C、RS485以及“20mA电流环”等。其中RS232C是最通用的仪器设备间的通信标准,采用±15V电源系统,数字信号为“负逻辑”,即+5V~+15V表示逻辑“0”,-5V~-15V表示逻辑“1”。通信线两端采用标准的25脚或简化9脚连接器(即D型插头插座)。从计算机的±5V系统到RS232C的±15V系统之间需要经过电平转换接口电路。RS232C的通信距离有限,标准规定为15m。RS485接口采用差分信号负逻辑,即+2V~+6V表示“0”,-2V~-6V表示“1”。由于电路的不同,采用RS485接口的通信距离可达几千米。“20mA电流环”方式是采用电流信号而不是电平(电压)信号传输,通信距离远而且可靠,但电路比较复杂。

3. 计算机控制系统的组成和控制方式

从硬件方面看,计算机控制系统主要有集中控制方式和分布控制方式两类。

1)集中控制方式

这种方式的计算机系统包括一台主机、一台入口登录机和检测线上各种仪器设备等。所谓集中控制方式,是指主控计算机直接对各工位的检测设备进行信号采集和处理、开关量输入输出以及对各工位检测过程进行指挥控制的方式。集中控制方式系统组成框图见图8-15。图中除了模拟量、开关量信号外,还画出了主机到各LED显示屏间的串行通道。

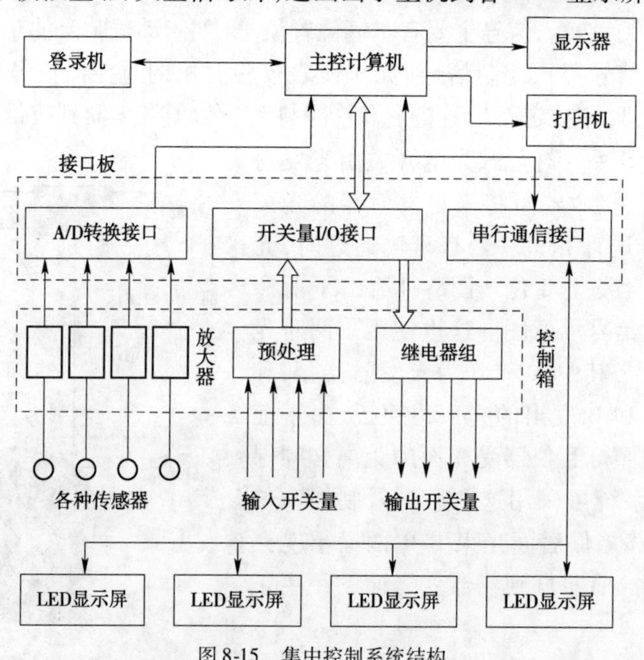

图8-15 集中控制系统结构

集中控制方式使用的元件设备少、维修方便,适用于小规模的检测站。但是这种方式也有缺陷,主要是检测线上的小信号传输线比较长,防干扰能力较差,同时主机负担太重,一旦出现故障就会造成系统瘫痪。

2)分布控制方式

分布控制方式是由多台计算机构成的分级控制方式,在主机与现场传感器和仪表信号之间增加一级计算机,构成三个层级(最底层为现场级、中间层为控制级、最高层为管理级)形成一种集中管理、分散控制的系统。

现场级主要涉及检测线的各种仪表设备或虚拟仪器,其主要任务为采集检测数据、提供检测数据或传感器信号、操作各种开关信号和执行设备。

控制级一般是以工控计算机(或微控制器)为中心,以工位为单位,执行本工位的检测控制任务。控制级计算机也称为"工位控制机"。本工位各检测项目的所有模拟量信号、开关量 I/O 信号以及与外部串行通信等工作都由工位控制机完成。位于检测线入口处的登录计算机也属于控制级层次。有些检测设备如平板制动试验台、底盘测功机、四轮定位仪、发动机综合分析仪等,本身都带有计算机,对这些计算机功能稍加改造即可承担工位控制机的职能。

管理级即计算机主机,承担着给各工位计算机分配任务、对来自各工位计算机信息进行处理、汇总、检测结果评价打印和数据库管理等工作。分布控制方式的系统结构见图 8-16。可见,工位控制机承担了信号采集、数据处理、输入/输出控制以及与包括主机的其他设备进行通信的多重任务。

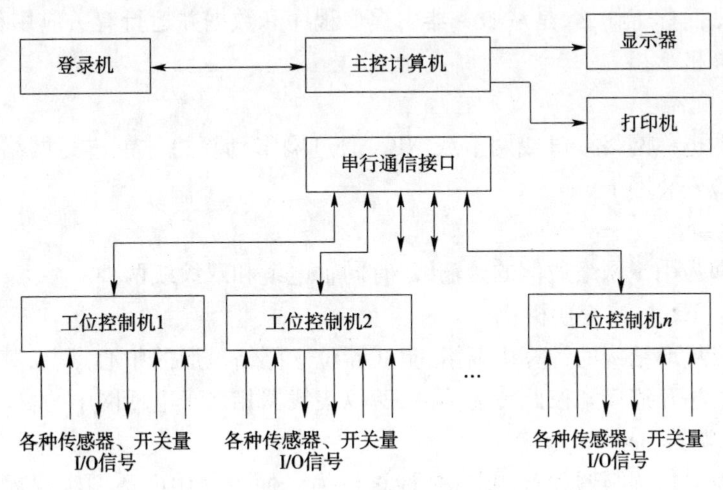

图 8-16　分布控制系统结构

分布控制方式的最大优点在于灵活、方便、可靠,即使主机出现故障,各工位计算机仍然能独立工作。而且由于工位控制机离检测现场很近,信号传输线比较短,系统抗干扰能力也比较强。缺点在于系统结构比较复杂,维护工作量比较大。

4. 关于检测站的计算机联网管理

20 世纪 90 年代以后,网络技术迅速发展,汽车检测站计算机控制系统进一步演变成为计算机控制及管理网络系统。该系统一般包括车辆登录、测量控制、业务管理、财务管理等若干子系统,并运用现代通信技术将这些子系统连成一个局域网,从而实现汽车检测站的检测和管理自动化。有些地区进一步将各检测站计算机连成地区性广域网,不仅实现资源共享,而且实现了管理现代化。

我国有些省份已开始实施检测站计算机联网工作。例如广东省全省已于2000年实现车辆管理部门与各安全技术检测站的计算机联网,从而各检测站的检测数据可以通过专用通信线传送到车管部门的专用服务器,便于上级部门对检测站的数据进行查询、监控和统计工作,大大提高了检测站的管理水平。以下对计算机网络系统做一些简要介绍。

1)计算机网络的概念

计算机网络是指多台独立的计算机通过通信设备和通信线路彼此连接起来,按照事先约定的规则进行数据串行传输的系统。将计算机联网最大的好处是可以实现信息资源、硬件资源和软件资源的共享。根据计算机距离的远近和网络规模的大小,计算机网络可分为局域网和广域网。若网络内的计算机都局限在一个小的区域,例如一个学校、工厂或办公室内,这种网络就是局域网,汽车检测站采用的就是局域网。多个局域网可以组成范围更大的广域网,例如全国铁路系统、电信系统的计算机网以及互联网(Internet)都是广域网。

2)计算机网络系统的基本组成

(1)网络服务器。

网络服务器简称服务器,是为网络提供软、硬件资源并对这些资源进行管理的计算机。它是网络的心脏,功能十分强大。

(2)网络工作站。

网络工作站简称工作站,是从服务器中提取程序和数据并运行有关应用程序的计算机,可以由普通计算机承担。

(3)网络适配器。

网络适配器也称网络接口或网卡或NIC,通过网卡计算机才能进行网络通信。服务器和工作站内都应安装网卡。

(4)通信电缆。

通信电缆即为用于网络通信的传输线,有同轴电缆和双绞线两种。

(5)集线器(HUB)或交换机。

对于连接成星形结构的计算机网络,集线器位于网络星形的中心点上,其他各站点计算机都通过集线器相互连接和彼此传输信息,所以集线器相当于电话网中的自动交换机。

(6)调制解调器(modem)。

调制解调器包括调制器和解调器,是计算机为了便于使用电话网实现远程通信而采用的设备。首先在发送端通过调制器将数字信号变成能够在电话网上传输的音频信号,而在接收端又经过解调器将音频信号变为原来的数字信号。这一过程称为调制与解调。将远距离的若干局域网联成广域网,在每个局域网的出口处就需要调制解调器。

(7)网络协议标准。

除了上述网络硬件设备以外,要能够在复杂的计算机网络中成功地进行信息传输,各计算机必须共同遵守事先规定的通信标准,例如数据字符格式、接口标准、通信速率等,称为网络协议标准。网络协议标准包括从物理层到应用层多个方面,内容相当复杂。计算机网络协议已经有各国通用的国际标准。

3)汽车检测站计算机网络举例

一个汽车综合性能检测站的计算机网络系统见图8-17。在硬件方面,检测站的业务大厅和检测车间布置了多台网络计算机,承担技术方面和管理方面的工作。其中,安全检测线与综合检测线的各工位控制机检测项目内容诸如车辆登录、外观检查以及各项目检测已如前述,检测线主机将数据汇总后由数据管理服务器打印检测清单。在业务大厅的几台网络计算机分别承担了信息查询、业务管理、财务管理、系统监控等任务。网络服务器提供各种资源。整个网络系统采用了星形连接。软件方面,计算机系统包括车辆登录、检测控制、系统监控和业务管理等多个子系统,其中安全检测线与综合检测线各工位控制机的各项操作都属于检测控制子系统部分。另外,系统安装了调制解调器,以便与远程网络(例如与政府有关部门)连接。

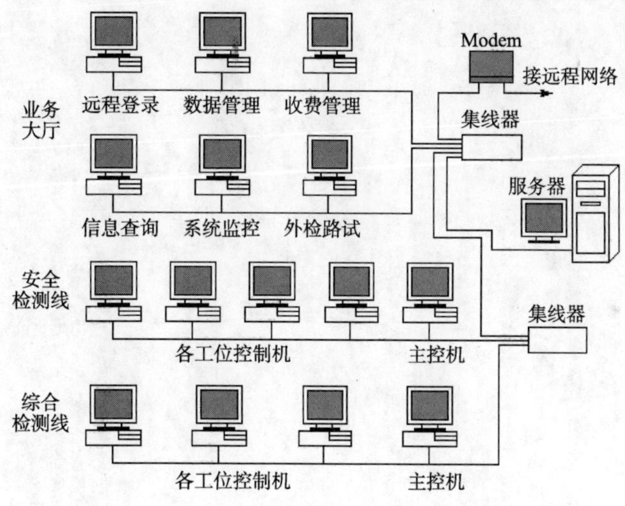

图8-17　汽车检测站计算机网络系统

五、任务实施过程工单

<table>
<tr><td>学习任务</td><td colspan="3">汽车综合性能的检测</td></tr>
<tr><td>1. 信息</td><td colspan="3">汽车综合性能检测的检测项目及流程</td></tr>
<tr><td>2. 计划</td><td colspan="3">计划汽车综合性能检测项目的计划</td></tr>
<tr><td rowspan="2">3. 决策</td><td>检测过程的拟订</td><td colspan="2"></td></tr>
<tr><td>检测设备的选用</td><td colspan="2"></td></tr>
<tr><td rowspan="3">4. 实施</td><td>检 测 内 容</td><td>检 测 方 法</td><td>检 测 结 果</td></tr>
<tr><td></td><td></td><td></td></tr>
<tr><td></td><td></td><td></td></tr>
<tr><td>5. 检查</td><td colspan="3">检查不同检测参数的检测过程,检查检测结果的合格性</td></tr>
</table>

续上表

	评估项目		自我评估	组长评估	教师评估	备注
6. 评估	素质考评10分	劳动纪律5分				
		环保意识5分				
	工单完成情况20分					
	实操考评40分	工具使用5分				
		任务方案10分				
		实施过程20分				
		完成情况5分				
	合计70分					
	综合评价100分					

学习项目九　汽车检测与故障诊断认知

1. 项目描述

一辆别克凯越1.6L手动挡轿车在4S店进行维修,客户描述该车冷起动时起动困难:发动机冷机时,能顺利起动;热机熄火后立即起动,也能顺利着火;但发动机热机熄火,再停放半小时以后,则起动困难,必须连续多次用起动机带动曲轴转动,并同时且深踩加速踏板,发动机方能起动。

在检修中,首先用解码器调取故障代码,无故障代码出现,同时,检查中已确认点火系统无故障,那么如何检测与排除故障?

2. 项目提示

要排除该车故障,首先要了解什么是汽车检测与故障诊断,汽车检测与故障诊断包括哪些基本内容,然后再进行故障检测与诊断,并通过多种检测手段找出产生故障的原因后才能进行故障排除。

1. 知识目标

(1)知道汽车故障的成因及变化规律,能够正确叙述汽车故障诊断常用的方法。

(2)熟悉常用检测诊断设备仪器的分类方式、可实现的功能及各自的适用范围。

(3)熟悉常用检测诊断设备仪器的基本操作步骤及注意事项。

(4)能够正确运用直观诊断法对汽车的某些典型故障进行初步分析诊断。

2. 技能目标

(1)能通过观察了解和确定汽车故障。

(2)能发现汽车故障现象。

(3)能够掌握汽车检测与故障诊断的基本步骤。

一、基本知识

汽车的技术状况是定量测得的,是表征某一时刻汽车外观和性能的参数值的总和。汽车的技术状况随着行驶里程的增加逐渐变差,出现动力性下降、排放污染物增加、使用的可靠性降低、故障率上升等现象,严重时汽车不能正常运行。

1. 汽车技术状况的变化

汽车技术状况可分为汽车完好技术状况和汽车不良技术状况。

汽车完好技术状况是指汽车完全符合技术文件规定要求的状况，汽车技术状况的各种参数值（主要包括使用性能、外观、外形等参数值）都完全符合技术文件的规定。处于完好技术状况的汽车，能正常发挥其全部功能。

汽车不良技术状况是指汽车不符合技术文件规定的任一要求的状况。处于不良技术状况的汽车，可能是主要使用性能指标不符合技术文件的规定，不能完全发挥汽车应有的功能；也可能是仅外观、外形及其他次要性能的参数值不符合技术文件的规定，而又不致影响汽车的正常行驶。

2. 汽车技术状况变化的基本症状

汽车技术状况变差主要是汽车工作能力（汽车的工作能力是指汽车按技术文件规定的使用性能指标执行规定功能的能力）的下降，具体外观症状主要有如下方面。

（1）汽车动力性变差。例如，与原设计相比，汽车的加速时间增加 25% 以上；发动机的有效功率和有效转矩低于 75% 等。

（2）汽车燃料消耗量和润滑油消耗量显著增加。

（3）汽车的制动性能变差。

（4）汽车的操纵稳定性能变差。

（5）汽车排放污染物和噪声超过限值。

（6）汽车在行驶中出现异响或异常振动，存在引起交通事故或机械事故的隐患。

（7）汽车的可靠性变差，使汽车因故障停驶的时间增加。

3. 汽车检测的概念

汽车检测是从汽车维修技术中衍生出来的，由汽车维修伴随着汽车技术的发展而发展的。在早期的汽车维修过程中，主要是通过有经验的维修人员发现汽车故障并进行针对性的修理。即过去人们常讲的“望（眼看）”（例如通过观察汽车外观或车辆行驶状态判断故障）、“闻（耳听）”（例如通过发动机等运转发声判断故障）、“问（询问）”（例如通过询问驾车人员车辆使用情况或现象判断故障）、“切（手摸）”（例如通过手摸感受温度、振动、压力等现象判断故障）方式。随着现代机电测控技术进步，特别是计算机技术和传感器技术的进步，汽车检测技术也飞速发展。现阶段人们能依靠各种先进的仪器设备，对汽车进行不解体检测，而且安全、迅速、可靠。检测的内容是与汽车技术状况有关的各项参数。

4. 汽车故障诊断的概念

汽车故障有两层含义。

（1）汽车部件或总成部分或完全丧失原车设计规定的工作能力的现象。

汽车的工作能力是指汽车按技术文件规定的使用性能指标，执行规定功能的能力。汽车的工作能力是动力性、经济性、工作可靠性及舒适、安全、环保等性能的总称。车辆零部件或总成部分或完全丧失工作能力，表示车辆存在故障，如无法起动、灯光不亮、没有制动、转向失灵等。

（2）汽车的技术状况和工作性能达不到要求。

汽车的技术状况，即汽车的技术性能，是指汽车能适应各种使用条件而发挥最大工作效率的能力。车辆的技术状况一般用汽车的使用性能指标、车辆装备的完善程度以及车辆外部完好状况来进行综合评价。汽车的使用性能指标主要包括汽车的动力性、汽车的使用经济性、汽车的制动性能、汽车的操纵性和稳定性、汽车行驶的平顺性、汽车的通过性等。车辆的技术状况达不到规定要求,表明汽车有故障,如加速不良、怠速不稳、尾气排放超标等。

汽车检测与故障诊断的意义在于不解体获取汽车技术状况和故障的信息,对于正常的汽车,有利于维持它的正常技术状态,减少检查工作量和由于解体检查对汽车造成的伤害;对于故障汽车,更有利于故障判断和异常识别,在根据诊断结果制订出排除故障对策的同时,也能对汽车未来的技术状况做出预测和预报。

5.汽车故障产生的原因

汽车由各种零件和总成组成,在使用中,随着行驶里程增加,由于机械磨损、化学腐蚀及变形而改变了零件原有尺寸、几何形状、配合间隙,长期载荷产生疲劳而变形,橡胶及塑料制品以及电子产品因长时间工作而老化等都会产生故障;另外汽车因设计、材料、生产工艺、使用方式、检修维护等差异,在使用过程中不可避免地要发生故障;而汽车在使用过程中,由于某种或几种原因,其技术状况将随行驶里程的增加而变化,其动力性、经济性、可靠性、安全性将逐渐或迅速地下降,排气污染和噪声加剧,也产生故障。

6.汽车故障的现象

汽车故障表象是指汽车故障现象的具体表现。现代汽车结构庞杂,运行条件也极其复杂,因而产生的故障也多种多样,要准确诊断故障,必须首先熟悉其表现出来的不同的内在和外表的特征,并根据这些症状来排除故障。综合起来,汽车的故障表象主要有如下方面。

1)运行工况异常

运行工况异常是指汽车在起动和运行中出现和存在不正常的工作状况。例如,发动机突然熄火后再起动困难,甚至不能起动;发动机不易起动或起动后运转不稳定;在行驶中动力性突然降低,使汽车行驶无力;行驶中突然制动失灵或跑偏、转向盘和前轮晃动甚至失控等。工况异常的故障症状明显,容易察觉,但是形成原因复杂,而且往往是从渐变到突变,因此,必须认真分析突变前有无可疑症状,去伪存真,才能判明故障的所在。

2)异响

汽车在发动或行驶时,由于机件的运转、振动会发出声响,这种声响可分为正常响声和异常响声。正常响声指允许存在的轻微噪声,如发动机内部的活塞环与汽缸壁的摩擦声、机油的激溅声、发动机运转时的声音以及其他一些汽车运行过程中允许出现的声音。异常声响则指不正常的金属敲击声或其他不应有的声音,如敲缸响、销子响、轴承响、窜气声等。存在这些异常声音说明有故障,应立即排除。应当指出的是,许多声响异常的故障会酿成重大机件事故,因此必须认真对待。

3)温度异常

温度异常现象通常表现在发动机、变速器总成、驱动桥总成、制动鼓及电器元件上。在正常情况下,无论汽车工作多长时间,这些总成均应保持一定的温度。除发动机外,用手触摸这些总成时,应该能够忍受,若感到烫痛难忍,表明该处过热,说明有故障。一般电器工作一段时间,也会有一定温度,如触摸无温感,应该判断是否工作。

4)排放异常

发动机工作过程中,正常的燃烧生成物主要成分应当是二氧化碳和少量的水蒸气,因此发动机尾气应该无明显颜色的烟雾。若发动机燃烧不正常,废气中会掺有未完全燃烧的炭粒、碳化氢、一氧化碳或者大量水蒸气,这时废气的颜色可能变黑、变蓝、变白,即排放不正常。排放不正常是发动机故障诊断的重要依据。正常的发动机废气无明显的烟雾,若汽缸上窜机油时,则废气呈蓝色;混合气燃烧不完全时,废气呈黑色;燃油中掺有水时,废气呈白色。

5)消耗异常

燃油、润滑油消耗异常指燃油、润滑油消耗超过其规定值。燃油、润滑油消耗异常也是一种故障症状。燃油消耗量增多,一般为发动机工作不良或底盘的传动系、制动系调整不当所致。机油的消耗量过多,除了渗漏的原因外,多是由于发动机有故障。这时常常伴有加机油口处大量冒烟或脉动冒烟、排气烟色不正常等,其主要原因是活塞与汽缸壁的配合间隙过大或活塞环损坏失效。如果在发动机工作过程中,机油量有增无减,可能是由于冷却液或汽油渗入到油底壳引起。燃油、润滑油的消耗异常是发动机技术状况不良的一个重要标志。

6)气味异常

气味异常是可用鼻子嗅出的不正常气味,如电路短路,烧着时的橡胶臭味;汽车行驶中,如有制动拖滞、离合器打滑等故障时散发出来的离合器摩擦片、制动摩擦片烧蚀时的焦烟味;排气管排出的烟雾味、生油味,以及发动机过热、机油或制动液燃烧时,也会散发特殊气味等。行车中感觉气味异常,应尽快停车检查,确定并排除故障。

7)失控或抖动

汽车或总成在工作中,出现操作失灵、操纵困难、不允许的自身抖动等,表示有故障存在,如四轮定位不正确、轮胎动不平衡、曲轴不平衡、传动轴动不平衡等,都会引起车辆抖动和控制困难。

8)渗漏

渗漏是指汽车的燃油、润滑油(机油、齿轮油)、冷却液、制动液(或压缩空气)以及动力转向油等油液的泄漏。渗漏故障症状明显,可直接观察发现。渗漏包括漏油、漏水、漏气、漏电等,渗漏会造成过热、转向、制动失灵、耗油量增加等故障,渗漏还会污染机件和环境,严重渗漏还会造成车辆工作性能下降甚至不能工作,因此一旦发现渗漏应随即排除。

9)外观异常

汽车发生故障时,外表上的变化亦会反映出来。如将汽车停放在平坦场地上,检查其外形,如有横向或纵向歪斜等现象,则为外观异常。汽车外观异常的原因多系车架、车身、悬架装置、轮胎等出现异常,这样会引起行驶方向不稳、行驶跑偏、重心偏移、轮胎摩擦不均匀等故障。

10)仪表指示异常

汽车上的各种仪表(电流表、机油压力表、冷却液温度表和气压表等)指示车辆有关部分的工作状况,如果仪表读数指示异常,表明该部位有故障,应立即停车检查排除。

11)性能异常

车辆的各种使用性能随着行驶里程的增长而减弱,但很缓慢,一般不易感觉出来,若在行车中感到汽车使用性能突然变坏,则表明存在故障(如发动机动力迅速下降、汽车突然摆头严重、制动器不灵等），应立即停车，检查排除。

12）间隙异常

车辆部件的各部分间隙都有其标准数值，如果间隙过大或过小，都表明存在故障，应进行调整或更换。

13）仪表故障警告灯点亮

汽车组合仪表上有各个电控系统故障警告指示灯，当发动机起动后或汽车运行中，仪表有故障警告灯点亮，则表示该灯所代表的控制系统有故障。

7. 汽车故障诊断参数

在进行汽车故障诊断时，常用一些诊断参数表征汽车、总成及机构的技术状况，如汽车的工作过程参数和伴随工作过程的状态参数。这些参数有物理量（如振动、噪声、温度、真空度、功率、汽缸压缩压力等）和化学量（如尾气成分、润滑油杂质成分等）。这些诊断参数的变化可以与汽车的技术状况变化相对应，并具有高度的可靠性、灵敏性和可实现性。为定量评价这些参数，必须建立诊断参数标准，如用于汽车行驶安全和排放的国家标准，与技术状况有关的制造厂推荐标准，以及适合不同地区和使用条件的地方和企业标准。

8. 汽车检测与诊断技术的发展趋势

（1）利用车载计算机，使随车故障诊断技术不断发展和完善，从对电控发动机的故障自诊断逐步扩展为包括传动、制动、转向等系统在内的全车故障自诊断。

（2）由于传感器技术、测控技术、故障分析和识别技术、人工智能技术的应用，使车外诊断设备向多功能、自动化、智能化车载诊断设备方向发展，除监控和诊断故障，代替人类专家处理故障外，预测汽车技术状况也是必然的发展方向。

二、基本技能

1. 汽车发动机故障的基本检查

若发动机机械系统和电控系统（传感器、ECU、执行器等）失效，将会产生如下情况。

（1）发动机难以起动或根本不能起动。

（2）怠速不良：怠速过低或过高、怠速抖动、怠速熄火或游车。

（3）驾驶性能不良：行驶无力、突然熄火、车辆窜动等。

检查发动机故障时，首先从基本系统开始检查。如果存在发动机无法起动、怠速不稳或加速不良等现象，必须先进行基本的故障检查，以下介绍汽车发动机基本检查程序。

（1）防护装备：工作服、工作帽、手套、劳保鞋。

（2）实训设备：故障车辆或实训整车，或同类发动机台架。

（3）手工工具：拆装工具一套。

（4）辅助材料：翼子板布和前格栅布、三件套、抹布、手套、白板笔。

2. 实施步骤

注意事项：请按举升机使用规范及车辆防护标准操作。

（1）发动机外观故障检查。

不起动发动机，目测检查发动机的外观（图9-1）。机械：裂缝、漏油等损坏。电子元件及线路和连接器：电子元件破损、线路断路、连接器断开或虚接等。气路、真空管路：破损、断开等。燃油管路外观:泄漏等。其他:其他目视能发现的损坏。

(2)发动机起动故障检查。

首先确认发动机舱没有人在操作,变速器挡位在空挡或停车挡,拉好驻车制动器,进行发动机起动验证,见图9-2。

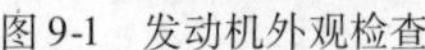

图9-1　发动机外观检查

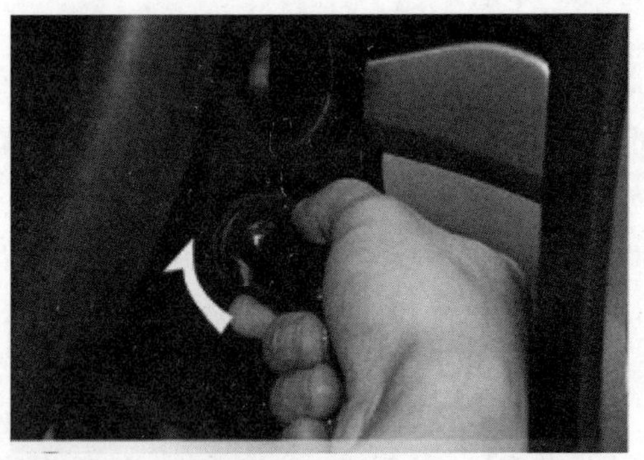

图9-2　起动发动机验证

①接通点火开关起动挡,起动发动机,观察发动机能否在5s内起动。如果能起动,发动机起动正常,进行步骤(3),如果不能起动,进行步骤②。

②间隔5～10s后继续起动发动机,如果能够起动,表明发动机轻微起动困难,则进行步骤(3);如果不能起动,间隔5～10s后继续起动发动机,如果能够起动,表明发动机起动困难,则进行步骤(3);如果还是不能起动,则判断为发动机不能起动。

(3)发动机运行故障检查。

①保持发动机运转2min以上(发动机暖机),见图9-3,观察仪表中是否有异常的警告灯亮起,以及机油压力、冷却液温度是否在正常范围。

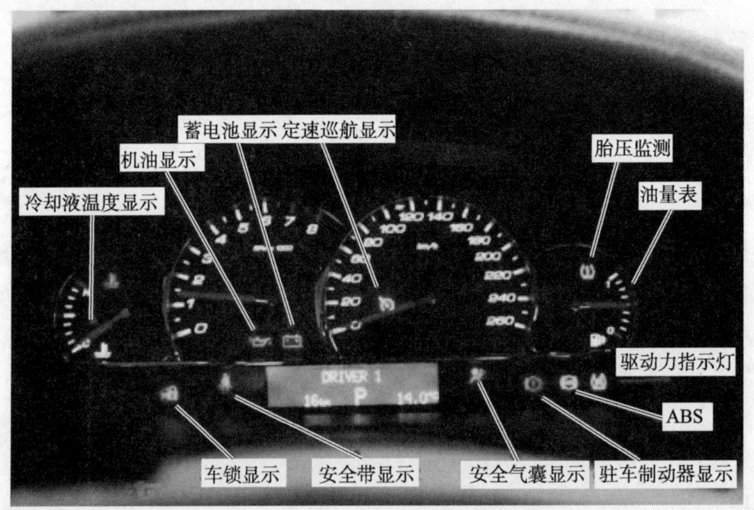

图9-3　仪表警告灯

②发动机怠速运转时,观察转速表(图9-4)是否抖动或上下波动。如果转速表抖动,则判定发动机怠速抖,如果转速表上下波动,则发动机失速(俗称"游车")。

③分别缓慢和快速踩下加速踏板,观察发动机能否加速到3000r/min以上,如果不能或

转速上升不平顺，则发动机加速不良。

警告：严禁将发动机加速到6000r/min以上。

④分别缓慢和快速松开加速踏板，观察发动机转速能否平稳下降，如果下降不平顺或熄火，则发动机转速不良。

(4)将发动机熄火，并按5S要求操作。

图9-4　观察发动机转速表

三、拓展知识

1.汽车的可靠性

汽车的可靠性指汽车在规定的使用条件下，在规定的时间或者规定的里程内能稳定、安全行驶的能力，包括固有可靠性和使用可靠性。

固有可靠性是指汽车在设计制造时所赋予的内在质量，只能通过重新设计和改造才能提高。使用可靠性是指汽车在使用过程中所表现出来的质量，可以通过维修手段来保持和提高。汽车在使用中技术状况下降，故障率上升，使汽车不能安全行驶，说明汽车可靠性能下降。汽车质量的核心，实质上就是可靠性。汽车的故障就是汽车零部件或总成部分丧失设计的规定功能，使汽车可靠性下降所产生的现象。

2.汽车故障率

汽车故障出现有一定的规律性，这种规律用故障率来表示。

故障率是指汽车发生故障的频率随行驶里程或行驶时间而变化的规律。通常用故障率曲线来表示，故障率曲线两端高，中间低平，呈浴盆状，故又称“浴盆曲线”。图9-5为汽车故障率的“浴盆曲线”。

根据“浴盆曲线”，汽车故障率随时间变化分为三个时期。

(1)早期故障期。

浴盆曲线左侧部分为早期故障期，这是新车或大修过的汽车开始使用的初期。新车出现早期故障是由于设计或制造上的缺陷等原因造成的，如设计不良、制造质量差、材料有缺陷、工艺质量有问题、装配不佳、调整不当、零件加工刀纹及残留物，工艺过程引起的应力，质量管理和检验的差错等，使故障率较高；大修车出现早期故障主要是由于装配不当、修理质量不高所致。早期故障可以通过强化试验和磨合加以排除。该阶段特点是故障率较高，但在此阶段中汽车故障率随时间增加而迅速下降，属于故障率递减型曲线。

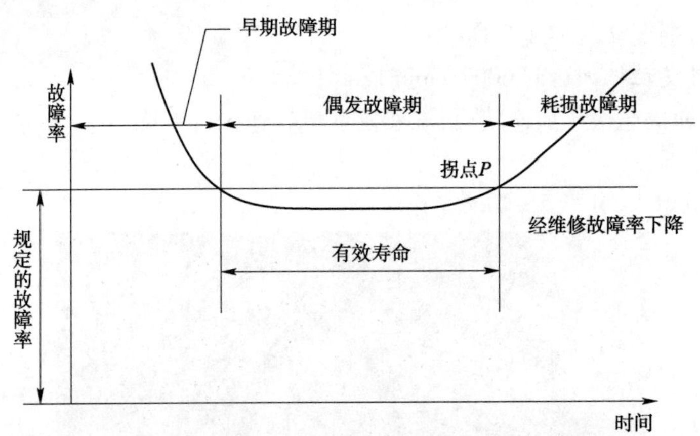

图 9-5　汽车故障率浴盆曲线

(2)随机故障期。

浴盆曲线的中间部分为随机故障期,又称为偶发故障期,是指汽车正常使用时期,故障发生比较少,不随时间变化。曲线特点是故障率比较低,并且相对稳定。此阶段故障率是与行驶里程和时间无关的常数,属于故障率恒定型曲线,故障的出现是随机的。

随机故障期内故障产生的原因:一是偶然因素造成的,如材料缺陷、操作失误、超载运行、润滑不良、维修欠佳及产品本身的薄弱环节等引起的;二是一些零件合乎规律的早期损耗所引起的。在随机故障期内发生故障的时间是随机的,难以确定的,但从统计学角度来看,故障发生的概率又是有规律可循的。汽车正常使用的过程中所出现的故障,多属于随机故障期故障。

(3)耗损故障期。

浴盆曲线的右侧部分为耗损故障期,在这段时期故障率随时间的延长而上升得越来越快,属于故障率递增型曲线。耗损故障期内故障产生的原因主要是汽车机件的磨损、疲劳、变形、腐蚀、老化、衰竭等造成的。这种故障引起性能参数恶化、振动增大、出现异响等,故障率达到一定值时汽车或总成就不能继续使用,必须报废或大修。因此,确定汽车机件何时进入耗损故障期,是汽车生产厂家确定定期更换易损件的理论根据。

四、任务实施过程工单

1. 制订计划

请根据学习任务的要求,确定所需要的场地和物品,并对小组成员进行合理分工,制订详细的工作计划。

1)场地及物品准备

检查及记录完成任务需要的场地、设备、工具及材料。

(1)场地。

检查工作场地是否清洁及存在安全隐患,如不正常,请汇报老师并及时处理。

记录:____

(2)车辆、总成、工件。

车辆:____

其他：________

(3)设备及工具。

防护装备：________

设备及工具：________

(4)材料。

材料：________

(5)安全要求及注意事项。

①实训汽车停在实训工位上，没有经过老师批准不准起动。经老师批准起动后，首先应先检查车轮的安全顶块是否放好，驻车制动器是否拉好，排挡杆是否放在P挡(A/T)或空挡(M/T)，车前没有人。

②发动机运行时不能把手伸入，防止造成意外事故。

③没有经过老师批准不允许随意连接或拔下电控元器件。

④点火开关接通时，不允许连接或拔下电控系统元器件的插接件。

⑤蓄电池的极性不能接反，否则将烧毁ECU与电子元器件。

⑥禁止使用起动电源辅助起动发动机，防止损坏电控系统元件。

2)小组成员及分工

你所在小组成员：________

你所负责的工作：________

3)操作流程

根据学习任务，小组进行讨论，确定工作计划(流程/工序)，并记录。

步骤1：发动机外观故障检查。

检查结果：________

步骤2：发动机起动故障检查。

检查结果：________

步骤3：发动机运行故障检查。

检查结果：________

2. 实施计划

根据制订的计划实施，完成以下任务并记录。

1)丰田卡罗拉故障检查与确认(表9-1)

任务记录表(一)　　表9-1

项　目	内　容	故障现象描述	备　注
发动机外观	机械外观		
	电子元件及线路外观		
	气路及真空管路外观		
	燃油管路外观		
	发动机其他损坏		
发动机起动	起动状况		

续上表

项　目	内　容	故障现象描述	备　注
发动机运行	仪表显示		
	怠速运转		
	加速运转		
	减速运转		
其他故障			

2）桑塔纳3000故障检查与确认（表9-2）

任务记录表（二）

表9-2

项　目	内　容	故障现象描述	备　注
发动机外观	机械外观		
	电子元件及线路外观		
	气路及真空管路外观		
	燃油管路外观		
	发动机其他损坏		
发动机起动	起动状况		
发动机运行	仪表显示		
	怠速运转		
	加速运转		
	减速运转		
其他故障			

3）大众速腾故障检查与确认（表9-3）

任务记录表（三）

表9-3

项　目	内　容	故障现象描述	备　注
发动机外观	机械外观		
	电子元件及线路外观		
	气路及真空管路外观		
	燃油管路外观		
	发动机其他损坏		
发动机起动	起动状况		
发动机运行	仪表显示		
	怠速运转		
	加速运转		
	减速运转		

学习项目十　汽车故障诊断的基本方法及注意事项

1. 项目描述

一辆2010款丰田卡罗拉GL轿车，装备1ZR-FE汽油电控发动机，客户反映发动机不能起动，点火开关转到起动挡，发动机没有反应。那么应如何按照汽车故障诊断的基本方法检测并排除该故障？

2. 项目提示

造成所述故障现象的原因有很多，要想快速找到故障原因，必须学习诊断汽车故障的方法。

1. 知识目标

(1)能描述汽车故障诊断的基本原则。

(2)能描述汽车故障诊断的基本思路。

(3)能描述汽车故障诊断的基本方法。

(4)能描述汽车故障诊断的注意事项。

2. 技能目标

(1)能将汽车故障诊断的知识和方法应用到实际故障诊断工作中。

(2)掌握汽车故障诊断的基本方法和注意事项。

一、基本知识

1. 汽车故障诊断的概念

汽车故障诊断是指在不解体(或仅拆卸部分零件)的条件下，通过检测和试验等综合方式，进行判断、推理、逻辑分析，确定汽车技术状况，找出故障发生的准确部位，查明故障产生的原因，为尽快修复汽车提供可靠依据。

故障诊断不仅是汽车维修中的关键步骤，也是汽车修理前的确诊环节。

随着汽车技术的发展，汽车结构与汽车电控系统也越来越复杂，因此单凭经验诊断汽车故障越来越困难。在汽车故障维修排除中，查找故障点和原因的时间占70%，而维修和排除故障的时间只占30%。因此故障诊断的地位越来越重要。

2. 汽车故障诊断的基本原则

汽车故障诊断的原则包括:搞清故障现象,询问故障来由,熟悉工作原理,排除特殊情况,仔细逻辑分析,坚持从简到繁,适宜由表及里,判断准确合理,忌讳大拆乱拆,切勿随意换件。

故障诊断的基本原则要求维修人员应具备如下能力。

(1)抓住引起故障现象的外在特征。

先全面搜集了解故障的全部现象,弄清故障出现的前提条件,在允许的情况下,可以改变汽车的工作状况,以了解汽车故障现象的变化,从中抓住故障现象特征,如是否冒烟、发动机抖动、无高压点火、灯泡不亮等。

(2)分析造成故障原因的内在本质。

一个故障总是由一些实质性的原因造成的,必须经过仔细分析后再确定故障,以免走弯路,而要准确地抓住故障关键,就必须熟悉汽车的结构、原理及工作所具备的条件。例如,发动机冒黑烟,本质上是混合气过浓;轮胎单边磨损的原因是汽车底盘前束和倾角数据不正确。

(3)避免盲目性。

在诊断故障过程中,应尽量避免盲目拆卸,以免造成人力、材料和时间的浪费,同时应防止因不正确的操作和拆装造成新故障的产生。

3. 汽车故障诊断的基本思路

根据汽车故障诊断的基本原则,汽车故障可以根据图 10-1 中的思路进行。

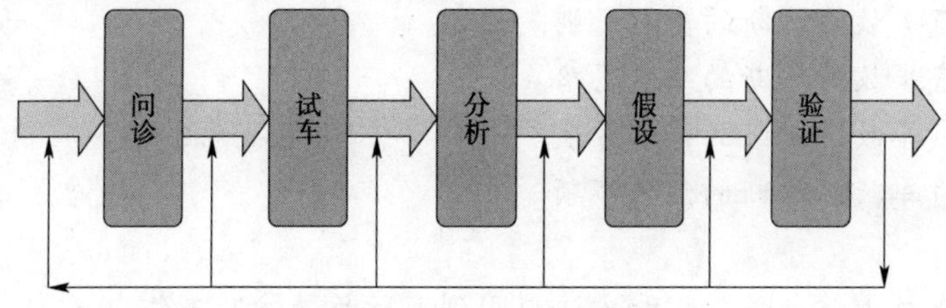

图 10-1　汽车故障诊断思路

根据故障诊断的思路和原则,要想实现快速、准确地诊断故障,必须具备如下条件。

(1)熟悉汽车结构和工作原理,能判定故障现象相关的系统或总成范围,掌握判定对象的机、电、液结构和工作原理,这是进行故障诊断的前提。

(2)具有清晰的检测和诊断思路,明确检测参数、正确的检测方法、参数检测顺序、参数测量值的变化形式和正常范围等,这是实现快速、准确故障诊断的关键。

(3)具有较强的综合分析、逻辑推理和判断能力,它一方面直接决定着诊断结论的准确性,同时也影响着检测思路,这是实现快速、准确、有效故障诊断的核心。

(4)基本的拆装技巧和操作经验,在故障诊断过程中,免不了要拆装一些部件和设备,不能轻松拆卸和操作,不仅会增加诊断难度,还可能会产生新的故障。

基于上述诊断思路,就可以制订出完备的汽车故障诊断流程。基本流程是汽车故障诊断过程中最基础的诊断过程,是对诊断内容的概括和总结,汽车故障诊断基本内容包括从故障症状出发,通过问诊试车(验证故障症状)、分析研究(分析结构原理)、推理假设(推出可能原因)、流程设计(提出诊断步骤)、测试确认(测试确认故障点)、修复验证(排除故障后验证)，最后达到发现故障最终原因的目的，见图10-2。

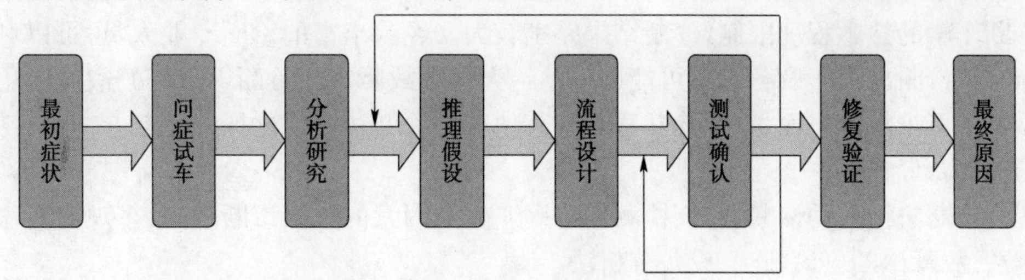

图10-2　汽车故障诊断的基本流程

4. 汽车故障诊断的基本方法

汽车故障诊断的基本方法可以归纳为四大类：直观诊断法、客观诊断法、随车自诊断法、综合分析诊断法。

1) 直观诊断法

汽车故障的直观诊断也称人工诊断或经验诊断，其方法是通过道路试验和直观检查的方法来确定汽车的技术状况和故障。这种诊断方法的优点是不需要专用设备，成本花费少；但诊断的速度比较慢，而且不准确，需要经验丰富的技术人员，同时诊断对象仅适于查找比较明显的故障。通常情况下，直观诊断法可以概括为问、看、听、嗅、摸、试六个字。

(1)"问"就是调查。在诊断故障前，应先问明相关情况，如车辆已驶过的里程数、近期的保修情况、故障发生前有何征兆以及故障发生的过程是渐变的还是突变的等。情况不明便盲目诊断，往往影响排除故障的速度。

(2)"看"就是观察，即通过观察车辆外表反映出来的现象，再结合其他情况，来判断车辆故障。如看燃油管、制动油液管、冷却液管及其接头是否变形、松动或泄漏；各种导线是否连接牢靠；各警灯是否正常闪烁；各仪表指示是否正常；轮胎磨损是否过甚，排烟是否正常等。

(3)"听"就是通过耳朵来判断发动机运转状况，从而进一步判断发生故障的部位。在用"听"的手段来分析发动机异响故障时，首先判断哪些属于发动机正常响声，哪些属于异常响声，不同的故障有不同的异响。

(4)"嗅"就是凭借嗅觉察知发动机、底盘和电气部分在运行中有无异常气味，以诊断其工作是否正常。有些故障发生时会发出不正常的气味。如有无烧时的焦烟味来诊断离合器是否打滑烧；有无导线绝缘皮烧焦的橡皮臭味来诊断电路是否有短路或者过载故障；有无很浓的发动机排出废气的生油味来诊断混合气是否过浓。

(5)"摸"就是用手接触可能产生故障的机件的工作温度及其振动情况，以此来诊断有关系统工作是否正常。通常表现在发动机、变速器总成、驱动桥总成及一些电器元件上。在正常情况下，无论汽车工作多长时间，这些总成均应保持一定温度。除发动机外，倘若用手触摸这些总成，感到烫痛难忍，即表明该处过热，说明此处有故障。

(6)"试"就是实地试验，通过试车来找出故障的部位。

以上六个方面，并非每一种故障诊断均需执行，不同的故障可视其具体情况灵活运用。

在检查和排除故障时，一定要注意安全。直观诊断方法要求进行故障诊断操作的人员必须首先掌握被诊断系统的结构和工作原理，对其可能产生故障的现象、原因有一定的了解，并能掌握关键部件的检查方法及可能出现的故障。直观诊断方法由于受诊断者的经验和对诊断车辆的熟悉程度限制，诊断结果差别较大。经验丰富的诊断专业人员，可以利用直观诊断方法诊断出汽车及各总成可能出现的绝大多数故障。在诊断无故障码故障或用设备难以诊断的疑难故障方面，直观诊断法具有其他各种诊断法无可比拟的优点。

2）客观诊断法

客观诊断法指借助诊断设备、检测仪器等非人为因素的方法诊断故障，客观诊断法有仪表检测法、故障诊断仪诊断法、设备分析法。

（1）仪表检测法。

仪表检测法是指使用各种检测仪表，测量汽车元件、单元或总成的各种电压、电阻、电流数据，并根据检测的数据，对照标准数据，确定元件、总成或系统的性能是否正常，从而分析判断故障的方法。汽车故障诊断常用的检测仪表有万用电表、燃油压力表、机油压力表、自动变速器油压表、发动机真空度表、空调压力表、汽缸压力表、正时枪、轮胎气压表等。如图 10-3为汽车专用万用电表，可以测量电器元件的电阻、电压、电流、温度、频率、导通等数据。

图 10-3　汽车专用万用电表

（2）故障诊断仪诊断法。

故障诊断仪俗称解码器，是对电控单元进行故障诊断的仪器。汽车的电控系统是一个相当复杂的系统，电控单元（也称行车电脑或 ECU）在完成各项控制功能的同时，还带有诊断功能，即控制系统中有一套监控程序，能对系统中的传感器、执行器及电路和 ECU 自身情况进行监测，如果被监控的电路信号超出正常范围，ECU 将把异常信息记录并储存起来，同时运行备用程序维持车辆基本工作，诊断故障时，连接故障诊断仪器，可以从 ECU 中提取这些储存的信息，进行解码，就可以获取故障信息。

图 10-4　修理厂常用的通用型诊断仪器

故障诊断仪分为通用型故障诊断仪和专用型故障诊断仪。

通用型故障诊断仪指可针对多种车型进行诊断的故障诊断仪。如图 10-4 为汽车修理厂常见的通用型故障诊断仪。

专用型故障诊断仪指专门针对某一品牌汽车进行诊断的故障诊断仪。专用型故障诊断仪只能在厂家规定的车型上使用。目前各汽车厂商几乎都有自己的专用故障诊断仪，如图 10-5 为几款专用型故障诊断仪。

利用诊断仪诊断故障具有方便、快捷、准确、先进等优点，但也存在局限性。诊断仪诊断的故障码只表明某部分电路有故障，并不能具体指出故障的准确位置，需要维修人员继续分析判断。另外，ECU 只能检测到信号的范围，不能检测到被测信号的变化特性，即只对值域和时域超过有效范围的信号设置故障码，对没有超出有效范围却不合理的信号数据则无法判断。因此诊断仪所诊断的故障码只是一个参考，不能完全依赖诊断仪诊断的故障码，还需做更进一步的检测。

(3)设备分析法。

随着电子工业技术的发展，汽车的功能和结构越来越复杂，传统上靠人工进行故障诊断的方法，已经不适合维修的需要，技术人员往往需要借助各种检测设备获取能反映整车、系统、总成或元件工作性能的技术参数来分析故障。这些诊断仪器包括万用表、示波器、汽缸压力表等常用仪表，以及汽车专用万用表、汽车专用示波器、发动机综合分析仪、无负荷测功仪、四轮定位仪、汽车专用解码器等汽车专用诊断仪器。如图 10-6 为博世 FSA740 发动机综合分析仪，它具有汽车专用解码器、汽车专用示波器、尾气分析仪的基本功能并能提供智能化的诊断信息。

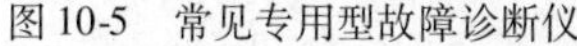

图 10-5　常见专用型故障诊断仪

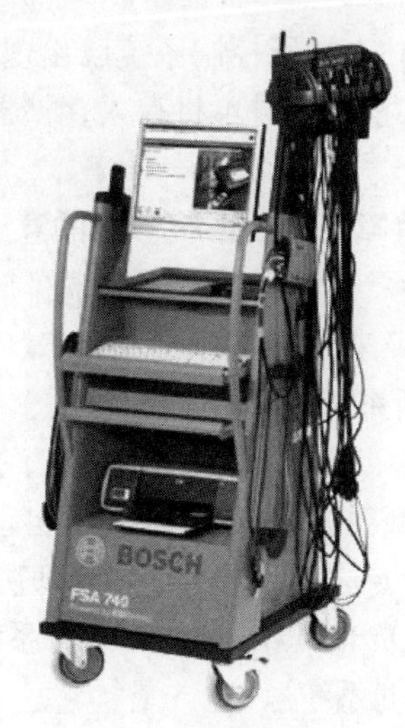

图 10-6　博世 FSA740 发动机综合分析仪

通过这些设备可以对电控系统和电气装置的故障进行深入诊断，可以大大提高汽车故障诊断效率，但专用诊断设备成本较高，一般不适用于专业化的故障诊断和较大规模的汽车维修企业。

3)随车自诊断法

随车自诊断法指利用汽车电控系统自身的诊断系统诊断故障的方法。汽车电控单元多且复杂，都设有自诊断功能，可以通过人工读码或仪器读码的方法，读取电控单元储存的故障信息，并根据其分析判断故障。

汽车各控制系统具备自我诊断功能，控制单元故障信息可以通过人工读码的方式读取故障代码，获取故障信息，一些高端车辆还设置有信息中心，车辆状况信息还储存在信息中

心,车辆产生故障,仪表警告灯会点亮,通知车主检测并排除故障,通过设置按键,获取车辆各类信息,包括故障信息。如图 10-7 为奥迪车辆信息中心。

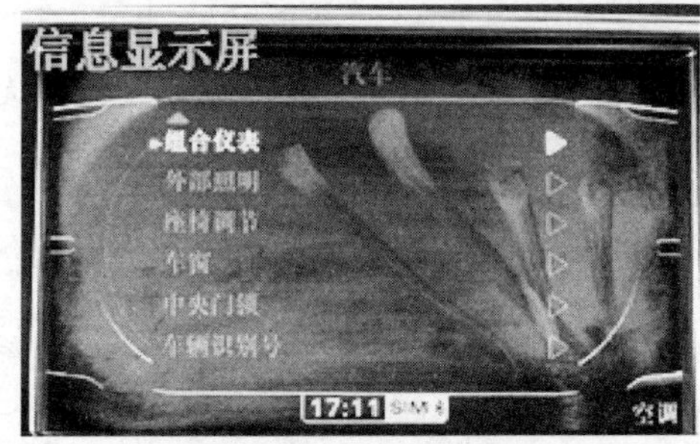

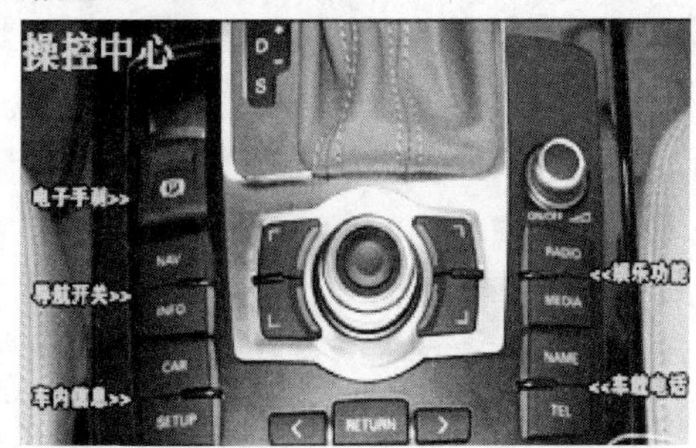

图 10-7　奥迪车辆信息中心

(1)随车自诊断系统的功能。

①及时地检测出电子控制系统出现的故障,并可以用默认值替代不正常的传感器数据,以保证系统能够持续运转。

②将故障信息以代码式存储在发动机控制模块内,同时还可以显示故障代码出现时相关的数据参数。

③通知驾驶人电子控制系统已出现故障,通常为点亮仪表上专设的“系统故障指示灯”。

④维修时,技术人员可将存入存储器的故障代码调出,为维修人员快速诊断出故障类型提供信息。

(2)随车故障自诊断系统诊断的意义。

随车诊断系统的目的是:在车辆排放系统有故障时提示车主注意,使维修技术人员能够快速地找到故障来源,减少汽车尾气对环境的污染。

(3)自诊断系统的分类。

第一种:在 20 世纪 80 年代初期,汽车上广泛采用的自诊断系统,按照美国标准称为第一代车载自诊断系统,或第一代随车自诊断系统。

第二种:1994 年,美国汽车工程师协会(SAE)倡导提出了第二代车载自诊断系统,一般称为 OBD-Ⅱ(OnBoardDiagnostics-Ⅱ)系统。

(4) OBD-Ⅱ系统

OBD-Ⅱ系统,世界各个汽车制造厂商均采用标准的 16 针诊断座、相同的故障代码定义方法以及共同的资料传输标准(SAE 或 ISO)。同时,OBD-Ⅱ还能提供与尾气排放控制有关装置的监控数据,这样做的目的是强制监视车辆的尾气排放量。

1994 年全球约有 20% 的汽车生产厂家采用了 OBD-Ⅱ标准,1995 年有 40% 的汽车生产厂家采用 OBD-Ⅱ标准,从 1996 年起,全球所有的汽车厂家都已全面采用 OBD-Ⅱ标准。

①与 OBD-Ⅰ系统相比, OBD-Ⅱ还增加了三元催化转换器效率监测、发动机失火监测(缺缸)、炭罐净化系统监测(EVAP)、二次空气喷射系统监测、EGR 系统流量监测、诊断系统中必须包含串行数据流和故障码等要求与功能。

②系统特点:OBD-Ⅱ系统不仅使诊断测试模式、故障码、诊断插座、诊断(扫描)工具等有关诊断系统的内容得到统一,同时也对自诊断系统提出了更高的要求,特别使有关排放监测、诊断内容的要求更严。

③OBD-Ⅱ系统的目标和要求:统一诊断座、统一诊断座位置、解码器和车辆之间采用标准通信协议、统一故障代码含义、具有行车记录功能、监控排放控制系统、解码器能够进行故障代码的记录读取与清除、有标准的技术缩写术语来定义系统的工作元件。

其中,具有行车记录功能是指汽车专用解码器通过 OBD-Ⅱ诊断口,将汽车运行中各传感器和执行元件的工作参数直接显示出来,这对分析和检查故障非常有效。

监控排放控制系统包括三元催化转换器的监控、失火(缺缸)监控。

三元催化转换器的监控见图 10-8,OBD-Ⅱ系统依据安装在三元催化转换器前后两个加热型氧传感器的信号,监测三元催化转换器的工作效率。通过这两个氧传感器的信号对比,发动机控制模块就能够计算出三元催化转换器中的氧气含量,一个工作良好的三元催化转换器,其后面的氧传感器信号很少或没有跨越其中值,而三元催化转换器前的氧传感器信号则呈现周期性的中值,这一点可以通过双通道示波器来观察。

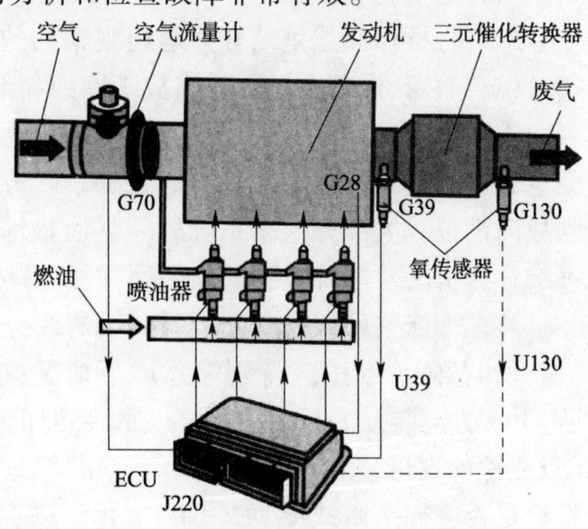

图 10-8　三元催化转换器的监控原理

失火(缺缸)监控的原因为汽缸燃烧较差会导致发动机失火,如果压缩不够、测量控制不精确或者火花强度不够,都会导致排气管的 HC 含量上升。此外,HC 含量增加会使三元催化转换器工作负荷过度,加速三元催化转换器失效的过程。因此,OBD-Ⅱ诊断系统就必须能够及时准确地监控和提示驾驶人发动机失火(缺缸)。

汽车制造厂商通常监控失火最主要的方法是根据汽缸在失火时会导致燃烧压力下降,从而使活塞运动速度减慢,曲轴的转动速度也会下降,那么发动机控制模块利用曲轴位置传感器的信号就能够识别发动机是否失火(缺缸)。同时借用凸轮轴位置传感器的信号,发动机控制模块还能判断出是哪个汽缸失火(缺缸),见图 10-9。

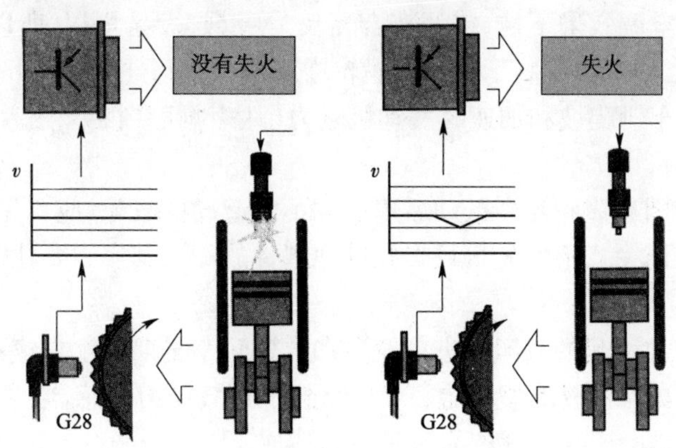

图 10-9　发动机失火(缺缸)的监控原理

(5)自诊断系统局限性。

①并不是所有控制系统的电路都能被监测。

②故障代码仅能指示传感器、执行器、控制模块或其电路中的某个区域存在故障,具体的故障位置必须要按照规定的步骤进行诊断和分析。

③有些间歇性故障,控制模块可能无法监测到,在这些情况下,即使控制系统顺利通过“自诊断检查”,系统也不一定就没有故障,因此最好采用症状检测的方法进行故障诊断。

4)综合分析诊断法

综合分析诊断法是结合并运用观察到的现象、仪器检测的数据、诊断仪的诊断结果等,通过综合判断、推理、分析,找出故障原因和部位。

汽车故障是多因素的、不确定的、随机性、复杂性和综合性的,仅凭单一诊断方法,不能完全、准确地诊断故障,需要通过各种诊断方法交互运用,综合分析,才能快速、准确地查找到故障部位。大部分汽车系统故障是通过综合分析法,特别是比较复杂的疑难杂症只有通过综合分析法才能查找到故障原因并加以排除。

汽车维修技师根据实际经验总结的综合分析法故障诊断技巧有如下方面。

(1)故障诊断中应特别注意以下情况:换用件是否伪劣件;拆装件是否装错(左右、前后、上下方向装反);配合件是否对准装配记号;是否按厂家要求换用了一次性使用拆装件(重要螺栓螺母、轴销、密封垫、O 型垫圈等);是否按厂家要求成对换用配件(如减振弹簧);修后是否进行平衡试验(如轮胎)。排除以上因素后,再进行分析检查其他部位。

(2)对于久未修好的车辆,也就是所谓的“疑难杂症”,不要先忙着检查试车,应首先查验轿车的 VIN 码(即 17 位码),弄清厂牌、车型、年份,并进行问诊。这类车往往是“路边店”盲目拆装后造成了复杂故障,且拆换件又多为伪劣件,所以应向车主声明修理条件(能不能修、几时修复等),以防止“嫁祸于已”,此类教训甚多,有必要防患于未然。

(3)对乱接或自接车内电器(主要是防盗器)及音响的轿车,应首先检查搭接部件和搭接件线路,并排除故障。因乱接电器和音响极易造成车用控制模块(电脑)失效和其他电器烧损,所以应首先排除此类故障,再修理更换其他损坏件,可避免重复返工返修。

(4)从汽车加装件查起,汽车加装件往往是故障高发区。如有些小排量的车辆,为适应市场需要加装了原先没有空调装置,却对发动机未作改进。加装空调后功率消能增加,造成原发动机功率不足,空调效果不佳,空调离合器反复吸合,极易烧损,所以通过空调吸合声,可迅速判断故障部位。又如有些车辆加装涡轮增压器后,部分配件质量不佳,易发生漏气和轴承烧损故障,所以车辆爬坡和加速时发动机乏力(从声响可判断),可首先观察检查涡轮增压器有无窜气和异响。

(5)对高档轿车因碰撞和猛烈振动后熄火并不能起动的故障,应首先检查安全锁止装置(如自动断油的惯性开关),不要先盲目查找其他部件故障。其实只要让安全锁止装置复位,发动机就能起动。

(6)注意劣质燃油引起的故障。进口轿车和合资轿车早期发生怠速不良、加速迟滞等故障,首先从易产生积炭与积胶的喷油器、空气流量计、进气压力传感器、节气门体进行检查和清洗,这类故障通常是由于我国燃油品质量不高造成。

(7)从国产件查找故障。合资生产的轿车在实行国产化的过程中,确实有部分装车的国产件质量不高。这一点可从国产件替代前后的现象对比中发现,如某合资品牌车上的炭罐改用国产件后,噪声大,易漏油,所以发动机发生异响时,首先检查炭罐是否工作正常。

(8)从改装件查找故障。对自主改装车,如汽改柴,加氟空调改装用R134冷却剂,车辆发生动力不足,电器烧损,空调效果不佳或损坏,应先查找电压转换器、改代电路和空调改代部件是否合格。

(9)从设计制造的薄弱部位查找故障。汽车如同所有产品一样,因各种原因,总存在某种缺陷或相对薄弱的部位,这便是故障高发区。如某国产品牌轿车车架板材较薄,前部易变形,所以发生转向偏重、轮胎偏磨时,应首先检查转向在车架上的连接部分和车架前区变形情况。如发动机缸盖处发生异响,应先检查中间轴、凸轮轴异常磨损,因两者先天存在润滑不良问题。

以上说明各车型均存在故障高发部位(即所谓的"通病"),掌握具体车型的故障规律可避免维修中的盲目性,迅速准确地排除故障。

(10)善于总结排除故障的规律。对修理电控发动机总结了"五先五后"经验,即检查发动机时,先检查机械部件,后检查电喷元件;检查电控系统时,先提取故障码,后针对性检查电喷元件和线路;查油电路故障时,先电路后油路;检查电控元件时,先检查插接件,后电测元件性能;检查电气线路故障时,先查看电路图,后用仪器检查。

5)利用故障征兆模拟诊断

对于偶发性故障,故障征兆模拟试验是一种行之有效的诊断措施。在故障诊断中常常会遇到偶发性故障,这种故障在平时没有故障征兆,特殊条件下才偶然出现。因此要对这种类型的故障现象进行诊断,就必须首先模拟车辆出现故障时相似的条件和环境,设法使故障特征再现。

在故障征兆模拟试验中,首先必须把可能故障的范围缩小,然后再进行故障征兆模拟试验,判断被测试的器件工作是否正常,同时也证实了故障征兆。在缩小故障征兆可能性时应参考相关系统的故障诊断表或故障树。

在进行故障征兆试验时,可以进行加热、加湿、加载、加振等试验。对于只有在热车及天气火热时才发生的间歇性故障,就可以用对元件、总成或整个车辆进行加热的方法来进行试验,在加热时要考虑加热是否对元件有损坏;对于只有在雨天或空气潮湿时才出现的故障,则可以用喷雾器局部加湿,也可以采用喷淋器或高压水枪对整车进行淋水,来进行故障再现;对于只有在特定负载条件下才会出现的故障,则可以通过改变机械或电器负荷的办法来再现故障;有些故障只有在车辆或总成发生振动时才出现,此时可以用振动相关部件或车辆总成的方法来再现故障,以便进行测量。

6)利用故障树进行诊断

对于较复杂的或属于比较生僻的故障,由于可能导致故障的原因较多,因此单靠经验或简单诊断,在一般情况下很难解决问题,此时必须借助一定的设备仪器,按照一定的方法步骤,对故障进行全面细致的检查和分析,逐步排除可能的故障原因,最终找到真正的故障部位,这就是用故障树诊断法进行诊断。故障树诊断法又叫故障树分析法,是将导致系统故障的所有可能原因,按树枝状逐级细化的一种故障分析方法。故障树诊断法特别适用于像汽车这样的复杂动态系统的故障分析。

应用故障树诊断法的关键是建立故障树。首先在熟悉整个系统的前提下逐步分析导致故障的可能原因,然后将这些原因由总体至局部、由总成到部件、由前到后(按工作关系)逐层排列,最后得出导致该故障的多种原因组合,用框图形式画出即为故障树,见图 10-10。

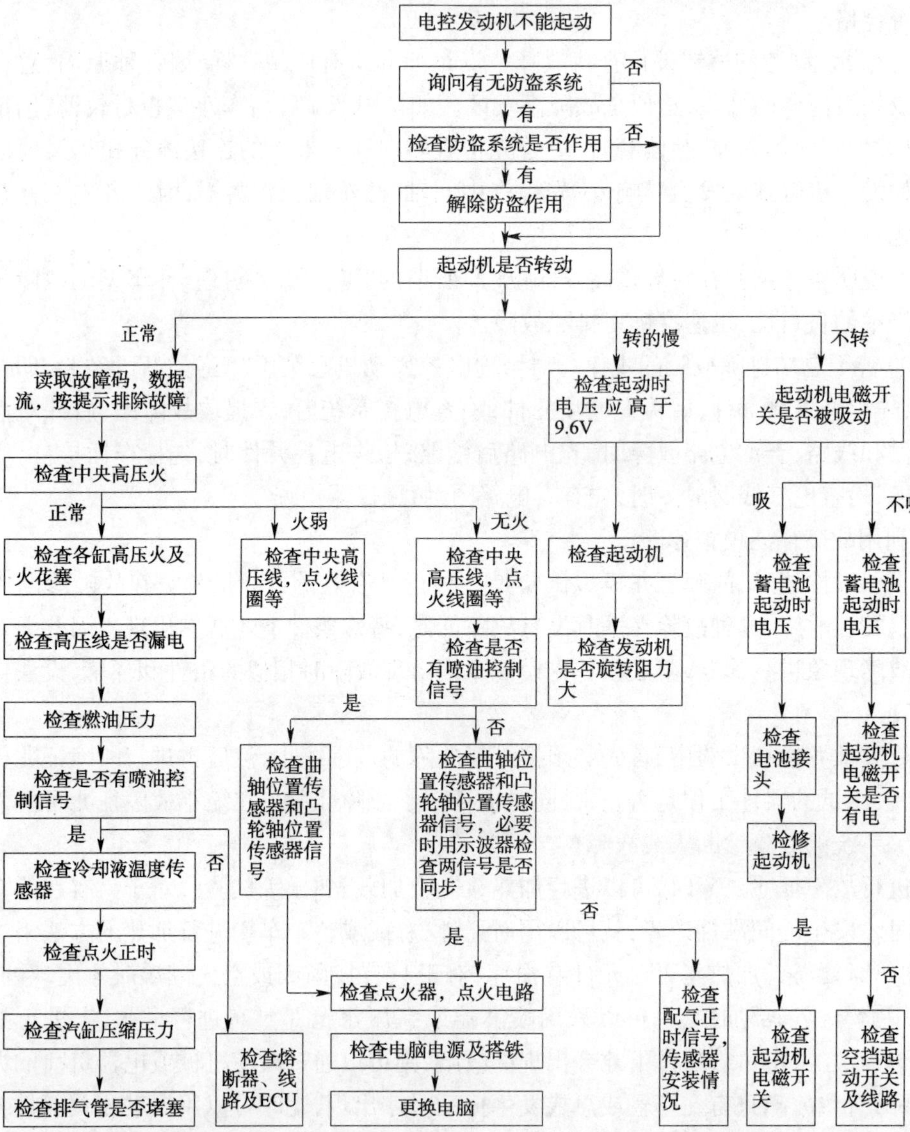

电控发动机不能起动
询问有无防盗系统
有
否
检查防盗系统是否作用
有
否
解除防盗作用
起动机是否转动
正常
转的慢
不转
读取故障码，数据流，按提示排除故障
检查中央高压火
正常
火弱
无火
检查各缸高压火及火花塞
检查中央高压线，点火线圈等
检查中央高压线，点火线圈等
检查高压线是否漏电
检查是否有喷油控制信号
检查燃油压力
是
否
检查是否有喷油控制信号
检查曲轴位置传感器和凸轮轴位置传感器信号
检查曲轴位置传感器和凸轮轴位置传感器信号，必要时用示波器检查两信号是否同步
是
否
检查冷却液温度传感器
检查点火正时
否
是
检查汽缸压缩压力
检查排气管是否堵塞
检查熔断器、线路及ECU
检查点火器，点火电路
检查电脑电源及搭铁
更换电脑
检查配气正时信号，传感器安装情况
检查起动时电压应高于9.6V
检查起动机
检查发动机是否旋转阻力大
起动机电磁开关是否被吸动
吸
不吸
检查蓄电池起动时电压
检查蓄电池起动时电压
检查电池接头
检修起动机
检查起动机电磁开关是否有电
是
否
检查起动机电磁开关
检查空挡起动开关及线路

图 10-10　发动机不能起动故障分析过程

用故障树诊断法进行故障诊断时应注意,一定要按照导致故障的逻辑关系进行逐步检查分析,否则就会出现遗漏或重复性的工作,甚至出现查不出故障原因的现象。需要说明的是,以上各诊断方法各有其优缺点,每一种故障诊断方法并不能被其他诊断方法完全取代。在实际应用中,应根据客观条件情况,灵活使用各种不同的诊断方法,使它们之间互为补充,提高汽车故障诊断的准确性。

5. 汽车故障诊断的基本步骤

1)步骤一:确认故障症状识别待测车辆

(1)故障症状的确认。

确认故障症状很关键的第一步就是确认故障现象,故障现象可分为:可感觉到的性能和功能发生改变的症状、可觉察到的外观和状态发生改变的症状、可检测到的参数和指标发生改变的症状。上述这些故障可以通过问诊驾驶人和试车的方法确认。

(2)识别待测车辆的方法。

通过车辆的身份识别代码确认车辆,如图10-11中箭头所示为车辆识别代码在车辆上的位置,几乎所有轿车的身份识别码都在这个位置上,有的车辆在发动机舱的防火墙上或驾驶人侧门框上也能看到车辆身份识别代码。通过对车辆的正确识别,就可以获得正确的技术资料,从而清楚车辆的结构和工作原理,掌握适合该车的诊断信息。

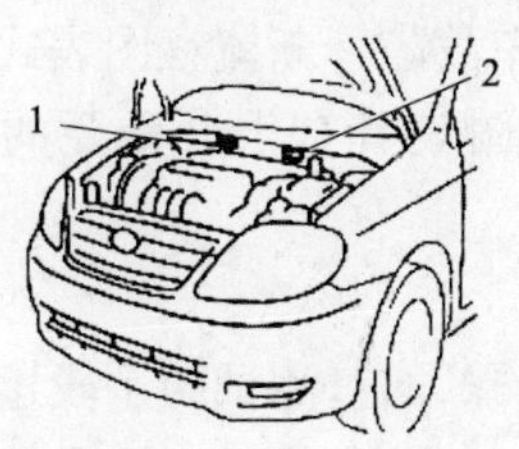

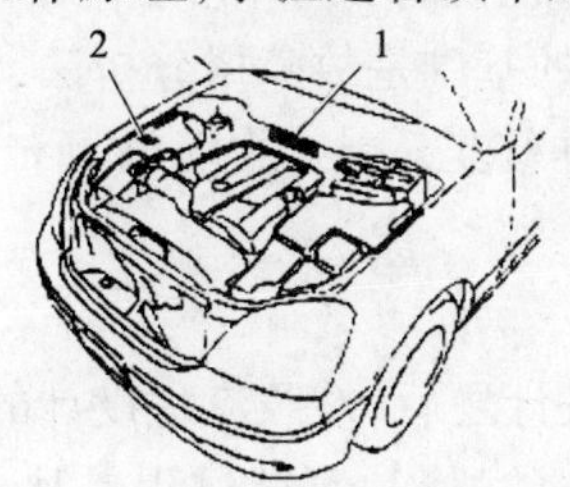

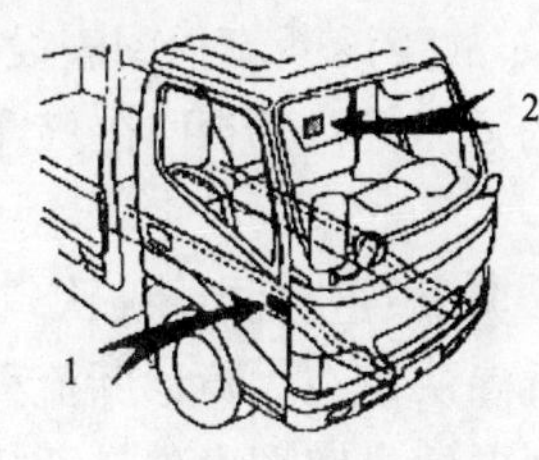

图10-11　车辆识别代码的位置(图示"1""2"位置)

2)步骤二:通过分析研究了解系统的结构和工作原理

分析研究是在问诊试车后根据故障症状,对汽车的结构和原理进行深入研究分析,目的在于分析故障生成的机理、故障产生的条件和特点,为下一步找出故障原因作准备。分析研究首先要收集汽车发生故障部位器件机构原理资料,了解汽车正常运行的条件和规律,并且与故障状态进行对比分析,分析研究的基础材料是车辆结构与原理方面的知识,以及所修汽车维修手册提供的机械与液压原理结构图、油路电路气路图、电子控制系统框图、控制原理图表、技术通报等重要信息。

3)步骤三:通过故障树的方法推理假设故障原因

推理假设时对故障原因的进行基于理论和实践两个方面的初步判断,理论上是根据结构原理知识,加上故障症状的表现,再从逻辑分析出发推出导致故障症状发生的可能原因,这个推导从原理上是能够成立的逻辑推理,这是基于理论的逻辑推理。实践上是根据以往故障诊断的经验,对相同或相似结构的类似故障做出的可能故障原因的经验推断,这个推断具有类比判断的性质,这就是基于实践的经验推断。

推理假设的过程是从大方向上寻找故障原因的过程,这个过程探究的是故障基本机理和基本方向,因此,采用因果关系分析法的主干、枝干图解能帮助建立分析过程的逻辑推断,因果分析法在推理假设阶段是最好的辅助工具,见表10-1。

故障推理示例　　表10-1

<table>
<tr><td>故障症状</td><td colspan="6">发动机排气冒黑烟</td></tr>
<tr><td>故障原因第一层</td><td colspan="6">混合气过浓</td></tr>
<tr><td>故障原因第二层</td><td colspan="4">燃油喷入量过多</td><td colspan="2">进气量偏少</td></tr>
<tr><td>故障原因第三层</td><td colspan="2">供油压力过高</td><td colspan="2">喷油时间较长</td><td>空气滤清器堵塞</td><td>进气量检测失准</td></tr>
<tr><td>故障原因第四层</td><td>油泵功率较大</td><td>油压调节不稳</td><td>喷油脉宽失准</td><td>喷油器滴漏</td><td>……</td><td>……</td></tr>
<tr><td>故障原因第五层</td><td>……</td><td>……</td><td>……</td><td>……</td><td>……</td><td>……</td></tr>
</table>

4)步骤四:编写诊断流程

诊断流程的设计是在推理假设环节之后,根据假设的可能故障原因,设计出实际应用的故障诊断流程图的过程,这个过程是在建立以故障症状为顶端事件的故障树后,编写故障诊断流程图表。实际上就是在推理假设的基础上增加各种检测方法,这主要是为了逐步缩小故障怀疑范围,最终锁定故障点。

从故障树演变流程图的关键在于:怎样确定每一层平行实践诊断的先后顺序;怎样判定某一个中间事件或低端事件是否成立的方法。汽车故障诊断流程图表的设计是汽车维修技术人员必须掌握的汽车故障诊断工艺设计技术,它是汽车维修工作中技术层面最高的技术工作,汽车故障诊断流程图表设计的基础是故障树分析法,汽车故障诊断流程图表式故障树分析法的延伸推广应用,在汽车维修工程中,故障诊断流程图表具有十分重要的地位和意义。

5)步骤五:进行测试确认

测试确认是在故障诊断流程设计之后,按照流程设计的步骤,通过测试的手段逐一测试确认中间事件或底端事件是否成立的过程,测试过程是从最高一层事件逐一到最低一层事件,然后再到底端事件,直至确认故障点部位的全过程。

测试确认是在不解体或只拆卸少数零部件的前提下,完成的对汽车整体性能、系统或总成性能、机电装置性能、管线路状态以及零部件性能的测试过程,它包含检测、试验、确认三个部分,这三个部分的内容是不一样的,检测主要是指通过人工直观查看和设备仪器分析进行的技术检查过程:试验主要指通过系统的模拟实验和动态分析进行的技术诊断过程;而确认主要指通过诊断流程的逻辑分析、对检测和试验的结果做出判断,最后确认故障发生点的部位。

各个系统常用的测试方法主要包括如下方面。

(1)燃油供给系统:燃油系统压力测试;喷油器的测试。

(2)压缩部分:汽缸功率平衡测试;发动机真空测试;压缩试验;汽缸漏气试验。

(3)燃油喷射系统的测试:利用氧传感器的信号波形进行检测与故障诊断;利用喷油器的喷油脉冲宽度信号波形进行检测与故障诊断;利用尾气分析仪对燃油喷射系统进行检测与故障诊断;利用汽车专用故障诊断仪对燃油系统进行检测与故障诊断。

(4)点火系统的测试:点火正时的检测和故障诊断;次级点火波形的检测和故障诊断;初级点火波形的检测和故障诊断。

6)步骤六:排除故障后进行维修验证

此过程是修理完成后,通过试车的方法确认诊断和修理是否达到预期。

6.汽车故障诊断的注意事项

(1)诊断、测试及排除故障时要在绝对保证安全的条件下进行,使用专用诊断仪器时不应一个人操作。

(2)进行汽车故障诊断时,应尽量避免拆卸零件,禁止随意大拆大卸。

(3)诊断故障前要先搞清故障部位的工作原理及结构类型,做到胸有成竹。对于重要系统(如电控系统),若无生产厂家详细维修资料时,最好不要动手维修。

(4)故障的判断要有充分的依据,不要乱拆、乱接、乱试,胡拆乱碰不但排除不了故障,反而有可能造成新的故障或损坏。

(5)有些故障与汽车及各总成的工作原理没有任何关系,而是主要根据经验来判断,特别是长期维修某一车型的技术人员,有时只听故障现象介绍就可以准确判断故障部位及原因。因此,在进行故障判断时,不要总往复杂方面想,应从简到繁由表及里,逐步深入。

(6)电控系统发生故障时,一般应先查是否油路堵塞、导线接触不良等故障,不要轻易怀疑是电控系统元件(特别是 ECU)故障,因为电控系统工作可靠,出现故障的可能性一般很小。

(7)某些对汽车总成或零部件有伤害的故障不要长时间或反复测试,否则将使故障更加严重,造成更大的损失。

(8)分析时要追究导致故障产生的深层原因,不要头疼医头、脚疼医脚,否则可能会导致已知故障的反复出现。

(9)在拆卸时,配合件要注意装配记号及安装方向。若原来没有或看不清装配记号就应重新做标记。安装时一定要按记号装配。

(10)过盈配合件应尽量采用拉拔器等专用工具拆装,无专用工具时应垫上软金属或木块后再击打,不能直接用榔头击打零件,以免造成零件变形。

(11)装拧螺栓时,应分数次交叉、对称、均匀地按规定力矩拧紧,以免零件变形或接合不牢。装配完毕后,有锁销的应戴上锁销。

(12)装配完毕后,应清点诊断过程中所使用的工具、仪器、擦布等是否齐全(特别是垫片之类的小零件),以防这些东西掉入机器内或卡在其他地方(特别是旋转的地方),从而造成机件损伤甚至使人受伤。

二、基本技能

1.汽车起动系基本检查

以下以丰田卡罗拉不能起动(点火开关起动挡,起动机不转)为例,介绍故障诊断步骤。

1)准备工作

(1)防护装备:工作服、工作帽、手套、劳保鞋。

(2)实训设备:1ZR-FE 发动机一台或同类发动机、万用表。

(3)手工工具:拆装工具一套。

(4)辅助材料:翼子板布和前格栅布、三件套、抹布、手套、白板笔。

2)实施步骤

注意:请按举升机使用规范及车辆防护标准操作。

本节只介绍诊断思路,相关元件检测请参照相关的内容。

(1)点火开关转到起动挡,验证故障现象,见图 10-12。

(2)对于手动变速器,检查是否踩下离合器踏板(确认起动开关正常);对于自动变速器,检查挡位是否在 P 或 N 挡(确认挡位开关正常)。正常则进行下一步。

(3)检查蓄电池是否正常。

检查蓄电池桩头连接以及蓄电池电压(11V 以上),见图 10-13。如果正常,进行下一步。

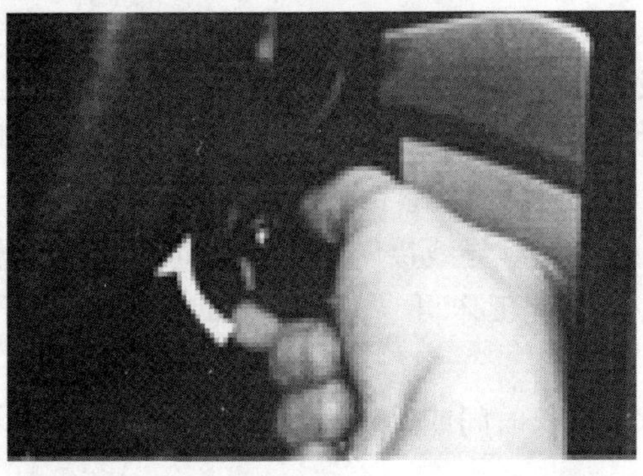

图 10-12　起动发动机检查起动机的工作情况

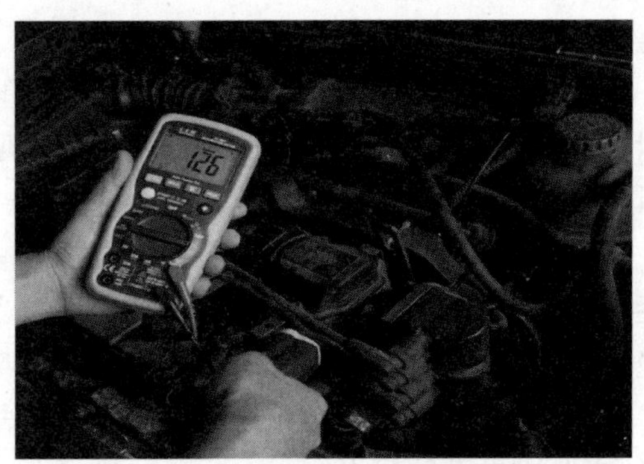

图 10-13　万用表检查蓄电池

(4)检查起动机及起动电路。

如图 10-14,检查起动机及起动线路。如果正常,则控制模块及电路不良。

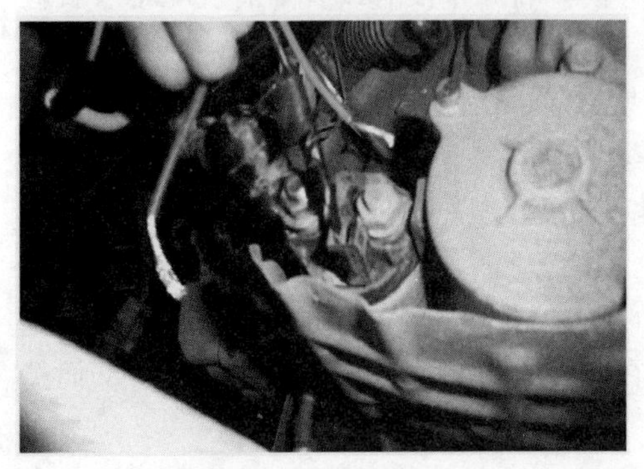

图 10-14　起动机及起动线路

2. 汽车常规诊断仪具的使用

汽车故障的出现主要是由于汽车技术状况引起的,而汽车的技术状况是可以通过对状态参数的物理或化学特征变化的测量来反映的。因此,可用一定的诊断设备或仪器对汽车的技术状况加以诊断,从而找出导致汽车产生故障的原因,及时进行排除。

由于汽车诊断设备是根据汽车各系统结构特征及工作原理而专门设计的,因此其针对性比较强,一般只能用来测定某一方面的故障参数。根据汽车的诊断方法,汽车诊断设备可以分为:通信式计算机测试设备、在线式电路测试设备、对比性元件测试设备和综合测试设备。

下面就以常用的汽车诊断器具进行介绍。

1)听诊器

汽车专用听诊器的作用主要是用来测量特定部位频率的声音,用来鉴别车辆部件和系统的运行是否正常,如喷油器的工作情况,各种电磁阀的工作情况等;根据听诊器的传声原理,可以分为机械式听诊器(图 10-15)和电子式听诊器(图 10-16)两种,汽车听诊器的使用方法见图 10-17。

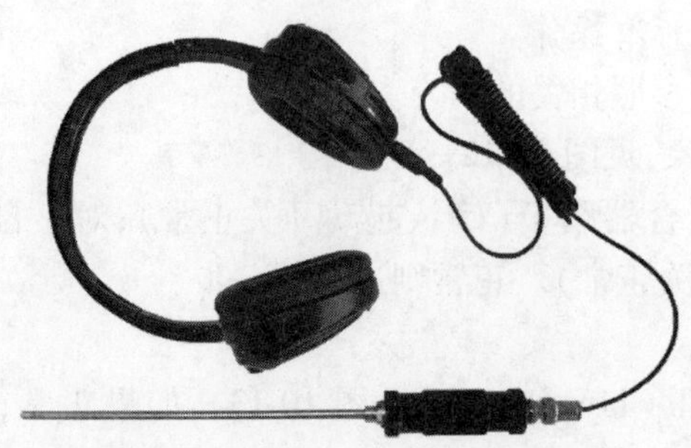

图 10-15　机械式汽车专用听诊器

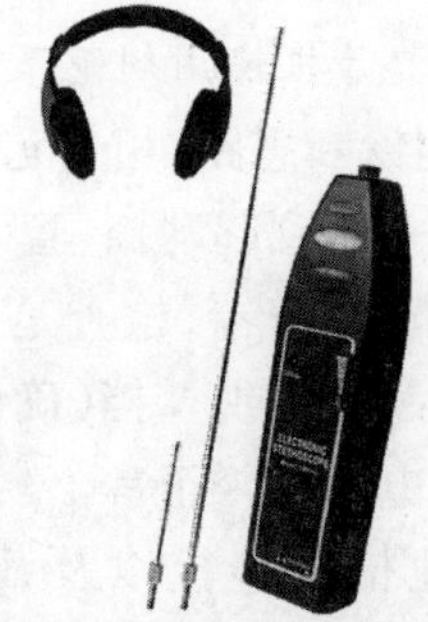

图 10-16　电子式汽车专用听诊器

听诊器设计符合耳道角度，它能与听者的耳道舒适地密合，不会让人感到疲劳及不适。在把耳管戴上之前，将听诊器的耳管向外拉；金属耳管应向前倾斜，将耳管戴入外耳道，使耳窦与耳道紧密闭合；每个人的耳道大小都不一样，所以需选择大小适当的耳窦。如果佩戴方法正确，但耳窦和耳道密合度不佳，听诊效果也不好时，可将耳管外拉以调整其弹性。不当的佩戴方法而导致耳窦与耳道不密合时会造成听诊效果不佳。但当耳管戴反时，会完全听不见诊断的声音。

2）真空表

如图 10-18 所示为汽车专用真空表。通过使用真空表可以测试进气歧管真空度，从而可以鉴别发动机机械系统（例如进气、排气系统）的工作是否正常，也可以测量特定靠真空伺服控制的执行系统工作是否正常，这有助于诊断人员快速排除各种类型的汽车故障。

图 10-17　汽车听诊器的使用

图 10-18　汽车专用真空表

（1）密封性正常。怠速时，表针所指数值应稳定为 64 ~ 71kPa。迅速开闭节气门，若表针所指数值为 6.7 ~ 84.6kPa，这样便说明 ΔPx 对节气门开度的随动性好，意味着各部位在各工况的密封性能均较好。

（2）密封性不良。怠速时，ΔPx 低于正常值且明显不稳，迅速打开节气门时，表针会跌落至零，关闭后也回不到 84.6kPa。

（3）点火正时的检测。怠速时，表针在 46.7kPa 至 57kPa 之间摆动。若点火时间过早，则表针摆幅较大；若点火时间过晚，则表针摆幅较小。

（4）排气系统堵塞检测。由于排气系统有较大的背压力，在怠速状态 ΔPx 有时可达 53kPa，但马上以跌落到很低甚至为零。堵塞严重时发动机只能勉强维持低速运转。

（5）调整点火正时。理论分析可知，当进气系统的密封性和空燃比均为正常时，动态的最佳点火提前角所对应的应该是最大的真空度。当加大或减小最佳点火提前角时，真空度均有所下降。利用真空表监控点火正时和点火质量，不仅简便易行，而且其准确程度不低于采用点火正时灯和转速仪。

（6）缺缸检测。若怀疑故障原因为某缸工作不良时，利用真空表，便可以准确地知道各缸的工作情况，实践证明当单缸断火时，若该缸原先工作正常，则真空度会明显跌落；如各缸工作都良好，逐缸断火表值跌落相同的值；如某缸跌落值较小，说明该缸工作不良；如该缸原本不工作，则真空度无变化。

（7）测曲轴箱窜气量。因为现代汽车都有曲轴箱强制通风装置，若将机油尺拔出，在机油尺口装一个真空表,起动发动机,应该显示有真空为正常。否则,曲轴箱窜气严重。

(8)检修 EVAP 系统。发动机正常工作温度下,在真空开关阀与活性炭罐之间的真空管间,利用"T"形三通接头连接一个真空表。使发动机转速慢慢地增加到 3000r/min,同时观察真空表。怠速时不应有真空出现;随着发动机转速的增大,应出现真空。如仍不出现,检测真空开关阀和真空通道有无泄漏或受限制的现象。

(9)检修 EGR 系统。在 EGR 电磁阀真空供给处用一"T"形三通接头接一个真空表。发动机怠速运转时应无真空,如有,则修理节气门之间泄漏堵塞处。当发动机达到工作温度,慢慢加大转速到 3800r/min 时应有真空达到 51kPa,否则,修理 EGR 阀真空软管泄漏或堵塞处及 VSV 阀。

(10)检修 ACIS 系统。利用三通接头,将真空表连接到真空电动机软管上,起动发动机。发动机怠速时,应无真空,如有,说明电磁真空通道阀关闭不严。迅速踩下加速踏板到底,检查真空表指针是否即刻上升到 53.3kPa,并且真空电动机拉杆伸出说明阀在工作。若无应查电磁真空阀是否工作、真空罐及管道有无泄漏。

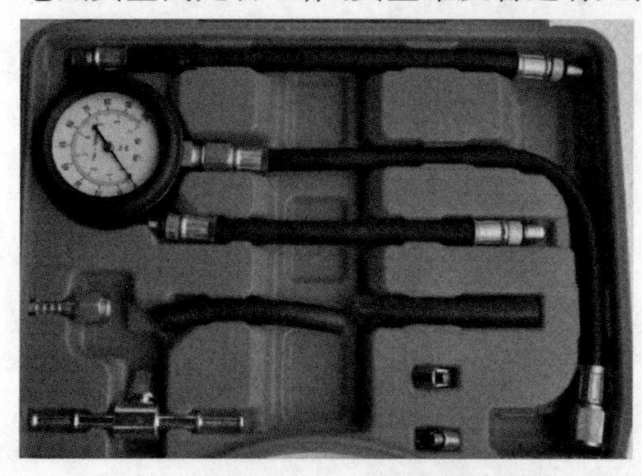

图 10-19　电控汽油机燃油压力表

3)燃油压力表

如图 10-19 所示为电控汽油机燃油压力表。通过测试发动机燃油系统的压力,可以检查燃油供给系统,包括汽油泵、滤清器、燃油压力调节器、喷油器、进油管、回油管等的工作是否正常,也可以用来测试特定地点的压力,例如排气管的压力是否符合要求。

4)汽车专用示波器

汽车专用示波器的作用是以电压波形曲线的显示方式,显示汽车电控或相关系统的工作过程。如图 10-20 所示为汽车专用示波器及附件。

图 10-20　汽车专用示波器及附件

5)发动机综合分析仪

发动机综合分析仪是通过传感器采集信号,经前端预处理器处理后,输入计算机进行处理,以不同的形式输出,可以直观、方便地对发动机进行故障检测、分析与诊断的仪器。它还可以和检测线主机以不同方式进行数据通信交换信息,以便对车辆及用户信息和检测数据进行集中监控与管理。可用于发动机实验室、检测线、汽车修理厂等。

发动机综合分析仪的功能主要包括如下方面。

(1)示波功能:该功能主要应用于目前电子控制燃油喷射车型的各种传感器以及执行器和点火波形的测量。该示波器为双通道,具有波形存储、记忆、回放功能。

(2)发动机进气歧管真空度的检测:通过该项目的检测可以知道发动机在不同转速下真空度的数值大小所反映的发动机的工作情况。

(3)发动机的温度性能检测:包括冷却液温度、机油、变速器油温度的检测等。

(4)汽柴油机的起动系测量:包括起动电压、起动电流、绝对缸压、相对缸压、蓄电池压降、起动转速、起动电压波形、电流波形、缸压波形。

(5)汽油机点火系测量:点火线圈初级波形测试;点火线圈次级波形测试;缸压法点火提前角测试;单缸动力性能测试。

(6)汽柴油机的动力系测量:包括加速时间、减速时间、加速功率、平均功率,而且可以显示功率波形。

(7)柴油机的供油系测量:外卡传感器测试可在发动机不拆卸喷油器的情况下测试发动机各缸的喷油情况并进行波形比较;喷油压力测试可测发动机各缸喷油压力的大小以及喷油波形;缸压法供油提前角测试解决了其他测试仪不能测量供油提前角的难题,并能够通过波形显示,既直观又方便。

(8)汽柴油机的充电系测量:包括充电转速、充电电压、电流。

(9)汽柴油机的油耗检测:可以测量发动机在各种状态下的燃油消耗情况。

(10)电喷发动机解码功能检测:可以为各种电喷发动机进行电脑故障解码。

发动机综合分析仪的使用应注意如下方面。

(1)保持仪器及测试连线与汽车的运动部件有一定的距离。

(2)防止仪器被冷却液、水、油或其他液体弄湿。

(3)禁止在仪器信号输入端输入超过500V的直流或交流电压。

三、任务实施过程工单

1. 制订计划

请根据学习任务要求,确定所需要的场地和物品,并对小组成员进行合理分工,制订详细的工作计划。

1)场地及物品准备

检查及记录完成任务需要的场地、设备、工具及材料。

(1)场地。

检查工作场地是否清洁及存在安全隐患,如不正常,请汇报老师并及时处理。

记录:____________________

(2)车辆、总成、工件。

____

(3)设备及工具。

防护装备:____________________

设备及工具:____________________

(4)材料。

____

(5)安全要求及注意事项。

①实训汽车停在实训工位上,没有经过老师批准不准起动,经老师批准起动,首先应先检查车轮的安全顶块是否放好,汽车驻车制动器是否拉好,排挡杆是否放在P挡(A/T)或空挡(M/T),车前确保没有人。

②发动机运行时不能把手伸入,防止造成意外事故。

③没有经过老师批准不允许随意连接或拔下电控元器件。

④点火开关接通时,不允许连接或拔下电控系统元器件的插接件。

⑤蓄电池的极性不能接反,否则将烧毁ECU与电子元器件。

⑥禁止使用起动电源辅助起动发动机,防止损坏电控系统元件。

2)小组成员及分工

你所在小组成员:______________________________

你所负责的工作:______________________________

3)操作流程

根据学习任务,小组进行讨论,确定工作计划(流程/工序)并记录。

(教师提前设置相关故障)

____

2. 实施计划

根据制订的计划实施,完成"丰田卡罗拉起动机不工作故障诊断"学习任务并记录(表10-2)。

任务记录表　　表10-2

步骤	检测内容	检测结果	结论	排除方法
1				
2				
3				
4				
5				

故障总结:______________________________

学习项目十一　汽车无法行驶的检测与诊断

1. 项目描述

(1)一辆配有 1ZR-FE 发动机的丰田卡罗拉轿车,已行驶里程 100000km,在行驶途中停歇后无法继续行驶,车主无法判断故障的大致原因。在将故障车拖至维修店后,该如何诊断并排除故障?

(2)一辆大众朗逸轿车正常运行后熄火,但在第二天却出现了无法起动的现象。点火时起动机运转强劲有力,但发动机却不能起动,从而导致汽车无法正常行驶。请问,该故障产生的原因是什么?如何排除该故障?

(3)一辆大众速腾轿车在行驶中途停车后重新起动困难,无法行驶。该车天冷时需起动几次才能着车,并且起动后发动机抖动异常剧烈,1 ~ 2min 后,怠速运转正常。

以上 3 个汽车故障情景都属于汽车无法正常行驶的故障类型,试问如何诊断并排除此类故障?

2. 项目提示

汽车无法行驶的原因有很多,主要包括两大方面:一是发动机故障,二是底盘故障,见图 11-1。其中发动机不能起动故障率较高,主要表现为起动机运转不正常、起动机能带动发动机正常运转但发动机不能起动,前者主要与起动系统电源、防盗系统或变速器操纵杆位置有关,后者则与点火系、供给系、机械故障及电子控制系统有关。

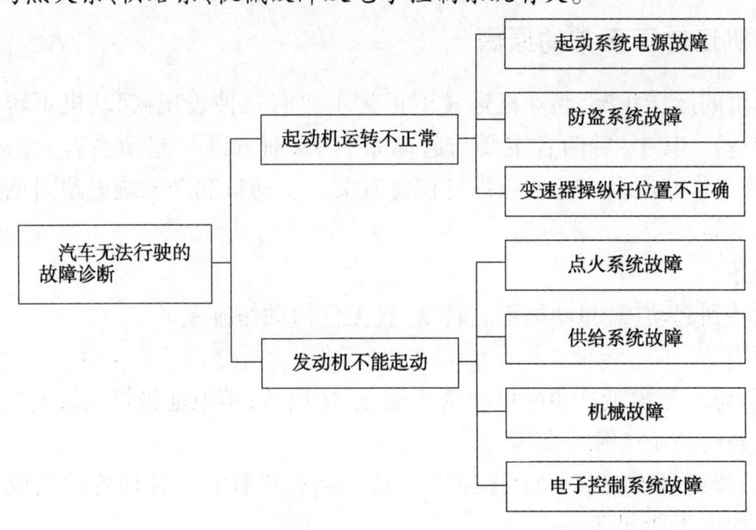

图 11-1　汽车无法行驶的主要原因

学习目标

1. 知识目标

(1)熟悉汽车正常行驶的必要条件,能分析出汽车无法行驶可能产生的原因。

(2)能画出汽车无法行驶的故障树。

(3)熟悉发动机正常起动、正常运行的条件。

(4)熟悉汽车变速器能正常运行的条件。

(5)熟悉汽车传动系和行驶系正常运行的条件。

2. 技能目标

(1)能通过与客户交流、查阅相关维修技术资料等方式获取车辆信息。

(2)能根据故障现象制订正确的维修计划。

(3)能根据维修计划,选择正确的检测和诊断设备对汽车各个系统进行故障诊断。

(4)能使用万用表、故障诊断仪、示波器及发动机综合分析仪等常用检测和诊断设备对汽车各个系统进行检测。

(5)能正确记录、分析各种检测结果并做出故障判断。

(6)能按照正确操作规范进行传感器、执行器的更换。

(7)能对汽车进行测试、检查和评估汽车不能行驶的故障修复的质量。

(8)能根据环保要求,正确处理对环境和人体有害的辅料、废气液体和损坏零部件。

学习资讯

学习任务1　起动机运转不正常的故障检测与诊断

一、起动机运转不正常的原因

根据起动机的运转状况,起动机运转不正常主要有三种表现:起动机不转、起动机转动无力、起动机空转。其中,后两者主要与起动系有关,前者既与起动系有关,又与发动机电源、防盗系统的工作状况及变速器操纵杆位置有关。发动机起动系统电路图见图11-2。

1. 起动机不转

1)故障现象

点火开关转到起动挡,起动机不能转动,且无任何动作迹象。

2)故障原因

(1)电源故障。蓄电池严重亏电或极板硫化、短路等;蓄电池极桩与线夹接触不良;起动电路导线连接处松动而接触不良等。

(2)变速器操纵杆没有置于“P”位或“N”位。当操纵杆置于任何行驶挡位(前进挡或倒挡)时,发动机均应不能起动。

(3)起动机故障。换向器与电刷接触不良,励磁绕组或电枢绕组有断路或短路,绝缘电刷搭铁，电磁开关线圈断路、短路、搭铁或其触点烧蚀而接触不良等。

(4)起动继电器故障。起动继电器线圈断路、短路、搭铁或其触点接触不良。

(5)点火开关故障。点火开关接线松动或内部接触不良。

(6)起动系线路故障。起动系线路断路、接触不良或松脱等。

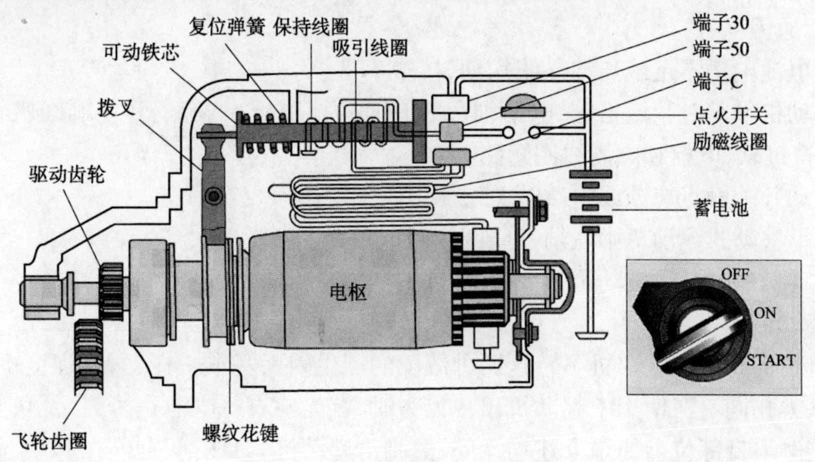

图 11-2　发动机起动系统电路图

3)故障诊断与排除

起动起动机，起动机不转时，开前照灯或按喇叭，检查电路是否有电。若前照灯不亮，喇叭不响，则应检查蓄电池及导线是否无电或断路；若前照灯亮、喇叭响，说明蓄电池有电。这时可用螺丝刀将起动机开关两个接柱搭接，若起动机空转，则系起动机开关有问题；如果起动机不转，并伴有强烈火花，则是起动机内部有短路或搭铁处；如果既不转动，也无火花，则说明起动机内部有断路处。起动系故障导致的起动机不转的诊断流程见图 11-3。

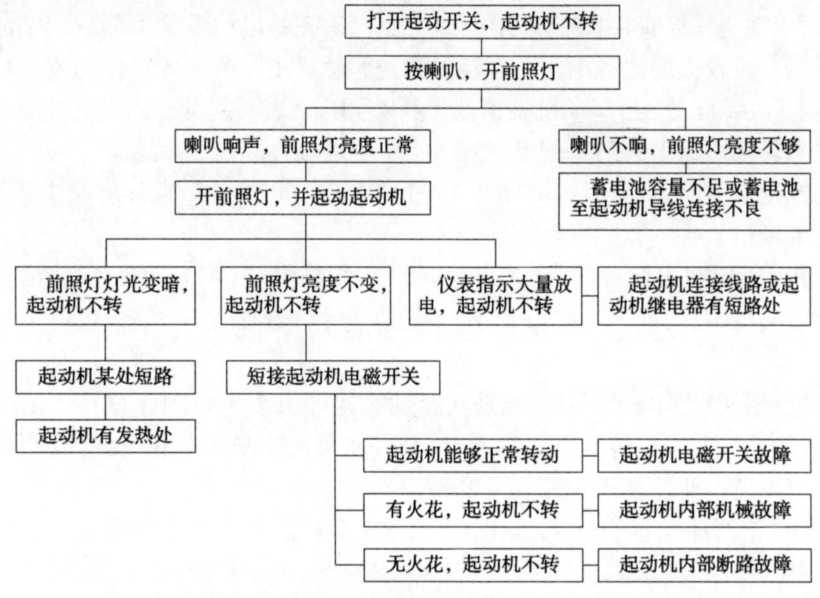

图 11-3　起动机不转的故障诊断流程

2. 起动机转动无力

1）故障现象

起动时，起动机转动缓慢无力，带动发动机困难，或接通起动开关，起动机只有"咔咔"声却不能转动。

2）故障原因

（1）蓄电池电量不足或连接导线松动，接触不良。

（2）起动机轴承过紧或松旷，电枢轴弯曲有时碰擦磁极，整流子和电刷间脏污或电刷磨损过短，弹簧过软，电枢和磁场线圈短路。

（3）起动开关触点烧蚀或电磁开关线圈短路。

（4）电枢移动式起动机串联辅助线圈断路或短路。

（5）发动机故障导致转动阻力太大。

3）故障诊断与排除

起动机转动无力与起动机不转这两种故障的产生因素基本一样，只是程度不同，因此其检测过程基本相同。在使用中起动机出现无力时，首先检查蓄电池是否充足电；其次检查线路中有无接触不良部位。如果上述均无问题，则为起动机本身的问题。在起动前开前照灯，当起动时前照灯灯光骤然变暗，则系蓄电池亏电。电路接触不良，一般是由于接触点与连接点松动或锈蚀，使电路间产生较大的接触电阻造成的。起动时起动电流通过接触电阻产生较大的电压使实际加在起动机上的电压远远低于额定值，导致起动机转速低，运转无力。可用测量电压的方法进行判断。在起动时测量一下起动机主开关电源接柱与发动机壳体间的电压，再测一下蓄电池正、负两极的端电压，正常时两者应相等。如果第二次测量时前者比后者低很多，说明电路中存在较大的接触电阻。假如你身边无电压表也可用试灯如上进行两次检查，正常时试灯亮度应无变化。一般发生此故障是在搭铁支路上，为使电路工作可靠，最好将蓄电池搭铁线直接接在发动机壳体上；其次在蓄电池极柱上形成的结晶物也会使极柱与导线间产生较大的接触电阻。起动时测量起动机主开关电源接柱与发动机壳体间的电压，如果电压在10V左右，起动机转速低，运转无力，则表明起动机内部有故障。在排除发动机故障导致转动阻力太大的基础上，按图11-4所示流程进行故障诊断。

若接通起动开关时，只能听到起动开关处的"咔嗒"声，该故障常常出现在电磁控制式和电枢移动式起动机上。

（1）对于电磁控制式起动机，接通电磁开关，有"咔嗒"声，但起动机不转动，说明电磁开关线圈短路或接触不良，产生的磁力太小，不足以进一步压缩复位弹簧，致使主回路接触盘接触不良。

（2）如电磁开关线圈正常，则可能是在起动时起动机小齿轮刚好顶在飞轮端面不能啮入。这时，将发动机曲轴接转一个角度，往往又可使小齿轮啮入飞轮齿间而显示工作正常。若在这种情况下还不能使小齿轮啮入飞轮，表明复位弹簧过硬。

（3）对于电枢移动式起动机，接通电磁开关时，动触点的上触点先闭合，辅助线圈接通，电枢缓慢旋转并移动，圆盘顶起扣爪块，使动触点的下触点闭合而使主回路接通，起动机有力地转动。若扣爪块与圆盘接触的凸肩磨损，不能顶起扣爪块释放限止板，动触点的下触点不能闭合，主回路不通，起动机只能缓慢无力地转动。另外如果辅助线圈断路或短路，起动机起动时不能缓慢旋转，往往产生起动机小齿轮顶住发动机飞轮轮齿端面而不易啮入的情况。

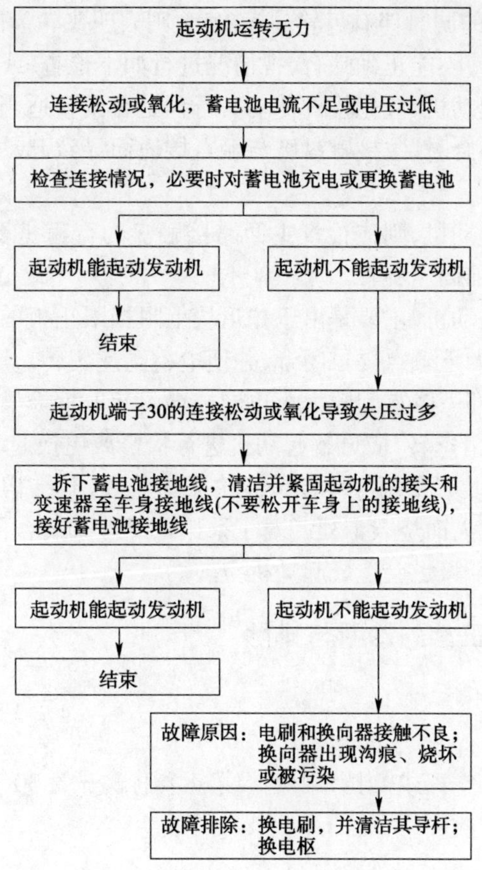

图 11-4　起动机运转无力的故障诊断流程

3. 起动机空转

1）故障现象

接通起动开关后，起动机快速旋转而发动机不转。

2）故障原因

起动机空转，表明起动机电路正常，而其驱动小齿轮不能啮入飞轮齿圈带动发动机转动，故障部位在起动机的传动装置和飞轮齿圈。具体原因包括如下方面。

（1）机械强制式起动机的拨叉脱槽，不能推动驱动小齿轮，或其行程调整不当，不能进入啮合。

（2）电磁控制式起动机的电磁开关铁芯行程太短。

（3）电枢移动式起动机辅助线圈短路或断路，不能将电枢带到工作位置。

（4）起动机单向啮合器打滑。

（5）飞轮齿严重磨损或打坏。

3）故障诊断与排除

起动机空转实际有两种情况：一是起动机驱动小齿轮不能与飞轮齿圈啮合的空转，故障主要在起动机的操纵和控制部分；二是起动机驱动小齿轮已和飞轮齿圈啮合，由于单向啮合器打滑而空转，故障主要在起动机单向啮合器。

(1)若在起动机空转的同时伴有齿轮的撞击声，则表明飞轮齿圈牙齿或起动机小齿轮牙齿磨损严重或已损坏，致使不能正确啮合，视情况进行如下检查，或更换起动机和飞轮齿圈。

①对于机械强制式起动机，应先检查传动叉行程是否调整适当。若调整不当，在未驱使驱动小齿轮与飞轮齿圈啮合时，主接触盘已与触点接通而导致起动机空转。如调整适当，则可能是传动叉脱出嵌槽。

②对于电磁控制式起动机，则应检查主回路接触盘的行程是否过小。如过小会使主回路提早接通，造成电枢提前高速旋转。

③对于电枢移动式起动机，主要是由于扣爪块上阻挡限止板的凸肩磨损，不能阻挡限制板的移动，致使活动触点的下触点提早闭合，并使电枢高速旋转。当活动触点与固定触点上下两触点间隙调整不当，即下触点间隙太小也同样会引起电枢提早高速旋转。

(2)若单向啮合器打滑空转，应分解起动机进行检修或更换起动机。

(3)有的起动机传动装置采用一级行星齿轮减速装置，其结构紧凑、传动比大、效率高。但使用中常会出现载荷过大而烧毁卡死。对于采用摩擦片式离合器，若压紧弹簧损坏、花键锈蚀卡滞和摩擦离合器打滑，也会造成起动机空转。

二、起动机运转不正常的诊断与排除

1. 起动机的就车检修

1)电磁开关的检修

将变速器操纵杆置于空挡或P挡，用短接线短接电磁开关30号接线柱与C接线柱，若起动机不运转则起动机有故障，见图11-5。

2)起动线路的检修

拔下起动机电磁开关连接插头，在点火开关起动时用试灯检测插头电压，试灯应点亮；或用万用表进行检测，应有12V左右的电压，无电压或试灯不亮则检查起动线路，见图11-6。

图11-5　电磁开关的检测

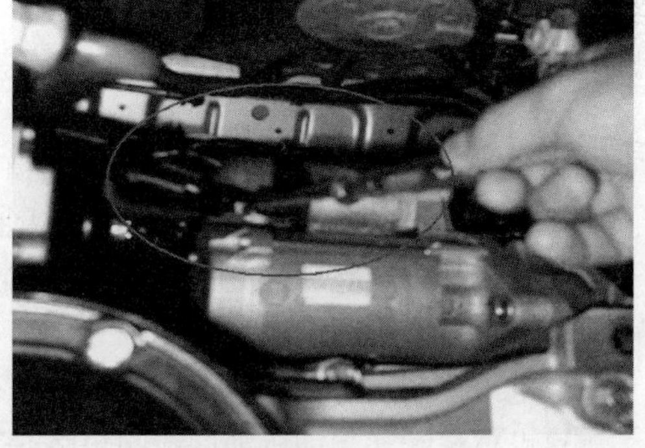

图11-6　起动线路的检测

2. 起动机解体后的检查及技术要求

1)电枢总成的检修

(1)电枢轴的检查。用游标卡尺检测轴颈外径与衬套内径，配合间隙应为0.035 ~

0.077mm,最大不超过0.15mm,间隙过大应更换衬套并重新铰配。电枢轴弯曲可用百分表检测,其径向跳动应不大于0.10~0.15mm,否则应予以校正,见图11-7。

(2)换向器的检查。检查换向器表面有无烧蚀和圆度误差是否合格。轻微烧蚀用00号砂纸打磨,严重时应车削,换向器与电枢轴的同轴度误差不大于0.03mm,否则应在车床上修整。换向器直径不小于标准值1.10mm,换向片高出云母片0.40~0.80mm,见图11-8。

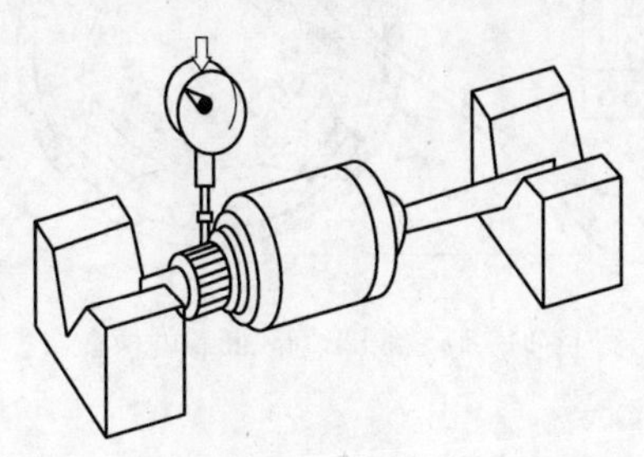

图11-7　电枢轴的检查

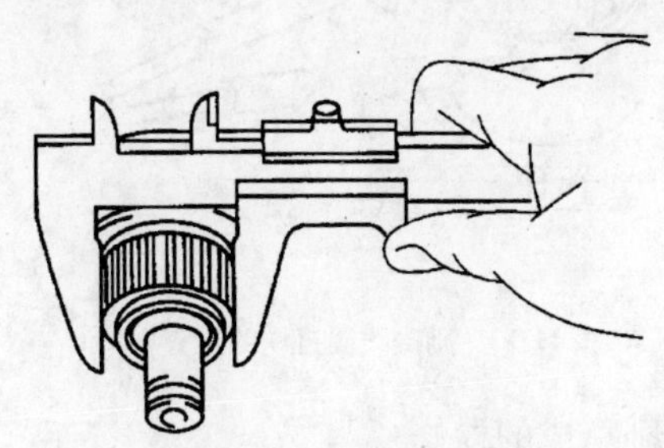

图11-8　换向器直径检查

(3)电枢的检查。

①电枢线圈搭铁的检查。用万用表检查时,其表笔分别搭在换向器和铁芯(或电枢轴)上,阻值应为无穷大;若阻值为零,则为搭铁,应更换,见图11-9。

②电枢线圈短路的检查。检修时要把电枢放在万能试验台检验器上,接通电源,将锯片放在检验器上并转动电枢。锯片不振动表明电枢线圈无短路,否则为电枢线圈短路,应予以修理或更换,见图11-10。

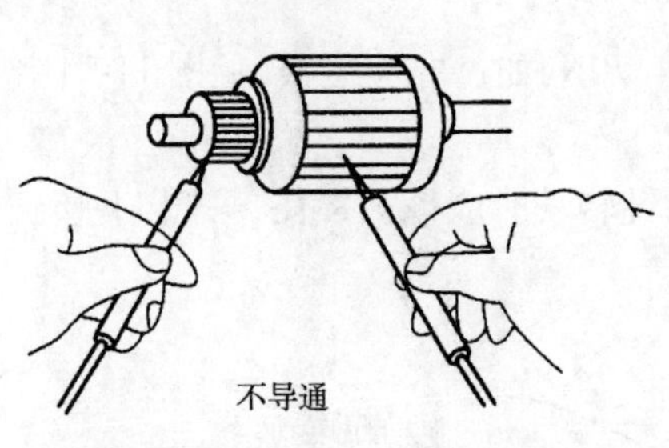

图11-9　电枢线圈搭铁的检查

图11-10　电枢线圈短路的检查

③电枢线圈断路的检查。检视电枢线圈的导线是否甩出或脱焊,用万用表两个表笔依次与相邻换向器接触,其读数应一致,否则说明电枢线圈断路,并更换,见图11-11。

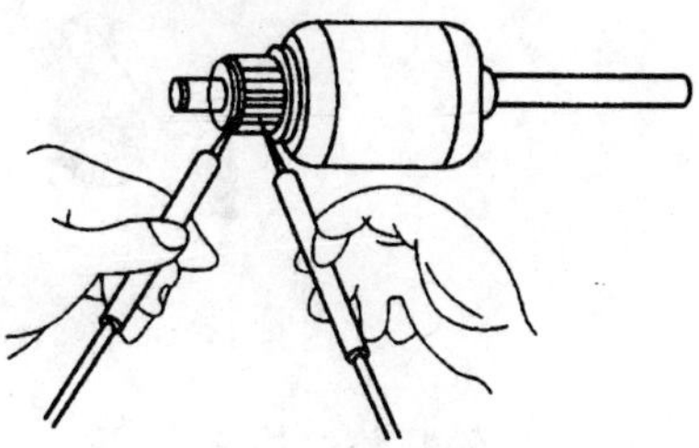

图11-11　电枢线圈断路的检查

2)定子绕组的检修

(1)励磁线圈搭铁的检查。

用万用表的两个表笔分别接励磁接线柱和外壳,若阻值为无穷大,则正常;若阻值为零,则说明有搭铁故障,见图11-12。

(2)定子绕组短路、断路的检查。

蓄电池正极接起动机接线柱,负极接正电刷,将旋具放在每个磁极上迅速检查磁极对旋

具的吸力，应相同。磁极吸力弱的为匝间短路，各磁极均无吸力为断路，见图 11-13。若用万用表置于电阻挡，测接线柱与正电刷的导通情况，如不导通，说明断路。

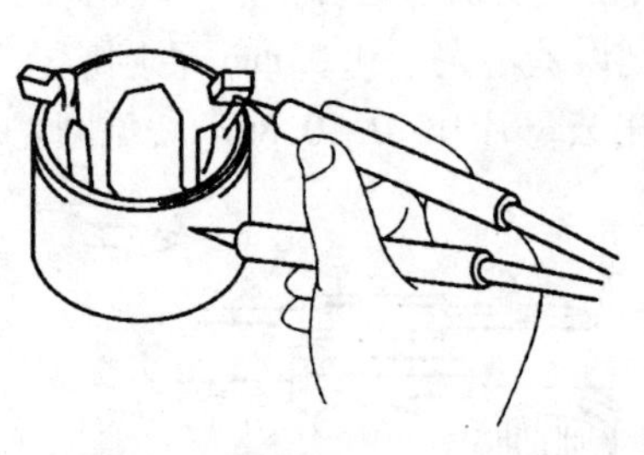

图 11-12　励磁线圈搭铁的检查

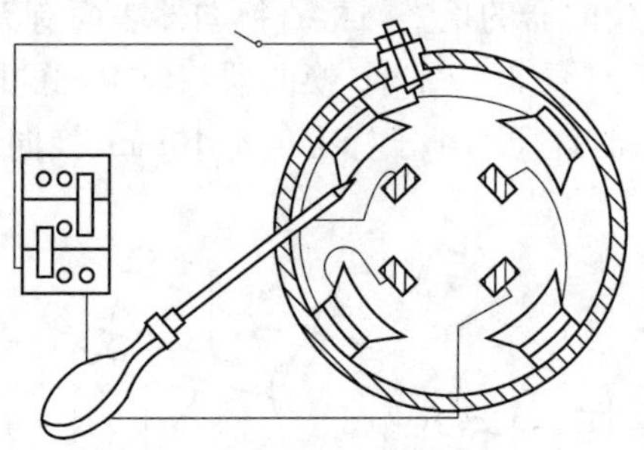

图 11-13　励磁线圈短路、断路的检查

3）电刷总成的检修

（1）电刷高度的检查。

电刷磨损后的高度不应小于电刷原高度的一半，一般不小于 10mm。电刷在架内活动自如，无卡滞，电刷与换向器的接触面积不低于 80%。

（2）电刷架的检查。

用万用表的电阻挡位测量两个绝缘电刷架与电刷架座盖，阻值应为无穷大，否则说明绝缘体损坏；相同方法测量两个搭铁电刷架与电刷架座盖，阻值应为零，否则说明电刷架松动，搭铁不良。

（3）电刷弹簧的检查。

用弹簧秤检查弹簧的弹力，应为 11.76 ~ 14.70N，如过弱应更换，见图 11-14。

4）单向离合器的检修

按顺时针转动驱动齿轮，应自由转动；逆时针转动时应该被锁住，见图 11-15。

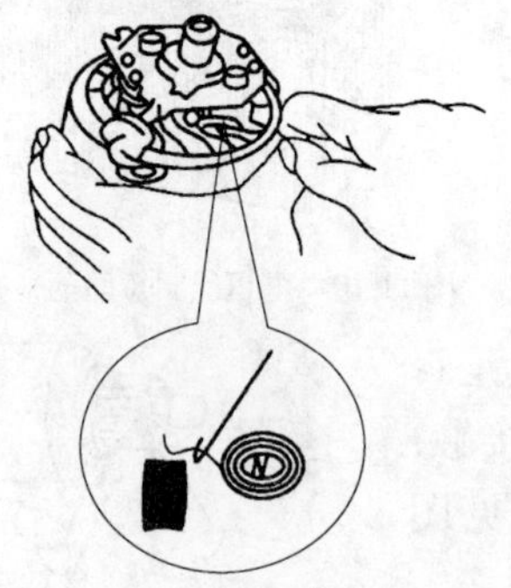

图 11-14　电刷弹簧的检查

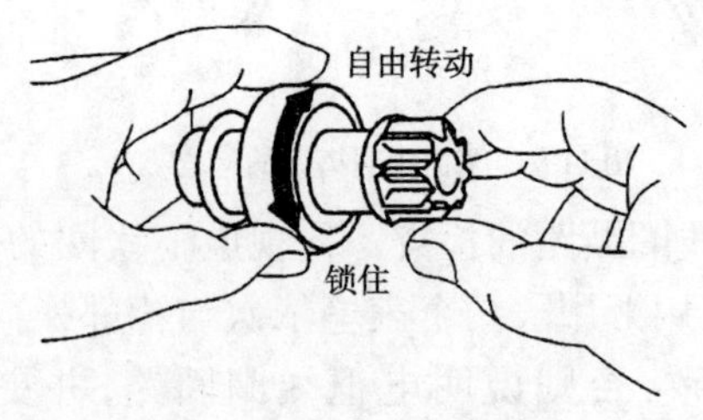

图 11-15　单向离合器的检查

5）电磁开关的检修

（1）将两个表笔分别接于励磁接线柱和电磁开关外壳，若有电阻，说明保持线圈良好；若电阻为零，则为短路；若电阻无穷大，则为断路。短路或断路都应更换，见图 11-16。

（2）将两个表笔分别接于励磁接线柱和起动机接线柱，若有电阻，说明吸拉线圈良好；若电阻为零，则为短路；若电阻无穷大，则为断路。短路或断路都应更换，见图 11-17。

(3)用手将接触盘铁芯压住,让电磁开关上的电源接线柱与起动机接线柱连通,测量两个接线柱间的电阻值应为零,否则为接触不良。

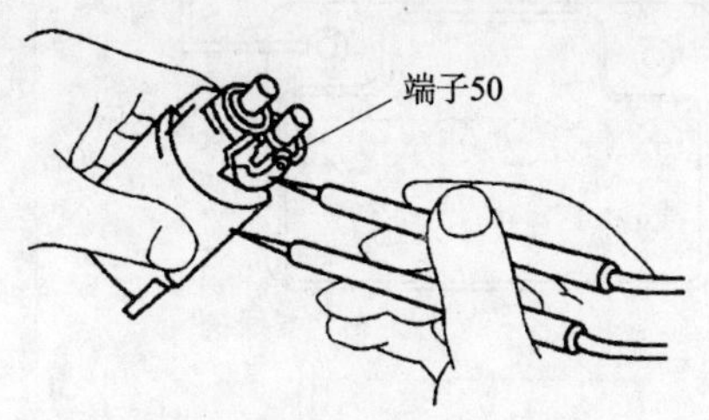

图 11-16　保持线圈的检查

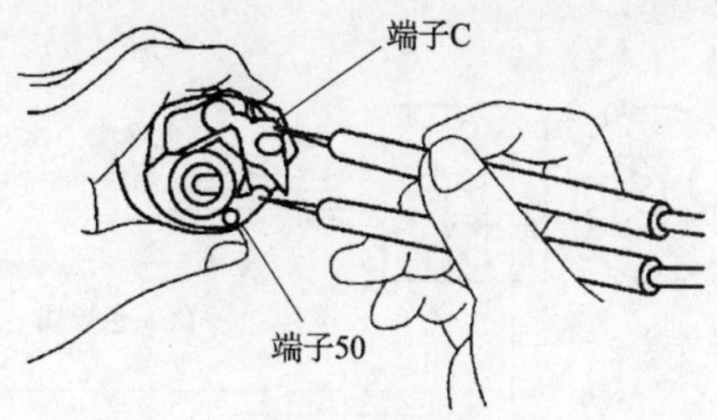

图 11-17　吸拉线圈的检查

3. 起动系电路故障的检修

1)起动电路故障的现象及原因

汽车起动机常见的故障主要为起动机不转或运转无力。其中起动电路存在故障时起动发动机时,将点火开关转到“起动”挡,起动机不运转。起动机不转的故障可以归纳为三类,即电源及线路部分故障、起动继电器故障、起动机故障。

(1)电源及线路部分的故障。

蓄电池严重亏电;蓄电池正、负极桩上的电缆接头松动或接触不良;控制线路断路。

(2)起动继电器的故障。

继电器线圈绕组烧毁或断路;继电器触点严重烧蚀或触点不能闭合。

(3)起动机的故障。

起动机电磁开关触点严重烧蚀或两个触点高度调整不当,从而导致触点表面不在同一平面内,使触盘不能将两个触点接通;换向器严重烧蚀而导致电刷与换向器接触不良;电刷弹簧压力过小或电刷卡死在电刷架中;电刷与励磁绕组断路或电刷搭铁;励磁绕组或电枢绕组有断路、短路或搭铁故障;电枢轴的铜衬套磨损过多,使电枢轴偏心或电枢轴弯曲,导致电枢铁芯“扫膛”(即电枢铁芯与磁极发生摩擦或碰撞)。

2)起动系统电路分析

无起动继电器的起动线路中,由点火开关直接控制起动机的电磁开关。例如桑塔纳轿车的起动系统线路见图 11-18。

当点火开关置于起动挡时,接通起动机电磁开关内的吸引线圈和保持线圈,其电磁开关电流走向为:蓄电池正极→红色导线→中央线路板单端子插座 P 端子 2→中央线路板内部线路→中央线路板单端子插座 P 端子 6→红色导线→点火开关 30 端子→点火开关 50 端子→红黑双色导线→中央线路板 B8 端子→中央线路板内部线路→中央线路板 C18 端子→起动机 50 端子→进入电磁开关→搭铁→蓄电池负极。产生电磁力接通起动机主电路,其主电路电流走向为:蓄电池正极→黑色蓄电池线→起动机接线柱→电磁开关接触盘→起动机→搭铁→蓄电池负极。

3)故障诊断与排除方法

在未接通起动开关前,打开前照灯,观察灯光亮度。如果灯光暗淡,则可能蓄电池亏电过多或连接线松脱所致。在蓄电池正常的情况下,起动机不工作故障,按图 11-19 进行诊断。

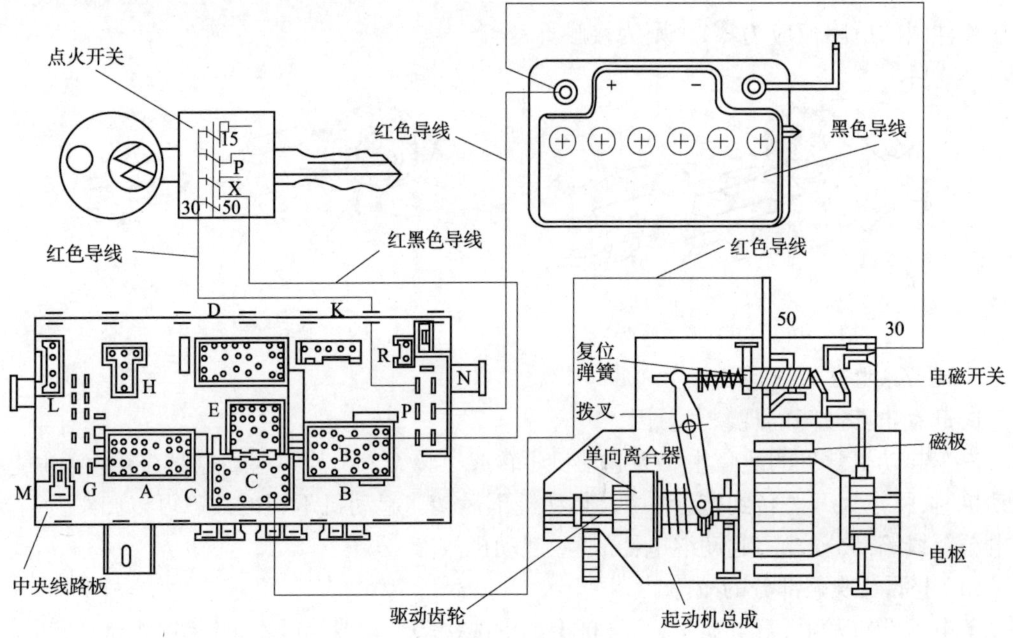

图 11-18　桑塔纳轿车起动线路

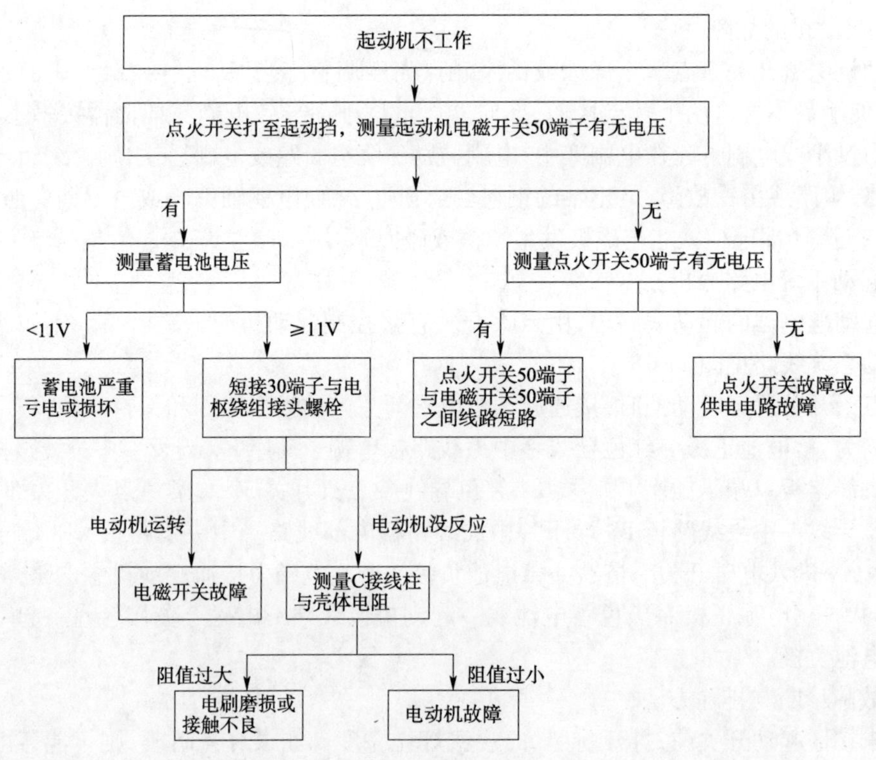

图 11-19　起动机不工作故障诊断方法

4)实例分析

故障现象:一辆爱丽舍轿车在接通点火开关起动挡后,起动机有“嗒嗒”的响声,但发动机不能起动。

故障诊断与排除:首先检查蓄电池,蓄电池电量充足,正、负极电缆连接紧固可靠。检查发动机飞轮齿圈,无缺齿现象。

随后拆检起动机,其电刷长度、电刷弹簧弹力均正常,但换向器有轻微烧蚀;用细砂纸打磨光滑后,电刷与换向器接触良好。检查转子线圈,无断路、短路现象,电磁开关动作灵活。检查接触盘与两个主接线柱,接触良好,通断正常。检查单向离合器,不打滑;轴承套与起动机轴配合间隙亦在正常范围之内。将起动机装复后,接通点火开关起动挡,起动机有“嗒嗒”的响声,但发动机仍不能起动,故障诊断工作一时陷于困境。

仔细分析起动机的工作原理,当接通点火开关起动挡时,蓄电池电流经点火开关至电磁开关C接线柱后分为两路:一路经保持线圈搭铁,另一路经吸拉线圈、主接线柱、起动机的转子线圈搭铁。此时因吸拉线圈和保持线圈通电,产生电磁合力,吸引电磁开关的活动铁芯。活动铁芯一方面带动拨叉将驱动齿轮推出与飞轮啮合,一方面推动接触盘,使接触盘与主接线柱接通。于是,蓄电池提供的强大起动电流经过主接线柱、接触盘、主接线柱进入起动机转子线圈,使其产生强大的电磁力,驱动发动机飞轮旋转。当接触盘与主接线柱接通的瞬间,吸拉线圈两端因被接触盘短路而使电磁力消失,此时是靠保持线圈产生的电磁力克服电磁开关和起动机复位弹簧的力,使驱动齿轮和接触盘保持在工作位置,使起动机完成起动工作。如果保持线圈断路,当点火开关旋至起动挡时,吸拉线圈产生的电磁力吸引电磁开关的活动铁芯,也可使驱动齿轮与飞轮啮合,使接触盘与主接线柱接通,但因此时吸拉线圈两端被接触盘短路,其电磁力消失,于是在复位弹簧的作用下,活动铁芯又带动驱动齿轮和接触盘复位;接触盘复位后,吸拉线圈又产生电磁力,吸引电磁开关的活动铁芯,经过如此反复过程,驱动齿轮不断地被驱动与复位,起动机起动时就有“嗒嗒”的响声。

根据这个原理,拆检起动机电磁开关,用万用表电阻挡检测,其吸拉线圈正常,但保持线圈断路。更换一个电磁开关后,将点火开关旋至起动挡,起动机迅速带动发动机起动,故障排除。

三、任务实施过程工单

<table>
<tr><td>学习任务</td><td colspan="7">起动机运转不正常的故障诊断</td></tr>
<tr><td>任务描述</td><td colspan="7">以起动机运转不正常的故障诊断为任务,采用行动导向教学法,引导学生按照汽车维修工作过程(信息、计划、决策、实施、检查、评估)检测并排除故障,在此过程中学习相关理论知识,掌握起动机运转不正常的故障诊断方法</td></tr>
<tr><td rowspan="4">1. 信息</td><td rowspan="2">车辆信息</td><td>车型</td><td></td><td>出厂时间</td><td></td><td>发动机型号</td><td></td></tr>
<tr><td>车辆识别码</td><td></td><td>已行驶里程</td><td></td><td></td><td></td></tr>
<tr><td>故障描述</td><td colspan="6"></td></tr>
<tr><td>相关问题</td><td colspan="6">①起动机运转不正常主要有哪三种症状表现?
②起动机不转的故障原因有哪些</td></tr>
<tr><td>2. 计划</td><td colspan="7">提出诊断排除故障的方案</td></tr>
</table>

续上表

<table>
<tr><td rowspan="4">3. 决策</td><td colspan="2">人员分配</td><td colspan="4"></td></tr>
<tr><td colspan="2">时间安排</td><td colspan="4"></td></tr>
<tr><td colspan="2">工作步骤</td><td colspan="4"></td></tr>
<tr><td colspan="2">设备和工具</td><td colspan="4"></td></tr>
<tr><td rowspan="10">4. 实施</td><td colspan="2">检 查 内 容</td><td>检 查 方 法</td><td>检 查 结 果</td><td colspan="2">修 复 方 法</td></tr>
<tr><td colspan="2">检查电源</td><td></td><td></td><td colspan="2"></td></tr>
<tr><td colspan="2">检查自动变速器操纵杆的位置</td><td></td><td></td><td colspan="2"></td></tr>
<tr><td colspan="2">电磁开关线圈状态</td><td></td><td></td><td colspan="2"></td></tr>
<tr><td colspan="2">起动继电器状态</td><td></td><td></td><td colspan="2"></td></tr>
<tr><td colspan="2">点火开关状态</td><td></td><td></td><td colspan="2"></td></tr>
<tr><td colspan="2">起动系线路状态</td><td></td><td></td><td colspan="2"></td></tr>
<tr><td colspan="6">典型故障诊断</td></tr>
<tr><td colspan="2">故 障 现 象</td><td colspan="2">诊断思路步骤</td><td colspan="2">故 障 点</td></tr>
<tr><td colspan="2"></td><td colspan="2"></td><td colspan="2"></td></tr>
<tr><td>5. 检查</td><td colspan="6">检查汽车修复质量及汽车起动性能</td></tr>
<tr><td rowspan="10">6. 评估</td><td colspan="2">评 估 项 目</td><td>自我评估</td><td>组长评估</td><td>教师评估</td><td>备　　注</td></tr>
<tr><td rowspan="2">素质考评 10 分</td><td>劳动纪律 5 分</td><td></td><td></td><td></td><td></td></tr>
<tr><td>环保意识 5 分</td><td></td><td></td><td></td><td></td></tr>
<tr><td colspan="2">工单考评 20 分</td><td></td><td></td><td></td><td></td></tr>
<tr><td colspan="2">检测与诊断思路 30 分</td><td></td><td></td><td></td><td></td></tr>
<tr><td rowspan="4">实操考评 40 分</td><td>工具使用 5 分</td><td></td><td></td><td></td><td></td></tr>
<tr><td>任务方案 10 分</td><td></td><td></td><td></td><td></td></tr>
<tr><td>实施过程 20 分</td><td></td><td></td><td></td><td></td></tr>
<tr><td>完成情况 5 分</td><td></td><td></td><td></td><td></td></tr>
<tr><td colspan="2">综合评价 100 分</td><td colspan="4"></td></tr>
</table>

学习任务 2　起动机运转正常而发动机无起动征兆的故障检测与诊断

一、故障现象及原因

1. 故障现象

发动机起动时，将点火开关转到起动挡，起动机能够带动发动机正常运转，但发动机长时间不能起动，且无着车征兆。

2. 汽油发动机正常工作的必要条件

汽油发动机能正常起动并稳定的工作，需要具备四个必要的条件，缺一不可：

①强大而稳定的点火能量。

②合适空燃比的混合气。

③足够的汽缸压力。

④准确的点火正时及进气正时。

3. 故障原因

起动机能够带动发动机正常运转，说明起动系统工作正常。发动机无着车征兆的故障部位可能在汽车防盗系统或发动机点火系统、燃油供给系统、机械系统和电子控制系统，一般情况下，发动机高压无火、点火正时严重失准和供油系统不喷油等出现的概率较高，其中最常见原因为点火系不能正常点火。发动机无着车征兆的具体原因有如下方面。

(1)防盗系统故障或进行了防盗设置，防盗系统工作致使发动机不能起动。

(2)油箱无油或严重缺油。

(3)发动机正时皮带断裂。

(4)火花塞不跳火或火花非常弱。

①火花塞间隙不当、烧损、漏电、濡湿、型号不符导致无火或火花弱。

②点火线圈损坏导致高压无火或火花弱。

③点火模块或点火器损坏则点火系无火。

④高压线断裂导致无火，漏电、性能不良、插接不到位将导致火弱。

⑤曲轴位置或凸轮轴位置传感器无信号或信号不良导致无火。

⑥点火控制线路断路、连接器接触不良导致无火或火弱。

⑦电子控制单元损坏、搭铁不良导致无火。

(5)点火正时严重失准，点火提前角与实际要求相差过大。

①曲轴位置或凸轮轴位置传感器信号不良，致使 ECU 对点火提前角的控制产生较大的误差。

②点火正时调整不当。

③发动机正时皮带过松产生跳齿。

④电子控制单元损坏。

(6)喷油器不喷油。

①汽油泵不工作。油泵继电器、熔断器、油泵电动机烧损导致油泵不能正常工作，供给系不能供油。

②喷油器继电器、熔断器、喷油器线圈烧损，或控制线路断路、连接器接触不良导致喷油器不喷油。

③汽油压力调节器损坏致使供油系统无法建立油压。

④起动时节气门全开。如果起动时将加速踏板踩到底，会激发控制系统的溢油消除功能，导致喷油器不喷油或喷油过少。

⑤曲轴位置或凸轮轴位置传感器无信号。控制单元接收不到转速信号，不会发出喷油指令。

⑥电子控制单元损坏、搭铁不良丧失控制功能。

(7)发动机汽缸压力过低。

二、故障诊断与排除

1. 故障诊断步骤

(1)首先检查汽车防盗系统的工作状态,如果防盗系统已经实施防盗控制,应解除防盗设置。

(2)接通点火开关,观察仪表板上的发动机故障指示灯。如果故障指示灯一直闪亮不灭,说明发动机控制系统有故障,应使用故障检测仪读取故障码,并按故障码的提示进行检测和诊断,直至故障排除。

(3)打开点火开关时,观察仪表板上的燃油表和油量报警灯,如果燃油表指针不动或油量报警灯亮起,说明燃油箱无油或严重缺油,应先加足燃油,再起动试车。

(4)检查点火系能否正常点火。用正时仪检查点火系是否正常跳火,也可进行中央高压线试火、分缸线或火花塞试火,以判断火花强弱。

直接用高压线试火时,高压线末端距离汽缸体或搭铁良好部位约7~10mm,火花呈蓝色或紫色为正常,火花发红或暗红,说明火花太弱。

注意:如果采用拆下火花塞搭铁试火的方法,可在此时检测缸压。

(5)检查喷油器。用起动机带动发动机运转,用人工检验法,凭借维修经验判断喷油器是否正常喷油。如果喷油器不工作,应排除喷油器及其控制线路故障。

(6)检测燃油压力。

①先为燃油供给系统卸压,然后接入燃油压力表。

②接通点火开关,同时注意观察燃油压力表指针的变化。如果燃油表的指针从0迅速跳跃到0.2MPa左右,说明燃油泵工作正常,否则,应检查油泵及其控制线路。

③点火开关转到起动挡,用起动机带动发动机运转,观察压力表读数的变化情况。如果油压表指针上升到0.25MPa左右(系统油压参见发动机维修手册),说明燃油压力调节器及管路工作正常,否则,应检查压力调节器和管路。

(7)检测汽缸压缩压力。拆下火花塞,用汽缸压力表检测汽缸压力。如果缸压低于0.8MPa,说明汽缸漏气严重,应分析、判断汽缸漏气部位,视情拆检发动机。

起动机运转正常,发动机无着火征兆的故障诊断流程见图11-20。

2. 故障诊断技能

1)卡罗拉发动机不能起动故障诊断前的准备工作

以下以丰田卡罗拉为例,介绍发动机不能起动的故障诊断步骤。

(1)防护装备:工作服、工作帽、手套、劳保鞋。

(2)车辆、台架、总成:卡罗拉整车或发动机台架。

(3)检测设备:KT600诊断仪、万用表。

(4)手工工具:拆装工具一套。

(5)辅助材料:翼子板布和前格栅布、三件套、抹布、手套、白板笔。

2)卡罗拉发动机不能起动故障诊断步骤

提示:以下步骤以从简单到复杂的原则,实际检修根据情况进行,不一定严格按步骤进行。

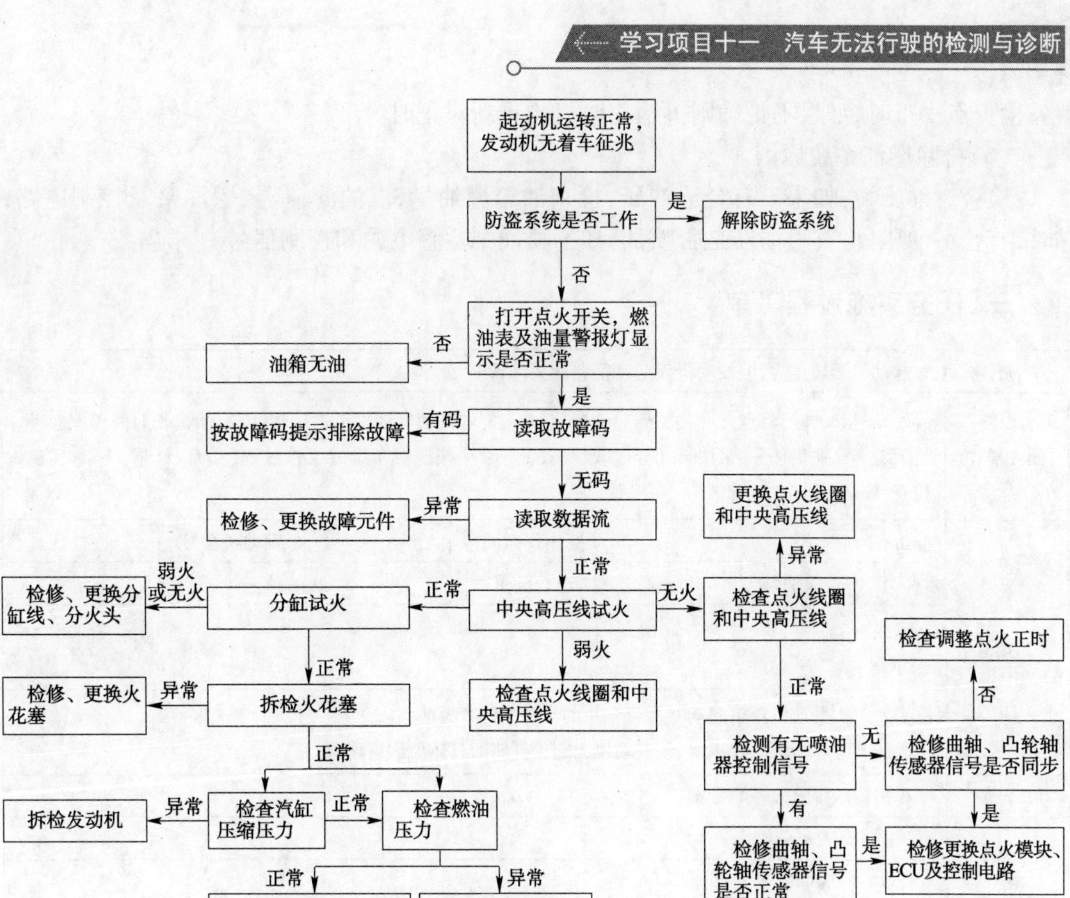

图 11-20　起动机运转正常，发动机无着火征兆的故障诊断流程

(1)排除防盗系统触发的原因。

检查防盗指示灯是否闪烁，如果闪烁则防盗系统触发，必须用正确的点火钥匙起动发动机或特定的程序解除防盗系统。

(2)排除起动系统原因。

检查蓄电池、起动机及线路、点火开关及线路、挡位 P/N 开关(AT)或离合器开关(MT)。

(3)排除控制系统原因。

连接诊断仪器，读取故障码，如果有和发动机不能起动相关的故障码(如曲轴位置传感器等)，根据故障码内容检修。

如果诊断仪器不能和发动机控制单元通信，则检查控制单元及线路。

(4)排除发动机机械原因。

检测汽缸压力，如果发动机不能运转或发动机汽缸压力不足，拆检发动机机械部分。

(5)排除点火系统原因。

测试火花塞是否跳火：如果没有跳火，检查曲轴位置传感器、点火线圈、ECU 等有关元件和电路；如果有跳火，检查火花是否太弱，如果火花弱则检查或更换火花塞、点火线圈及线路;检查点火正时,如果不正确则拆检正时机构重新对正时。

(6)排除燃油系统原因。

检查燃油压力:如果没有合适油压,检查油箱燃油量、汽油滤清器、燃油泵及控制电路;如果有合适油压,检查喷油器是否喷油,如不喷油则检查电源和控制信号。

三、任务实施过程工单

<table>
<tr><td>学习任务</td><td colspan="6">起动机运转正常,但发动机无起动征兆的故障诊断</td></tr>
<tr><td>任务描述</td><td colspan="6">发动机起动时,将点火开关转到起动挡,起动机能够带动发动机正常运转,但发动机长时间不能起动,且无着车征兆为任务,采用行动导向教学法,引导学生按照汽车维修工作过程(信息、计划、决策、实施、检查、评估)检测并排除故障</td></tr>
<tr><td rowspan="4">1. 信息</td><td rowspan="2">车辆信息</td><td>车型</td><td></td><td>出厂时间</td><td></td><td>发动机型号</td></tr>
<tr><td>车辆识别码</td><td></td><td>已行驶里程</td><td></td><td></td></tr>
<tr><td>故障描述</td><td colspan="5"></td></tr>
<tr><td>相关问题</td><td colspan="5">①发动机正常起动并持续工作的必要条件有哪些?
②起动机运转正常,但发动机无起动征兆的具体原因有哪些</td></tr>
<tr><td>2. 计划</td><td colspan="6">提出诊断排除故障的方案:</td></tr>
<tr><td rowspan="4">3. 决策</td><td colspan="2">人员分配</td><td colspan="4"></td></tr>
<tr><td colspan="2">时间安排</td><td colspan="4"></td></tr>
<tr><td colspan="2">工作步骤</td><td colspan="4"></td></tr>
<tr><td colspan="2">设备和工具</td><td colspan="4"></td></tr>
<tr><td rowspan="15">4. 实施</td><td colspan="2">检 查 内 容</td><td colspan="2">检 查 结 果</td><td colspan="2">修 复 方 法</td></tr>
<tr><td colspan="2">防盗系统</td><td colspan="2"></td><td colspan="2"></td></tr>
<tr><td colspan="2">燃油量</td><td colspan="2"></td><td colspan="2"></td></tr>
<tr><td colspan="2">正时皮带</td><td colspan="2"></td><td colspan="2"></td></tr>
<tr><td colspan="2">火花塞及火花</td><td colspan="2"></td><td colspan="2"></td></tr>
<tr><td colspan="2">供油压力</td><td colspan="2"></td><td colspan="2"></td></tr>
<tr><td colspan="2">点火正时</td><td colspan="2"></td><td colspan="2"></td></tr>
<tr><td colspan="2">汽缸压力</td><td colspan="2"></td><td colspan="2"></td></tr>
<tr><td colspan="2">喷油器</td><td colspan="2"></td><td colspan="2"></td></tr>
<tr><td colspan="2">读取故障码</td><td colspan="2"></td><td colspan="2"></td></tr>
<tr><td colspan="6">典型故障诊断</td></tr>
<tr><td colspan="2">故 障 现 象</td><td colspan="2">诊断思路步骤</td><td colspan="2">故 障 点</td></tr>
<tr><td colspan="2"></td><td colspan="2"></td><td colspan="2"></td></tr>
<tr><td colspan="2"></td><td colspan="2"></td><td colspan="2"></td></tr>
<tr><td colspan="2"></td><td colspan="2"></td><td colspan="2"></td></tr>
<tr><td>5. 检查</td><td colspan="6">检查汽车检测与诊断的步骤和思路,检测汽车修复质量及汽车性能</td></tr>
</table>

续上表

<table>
<tr><th colspan="3">评估项目</th><th>自我评估</th><th>组长评估</th><th>教师评估</th><th>备　注</th></tr>
<tr><td rowspan="9">6. 评估</td><td rowspan="2">素质考评 10 分</td><td>劳动纪律 5 分</td><td></td><td></td><td></td><td></td></tr>
<tr><td>环保意识 5 分</td><td></td><td></td><td></td><td></td></tr>
<tr><td colspan="2">工单考评 20 分</td><td></td><td></td><td></td><td></td></tr>
<tr><td colspan="2">检测与诊断思路 30 分</td><td></td><td></td><td></td><td></td></tr>
<tr><td rowspan="4">实操考评 40 分</td><td>工具使用 5 分</td><td></td><td></td><td></td><td></td></tr>
<tr><td>任务方案 10 分</td><td></td><td></td><td></td><td></td></tr>
<tr><td>实施过程 20 分</td><td></td><td></td><td></td><td></td></tr>
<tr><td>完成情况 5 分</td><td></td><td></td><td></td><td></td></tr>
<tr><td colspan="2">综合评价 100 分</td><td colspan="4"></td></tr>
</table>

学习任务3　起动机运转正常而发动机起动困难的故障检测与诊断

一、故障现象及原因

发动机起动困难的常见故障包括：冷车起动困难；热车起动困难；间歇性或任何时候都起动困难。这些现象可以概括为：汽车有起动征兆，但无法起动发动机，统称为起动困难。

1. 冷车起动困难

一般故障部位：燃油含水；燃油泵；冷却液温度传感器；喷油器；点火线圈；节气门体及怠速旁通气道；发动机机械部分。

发动机在低温状况下，机械结构紧密，运转阻力大，需要较优先的起动条件，当这些优先条件不成熟时，冷车起动就变得困难，为保证发动机在温度低的情况下起动性好，发动机 ECU 设定了冷车起动程序，即温度传感器监测发动机温度，当低温时，发动机 ECU 调整混合气，便于提高起动性能。当温度监测及应变环节出现故障，则产生冷车起动困难的故障现象。

汽油发动机冷车起动困难的主要故障原因有如下方面。

1）起动机转速过低

发动机在冷车时，机件阻力大，需要较大的起动机运转转矩，而冷车时蓄电池电压也相对较低，使得发动机转动较慢，影响起动性能，故在冷车起动时，首先排除起动机运转转速过低故障。起动机转速过低的故障原因有：蓄电池电压过低或存电不足；蓄电池接线柱接触不良；发动机电源、搭铁线不良；起动机性能变差。

2）点火性能不良

电控发动机在低温起动时，需要更大的点火能量，点火过弱则会引起发动机冷车起动困难，冷车起动困难的点火系统故障有：点火线圈性能不良；火花塞型号不对；高压线漏电；点火模块不良；发动机 ECU 故障。

3）燃油供给不良

燃油系统引起冷车起动困难的原因主要在于燃油保持压力不足，由于冷车多是车辆长时间没发动，燃油系统发生泄压，油压无法保证起动时的足够压力，造成冷车起动困难。

连接燃油压力表，测试燃油保持压力，30min 内燃油压力下降到 50% 以上，则燃油保持压力不足。燃油系统引起冷车起动困难的故障原因有：燃油泵不良；燃油滤芯不良；燃油泵保压性能不良；回油调压阀不良；燃油品质差。

4）混合气浓度不良

混合气的浓度直接影响到发动机的着火性能，混合气浓度不正常，过浓或过稀都会引起冷车起动困难。如图 11-21 为通过火花塞反映出混合气的状况，混合气引起起动困难的故障原因和部位有：空气滤芯脏堵；燃油滤芯堵塞；喷油器堵塞；燃油蒸汽回收炭罐及控制线路故障；节气门过脏。

图 11-21　根据火花塞判断混合气浓稀

5）发动机 ECU 及控制线路不良

电喷发动机的起动完全由发动机 ECU 控制，ECU 检测信号错误或不良以及 ECU 内部故障都会导致发动机冷车起动困难。ECU 及线路引起起动困难的故障有：冷却液温度传感器及线路故障；进气温度传感器及线路故障；发动机 ECU 及线路故障；怠速电动机及其线路不良；电子节气门单元及线路故障。

图 11-22　气门积炭和胶质物

6）发动机机械故障

冷车状况下，发动机机件比较紧凑，运转不够灵活，引起各方面工况不能达到最佳状态，发动机起动也比较困难。常见的发动机冷车起动困难的机械方面的原因有：气门关闭不严、气门积炭、胶质物等使气门关闭不够严密，引起汽缸压力不足，导致起动困难，一旦发动机温度上升，积炭胶质物软化，气门状况变好，起动性能又得到改善，图 11-22 为气门脚胶质物；机油润滑不良；涡轮增压器故障；可变进气系统故障；汽缸压力不足；点火正时安装不准确。

2. 热车起动困难

一般故障部位：燃油含水；燃油泵；冷却液温度传感器；燃油压力调节器真空管；点火线圈。

热车起动困难多与发动机及部件受高温发热影响引起性能变差有关。热车起动困难在发动机温度降低后，起动性能有所改善或恢复。热车起动困难的故障部位有如下方面。

1）点火系统

点火系统故障主要是点火线圈或点火控制模块高温发热后损坏、失效或性能变差，可通过高压火花强度可以判断点火性能及元件性质。点火系统易发热部件有：点火线圈；点火模块（放大器）；主继电器。

2）燃油系统

燃油系统引起热车难起动的主要原因是燃油泵性能或燃油气阻引起供油不畅，而发生起动困难现象，主要故障原因和部位有：燃油泵电动机因为高温发热，性能变差，运转不良，造成燃油压力下降，以致供油不畅，发生起动困难，或因燃油泵继电器发热工作不良，引起油泵工作不良；燃油在油管内流动，当外界温度升高后，部分燃油在油管内挥发，形成燃油蒸汽，挤占油管空间，形成一股股压力气体，即"气阻"，影响发动机供油，"气阻"多发生在夏季气温较高时段，对于燃油气阻现象应及时清洗燃油滤清器，保证油路畅通，这是最基本的防止办法，而一旦燃油系产生气阻时，应对燃油管路进行排气，或高速运行发动机，使油路畅通，消除"气阻"。

3）机械故障

热车起动困难的机械故障原因主要是汽缸垫有轻微冲蚀，当发动机温度上升后，汽缸垫产生泄漏；而发动机温度下降后，症状有所改善或恢复。图 11-23 为轻微冲蚀的汽缸垫。

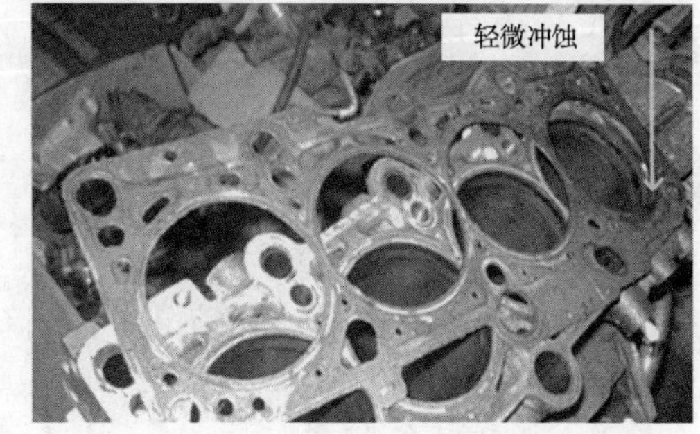

图 11-23　轻微冲蚀的汽缸垫

4）冷却液温度过高

有些车辆，当发动机温度过高后，机件发生变形，或发动机 ECU 检测到温度过高而保护性切断起动功能，也容易产生起动不着的现象。这种状况在发动机冷却后故障消失，又可正常起动，对于这类故障，不需维修，只需等待发动机温度下降，但要防止发动机温度过高损坏机件。

5）传感器故障

有些传感器，特别是曲轴位置传感器，在高温的情况下，会发生性能变差，产生故障，当温度下降后，性能又有所恢复，发动机又可以起动。对于此类传感器，最好换用新件，保证起动性能正常。

6）发动机 ECU

发动机 ECU 在工作时间过长、工作温度过高的情况下，会产生故障，引起起动困难故障现象，或发动机 ECU 内部自带散热风扇失效，引起发动机 ECU 温度偏高，ECU 保护性丧失功能，当温度下降后，功能自行恢复。

3. 间歇性起动困难

一般故障部位：燃油含水；燃油泵；冷却液温度传感器；喷油器；点火线圈；节气门体及怠速旁通气道；进气道；点火正时；火花塞；发动机机械部分。

发动机间歇性发生起动困难的原因有如下方面。

1）燃油系统间歇故障

燃油泵随机发生卡滞,燃油滤芯堵塞,都会引起供油不畅,发生间歇性起动困难。

2)发动机 ECU

发动机 ECU 偶发故障及发动机 ECU 线路、传感器信号偶发错误,引起发动机 ECU 判断错误,产生发动机间歇起动困难。

3)继电器、线路间歇故障

继电器接触不良、工作不正常,熔断器、线路连接不良,均会引起发动机间歇性起动困难。

二、故障诊断与排除

以下以丰田卡罗拉为例,介绍发动机起动困难的故障诊断步骤。

1. 准备工作

(1)防护装备:工作服、工作帽、手套、劳保鞋。

(2)车辆、台架、总成:卡罗拉整车或发动机台架。

(3)检测设备:KT600 诊断仪、万用表、测试灯泡、专用短接线、二极管试灯、燃油压力表。

(4)专用工具:燃油管拆装专用工具。

(5)手工工具:拆装工具一套。

(6)辅助材料:翼子板布和前格栅布、三件套、抹布、手套、白板笔。

2. 冷车起动困难诊断步骤

1)排除起动系统原因

起动发动机,检查起动时蓄电池电压降是否正常。如果电压降很大或起动机运转无力,充电或更换蓄电池。

2)排除控制系统原因

连接诊断仪器,读取故障码,如果有与混合气相关的故障码(如空气流量计、冷却液温度传感器等),根据故障码内容检修。

读取数据流,重点检查冷却液温度信号,如果在发动机还是冷车时,冷却液温度的数值比较高(热车),则检查冷却液温度传感器及其线路。

3)排除进气系统原因

检查进气系统是否堵塞,节气门体部位是否积炭,是则必须清除积炭。

4)排除发动机机械原因

检测汽缸压力是否偏低,如果偏低则检查气门是否积炭。

5)排除点火系统原因

测试高压火花强度,如果火花弱,检查更换火花塞或点火线圈。

6)排除燃油系统原因

(1)测试燃油压力是否偏低,并检查燃油保持压力,如果不正常则更换燃油泵及燃油滤清器。

(2)检查喷油器是否堵塞或泄漏。

7)冷车起动困难的诊断

故障诊断流程见图 11-24,诊断内容见表 11-1。

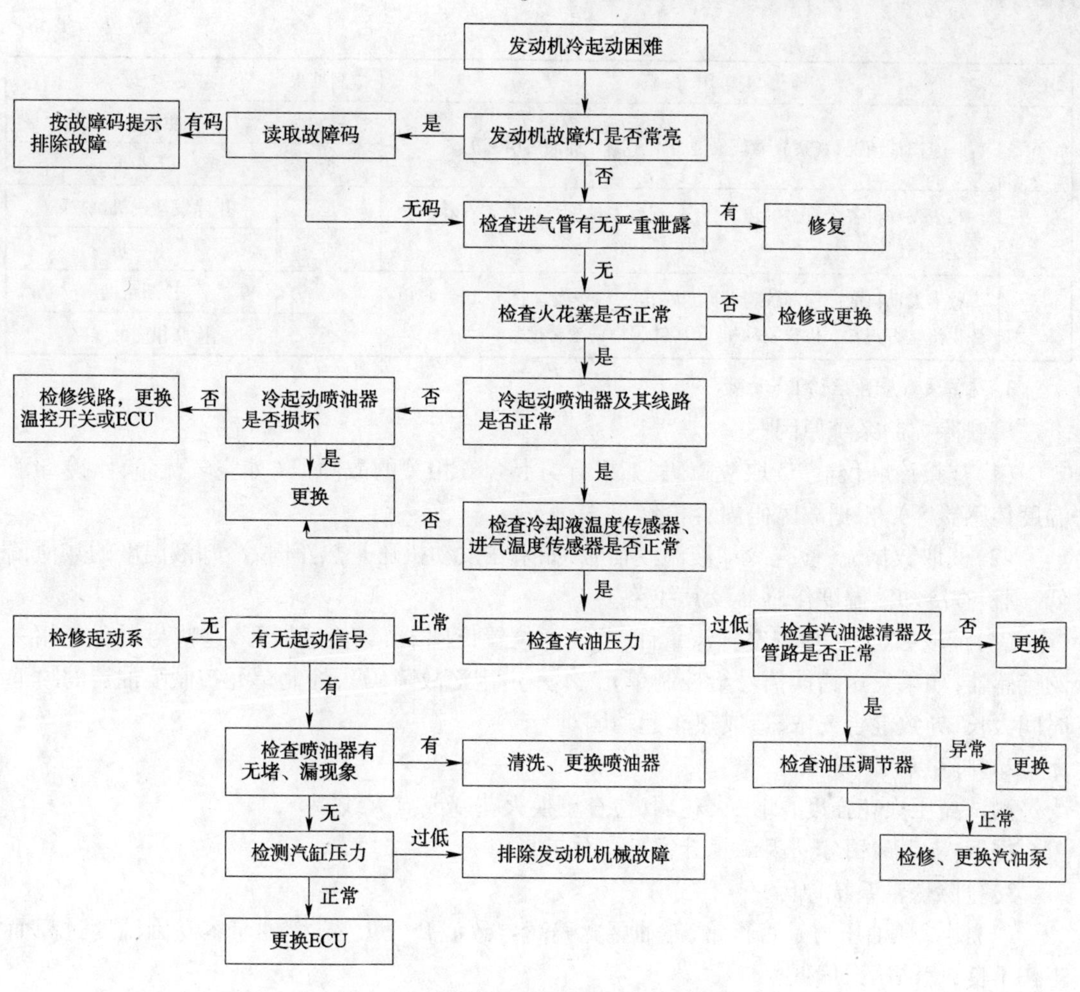

图 11-24　发动机冷起动困难的故障诊断流程

发动机冷车起动困难诊断内容

表 11-1

序号	操作步骤	检测结果	后续步骤
1	接上燃油压力表(接入点为燃油分配管总成进油管前端),起动发动机,检查燃油压力在怠速工况下是否在 260kPa 左右,拔掉燃油压力调节器上的真空管,其燃油压力是否在 300kPa 左右	是	下一步
		否	检修供油系统
2	拔出其中一缸的分缸线,接上火花塞,令火花塞电极距发动机机体 5mm 左右,起动发动机,检查是否有蓝白高压火	是	下一步
		否	检修点火系统
3	拔下冷却液温度传感器接头,起动发动机,观察此时发动机是否成功起动。或在冷却液温度传感器接头处串联一个 2500Ω 的电阻代替冷却液温度传感器,观察此时发动机是否成功起动	是	检修线路或更换传感器
		否	下一步
4	轻轻踩下加速踏板,观察是否容易起动	是	清洗节气门及怠速气道
		否	下一步
5	拆卸喷油器,用喷油器专用清洗分析仪检查喷油器是否存在泄露或堵塞现象	是	喷油器的更换
		否	下一步

续上表

序号	操作步骤	检测结果	后续步骤
6	检查燃油情况,观察故障现象是否由于刚好加油后引起的	是	更换燃油
		否	下一步
7	检查发动机各个汽缸的压力情况,观察发动机汽缸是否存在压力不足的情况	是	排除发动机机械故障
		否	下一步
8	接上发动机故障诊断仪,打开点火开关,检查发动机 ECU 针脚电源供给是否正常。检查发动机 ECU 针脚搭铁是否正常	是	诊断帮助
		否	检修相应的线路

3. 热车起动困难诊断步骤

1)排除控制系统原因

(1)连接诊断仪器,读取故障码,如果有与混合气相关的故障码(如空气流量计、冷却液温度传感器等),根据故障码内容检修。

(2)读取数据流,检查冷却液温度信号,如果在发动机还是热车时,冷却液温度的数值偏低,则检查冷却液温度传感器及其线路。

(3)读取数据流,检查空气流量计、节气门位置传感器、氧传感器等,这些与混合气相关的传感器,如果发送错误信号给控制单元(不一定记忆故障码),控制单元控制喷油器的喷油时间太长,导致混合气浓,造成热车起动困难。

2)排除点火系统原因

测试高压火花强度,如果火花弱,检查更换火花塞或点火线圈。

提示:点火线圈容易因温度升高而工作不良。

3)排除燃油系统原因

(1)测试燃油压力是否正常,燃油压力偏高导致混合气太浓;燃油泵容易因温度过高而工作不良,燃油压力偏低。

(2)检查喷油器是否堵塞或泄漏。喷油器堵塞或泄漏都会导致混合气不良。

4)排除其他容易因为温度高而工作不良的元件

“线圈类”的元件,如曲轴位置传感器、点火线圈、燃油泵等,不论是传感器还是执行器,在温度过高时工作不良。控制单元也可能因温度过高而发生故障。

提示:在必要时,可以采用“电吹风”加热可疑的元件,如果故障更快发生,则判断该元件不良。

5)热车起动困难的诊断

故障诊断流程见图 11-25,诊断内容见表 11-2。

发动机热车起动困难诊断内容 表 11-2

序号	操作步骤	检测结果	后续步骤
1	接上燃油压力表(接入点为燃油分配管总成进油管前端),起动发动机,检查燃油压力在怠速工况下是否在 260kPa 左右,拔掉燃油压力调节器上的真空管,其燃油压力是否在 300kPa 左右	是	下一步
		否	检修供油系统

续上表

序号	操作步骤	检测结果	后续步骤
2	拔出其中一缸的分缸线，接上火花塞，令火花塞电极距发动机机体5mm左右，起动发动机，检查是否有蓝白高压火	是	下一步
		否	检修点火系统
3	拔下冷却液温度传感器接头，起动发动机，观察此时发动机是否成功起动。或在冷却液温度传感器接头处串联一个300Ω的电阻代替冷却液温度传感器，观察此时发动机是否成功起动	是	检修线路或更换传感器
		否	下一步
4	检查燃油压力调节器真空管是否存在松脱或漏气现象	是	检修或更换
		否	下一步
5	检查燃油情况，观察故障现象是否由于刚好加油后引起的	是	更换燃油
		否	下一步
6	接上电喷系统转接器，打开点火开关，检查发动机ECU针脚电源供给是否正常，检查发动机ECU针脚搭铁是否正常	是	诊断帮助
		否	检修相应的线路

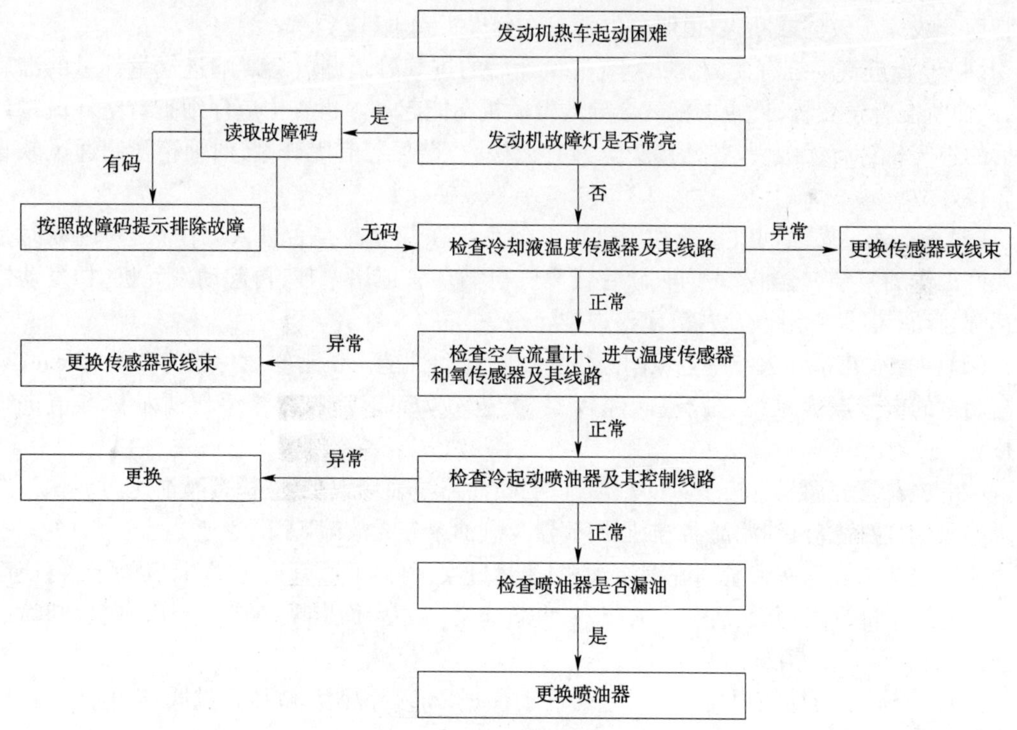

图11-25　发动机热起动困难的故障诊断流程

4. 间歇性或任何时候都起动困难诊断步骤

对于间歇起动困难，首先检查燃油品质，如果正常，应等到故障发生时，参照冷车和热车程序进行故障诊断。

(1)先进行故障自诊断，检查有无故障代码。如有故障代码，则可按显示的故障代码查找相应的故障原因。

注意：所显示出的故障代码不一定都与发动机不能起动有关。有些故障代码是发动机在运行过程中留下的偶发性故障，有些故障代码所表示的故障对发动机的起动性能没有影响。影响起动性能的元件有：曲轴位置传感器、凸轮轴位置传感器、冷却液温度传感器、空气流量计等。

虽然发动机起动阶段的喷油量不由空气流量信号决定，但起动后的基本喷油量立即转为由空气流量信号和发动机转速信号来控制。如果空气流量计信号或进气歧管绝对压力传感器信号出现错误时，可能引起发动机在起动后的瞬间不能平稳运转，而导致起动失败，其症状好似有起动征兆而不能起动。但当发动机 ECU 判断空气流量计或进气歧管绝对压力传感器失效而记忆故障码时，一般均会起用故障失效保护功能或起用备用系统，这时发动机一般都可以起动。

(2)检查空气滤清器。如果滤芯堵塞，可拆掉滤芯后再起动发动机。如能正常起动，则应更换滤芯。

(3)检查高压火花。除了检查分电器高压总线上的高压火花是否正常外，还要进一步检查各缸高压分线上的高压火花是否正常。若总线火花太弱，应更换点火线圈等；若总线火花正常而分线火花较弱或断火，说明分电器盖或分火头漏电，应更换。

(4)检查进气系统有无漏气。空气流量计后的进气管道漏气会影响进气量计量的准确性，从而使混合气变稀，严重的漏气会导致发动机不能起动。检查中应仔细查看空气流量计之后的进气软管有无破裂，各处接头卡箍有无松脱，谐振腔有无破裂，曲轴箱强制通风软管是否接好。

(5)检查燃油蒸发回收系统和废气再循环系统在起动时是否进入工作状态(起动时是不允许工作的)。将燃油蒸发回收软管或废气再循环管道堵塞住，再起动发动机，如发动机能正常起动，说明该系统有故障，应检查排除。

(6)检查火花塞。火花塞电极间隙也会影响起动性能。正常间隙一般为 0.8 ~ 1mm，有些高能量的电子点火系统火花塞间隙较大，可达 1.2mm。应按维修手册所示标准值进行调整。

如果火花塞表面只有极少量的汽油，说明喷油器喷油量太少，应检查燃油压力。如果燃油压力太低，应检查汽油滤清器、油压调节器及汽油泵有无故障。

如果火花塞表面有大量潮湿汽油，说明油量过大，可拆下所有火花塞，将其烤干，再让汽缸中的汽油全部挥发掉，然后装上火花塞，重新起动。如果仍出现“呛油”现象，应拆卸喷油器，检查喷油器有无漏油。

(7)检查汽缸压缩压力是否正常。若低于 0.8MPa，则说明汽缸压力过低，应确认汽缸漏气部位。

(8)用正时仪检查点火正时，若不正确，应调整准确。

(9)检查冷起动喷油器有无工作。拔下冷起动喷油器线束插头，用试灯或电压表测量。在起动时，线束插头内应有电压。如无电压，应检查冷起动喷油器控制电路。

(10)检查三元催化转换器是否堵塞。拆下氧传感器，或拆下某一缸或两个缸火花塞，也可直接拆下排气管，如发动机能够起动，说明排气管堵塞。应清理或更换排气管。

发动机间歇性不能起动的故障诊断与排除程序见图 11-26，诊断内容见表 11-3。

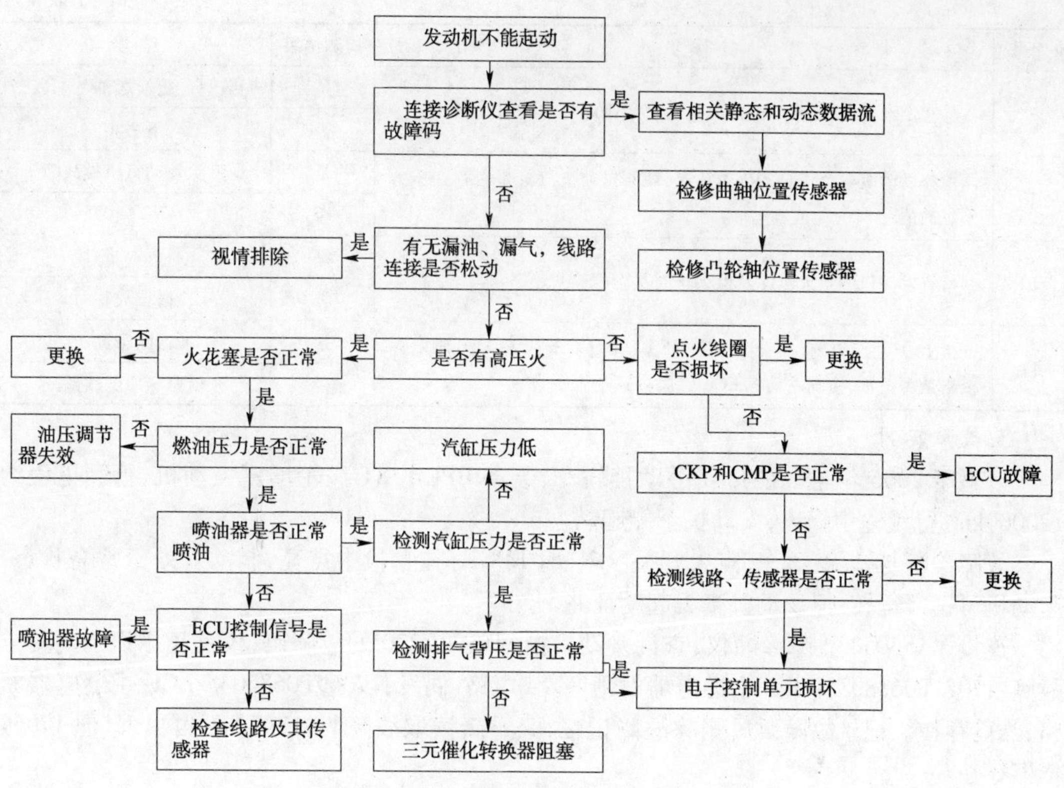

图 11-26　发动机起动困难的故障诊断的整体流程

发动机间歇性起动困难诊断内容　　表 11-3

序号	操作步骤	检测结果	后续步骤
1	检查空气滤清器是否堵塞，进气道是否存漏气	是	检修进气系统
		否	下一步
2	接上燃油压力表（接入点为燃油分配管总成进油管前端），起动发动机，检查燃油压力在怠速工况下是否在 260kPa 左右，拔掉燃油压力调节器上的真空管，其燃油压力是否在 300kPa 左右	是	下一步
		否	检修供油系统
3	拔出其中一缸的分缸线，接上火花塞，令火花塞电极距发动机机体 5mm 左右，起动发动机，检查是否有蓝白高压火	是	下一步
		否	检修点火系统
4	检查各个汽缸的火花塞，观察其型号及间隙是否符合规范	是	下一步
		否	调整或更换
5	拔下冷却液温度传感器接头，起动发动机，观察此时发动机是否成功起动	是	检修线路或更换传感器
		否	下一步
6	轻轻踩下加速踏板，观察是否容易起动	是	清洗节气门及怠速旁通气道
		否	下一步
7	拆卸喷油器，用喷油器专用清洗分析仪检查喷油器是否存在泄漏或堵塞现象	是	喷油器的更换
		否	下一步

续上表

序号	操作步骤	检测结果	后续步骤
8	检查燃油情况,观察故障现象是否由于刚好加油后引起的	是	更换燃油
		否	下一步
9	检查发动机各个汽缸的压力情况,观察发动机汽缸是否存在压力不足的情况	是	排除发动机机械故障
		否	下一步
10	检查发动机的点火顺序及点火正时是否符合规范	是	下一步
		否	检修点火正时
11	接上电喷系统转接器,打开点火开关,检查发动机 ECU 针脚电源供给是否正常,检查发动机 ECU 针脚搭铁是否正常	是	诊断帮助
		否	检修相应的线路

5. 故障实例

一辆于 2006 年生产的途安手动挡轿车,装备 BPL 1.8T 涡轮增压发动机,行驶里程约 120000km,行驶途中熄火,发动机不能起动。

故障诊断与排除:试车,点火开关“ON”时 EPC 灯在自检中点亮,制动灯处于常亮状态;起动机可正常运转,但发动机毫无起动征兆。

连接 VAS5052 故障诊断仪,查询发动机控制单元 J220 的故障码,仪器显示识别到两个故障:17072P0688035-ECU 主继电器对地断路/短路,偶发;17069P0685035-ECU 主继电器断路,当前存在。记录故障码后删除故障记忆,又重新读取故障码,17072 不再出现,但 17069 依旧存在。

根据故障码的提示,查阅 2006 年 5 月前生产的途安轿车 BPL 发动机电路图,得知 ECU 主继电器 J317(即总线端 30 继电器)位于发动机舱左侧电控箱内。J317 下游的用电器有:4 个独立点火线圈 N70、N127、N291、N292,Motronic 控制单元 J220,制动踏板开关 F47,离合器踏板位置传感器 G496,冷却液循环泵 V51,二次空气泵继电器 J299,前后氧传感器 G39 和 G130 的加热电阻。脱开 1 缸点火线圈 N70 的 T4 插接器,用试灯测试点火线圈 T4/1 端子的供电状况,试灯不亮,说明低压点火电路断开。用试灯触试继电器下游 4 个点火线圈所属分路熔丝 SB6(20A)的供电输入,试灯点亮表明 458 号继电器状态正常,但 SB6 下游无电表明熔丝已熔断。换上新的 20A 熔丝,插回 1 缸点火线圈插接器,没过几秒钟只听得“啪”的一声 SB6 再次熔断,表明线路有短路之处。

检查气门室盖点火线圈线束,完好;将自制的短路检测器插在 SB6 插孔中,点火开关“ON”时短路检测器上的试灯点亮。用依次隔离各缸点火线圈插接器的方法验证短路点,当断开 1 缸点火线圈 N70 时,短路检测器上的试灯熄灭,表明短路发生在 N70 的内部。更换点火线圈,发动机顺利起动,且 SB6 不再熔断。

该车制动灯常亮,于是读取 J220 数据块 066 组 2 区的测量值,在未踩制动踏板时为 10000010。八位二进制数码 0bit 表示制动灯开关 F 的信号,1 bit 表示制动踏板开关 F47 的信号。正常状态未踩制动踏板时该测量值应为 10000000,踩下踏板时为 10000011,检测结果表明 F47 或熔丝 SB7(5A)存在故障。随后又在车载网络控制单元 J519 的内存中读出了制动开关信号不可靠的故障码,检查 SB7 并没有熔断,于是更换制动灯开关,排除制动灯常亮故障。

三、任务实施过程工单

<table>
<tr><td>学习任务</td><td colspan="7">起动机运转正常,但发动机起动困难的故障诊断</td></tr>
<tr><td>任务描述</td><td colspan="7">以汽车发动机起动困难的故障诊断为任务,采用行动导向教学法,引导学生按照汽车维修工作过程(信息、计划、决策、实施、检查、评估)检测并排除故障,在此过程中学习相关理论知识</td></tr>
<tr><td rowspan="4">1. 信息</td><td rowspan="2">车辆信息</td><td>车型</td><td></td><td>出厂时间</td><td></td><td>发动机型号</td><td></td></tr>
<tr><td>车辆识别码</td><td></td><td>已行驶里程</td><td></td><td></td><td></td></tr>
<tr><td>故障描述</td><td colspan="6"></td></tr>
<tr><td>相关问题</td><td colspan="6">①发动机起动困难通常包括哪几种情况?
②起动困难的原因主要有哪三个方面</td></tr>
<tr><td>2. 计划</td><td colspan="7">提出诊断排除故障的方案</td></tr>
<tr><td rowspan="4">3. 决策</td><td colspan="2">人员分配</td><td colspan="5"></td></tr>
<tr><td colspan="2">时间安排</td><td colspan="5"></td></tr>
<tr><td colspan="2">工作步骤</td><td colspan="5"></td></tr>
<tr><td colspan="2">设备和工具</td><td colspan="5"></td></tr>
<tr><td rowspan="14">4. 实施</td><td colspan="2">检 查 内 容</td><td colspan="2">性 能 要 求</td><td colspan="2">检 查 结 果</td><td>修 复 方 法</td></tr>
<tr><td colspan="2">火花塞</td><td colspan="2"></td><td colspan="2"></td><td></td></tr>
<tr><td colspan="2">高压线</td><td colspan="2"></td><td colspan="2"></td><td></td></tr>
<tr><td colspan="2">点火线圈</td><td colspan="2"></td><td colspan="2"></td><td></td></tr>
<tr><td colspan="2">进气系统</td><td colspan="2"></td><td colspan="2"></td><td></td></tr>
<tr><td colspan="2">喷油器</td><td colspan="2"></td><td colspan="2"></td><td></td></tr>
<tr><td colspan="2">可燃混合气浓度</td><td colspan="2"></td><td colspan="2"></td><td></td></tr>
<tr><td colspan="2">汽缸工作情况</td><td colspan="2"></td><td colspan="2"></td><td></td></tr>
<tr><td colspan="2">EGR 系统</td><td colspan="2"></td><td colspan="2"></td><td></td></tr>
<tr><td colspan="2">EVAP 系统</td><td colspan="2"></td><td colspan="2"></td><td></td></tr>
<tr><td colspan="7">典型故障诊断</td></tr>
<tr><td colspan="2">故 障 现 象</td><td colspan="3">诊断思路步骤</td><td colspan="2">故 障 点</td></tr>
<tr><td colspan="2"></td><td colspan="3"></td><td colspan="2"></td></tr>
<tr><td colspan="7"></td></tr>
<tr><td>5. 检查</td><td colspan="7">检查汽车检测与诊断的步骤和思路,检测汽车修复质量及汽车起动性能</td></tr>
</table>

续上表

<table>
<tr><td rowspan="10">6. 评估</td><td colspan="2">评 估 项 目</td><td>自我评估</td><td>组长评估</td><td>教师评估</td><td>备　注</td></tr>
<tr><td rowspan="2">素质考评 10 分</td><td>劳动纪律 5 分</td><td></td><td></td><td></td><td></td></tr>
<tr><td>环保意识 5 分</td><td></td><td></td><td></td><td></td></tr>
<tr><td colspan="2">工单考评 20 分</td><td></td><td></td><td></td><td></td></tr>
<tr><td colspan="2">检测与诊断思路 30 分</td><td></td><td></td><td></td><td></td></tr>
<tr><td rowspan="4">实操考评 40 分</td><td>工具使用 5 分</td><td></td><td></td><td></td><td></td></tr>
<tr><td>任务方案 10 分</td><td></td><td></td><td></td><td></td></tr>
<tr><td>实施过程 20 分</td><td></td><td></td><td></td><td></td></tr>
<tr><td>完成情况 5 分</td><td></td><td></td><td></td><td></td></tr>
<tr><td colspan="2">综合评价 100 分</td><td colspan="4"></td></tr>
</table>

学习任务4　离合器故障而导致汽车无法行驶的故障检测与诊断

一、汽车离合器故障现象及原因

离合器典型的故障现象有离合器打滑和离合器分离不彻底等,离合器打滑会使得发动机动力传输不良,当剧烈打滑时汽车将无法行驶。

离合器分离不彻底时,将离合器踩到底仍会感动挂挡困难,或者勉强挂上挡,但离合器稍微放松汽车就会前移或者熄火。离合器分离不彻底时还会导致汽车无法挂挡、无法换挡,甚至汽车无法起动。

这两种故障现象是导致汽车无法行驶或行驶异常的主要原因。

1. 离合器打滑

1)离合器打滑造成的故障现象

(1)汽车用低挡起步时,放松离合器踏板时,不能起步或起步困难。

(2)汽车加速行驶时,车速不能随发动机转速升高而提高,行驶无力,产生焦煳味或冒烟等现象。

2)离合器打滑的原因

(1)离合器踏板没有自由行程,使分离轴承压在分离杠杆上。

(2)从动盘摩擦片、压盘或飞轮工作面严重磨损。

(3)离合器盖与飞轮连接松动,使压紧力减弱。

(4)从动盘摩擦片油污、烧灼、表面硬化、铆钉外露,表面不平,摩擦力系数下降。

(5)压力弹簧疲软或折断,膜片弹簧疲劳或开裂,使压紧力下降。

(6)离合器操纵杆卡滞,分离轴承套筒与导管间油污、尘腻等,使分离轴承不能复位。

(7)分离杠杆弯曲变形,出现运动干涉,不能复位。

离合器打滑的故障诊断流程见图 11-27。

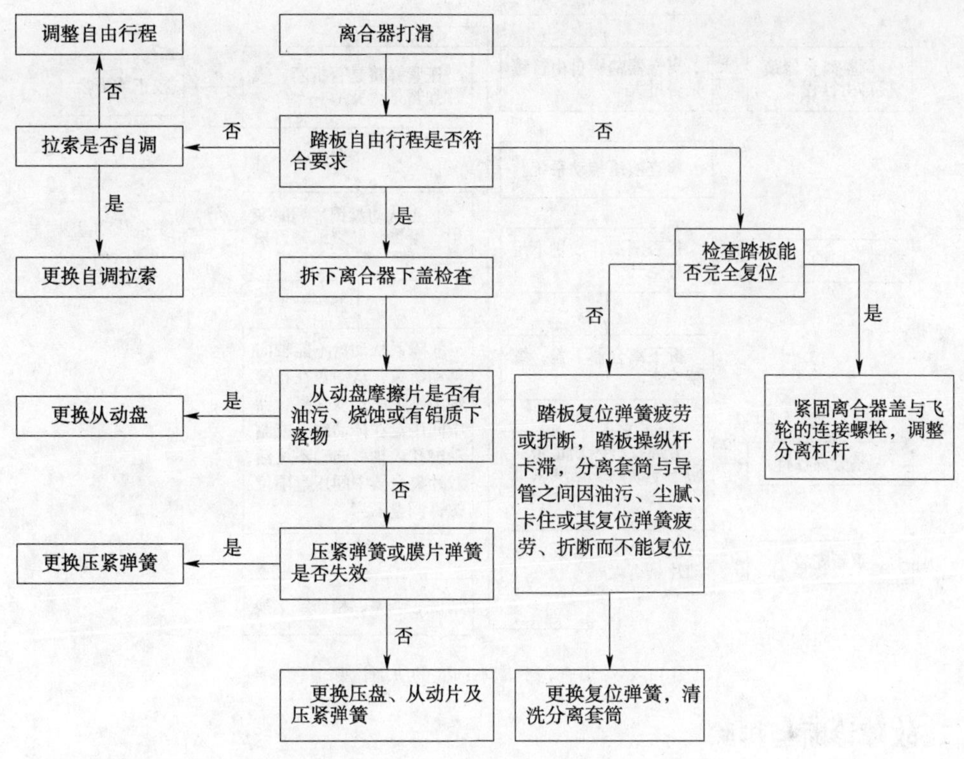

图 11-27　离合器打滑的故障诊断流程

2. 离合器分离不彻底

1)离合器分离不彻底造成的故障现象

(1)离合器踏板踩到底时,离合器处于半接合状态,其从动盘没有完全与主动盘分离,换挡困难。

(2)挂低速挡时,离合器踏板尚未完全放松,汽车就有起步发抖或发动机熄火的现象。

2)离合器分离不彻底的原因

(1)离合器踏板行程过小,使离合器分离不彻底。

(2)离合器液压管路进入空气。

(3)主缸或分离缸漏油、变形和发卡。

(4)从动盘翘曲、铆钉松脱,摩擦衬片松动。

(5)压盘受热变形翘曲。

(6)摩擦片弹簧弹力减弱或分离指端磨损过度。

(7)摩擦片弹簧分离指端不平齐。

(8)离合器操纵机构中拉索端头紧固螺栓松动或紧固螺栓失效。

(9)离合器操纵机构拉索发卡,离合器踏板踩不到底。

(10)其他相关的原因。

离合器分离不彻底的故障诊断流程见图 11-28。

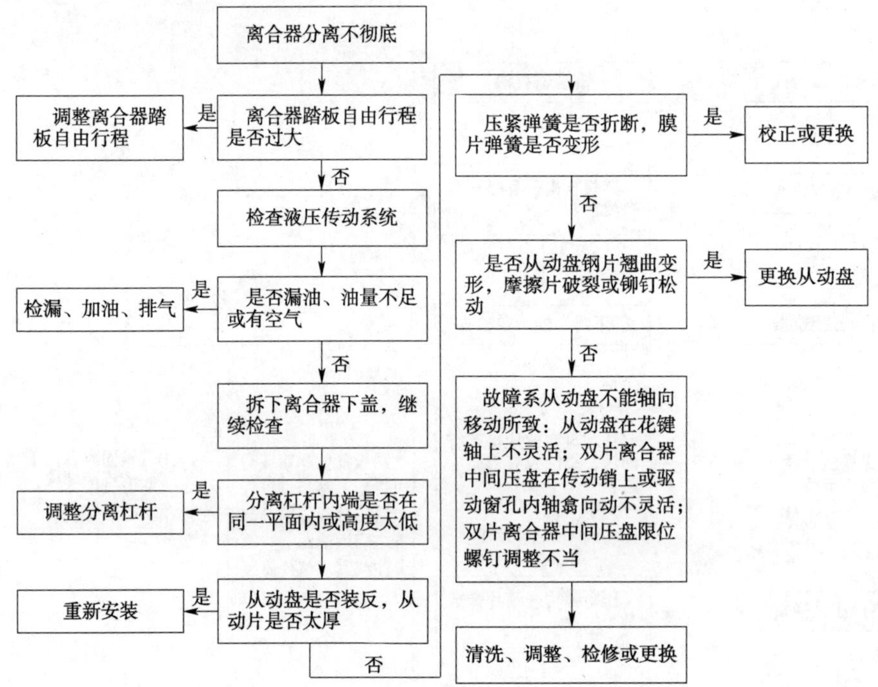

图 11-28　离合器分离不彻底的故障诊断流程

二、故障诊断与排除

1. 离合器典型的故障诊断

对于离合器打滑或分离不彻底的故障，都应该对离合器进行就车检查和离合器总成检查。

1)准备工作

(1)防护装备:工作服、工作帽、手套、劳保鞋。

(2)车辆、台架、总成:卡罗拉整车、离合器总成。

(3)专用工具:离合器总成安装工具(09301-0020)、膜片弹簧顶端检查工具(09333-00013)、检查离合器管路工具(09992-00242)。

(4)测量工具:直尺、游标卡尺、带滚子的百分表、刀口尺。

(5)手工工具:拆装工具一套。

(6)辅助材料:翼子板布和前格栅布、三件套、离合器分离缸总成安装螺栓、离合器花键润滑脂、制动液回收瓶、抹布、手套、白板笔。

2)就车检查步骤

离合器系统故障诊断流程见图 11-29。

(1)检查离合器踏板是否发卡。

检查有无异物导致离合器踏板发卡或不能踩到底，见图 11-30。

(2)检查离合器踏板高度。

测量并调节离合器踏板高度，见图 11-31。离合器踏板高度应为 143.6 ~ 153.6mm。

注意:钢尺测量时不能保证与离合器踏板高度垂直，将会导致测量数据错误。

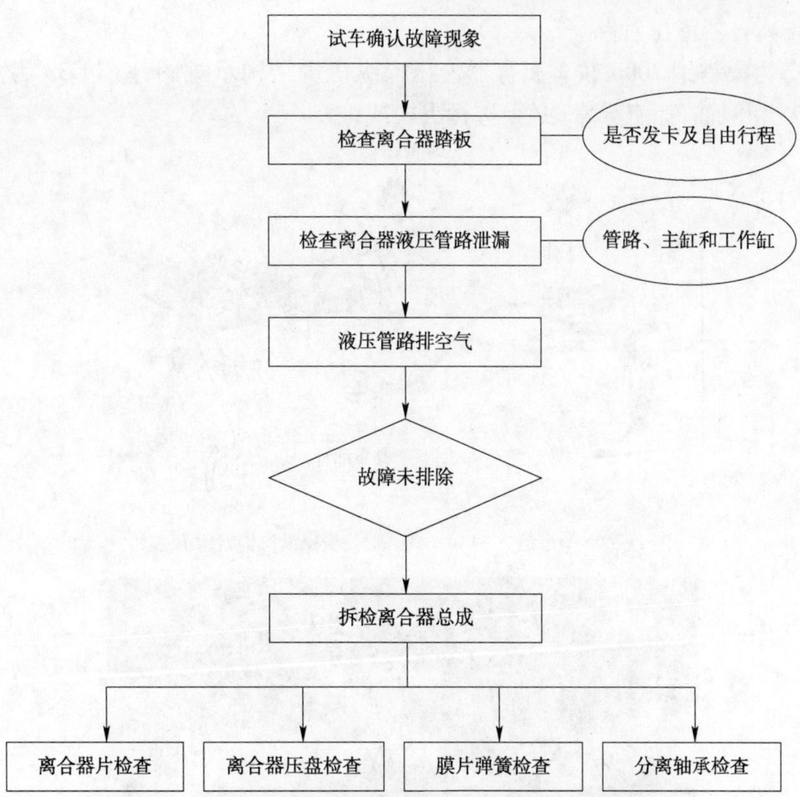

图 11-29　离合器检查流程图

图 11-30　检查离合器踏板附近有无障碍物

图 11-31　离合器踏板高度的检查

(3)检查离合器液压管路。

图11-32为桑塔纳2000轿车离合器液压操纵机构结构示意图,图11-33为离合器液压管路有无裂纹和漏油,如有异常,必须进行更换或维修。

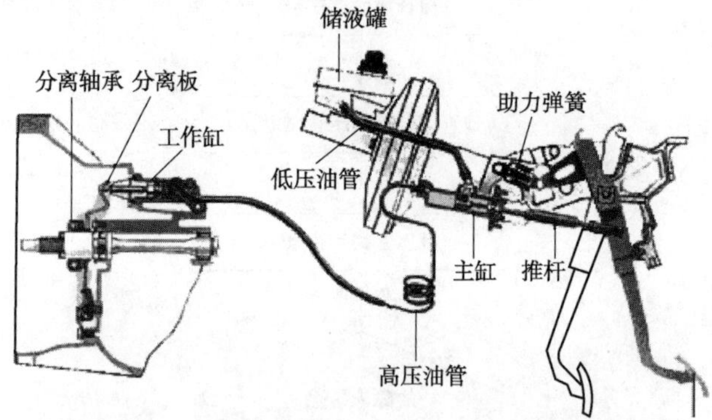

图11-32 桑塔纳2000轿车离合器液压操纵机构结构示意图

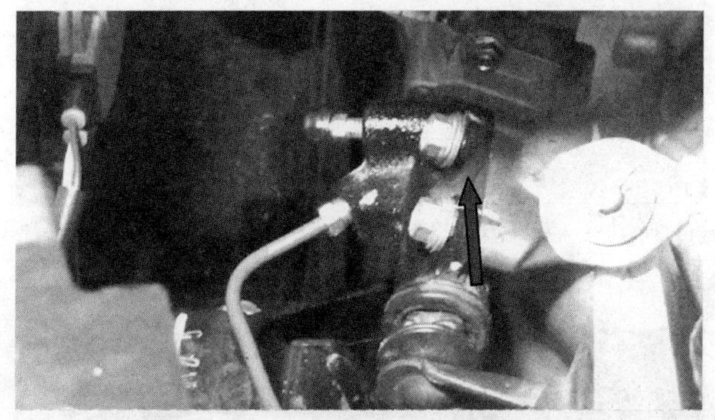

图11-33 离合器液压管路检查

(4)检查离合器主缸和工作缸。

检查离合器主缸有无漏油、变形、发卡现象,见图11-34。检查离合器工作缸有无漏油、变形、发卡现象。

图11-34 离合器工作缸检查

(5)离合器液压管路排气。

完全排出液压管路中的气体,见图11-35。

图 11-35　离合器管路排气

2. 离合器总成检查步骤

拆卸离合器总成(参照离合器检修或维修手册的拆卸步骤,如已经拆卸则省略本步骤),并做如下检查。

1)检查离合器片外观

检查离合器片有无脏污、烧蚀、油污、破裂等现象,见图 11-36。

2)测量离合器片

测量离合器片铆钉深度,见图 11-37。铆钉深度应不小于 0.3mm,小于规定值更换离合器片。

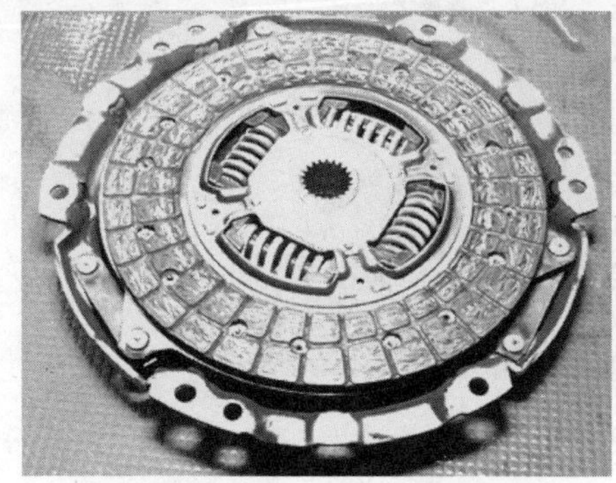

图 11-36　离合器的外观检查

图 11-37　离合器片的测量

3)测量离合器压盘

使用百分表测量离合器压盘轴向跳动,或用刀口尺测量平面度,见图 11-38。最大轴向跳动 0.8mm,大于规定值更换离合器压盘总成。

图 11-38　离合器压盘的测量

4)测量离合器膜片弹簧

采用游标卡尺测量离合器膜片弹簧的磨损深度和宽度,见图11-39。最大深度为0.5mm,超出规定值更换离合器盖总成;最大宽度为6.0mm,超出规定值更换离合器盖总成。

图11-39　测量离合器膜片弹簧的磨损深度和宽度

5)测量飞轮的轴向跳动

采用百分表测量飞轮的轴向跳动,见图11-40。最大轴向跳动应为0.6mm,超出规定值更换飞轮总成。

图11-40　测量飞轮的轴向跳动

6)检查离合器分离轴承

(1)目视检查离合器分离轴承是否损坏和磨损;

(2)在轴向施力时,旋转离合器分离轴承总成的滑动部件,检查并确认离合器分离轴承总成移动平稳且无异常阻力,见图11-41。

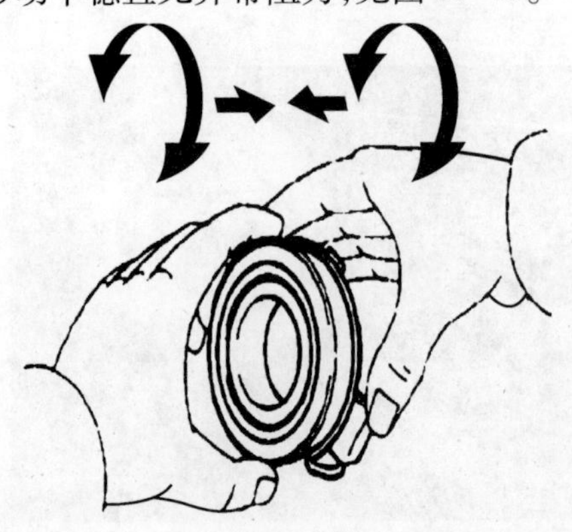
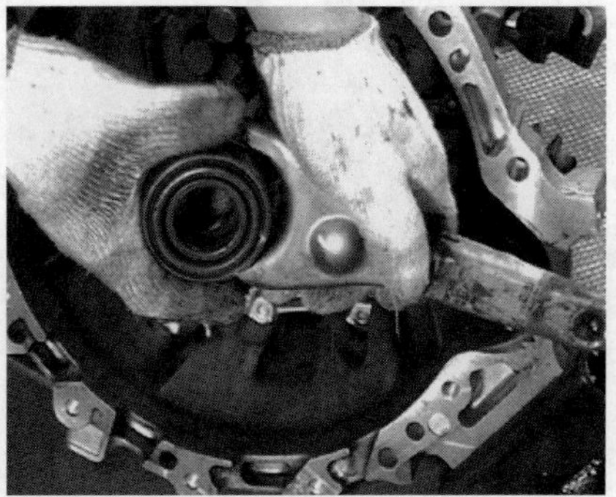

图11-41　检查离合器分离轴承

三、任务实施过程工单

<table>
<tr><td>学习任务</td><td colspan="6">离合器故障导致汽车无法行驶的诊断</td></tr>
<tr><td>任务描述</td><td colspan="6">以离合器打滑和分离不彻底故障诊断为任务，采用行动导向教学法，引导学生按照汽车维修工作过程（信息、计划、决策、实施、检查、评估）检测并排除故障，在此过程中学习相关理论知识</td></tr>
<tr><td rowspan="4">1. 信息</td><td rowspan="2">车辆信息</td><td>车型</td><td></td><td>出厂时间</td><td></td><td>发动机型号</td></tr>
<tr><td>车辆识别码</td><td></td><td>已行驶里程</td><td></td><td></td></tr>
<tr><td>故障描述</td><td colspan="5"></td></tr>
<tr><td>相关问题</td><td colspan="5">①离合器打滑的原因有哪些？
②离合器分离不彻底的原因有哪些，会对汽车有哪些影响</td></tr>
<tr><td>2. 计划</td><td colspan="6">提出诊断排除故障的方案</td></tr>
<tr><td rowspan="4">3. 决策</td><td colspan="2">人员分配</td><td colspan="4"></td></tr>
<tr><td colspan="2">时间安排</td><td colspan="4"></td></tr>
<tr><td colspan="2">工作步骤</td><td colspan="4"></td></tr>
<tr><td colspan="2">设备和工具</td><td colspan="4"></td></tr>
<tr><td rowspan="12">4. 实施</td><td colspan="2">检查内容</td><td colspan="2">检查结果</td><td colspan="2">修复方法</td></tr>
<tr><td colspan="2">离合器踏板是否发卡</td><td colspan="2"></td><td colspan="2"></td></tr>
<tr><td colspan="2">离合器踏板高度</td><td colspan="2"></td><td colspan="2"></td></tr>
<tr><td colspan="2">离合器液压管路</td><td colspan="2"></td><td colspan="2"></td></tr>
<tr><td colspan="2">离合器主缸和工作缸</td><td colspan="2"></td><td colspan="2"></td></tr>
<tr><td colspan="2">离合器液压管路排气</td><td colspan="2"></td><td colspan="2"></td></tr>
<tr><td colspan="2">离合器分离轴承</td><td colspan="2"></td><td colspan="2"></td></tr>
<tr><td colspan="2">离合器总成检查</td><td colspan="2"></td><td colspan="2"></td></tr>
<tr><td colspan="6">典型故障诊断</td></tr>
<tr><td colspan="2">故障现象</td><td colspan="2">诊断思路步骤</td><td colspan="2">故障点</td></tr>
<tr><td colspan="2"></td><td colspan="2"></td><td colspan="2"></td></tr>
<tr><td colspan="2"></td><td colspan="2"></td><td colspan="2"></td></tr>
<tr><td>5. 检查</td><td colspan="6">检查汽车检测与诊断的步骤和思路，检测汽车修复质量及汽车性能</td></tr>
<tr><td rowspan="11">6. 评估</td><td colspan="2">评估项目</td><td>自我评估</td><td>组长评估</td><td>教师评估</td><td>备　注</td></tr>
<tr><td rowspan="2">素质考评10分</td><td>劳动纪律5分</td><td></td><td></td><td></td><td></td></tr>
<tr><td>环保意识5分</td><td></td><td></td><td></td><td></td></tr>
<tr><td colspan="2">工单考评20分</td><td></td><td></td><td></td><td></td></tr>
<tr><td colspan="2">检测与诊断思路30分</td><td></td><td></td><td></td><td></td></tr>
<tr><td rowspan="4">实操考评40分</td><td>工具使用5分</td><td></td><td></td><td></td><td></td></tr>
<tr><td>任务方案10分</td><td></td><td></td><td></td><td></td></tr>
<tr><td>实施过程20分</td><td></td><td></td><td></td><td></td></tr>
<tr><td>完成情况5分</td><td></td><td></td><td></td><td></td></tr>
<tr><td colspan="2">综合评价100分</td><td colspan="4"></td></tr>
</table>

学习任务5 手动变速器故障而导致汽车无法行驶的故障检测与诊断

一、故障现象及原因

手动变速器若无法挂挡,可能是一个挡位,也可能是全部挡位出现无法挂挡故障。当变速器无法挂挡时,汽车将无法正常行驶,特别是无法挂1挡时汽车将难于起步。

1. 手动变速器无法挂挡造成的故障现象

(1)变速器不能顺利挂入任何挡位。

(2)手动变速器不能挂入某个挡位,其他挡位正常。

2. 手动变速器无法挂挡的原因

所有档位都无法挂挡:离合器不分离或分离不彻底;变速杆变形或挡位操纵机构调整不当;拨叉弯曲变形;同步器滑块卡滞或磨损;自锁或互锁装置卡滞。

变速杆不能挂入一个挡位,而其他挡位能挂入:同步器不良;齿轮端面毛糙;挡位杆松旷;齿轮与轴配合不良。

二、故障诊断与排除

1. 手动变速器无法挂挡故障诊断流程

手动变速器无法挂挡故障诊断流程见图11-42。

2. 手动变速器无法挂挡故障诊断操作

1)准备工作

(1)防护装备:工作服、工作帽、手套、劳保鞋。

(2)车辆、台架、总成:卡罗拉整车、变速器总成。

(3)车间设备:举升机。

(4)专用工具:带滚子的百分表。

(5)测量工具:间隙规、游标卡尺。

(6)手工工具:拆装工具一套。

(7)辅助材料:翼子板布和前格栅布、三件套、变速器油、抹布、手套、白板笔。

2)就车检查步骤

(1)检查离合器的分离情况。

举升车辆离地10cm左右。起动发动机,怠速运转。踩下离合器挂入一挡,观察车轮是否转动,如车轮转动则拆卸离合器并检查离合器总成。

(2)检查变速器油。

检查变速器是否漏油,如有则找到漏油原因;检查变速器油质,油质不好则更换变速器油;检查变速器油位,不够应加到规定范围,见图1-43。

(3)检查变速器控制拉索。

举升车辆检查变速器拉索是否松动或过度磨损。打开变速器控制拉索调节盒,检查变速器控制拉索的位置，如不对应进行调整，见图1-44。

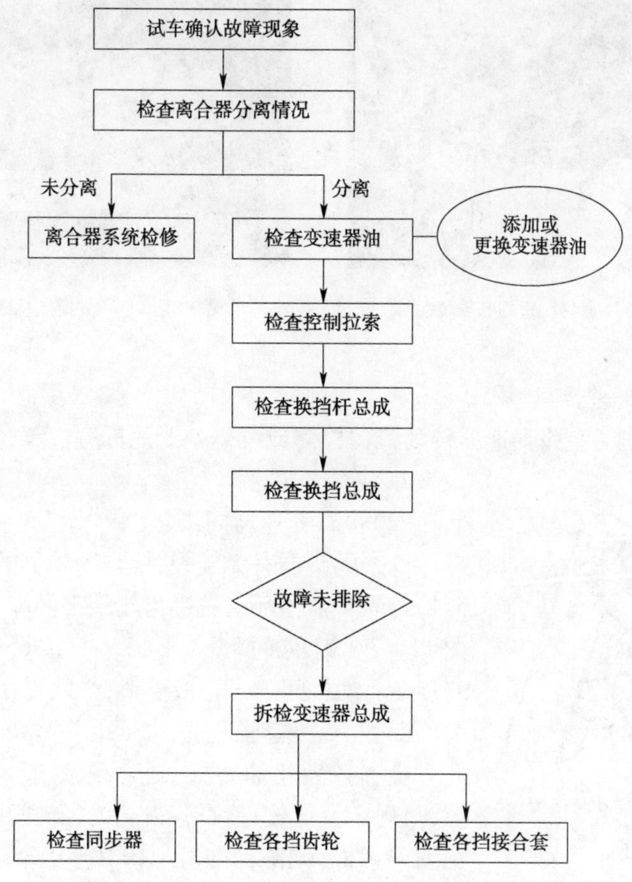

图11-42　手动变速器无法挂挡故障诊断流程

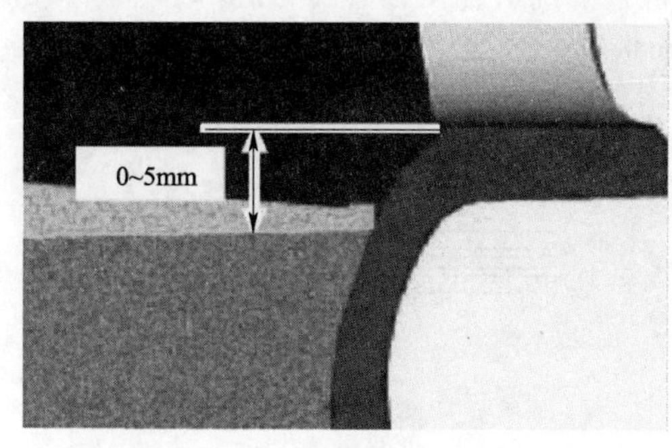

图11-43　变速器油油质、油位的检查

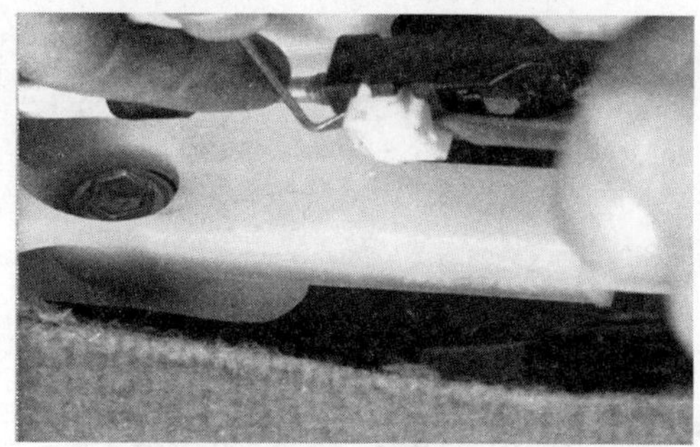

图11-44　打开变速器控制拉索调节盒

(4)检查换挡杆总成。

拆卸变速器换挡总成并检查换挡总成的磨损情况；检查换挡总成的控制拉索端子磨损情况，见图1-45。

(5)检查变速器换挡锁止装置。

检查换挡总成的自锁、互锁情况；检查换挡总成磨损情况，见图11-46。

图 11-45　检查变速器拉索的磨损情况

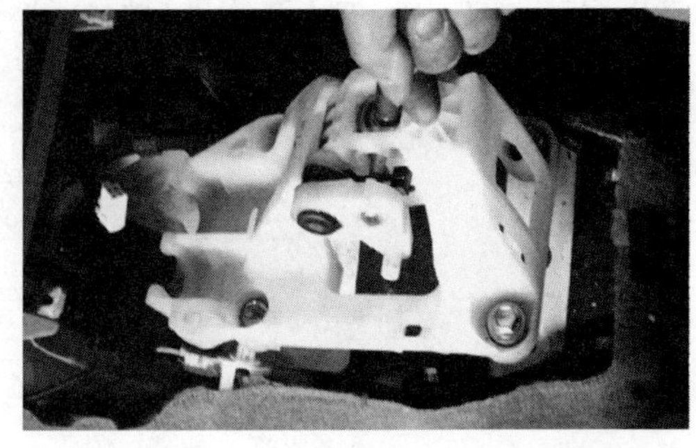

图 11-46　换挡总成的检查

3)分解检查步骤

(1)拆解手动变速器。

拆解变速器总成(参照变速器传动机构检修或维修手册的拆解步骤,如已经拆解则省略本步骤)。

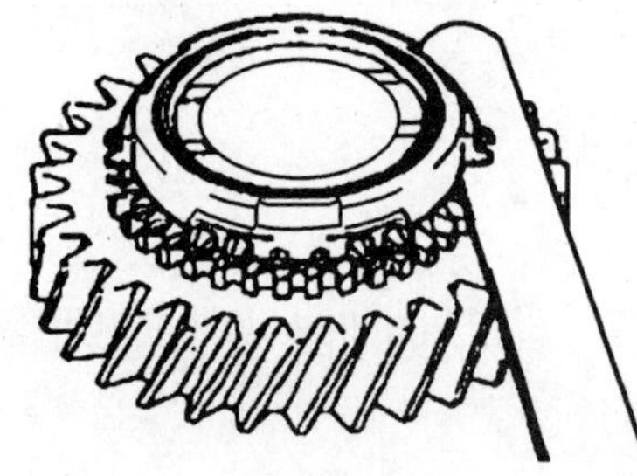

图 11-47　测量同步器锁环与花键齿轮端部间隙

(2)检查变速器同步器。

检查同步器有无破裂;检查同步器的转动情况;用间规测量各同步器锁环与花键齿轮端部间隙,与规定值比较,见图 11-47。标准间隙为 0.75 ~ 1.65mm,最小间隙为 0.75mm,如果间隙小于最小值,必须更换同步器锁环。

(3)检查变速器齿轮。

检查各齿轮的磨损、缺齿现象;检查各齿轮的轴向间隙,与规定值比较;检查各齿轮的径向间隙,与规定值比较,见图 11-48。间隙标准值为 0.10 ~ 0.35mm(3 挡为例)。

(4)检查接合套。

检查各接合套和对应离合器毂的滑动情况;检查并确认各接合套的花键端部未磨损;用游标卡尺测量各接合套凹槽的宽度和对应拨叉卡爪部分的厚度,并计算间隙与标准进行比较,见图 11-49。标准间隙($B-A$)为 0.15 ~ 0.35mm,如果间隙超出规定范围,必须更换接合套和换挡拨叉。

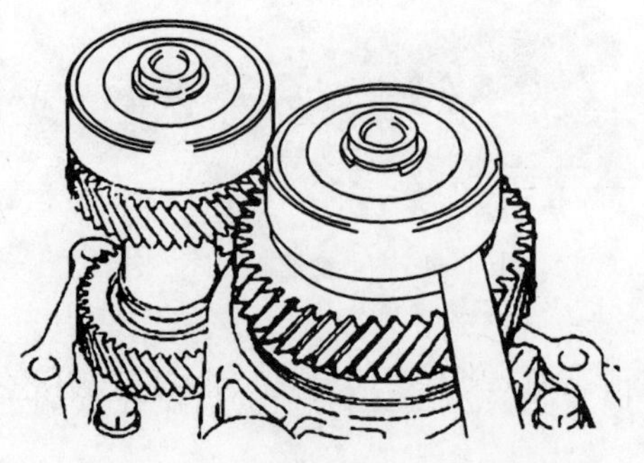

图 11-48　检查各齿轮的径向间隙

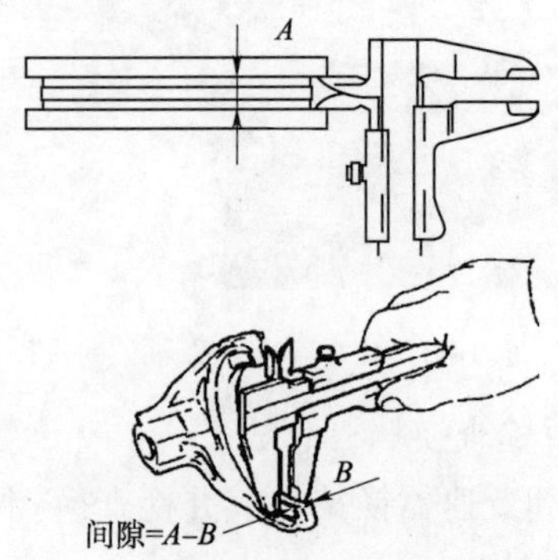

图 11-49　测量各接合套凹槽的宽度和对应拨叉卡爪部分的厚度

三、任务实施过程工单

<table>
<tr><td>学习任务</td><td colspan="7">手动变速器无法挂挡导致汽车无法行驶的故障诊断</td></tr>
<tr><td>任务描述</td><td colspan="7">以手动变速器无法挂挡的故障诊断为任务，采用行动导向教学法，引导学生按照汽车维修工作过程(信息、计划、决策、实施、检查、评估)检测并排除故障，在此过程中学习相关理论知识</td></tr>
<tr><td rowspan="4">1. 信息</td><td rowspan="2">车辆信息</td><td>车型</td><td></td><td>出厂时间</td><td></td><td>发动机型号</td><td></td></tr>
<tr><td>车辆识别码</td><td></td><td>已行驶里程</td><td></td><td></td><td></td></tr>
<tr><td>故障描述</td><td colspan="6"></td></tr>
<tr><td>相关问题</td><td colspan="6">①手动变速器无法挂挡的故障现象有哪些?
②手动变速器无法挂挡的故障原因有哪些</td></tr>
<tr><td>2. 计划</td><td colspan="7">提出诊断排除故障的方案</td></tr>
<tr><td rowspan="4">3. 决策</td><td colspan="3">人员分配</td><td colspan="4"></td></tr>
<tr><td colspan="3">时间安排</td><td colspan="4"></td></tr>
<tr><td colspan="3">工作步骤</td><td colspan="4"></td></tr>
<tr><td colspan="3">设备和工具</td><td colspan="4"></td></tr>
<tr><td rowspan="9">4. 实施</td><td colspan="3">检 查 内 容</td><td colspan="2">检 查 结 果</td><td colspan="2">修 复 方 法</td></tr>
<tr><td colspan="3">离合器的分离情况</td><td colspan="2"></td><td colspan="2"></td></tr>
<tr><td colspan="3">变速器油的情况</td><td colspan="2"></td><td colspan="2"></td></tr>
<tr><td colspan="3">变速器的控制拉索</td><td colspan="2"></td><td colspan="2"></td></tr>
<tr><td colspan="3">变速器的换挡杆及其联动装置</td><td colspan="2"></td><td colspan="2"></td></tr>
<tr><td colspan="7">典型故障诊断</td></tr>
<tr><td colspan="3">故 障 现 象</td><td colspan="2">诊断思路步骤</td><td colspan="2">故 障 点</td></tr>
<tr><td colspan="3"></td><td colspan="2"></td><td colspan="2"></td></tr>
<tr><td colspan="3"></td><td colspan="2"></td><td colspan="2"></td></tr>
<tr><td>5. 检查</td><td colspan="7">检查汽车检测与诊断的步骤和思路，检测汽车修复质量及汽车性能</td></tr>
<tr><td rowspan="11">6. 评估</td><td colspan="3">评 估 项 目</td><td>自我评估</td><td>组长评估</td><td>教师评估</td><td>备　注</td></tr>
<tr><td colspan="2" rowspan="2">素质考评 10 分</td><td>劳动纪律 5 分</td><td></td><td></td><td></td><td></td></tr>
<tr><td>环保意识 5 分</td><td></td><td></td><td></td><td></td></tr>
<tr><td colspan="3">工单考评 20 分</td><td></td><td></td><td></td><td></td></tr>
<tr><td colspan="3">检测与诊断思路 30 分</td><td></td><td></td><td></td><td></td></tr>
<tr><td colspan="2" rowspan="4">实操考评 40 分</td><td>工具使用 5 分</td><td></td><td></td><td></td><td></td></tr>
<tr><td>任务方案 10 分</td><td></td><td></td><td></td><td></td></tr>
<tr><td>实施过程 20 分</td><td></td><td></td><td></td><td></td></tr>
<tr><td>完成情况 5 分</td><td></td><td></td><td></td><td></td></tr>
<tr><td colspan="3">综合评价 100 分</td><td colspan="4"></td></tr>
</table>

学习任务6　自动变速器无挡而导致汽车无法行驶的故障检测与诊断

一、故障现象及原因

1. 自动变速器无挡的故障现象

例如：一辆配置F23Z4发动机和DCPA自动变速器的广本奥德赛轿车在大修后，无论挂入任何一个挡位，汽车都不能行驶；又有一辆日产千里马轿车在上坡途中突然中断动力传递，车主及时制动后，再行起步，所有前进挡和倒挡均失效，汽车无法正常行驶。

2. 自动变速器无挡的故障原因

上述两个案例都是自动变速器无挡的症状表现，这种故障产生的原因主要有如下方面。

(1)无油、油面过低或自动变速器油严重变质。

(2)进油滤网堵塞、油泵损坏或主油路严重泄漏。

(3)油压电磁阀、控制单元或线路有故障。

(4)选挡杆和手控阀摇臂间的连接杆或拉线松脱，手控阀保持在空挡或驻车挡位。

(5)前进挡离合器、倒挡离合器或制动器严重打滑。

(6)变矩器故障或其传动板折断。

(7)停车闭锁机构或汽车其他部位有故障。

二、故障诊断与排除

1. 自动变速器无挡位的诊断步骤

自动变速器是一个复杂的机电液一体化总成，在出现故障后切勿盲目拆卸，应该在做各项基础检测再试车之后确定故障原因，然后进行有针对性的维修。一般自动变速器无挡的诊断步骤有如下方面。

(1)首先排除汽车其他总成的故障，如制动能否正常解除，有无严重拖滞现象，传动系工作是否正常等。

(2)若故障指示灯闪亮，应先读取故障代码，并按故障代码的提示排除故障。电子控制系统主要故障部位在主油路油压电磁阀，若电子控制系统故障排除后仍不能行驶，则继续下列检查。

(3)检查油面高度和油质。若油面过低或无油，应检查自动变速器油底壳、散热器、油管等部位有无泄漏，视情修复并按规定补充自动变速器油。若油液呈乳胶状，则为散热器损坏，混入了发动机冷却液，应维修或更换散热器。若自动变速器油变黑，且油液中含有黑色渣粒，可能是离合器或制动器烧损，导致自动变速器严重打滑。

(4)检查选挡杆与手控阀摇臂之间的连接杆或拉线，如有松脱，应予以装复，并重新调整选挡杆的位置。

(5)进行失速试验，若失速转速过高，说明离合器或制动器烧损打滑；若失速转速过低，则液力变矩器失效，导致动力不足，应更换变矩器。

(6)检测主油路油压。若主油路没有油压,可能是油泵不工作。若主油路油压过低,可能是油泵进油滤网堵塞、油泵损坏、安全阀失效或主油路严重泄漏,应拆检自动变速器进行相应检修。若冷车时主油路有一定的油压,但热车后油压明显下降,说明油泵磨损严重,应更换油泵。

(7)若主油路油压正常,且变速器油变黑、有渣粒,应拆检自动变速器,检测离合器与制动器间隙、摩擦片的磨损情况及活塞、油路的密封性。

2. 自动变速器的基本检查

自动变速器油(ATF)在自动变速器中起到传力、联动、散热、润滑和密封等作用。自动变速器的油位不当、油质不佳、联动机构调节不当以及发动机怠速不正常是引起自动变速器产生故障的最常见原因。通常把对这些部件的检查与重新调整,称为自动变速器的基本检查。基本检查和调整项目包括:油位检查、油质检查、液压控制系统漏油检查、加速踏板拉索检查和调整、换挡杆位置检查和调整、空挡起动开关和怠速检查。

1)油位检查

在对变速器进行检查前或故障诊断前,首先要对变速器油位高度进行检查。一般在车辆行驶10000km后检查油位高度。

检查时,汽车必须停放在水平路面上,选挡手柄放在"P"位或"N"位,发动机怠速运转至少1min,油液达正常工作温度50~90℃。具体检查方法有如下方面(图11-50)。

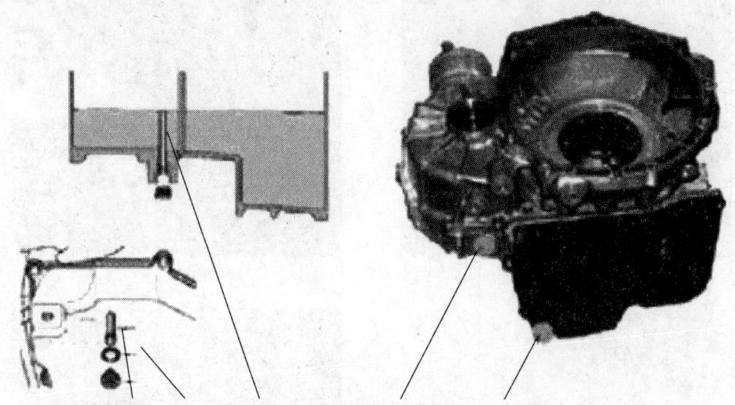

图11-50　大众途安TF-60SN(09G)型自动变速器油液液位高度检查

(1)步骤一:将换挡杆移到1挡再从1挡移到P挡。通过每个挡位时稍有停留,确保每个挡位啮合和脱开。

(2)步骤二:打开发动机舱盖。

(3)步骤三:拉起油尺端锁杆,拔出油尺擦干,然后将其推到油底。

(4)步骤四:拉出油尺读取液面高度,液面须符合下列条件:冷态变速器应从+20℃一侧读取,液面应保持在max到min之间;热态变速器应从标有+80℃一侧读取,液面应保持在max到min之间。冷态表示发动机运行少于1min,最高室温35℃。汽车至少行驶20km为热状态。

(5)步骤五:如需添加变速器油可通过油尺管上端,过程如下:读取+20℃一侧加注0.25L;从+80℃的一侧加注0.4L。

(6)步骤六:在变速器油检查过程中,一定要保证干净,避免尘土微粒进入变速器,导致变速器过早损坏。

(7)步骤七:如果发现变速器油面出现不正常现象,首先进行简单的目视检查,看看是否存在明显的泄漏或者其他故障,最好还是送到特约售后服务中心进行检查和排除故障。液压油油位高度的标准是:如果自动变速器处于冷态(即冷车刚刚起动,液压油的温度较低,为室温或低于25℃时),液压油油位高度应在油尺刻线的下限附近,如果自动变速器处于热态(如低速行驶5min以上,液压油温度已达70~80℃),油位高度应在油尺刻线的上限附近。这是因为低温时液压油的黏度大,运转时有较多的液压油附着在行星齿轮等零件上,所以油位高度较低;高温时液压油黏度小,容易流回油底壳,因此油位较高。

若油位高度过低,应从加油管处添加合适的自动变速器油,直至油位高度符合标准为止。在自动变速器调整、加注液压油,并经试车之后,应重新检查油位高度是否正常,油底壳、油管接头等处有无漏油。

2)油质检查

自动变速器油是自动变速器液力传动装置及液压控制系统的工作介质,自动变速器发生故障,其油质一般会发生相应的变化。

自动变速器新油呈现粉橙色,旧油视污染程度不同颜色、气味和杂质含量均不同,见图11-51。

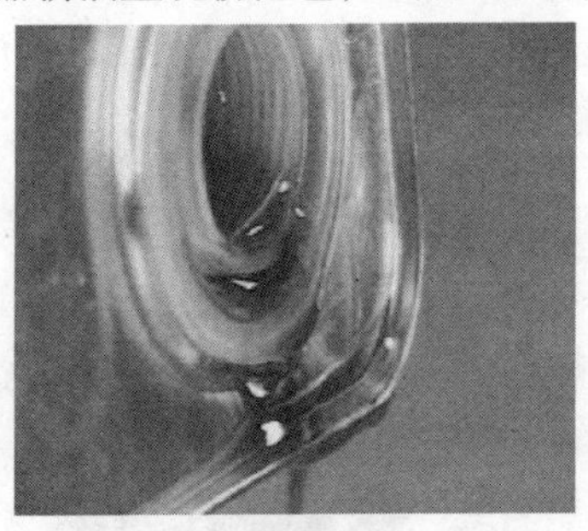

a)新ATF

b)旧ATF

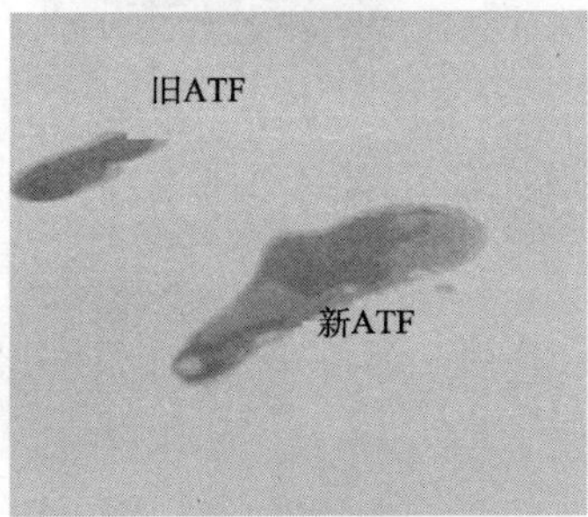

c)新旧ATF对比

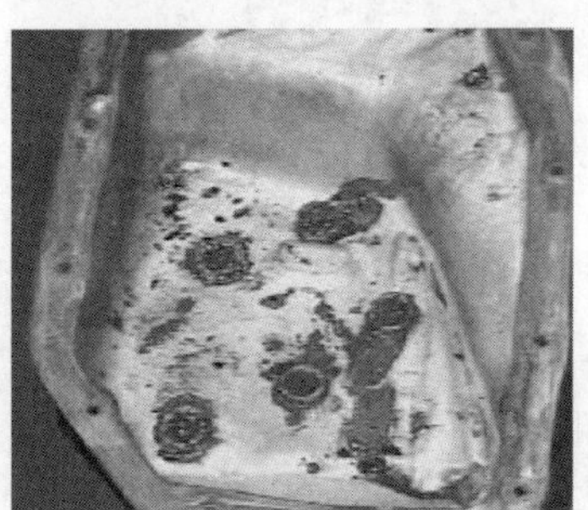

d)ATF中含有的杂质

图11-51 ATF油质检查

检查油质时,拔出自动变速器油尺,观察油的颜色,闻油的气味,还要检查油中是否含有杂质。可找一张白纸(或用专用滤纸),将油液滴在纸上,观察油中杂质;或者直接用手指抹少许油液,用手指捻,感觉是否有杂质。但这种方法不是十分可靠,因为很多杂质的密度比油大,沉在油底壳中,而油尺又不能伸至油底壳,因此,检查油质最好的方法是拆下自动变速器油底壳,检查油底壳中有无杂质。

一般情况下,自动变速器油质变化有如下情况。

(1)油液清洁,颜色是透明的粉红色,表明自动变速器油质正常。

(2)油液变为暗红色,有轻微烧焦气味。这种油质对自动变速器的性能没有太大的影响,但应及时换油,否则时间一长,势必引起自动变速器油变质,影响自动变速器的性能。

(3)油液呈黑色,有严重烧焦糊味。此现象的发生主要是由于离合器、制动器的摩擦片和制动带严重磨损,自动变速器严重打滑。

(4)油液极易变质或从加油口冒气。此症状是油温过高引起的。

(5)油尺上站附胶质油膏。此现象也是油温过高引起的。如果油温高的状况长期得不到解决,就会使油质进一步恶化,形成胶质油膏;引起此现象的另一个原因是自动变速器油质量太差,劣质油在高负荷、高温影响下,极易变质,产生胶质油膏。

(6)油中有泡沫。此症状主要是由于油位过高引起的。油位过高,行星齿轮和其他旋转部件搅动油液,产生气泡。若气泡进入液压控制系统,压力下降,引起打滑。

(7)油变成草莓色的泡沫奶状液体。此现象是自动变速器油液中渗入冷却液造成的,将导致自动变速器打滑、不升挡、冲击大等现象,甚至使车辆不能行驶。

(8)油液中有金属杂质。此种现象是由于自动变速器内的金属件磨损造成的,常见的易磨损部件有离合器片、轴承、推力垫片等。

(9)油中有橡胶或尼龙碎块。此现象是由于离合器等部件的密封圈破损后进入油底壳产生的。

(10)油中有摩擦片的剥落物。造成此现象的主要原因是摩擦片质量太差、烧片或新摩擦片在油中浸泡时间过短,造成离合器或制动器摩擦片成块剥落。

(11)油中有纤维丝状物。产生此现象的原因是在自动变速器装配过程中,使用了易脱落丝毛的纤维物擦拭零部件,造成丝状物脱落与工作液相混合。此丝状物对自动变速器影响极大,易堵塞油道和滤网。

(12)油底壳中油泥过多。油泥过多与前述离合器、制动器打滑,油温过高有关。另外,自动变速器油面长期过低也能导致油泥的产生。

3)怠速检查

发动机怠速不正常,特别是怠速过高,会使自动变速器出现换挡冲击等故障。因此在对自动变速器作进一步的检查之前应先检查发动机怠速。检查怠速时应将自动变速器操纵手柄置于停车挡(P)或空挡(N)位置。通常自动挡汽车发动机怠速为750~800r/min,若发动机怠速过低或过高,都应予以调整。

3. 实例解析

故障现象:装备A540E自动变速器的丰田凌志ES300轿车因无倒挡,解体自动变速器进行检修,装复后发现前进挡中的D挡和2挡进挡后均无驱动反应,而L挡与倒挡则正常。

故障诊断与排除:接车后了解到,该车因无倒挡而进行自动变速器检修,检修后出现上述故障现象,同时维修人员反复检查了油泵、变速器选挡机构及阀体等部位,均没找到故障原因。经检查,确认没有D、2两个挡位。

为什么修理后故障现象反而颠倒,原来不正常的挡位正常了,而原来正常的挡位反而不正常了呢?由于选挡机构与阀体等装置都经过别人多次检查过,所以暂且认为无故障。由

于故障是修理后才出现的，所以可初步判断故障在变速器内部控制执行元件与传动机构中。

查询该变速器维修手册，根据表11-4所示的元件工作表和图11-52所示的传动示意图，分析其工作过程，可知前进挡离合器C1和固定后行星架的单向离合器F2出故障的概率较大，而前进挡离合器C1更容易出现油路严重泄漏、堵塞等情况，于是决定先进行油压测试。

A540E 自动变速器元件工作表 表11-4

操作手柄位置	挡位	换挡电磁阀A	换挡电磁阀B	换挡执行元件									
				C_0	F_0	B_0	C_1	C_2	B_1	B_2	F_1	B_3	F_2
P	停车挡	通	断	○									
R	倒挡	通	断	○				○				○	
N	空挡	通	断	○									
D	第1挡	通	断	○	○		○						○
	第2挡	通	断	○	○		○			○	○		
	第3挡	断	断	○	○		○	○		○			
	超速挡	断	断			○	○	○		○			
2	第1挡	通	断	○	○		○						○
	第2挡	通	断	○	○		○		○	○	○		
	第3挡	断	通	○	○		○	○		○			
1	第1挡	通	断	○	○		○					○	○
	第2挡	通	通	○	○		○		○	○	○		

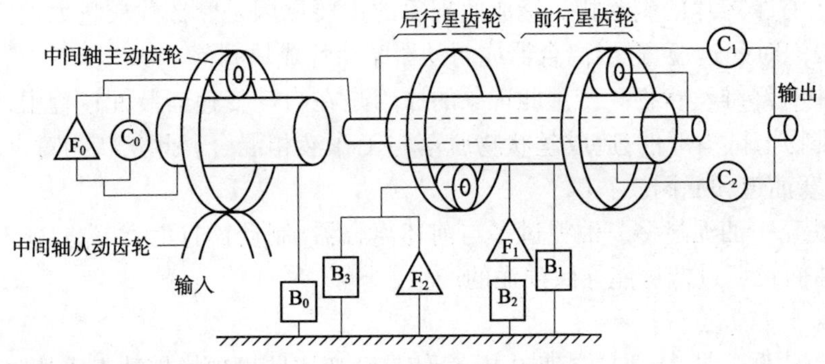

图11-52 A540E自动变速器传动示意图

在主压力测试孔接好油压表，在D挡位进行发动机怠速及失速液压测试，测出的压力分别为400kPa、1280kPa，与表11-5中的标准值比较，油压正常，排除了液压系统严重泄漏的可能性。再进行手动换挡试验，拔下电磁阀插头，挂入L挡，起步加速到40km/h，再将选挡手柄挂入2挡，这时汽车就像紧急制动一样"嘎"的一声停住了。

A540E 自动变速器主油路油压 表11-5

挡位	测试条件	主油路油压(kPa)	挡位	测试条件	主油路油压(kPa)
D	怠速	363~462	R	怠速	618~794
	失速	922~1359		失速	1667~1902

分析自动变速器动力传递路线，1挡时前进挡离合器C1接合工作，动力经该离合器及前排行星齿轮机构改变运动方向后传递到后排行星齿轮机构，后排行星架随太阳轮一起逆

时针方向旋转，这时单向离合器 F2 将后排行星架锁定不动，动力经行星齿轮传递后通过齿圈输出。如果将该单向离合器装反，动力传递到后行星排后，行星架不能固定，行星架与行星轮在齿圈内空转，出现 D2 挡位进挡后无挡的情况。而 L 位时由于有与单向离合器“并联”的低倒挡制动器 B3 作用，限制了行星架的运动，故动力能正常输出。由此判断故障部位不在电子控制系统，而是单向离合器 F2 装反。

再次拆下自动变速器分解，检查单向离合器 F2，果然装反。按正确位置安装单向离合器 F2，装复好自动变速器，试车，故障排除。

三、任务实施过程工单

<table>
<tr><td>学习任务</td><td colspan="7">自动变速器无挡导致汽车无法行驶的故障诊断</td></tr>
<tr><td>任务描述</td><td colspan="7">以自动变速器无挡的故障诊断为任务，采用行动导向教学法，引导学生按照汽车维修工作过程（信息、计划、决策、实施、检查、评估）检测并排除故障，在此过程中学习相关理论知识和实际操作技能</td></tr>
<tr><td rowspan="4">1. 信息</td><td rowspan="2">车辆信息</td><td>车型</td><td></td><td>出厂时间</td><td></td><td>发动机型号</td><td></td></tr>
<tr><td>车辆识别码</td><td></td><td>已行驶里程</td><td></td><td></td><td></td></tr>
<tr><td>故障描述</td><td colspan="6"></td></tr>
<tr><td>相关问题</td><td colspan="6">画出故障车辆自动变速器各挡位动力传递路线</td></tr>
<tr><td>2. 计划</td><td colspan="7">提出诊断排除故障的方案</td></tr>
<tr><td rowspan="4">3. 决策</td><td colspan="2">人员分配</td><td colspan="5"></td></tr>
<tr><td colspan="2">时间安排</td><td colspan="5"></td></tr>
<tr><td colspan="2">工作步骤</td><td colspan="5"></td></tr>
<tr><td colspan="2">设备和工具</td><td colspan="5"></td></tr>
<tr><td rowspan="16">4. 实施</td><td colspan="7">（1）试车，对自动变速器进行基础检测，操作变速器各个档位，检测时要借助自动变速器检测工具和举升机。
（2）自动变速器故障代码的读取</td></tr>
<tr><td colspan="2">检查内容</td><td colspan="2">检查方法</td><td colspan="2">检查结果</td><td>修复方法</td></tr>
<tr><td colspan="2">自动变速器外观检测</td><td colspan="2"></td><td colspan="2"></td><td></td></tr>
<tr><td colspan="2">液压油温度传感器</td><td colspan="2"></td><td colspan="2"></td><td></td></tr>
<tr><td colspan="2">自动变速器油液检查</td><td colspan="2"></td><td colspan="2"></td><td></td></tr>
<tr><td colspan="2">自动变速器油压检测</td><td colspan="2"></td><td colspan="2"></td><td></td></tr>
<tr><td colspan="2">怠速检测</td><td colspan="2"></td><td colspan="2"></td><td></td></tr>
<tr><td colspan="2">检查变速器操纵机构</td><td colspan="2"></td><td colspan="2"></td><td></td></tr>
<tr><td colspan="2">无前进挡故障</td><td colspan="2"></td><td colspan="2"></td><td></td></tr>
<tr><td colspan="2">无超速挡故障</td><td colspan="2"></td><td colspan="2"></td><td></td></tr>
<tr><td colspan="2">无倒挡故障</td><td colspan="2"></td><td colspan="2"></td><td></td></tr>
<tr><td colspan="2">拆检自动变速器</td><td colspan="2"></td><td colspan="2"></td><td></td></tr>
<tr><td colspan="7">典型故障诊断</td></tr>
<tr><td colspan="2">故障现象</td><td colspan="3">诊断思路步骤</td><td colspan="2">故障点</td></tr>
<tr><td colspan="2"></td><td colspan="3"></td><td colspan="2"></td></tr>
</table>

续上表

5. 检查	检查自动变速器无挡导致汽车无法行驶的故障诊断步骤和思路,检查汽车修复质量及汽车性能					
6. 评估	评 估 项 目		自我评估	组长评估	教师评估	备　注
	素质考评 10 分	劳动纪律 5 分				
		环保意识 5 分				
	工单考评 20 分					
	检测与诊断思路 30 分					
	实操考评 40 分	工具使用 5 分				
		任务方案 10 分				
		实施过程 20 分				
		完成情况 5 分				
	综合评价 100 分					

学习项目十二　汽车行驶无力的检测与诊断

1.项目描述

一辆丰田卡罗拉轿车,配1ZR-FE发动机,采用5挡手动变速器,已行驶150000km,在行驶途中发现,该车加速不良、超车性能变差、最高车速下降、爬长大坡道能力变差,同时发现发动机转速不稳定,汽车噪声大。针对该故障,应该如何进行检测与诊断。

2.项目提示

汽车运输效率的高低主要取决于汽车的动力性,这是汽车最基本、最重要的使用性能。汽车动力性下降导致行驶无力,主要表现为加速不良、最高车速降低和爬坡能力变差等现象,其故障原因主要涉及发动机和底盘两部分,见图12-1。

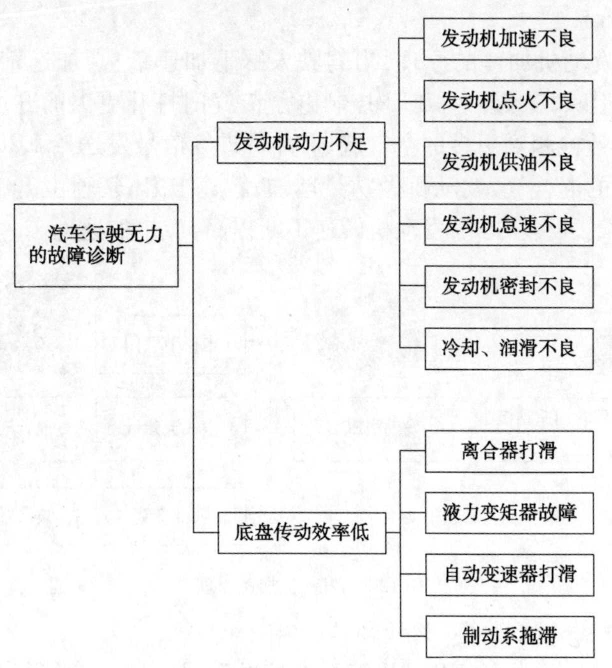

图12-1　汽车行驶无力的故障原因

1.知识目标

(1)掌握汽车行驶无力可能会出现的故障现象。

(2)能分析汽车行驶无力的可能故障原因,并根据故障原因画出故障诊断树。

(3)能分析汽车传动系统、变速器、行驶系和制动系导致汽车行驶无力的原因。

(4)能够正确阅读待修车辆车型的维修手册和整车电路图。

2. 技能目标

(1)能通过与客户交流、查阅相关维修技术资料等方式获取车辆信息。

(2)能正确分析汽车行驶无力的故障原因,制订维修计划和诊断流程。

(3)能使用常用诊断设备对汽车行驶不良的相关系统和部位进行检测。

(4)能正确记录、分析各种检测结果并做出故障判断。

学习任务1　发动机加速不良而导致汽车行驶无力的故障检测与诊断

一、故障现象及原因

1. 发动机加速的原理

图12-2所示为发动机加速的原理,当驾驶人踩下加速踏板,加速踏板位置传感器便将加速信号传给发动机ECU,发动机ECU控制电子节气门打开更大的开度,发动机进入更多新鲜空气,空气流量计检测到更多的空气流量,并将进气信号发送给ECU,进而ECU喷入更多的燃油,组成更浓的混合气,发动机做功量增加,转速上升;转速上升,汽缸产生更大的真空度,吸入更多的空气,反复如此,发动机转速不断提高,产生加速度。

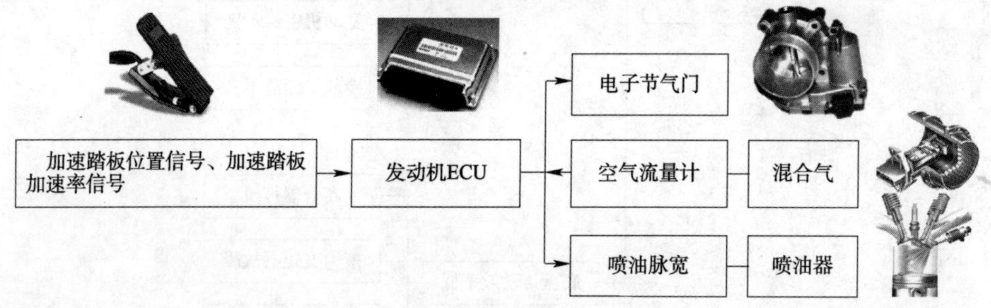

图12-2　发动机加速原理

2. 发动机加速不良故障现象及检修部位

一辆丰田卡罗拉轿车,装备1ZR-FE汽油电控发动机,已行驶里程为120000km,客户反映车辆行驶加速反应不良、动力不足、加速慢。

加速性能是评价发动机动力性能的最重要指标,加速不良是发动机的常见故障之一。加速不良是指发动机加不上油,故障现象是踩下加速踏板后,发动机转速不能马上升高,动力不足,车速提升有迟滞现象,有时加速会引起发动机抖动、“回火”或“放炮”,甚至熄火现象。

根据发动机加速原理,加速系统的任何一个环节有故障,发动机就会产生加速不良故障,其中可能涉及电控发动机的点火、燃油、进气、排气以及机械系统。

1)点火系统故障

点火系统引起发动机加速不良的原因有:单缸或多缸不工作或工作不良;点火能量不足和点火时间不正确。

(1)单缸工作不良。

若1缸不做功或者做功不好,4缸的动力就由3缸完成,就会造成发动机加速不良,对于单缸或多缸不工作或工作不良的故障,可以通过断缸法检查判断,断开某一缸的点火或喷油,发动机怠速无变化,则可判断该缸工作不良或不工作。

(2)点火能量不足。

点火能量不足、火花塞高压火花过弱,会造成发动机混合气燃烧不充分,做功不能达到最大,产生发动机动力不足的现象。图12-3为火花塞点火的高压火花强弱图,造成点火能量不足的主要原因包括:点火线圈性能不良;火花塞间隙过大或过小;高压线老化、漏电;点火放大器(点火控制模块)故障;发动机控制单元及线路故障。

图12-3　火花塞点火火花强弱

(3)点火正时不正确。

点火正时不正确,会造成发动机工作不正常,引起动力不足,产生加速不良的故障现象。

通过踩踏加速踏板加速,根据发动机运转的声音,判断发动机点火时间是否过早或过迟;也可以通过点火提前角测试仪,测试发动机点火提前角度。发动机怠速时,点火提前角为一个稳定的点火提前角度;当加速时,点火提前角会加大。

点火提前角过大或过小,都会引起发动机加速不良。点火正时不良的主要故障原因有:正时皮带安装错误;正时齿轮错齿、跳齿;可变正时系统故障;曲轴、凸轮轴位置传感器故障,给ECU提供错误信息。

2)进气系统故障

发动机加速靠进气、燃油的相应增加来实现,而喷油量的增加需依据进气量参数,进气量数据信号错误,则发动机会产生加速不良故障现象。进气系统的常见故障部位和原因有:进气管堵塞;空滤脏堵;节气门或电子节气门不良;空气流量计及线路不良;可变进气系统出现故障;涡轮增压系统故障;发动机控制单元及线路故障。

3)燃油系统故障

(1)燃油压力低。

燃油压力过低,会导致发动机动力不足,产生加速不良故障现象。燃油压力不正常,需

要检查燃油泵、燃油滤芯、燃油压力调节器等元件性能。

(2)燃油品质不良。

燃油品质不良直接导致混合气燃烧质量下降,发动机工作不正常,同时造成排放异常,还会产生爆燃等故障现象。图12-4为燃油品质差引起的氧传感器损坏。

燃油品质不良主要指:燃油标号不对;使用高含铅汽油;燃油添加剂异常;燃油水分过多;燃油杂质超标。

图12-4　损坏的氧传感器

(3)燃油喷射不良。

①喷油器故障。发动机的加速状况通过喷油器增加喷油量实现,喷油器喷油性能不良或喷油器控制异常,会造成发动机的加速不良。喷油器的性能检测与维护可以通过喷油器清洗检测仪实施。

②喷油器控制故障。喷油器喷油不良与喷油器的ECU控制有关,ECU控制喷油器信号异常,可能是ECU接收到不正常的传感器信号,或者ECU本身有故障,或者控制线路故障。

4)排气系统故障

发动机排气系统堵塞,排气性能降低,将直接影响发动机加速性能。发动机发生加速不良故障,需要检查发动机排气系统是否畅通,排气系统最常见的故障是三元催化转换器堵塞。

5)发动机机械故障

发动机机械性能降低,如汽缸磨损、曲轴变形、凸轮轴磨损、汽缸漏气、活塞环密封性能变差等都会引起发动机动力性变差,具体表现为加速不良。对于机械故障引起的加速不良,需要测量汽缸压力,如果低于规定的标准压力值,则必须进行发动机大修,以恢复发动机动力性能。机械原因引起的加速不良故障的常见原因有:活塞或缸套磨损过度;气门间隙过大;缸盖烧蚀或变形,密封不良;其他机械磨损与原因(曲轴,凸轮轴磨损等)。

二、故障诊断流程

1. 加速时发动机转速上不去或熄火的故障诊断

1)一般故障部位

故障部位为:燃油含水;进气压力传感器及节气门位置传感器;火花塞;节气门体及怠速旁通气道;进气道;怠速调节器;喷油器;点火正时;排气管。

2)诊断流程

故障诊断流程见表12-1。

加速时转速上不去或熄火的故障诊断流程　表 12-1

序号	操作步骤	检测结果	后续步骤
1	检查空气滤清器是否堵塞	是	检修进气系统
		否	下一步
2	接上燃油压力表(接入点为燃油分配管总成进油管前端),起动发动机,检查燃油压力在怠速工况下是否在 260kPa 左右,拔掉燃油压力调节器上的真空管,其燃油压力是否在 300kPa 左右	是	下一步
		否	检修供油系统
3	检查各个汽缸的火花塞,观察其型号及间隙是否符合规范	是	下一步
		否	调整或更换
4	卸下怠速调节器,检查节气门体、怠速调节器及怠速旁通气道是否存在积炭现象	是	清洗相关零部件
		否	下一步
5	检查进气压力传感器、节气门位置传感器及其线路是否正常	是	下一步
		否	检修线路或更换传感器
6	拆卸喷油器,用喷油器专用清洗分析仪检查喷油器是否存在泄漏或堵塞现象	是	喷油器的更换
		否	下一步
7	检查燃油情况,观察故障现象是否由于刚好加油后引起的	是	更换燃油
		否	下一步
8	检查发动机的点火顺序及点火正时是否符合规范	是	下一步
		否	检修点火正时
9	检查排气管是否排气顺畅	是	下一步
		否	修复或更换排气管
10	接上电喷系统转接器,打开点火开关,检查发动机 ECU 针脚电源供给是否正常,检查发动机 ECU 针脚搭铁是否正常	是	诊断帮助
		否	检修相应的线路

2. 加速时车辆反应较慢的故障诊断

1)一般故障部位

故障部位为:燃油含水;进气压力传感器及节气门位置传感器;火花塞;节气门体及怠速旁通气道;进气道;怠速调节器;喷油器;点火正时;排气管。

2)诊断流程

故障诊断流程见表 12-2。

加速时转速上不去或熄火诊断流程　表 12-2

序号	操作步骤	检测结果	后续步骤
1	检查空气滤清器是否堵塞	是	检修进气系统
		否	下一步
2	接上燃油压力表(接入点为燃油分配管总成进油管前端),起动发动机,检查燃油压力在怠速工况下是否在 260kPa 左右,拔掉燃油压力调节器上的真空管,其燃油压力是否在 300kPa 左右	是	下一步
		否	检修供油系统

续上表

序号	操作步骤	检测结果	后续步骤
3	检查各个汽缸的火花塞，观察其型号及间隙是否符合规范	是	下一步
		否	调整或更换
4	卸下怠速调节器，检查节气门体、怠速调节器及怠速旁通气道是否存在积炭现象	是	清洗相关零部件
		否	下一步
5	检查进气压力传感器、节气门位置传感器及其线路是否正常	是	下一步
		否	检修线路或更换传感器
6	拆卸喷油器，用喷油器专用清洗分析仪检查喷油器是否存在泄漏或堵塞现象	是	喷油器的更换
		否	下一步
7	检查燃油情况，观察故障现象是否由于刚好加油后引起的	是	更换燃油
		否	下一步
8	检查发动机的点火顺序及点火正时是否符合规范	是	下一步
		否	检修点火正时
9	检查排气管是否排气顺畅	是	下一步
		否	修复或更换排气管
10	接上电喷系统转接器，打开点火开关，检查发动机 ECU 针脚电源供给是否正常，检查发动机 ECU 针脚搭铁是否正常	是	诊断帮助
		否	检修相应的线路

三、发动机加速不良故障诊断与排除的操作技能

发动机加速不良的故障原因涉及点火性能、进气系统、排气系统、机械与电控单元等。

(1)点火能量不足、点火线圈性能不良。

(2)电控单元检测进气流量信号不准确。

(3)排气管堵塞。

(4)发动机汽缸磨损、缸压不足。

(5)发动机 ECU 发生故障。

接下来以丰田卡罗拉为例，介绍发动机加速不良的故障诊断步骤。

1. 卡罗拉加速不良故障诊断准备工作

(1)防护装备：工作服、工作帽、手套、劳保鞋。

(2)车辆、台架、总成：卡罗拉整车、发动机台架。

(3)检测设备：KT600 诊断仪、万用表、测试灯泡、专用短接线、二极管试灯、燃油压力表。

(4)专用工具：燃油管拆装专用工具。

(5)手工工具：拆装工具一套。

(6)辅助材料：翼子板布和前格栅布、三件套、抹布、手套、白板笔。

2. 卡罗拉加速不良故障诊断步骤

1)验证故障现象，排除其他系统造成的故障

起动发动机，待发动机温度正常，试验加速是否正常；排除其他系统造成的故障，如加速防滑系统异常工作。

提示:加速防滑系统工作时(驱动轮打滑)会通过CAN系统控制发动机降低功率。可以拔掉其熔断器或继电器试车,如果故障消失,则是加速防滑系统导致的故障。

2)排除控制系统原因

连接诊断仪器,读取故障码,如果有与加速相关的故障码(如空气流量计、节气门位置、加速踏板位置传感器等),并读取数据流,若不正常则检查对应的传感器及线路。

3)排除进气系统原因

检查空气滤芯是否过脏或堵塞,不正常则清洁或更换;检测节气门是否工作正常,如发卡等故障,若不正常则清洗节气门或更换节气门体;检查可变进气VVT系统是否有动作。

4)排除发动机机械原因

检测汽缸压力是否偏低,若偏低则拆检发动机、检查气门和活塞环等。

5)排除点火系统原因

测试高压火花强度,若火花弱,检查更换火花塞或点火线圈;检查点火正时,在加速时正时是否能够提前以及提前的角度,若不正常则检查正时记号和爆震传感器信号。

6)排除燃油系统原因

测试燃油压力是否偏低,并检查燃油保持压力,如果不正常则更换燃油泵及燃油滤清器;检查喷油器是否堵塞或泄漏;检查燃油品质。

7)排除排放控制系统原因

检查排气管(三元催化转换器)是否堵塞,不正常则更换三元催化转换器及消音器。

四、故障实例

故障现象:一辆广本雅阁2.3L轿车,加速不良。车主反映,跑了一次长途后,觉得发动机越来越无力,油耗也比以前大了。

故障诊断与排除:据车主介绍,因平时比较忙,对车辆的维护次数非常少。近段时间已感觉到发动机没有以前那么有力,加油也没有那么顺,油耗也比过去多,认为旧车出现这样的问题也正常。还有一次在行驶过程中发动机故障灯突然亮起,但停一段时间后,故障灯又不亮了,因时间关系也没及时进厂检查。

首先检查引起发动机故障灯亮的故障,通过将SCS的短路插头与维修检测接头连接,用人工读码读出氧传感器故障,氧传感器的作用是检测废气中氧气含量并向PCM发出反馈信号来修正喷油时间,但其只作为一个修正信号,一般不会导致加速不良。

鉴于故障发生的现象,首先用新火花塞检查跳火情况,发现火花强烈,说明点火线圈、高压线、点火器、分火头等正常。接着检查空气滤清器,脏污不太严重。随后拆下各缸火花塞并进行汽缸压力测试。与规定值对比,汽缸压力也属正常;但火花塞电极又黑又湿,且有烧蚀,用塞尺量得电极间隙为1.30mm,比标准值1.0~1.1mm偏大。换上新的火花塞试车,感觉好了一些,但跑高速时还是加速不良。这时再拆下刚刚换上的火花塞检查,发现火花塞又有点发黑和潮湿了,这可能是空燃比的严重失调引起。

检查进气歧管绝对压力传感器,端子1与2、端子2与3的电压分别为5.02V和4.98V,属于正常范围。接着用燃油压力表测得燃油压力为298kPa(标准260~310kPa),属于正常范围。然后用全自动超声波清洗机清洗喷油器,并检查喷油器的喷射情况,符合要求。

接上 HDS 本田专用诊断仪,连续起动发动机观察各数据流的变化。测到 MAP 显示的真空度由最初的 102kPa 变为 90kPa,然后慢慢左右波动;喷油脉宽在 9.7ms 附近波动。可见,此车连续起动时真空度的变化不大,而且比正常车偏低,感觉汽缸吸气不足,很可能是排气系统不畅所导致。升起车辆,检查排气管,其外表没有弯曲变形等情况;摇动排气管能听见前部的三元催化转换器里有异响,说明三元催化器有故障。

换上新的三元催化转换器及排气管接口垫圈,起动发动机,用 HDS 检测数据,全部正常。再用废气分析仪检测,所得 CO 数据为 0.07%,HC 数据为 100×10^{-6},属于正常范围。上路试车,加速良好,故障彻底排除。

五、任务实施过程工单

<table>
<tr><td>学习任务</td><td colspan="7">发动机加速不良故障诊断</td></tr>
<tr><td>任务描述</td><td colspan="7">以发动机加速不良的故障诊断为任务,采用行动导向教学法,引导学生按照汽车维修工作过程(信息、计划、决策、实施、检查、评估)检测并排除故障,在此过程中学习相关理论知识,掌握发动机加速不良的故障诊断方法</td></tr>
<tr><td rowspan="4">1. 信息</td><td rowspan="2">车辆信息</td><td>车型</td><td></td><td>出厂时间</td><td></td><td>发动机型号</td><td></td></tr>
<tr><td>车辆识别码</td><td></td><td>已行驶里程</td><td></td><td></td><td></td></tr>
<tr><td>故障描述</td><td colspan="6"></td></tr>
<tr><td>相关问题</td><td colspan="6">发动机加速不良的可能存在的原因有哪些</td></tr>
<tr><td>2. 计划</td><td colspan="7">提出诊断排除故障的方案</td></tr>
<tr><td rowspan="4">3. 决策</td><td colspan="3">人员分配</td><td colspan="4"></td></tr>
<tr><td colspan="3">时间安排</td><td colspan="4"></td></tr>
<tr><td colspan="3">工作步骤</td><td colspan="4"></td></tr>
<tr><td colspan="3">设备和工具</td><td colspan="4"></td></tr>
<tr><td rowspan="10">4. 实施</td><td colspan="3">检 查 内 容</td><td colspan="2">检 查 方 法</td><td>检 查 结 果</td><td>修 复 方 法</td></tr>
<tr><td colspan="3">发动机基本检查</td><td colspan="2"></td><td></td><td></td></tr>
<tr><td colspan="3">发动机自诊断</td><td colspan="2"></td><td></td><td></td></tr>
<tr><td colspan="3">解码器诊断</td><td colspan="2"></td><td></td><td></td></tr>
<tr><td colspan="3">点火系检测</td><td colspan="2"></td><td></td><td></td></tr>
<tr><td colspan="3">燃油系统油压、喷油脉宽、喷油器检测</td><td colspan="2"></td><td></td><td></td></tr>
<tr><td colspan="3">汽缸压力检测</td><td colspan="2"></td><td></td><td></td></tr>
<tr><td colspan="3">发动机进气系统密封性检测</td><td colspan="2"></td><td></td><td></td></tr>
<tr><td colspan="3">排气管阻塞检测</td><td colspan="2"></td><td></td><td></td></tr>
<tr><td colspan="3">发动机传感器、执行器检测与诊断</td><td colspan="2"></td><td></td><td></td></tr>
<tr><td>5. 检查</td><td colspan="7">检查由于发动机加速不良导致的汽车行驶无力的故障诊断步骤和思路,检查汽车修复质量及汽车性能</td></tr>
</table>

续上表

<table>
<tr><td colspan="3">评 估 项 目</td><td>自我评估</td><td>组长评估</td><td>教师评估</td><td>备　注</td></tr>
<tr><td rowspan="9">6. 评估</td><td rowspan="2">素质考评 10 分</td><td>劳动纪律 5 分</td><td></td><td></td><td></td><td></td></tr>
<tr><td>环保意识 5 分</td><td></td><td></td><td></td><td></td></tr>
<tr><td colspan="2">工单考评 20 分</td><td></td><td></td><td></td><td></td></tr>
<tr><td colspan="2">检测与诊断思路 30 分</td><td></td><td></td><td></td><td></td></tr>
<tr><td rowspan="4">实操考评 40 分</td><td>工具使用 5 分</td><td></td><td></td><td></td><td></td></tr>
<tr><td>任务方案 10 分</td><td></td><td></td><td></td><td></td></tr>
<tr><td>实施过程 20 分</td><td></td><td></td><td></td><td></td></tr>
<tr><td>完成情况 5 分</td><td></td><td></td><td></td><td></td></tr>
<tr><td colspan="2">综合评价 100 分</td><td colspan="4"></td></tr>
</table>

学习任务 2　发动机怠速不良而导致汽车行驶无力的故障检测与诊断

一、故障现象及原因

怠速指维持发动机没有做功时，正常运转的最低转速，是发动机空转时的一种工作状况。怠速不良不仅影响发动机运行的稳定性，还会增加尾气中有害气体的排放，怠速不良多数还伴随有加速不良故障。例如：一辆丰田卡罗拉 GL 轿车，装备 1ZR-FE 汽油电控发动机，行驶里程 100000km，客户报修发动机怠速不稳，且汽车行驶无力，加速反应滞后，高速偏低。

怠速不良的常见故障包括：怠速偏低；怠速偏高；怠速不稳；怠速游车（也称“失速”，转速忽高忽低）；无怠速；负荷变化时不提速。

1. 怠速偏低

大部分汽油车发动机怠速在 750r/min 左右。转速过低，发动机会表现出运转不稳定，工作抖动，甚至容易熄火，即可断定为怠速偏低。怠速过低的根本原因是进气量太少。

根据控制进气量的因素，怠速偏低的故障原因主要有如下方面。

1）怠速控制阀故障

仅对于非电子节气门车型，怠速控制电动机（怠速阀）关闭、卡死打不开，将会导致怠速空气减少，引起怠速过低。

处理方法：清洗怠速控制阀（步进电动机），或更换怠速控制电动机。图 12-5 为清洗怠速阀。

2）节气门故障

仅对于电子节气门车型，电子节气门卡滞打不开，会导致进气量过小，造成发动机怠速过低。

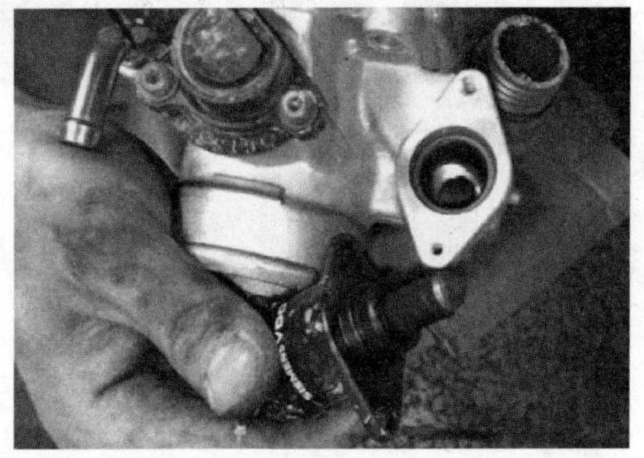

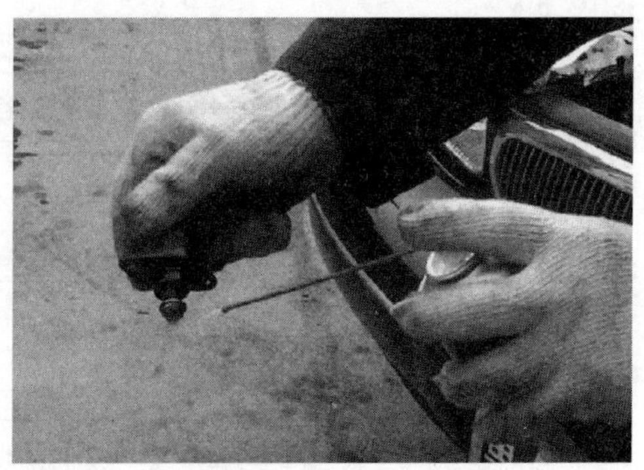

图 12-5 清洗怠速阀

处理方法:清洗节气门,对节气门作初始化设置。图 12-6 为电子节气门的清洗。

3)发动机汽缸工作不平衡

有一缸或多缸不工作或工作不良,会影响到发动机的功率输出,降低发动机动力,导致怠速过低,造成发动机熄火。

处理方法:通过断缸法,通过分别断开各汽缸的喷油器线路,观测发动机转速的下降值,若断开某汽缸的喷油器线路后发动机转速下降值比断开其他汽缸转速下降值大,说明该缸工作情况良好,否则说明该缸技术状况下降,按照此方法找出不工作或工作不良的汽缸,检修排除故障。

4)进气管堵塞或漏气

进气管堵塞主要指空气滤芯过脏或堵塞,其会直接导致进气量减小;而进气管漏气指进气系统的管道或真空管泄漏,其会导致混合气过稀,引起怠速下降。

处理方法:排除堵塞或漏气部位故障。

5)怠速调整不当

对于怠速可调整的发动机,怠速调整过小,会引起怠速偏低。

处理方法:可以尝试反复调整怠速螺钉,直至怠速值在规定的范围。图 12-7 为怠速调整螺钉。

图 12-6 清洗电子节气门

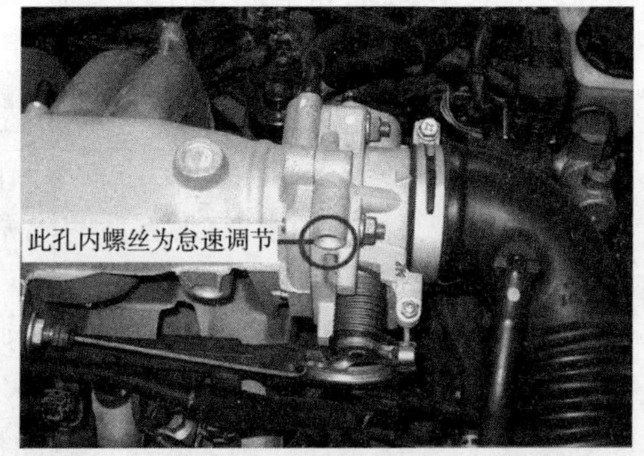

图 12-7 怠速调整螺钉

6)曲轴箱通风系统故障

曲轴箱通风系统止回阀失效,引起发动机进气量发生变化,造成发动机怠速过低抖动。

处理方法:更换止回阀。

7)点火正时不正确

点火时间不正确,会引起怠速发动机抖动。

处理方法:重新校对和调整点火正时。

2. 怠速偏高

发动机运转平稳的前提下,发动机转速越低越好,各车型均有标准怠速,怠速高于标准值,即可断定为怠速过高。怠速过高增加油耗,并影响车辆起步功能。怠速过高的常见原因有如下方面。

1)节气门开度过大

节气门开度过大,进气量过多,则发动机怠速增高。造成节气门开度过大的主要原因有:节气门过脏,图12-8为需要清洗的节气门;节气门卡滞,开闭不灵活;节气门位置调整不当;节气门位置传感器故障。

处理方法:通过诊断仪读取节气门开度数据流,确定节气门开度是否在正常范围,多数车型怠速时的节气门开度为8°~10°,若节气门开度偏大,则需要清洗、调整节气门。

图12-8　需要清洗的节气门

2)怠速控制电动机故障

怠速电动机(怠速阀)卡滞在开度大的位置,会引起怠速过高。

处理方法:清洗或更换怠速电动机(怠速阀)。

3)进气系统漏气

进气系统漏气,特别是漏气量较大,进入汽缸的空气多,会引起怠速偏高。

处理方法:排除漏气位置。

4)燃油压力过高

燃油压力过高,增加了喷油器的喷油量,提高了发动机运转速度。

处理方法:连接燃油压力表,仔细检测燃油压力是否符合规定值。如果太高,检查燃油压力调节器及回油管路。

5)冷却液温度传感器故障

发动机冷却液温度传感器及线路断路,发动机ECU判断冷却液温度过低,会提高转速,进入暖机模式,引起怠速过高。

处理方法:检测冷却液温度传感器及线路。

6)喷油量过大

喷油量的大小决定了发动机的转速高低,怠速高,必然是喷油量较大,怠速状态下喷油量较大,必然是发动机ECU接收到不正常的控制信号,然后发出加大喷油量的指令。影响喷油量的信号的传感器及元件有:节气门位置传感器、空气流量计、进气压力传感器、冷却液温度传感器、进气温度传感器和发动机控制单元等。

处理方法:通过诊断仪,读取故障码和数据流,确定故障部位及元件。

3. 怠速不稳

怠速不稳表现为:怠速运转时,发动机发抖、转速不均匀。其产生的原因有:怠速空气量孔堵塞,怠速装置工作不良,个别缸火花塞火花过弱,个别气门密封不严,进气歧管漏气,点火时间过早或过迟,怠速调整不当等。发动机怠速不稳时,首先应调整怠速,如怠速调整后故障仍不能消除,则应检查怠速量孔与怠速空气量孔是否堵塞,如量孔堵塞,可用汽油或丙酮清洗并用压缩空气吹通;如量孔未堵塞。如怠速不稳的同时伴有发动机功率下降现象,则应进一步检查火花塞工作情况、气门的密封性能及点火时间是否正确,必要时应进行检修、调整。确定怠速不稳标准有如下方面。

(1)观察发动机缸体的抖动程度,也可以观看机油尺晃动的程度,平稳发动机的油尺很清晰,抖动的发动机的油尺看起来是双影的。

(2)从发动机转速表或读数据块观察,转速以怠速期望值(设定怠速或需求怠速)为中心抖动,或在期望值一侧剧烈抖动,程序中的怠速期望值包括标准怠速值、负荷(打开灯光、自动变速器挂上挡等)怠速值、空调怠速值、暖车怠速值。

(3)原地起动发动机,坐在座椅上,能感觉车身的振动。

怠速不稳故障可分为冷车怠速不稳、热车怠速不稳、无规律的抖动。

怠速不稳的故障原因包括直接原因与间接原因。直接原因指机械零件脏污、磨损、安装不正确等,导致个别汽缸功率的变化,从而造成各汽缸功率不平衡,致使发动机出现怠速不稳;间接原因指发动机电控系统不正常,导致混合气燃烧不良,造成各汽缸功率难以平衡,使发动机出现怠速不稳。

怠速不稳的常见原因有如下方面。

1)进气系统故障

进气歧管或各种阀泄漏:当不该进入的空气、汽油蒸汽、燃烧废气进入到进气歧管,造成混合气过浓或过稀,使发动机燃烧不正常,会造成发动机怠速的抖动。

节气门和进气道积垢过多:节气门和周围进气道的积炭、污垢过多,空气通道截面积发生变化,使得控制单元无法精确检测怠速进气量,造成混合气过浓或过稀,使燃烧不正常。

怠速空气执行元件故障:怠速控制元件有故障,会导致怠速空气控制量不准确,引起怠速不稳。

进气量失准:控制单元接收错误信号而发出错误的怠速控制指令,引起发动机怠速进气量控制失准,使发动机燃烧不正常,属于怠速不稳的间接原因。

处理方法:清洗和更换损坏部件。

2)燃油系统故障

喷油器故障:喷油器的喷油量不均、雾化不良,会造成各汽缸的功率不平衡,从而产生发动机工作抖动。

燃油压力故障:燃油压力不稳定,比如油泵或回油管路故障,造成喷油器的喷油不稳定,引起怠速发抖。

喷油量失准:各传感器或线路故障,导致控制单元发出错误喷油指令,使喷油量不正确,造成混合气过浓或过稀,属于怠速不稳的间接原因。

喷油器滴漏或堵塞:使其无法按照 ECU 的指令进行喷油,从而造成混合气过浓或过稀,使个别汽缸工作不良,导致发动机怠速不稳。

处理方法:清洗和更换损坏部件。

3)点火系统故障

点火模块与点火线圈故障:新款汽车多将模块与点火线圈集成一体,点火模块或点火线圈有故障,引起高压火减弱,高压火不稳定,点火能量不足,都会引起发动机工作发抖。

火花塞与高压线:火花塞、高压线故障导致点火能量下降或失火,引起怠速不稳定。

点火提前角失准:由于传感器及线路故障属于引起怠速不稳的间接原因,控制单元发出错误指令,使点火提前角不正确,或造成点火提前角大范围波动,引起怠速不稳。

处理方法:更换损坏部件;调整正时。

4)发动机机械系统故障

汽缸内气体作用力的变化(一个汽缸气体作用力变化或几个汽缸气体作用力变化),引起各汽缸功率不平衡,导致活塞在做功行程时的水平方向分力不一致,出现对发动机横向摇倒的力矩不平衡,从而产生发动机抖动。凡是引起发动机汽缸内气体作用力变化的故障都有可能导致发动机怠速抖动。常见的故障原因有如下方面。

配气机构:配气相位的错误会使气门不按规定时刻开闭,致使进入汽缸内的空气量不稳定,同时由于窜气也使进气歧管内的温度有所升高,从而使发热元件的冷却程度降低,因而输出给 ECU 的电压信号就低,喷油量就会减少,容易造成发动机在怠速时运转不稳。

发动机缸体、活塞连杆机构:连杆活塞机构故障会使个别汽缸功率下降过多,从而使各汽缸功率不平衡。导致发动机怠速运转不稳定而抖动。

其他原因:曲轴、飞轮、曲轴皮带轮等运转部件动平衡不稳定;发动机支脚垫断裂、损坏;发动机底护板因变形与油底壳相撞击等,也会造成发动机振动而影响转速。图 12-9 为帕萨特曲轴飞轮,其由两片齿轮盘通过橡胶件连接于一体,当连接橡胶老化断裂,两片齿轮盘产生分裂,飞轮运转时,产生动态不平衡,就会引起发动机抖动。

图 12-9　帕萨特曲轴飞轮

处理方法:清洗和更换损坏部件。

5)其他故障原因

自动变速器、空调、转向助力器等有故障会增加怠速负荷,引起怠速不稳。发动机控制单元与空调、自动变速器控制单元之间的怠速提升信号中断;CAN-BUS 总线系统故障,电控单元的搭铁线不良,发动机与车身的搭铁线不良,均会造成发动机怠速运行不稳。

处理方法:检修线路;更换损坏部件。

4. 怠速游车

怠速游车指发动机转速有规律或无规律的在一定转速范围内上下波动的现象。造成发动机怠速游车的根本原因是发动机 ECU 在检测到不正确的传感器信号或判断进气混合比不正常时,不断的修正发动机空燃比,从而引起发动机怠速不稳定的现象。

电控发动机怠速游车的故障原因主要包括:燃油压力不稳定;进气系统真空管漏气;氧传感器失效或反馈控制电路有故障;空气流量计故障;EGR 阀故障;燃油蒸汽回收控制系统故障;发动机 ECU 及线路、连接器不良等故障。

处理方法:检修线路;更换损坏部件。

5. 无怠速

无怠速指松掉加速踏板则发动机熄火,只有加速踏板踩下,才能稳住发动机转速的工作状态。根据无怠速的现象,可以判断无怠速是没有足够的进气量造成,而怠速状态下,进气量的控制主要依靠怠速控制元件(怠速阀、怠速电动机或节气门电动机)的作用,因此无怠速的故障部位在怠速控制元件。

无怠速的常见故障原因和部位包括:怠速电动机卡死,打不开;节气门体故障;电子节气门单元故障;发动机 ECU 及线路。

处理方法:清洗脏污元件;检修线路;更换损坏部件。

6. 负荷变化时怠速不提高

电控发动机在负荷增加,如开空调、转向、挂挡、开前照灯等时,发动机怠速会自动提高,当发动机执行提速操作时不能提速,则发动机怠速运转不稳抖动,甚至熄火。

电控发动机不提速的故障原因包括:开关信号传送错误或不良;发动机 ECU 故障;怠速控制阀不良;电子节气门电机故障;开关、ECU、执行元件的线路不良。

处理方法:清洗脏污元件;检修线路;更换损坏部件。

二、故障诊断流程

1. 起动正常但怠速不稳的故障诊断流程

1)一般故障部位

故障部位为:燃油含水;喷油器;火花塞;节气门体及怠速旁通气道;进气道;怠速调节器;点火正时;火花塞;发动机机械部分。

2)诊断流程

故障诊断流程见表 12-3。

起动正常但怠速不稳诊断流程　　表 12-3

序号	操作步骤	检测结果	后续步骤
1	检查空气滤清器是否堵塞,进气道是否存在漏气	是	检修进气系统
		否	下一步
2	检查怠速调节器是否发卡	是	下一步
		否	清洗或更换
3	检查各个汽缸的火花塞,观察其型号及间隙是否符合规范	是	下一步
		否	调整或更换
4	检查节气门体及怠速旁通气道是否存在积炭现象	是	清洗
		否	下一步
5	拆卸喷油器,用喷油器专用清洗分析仪检查喷油器是否存在泄漏、堵塞或流量超差现象	是	更换喷油器
		否	下一步
6	检查燃油情况,观察故障现象是否由于刚好加油后引起的	是	更换燃油
		否	下一步

续上表

序号	操作步骤	检测结果	后续步骤
7	检查发动机各个汽缸的压力情况,观察发动机汽缸压力是否存在差异较大的情况	是	排除发动机机械故障
		否	下一步
8	检查发动机的点火顺序及点火正时是否符合规范	是	更换燃油
		否	检修点火正时
9	接上电喷系统转接器,打开点火开关,检查发动机 ECU 针脚电源供给是否正常,检查发动机 ECU 针脚搭铁是否正常	是	诊断帮助
		否	检修相应的线路

2. 起动正常但暖机过程中怠速不稳的故障诊断流程

1)一般故障部位

故障部位为:燃油含水;冷却液温度传感器;火花塞;节气门体及怠速旁通气道;进气道;怠速调节器;发动机机械部分。

2)诊断流程

故障诊断流程见表 12-4。

起动正常但暖机过程中怠速不稳诊断流程　　表 12-4

序号	操作步骤	检测结果	后续步骤
1	检查空气滤清器是否堵塞,进气道是否存在漏气	是	检修进气系统
		否	下一步
2	检查各个汽缸的火花塞,观察其型号及间隙是否符合规范	是	下一步
		否	调整或更换
3	卸下怠速调节器,检查节气门体、怠速调节器及怠速旁通气道是否存在积炭现象	是	清洗相关零部件
		否	下一步
4	拔下冷却液温度传感器接头,起动发动机,观察此时发动机是否在暖机过程怠速不稳	是	检修线路或更换传感器
		否	下一步
5	拆卸喷油器,用喷油器专用清洗分析仪检查喷油器是否存在泄漏、堵塞或流量超差现象	是	更换喷油器
		否	下一步
6	检查燃油情况,观察故障现象是否由于刚好加油后引起的	是	更换燃油
		否	下一步
7	检查发动机各个汽缸的压力情况,观察发动机汽缸压力是否存在差异较大的情况	是	排除发动机机械故障
		否	下一步
8	接上电喷系统转接器,打开点火开关,检查发动机 ECU 针脚电源供给是否正常,检查发动机 ECU 针脚搭铁是否正常	是	诊断帮助
		否	检修相应的线路

3. 起动正常打开空调时怠速不稳的故障诊断流程

1)一般故障部位

故障部位为:空调系统;怠速调节器;喷油器。

2)诊断流程

故障诊断流程见表 12-5。

起动正常但打开空调时怠速不稳的故障诊断流程　　表12-5

序号	操作步骤	检测结果	后续步骤
1	卸下怠速调节器,检查节气门体、怠速调节器及怠速旁通气道是否存在积炭现象	是	清洗相关零部件
		否	下一步
2	观察开启空调时发动机输出功率是否增大,即利用电喷系统诊断仪观察点火提前角、喷油脉宽及进气量的变化情况	是	到步骤4
		否	下一步
3	接上电喷系统转接器,断开电子控制单元75#针脚连接线,检查开空调时线束端是否为高电平信号	是	下一步
		否	检修空调系统
4	检查空调系统压力、压缩机的电磁离合器和空调压缩泵是否正常	是	下一步
		否	检修空调系统
5	拆卸喷油器,用喷油器专用清洗分析仪检查喷油器是否存在泄漏、堵塞或流量超差现象	是	更换喷油器
		否	下一步
6	接上电喷系统转接器,打开点火开关,检查发动机ECD针脚电源供给是否正常,检查发动机ECD针脚搭铁是否正常	是	诊断帮助
		否	检修相应的线路

4.起动正常部分负荷时怠速不稳的故障诊断流程

1)一般故障部位

故障部位为:节气门体及怠速旁通气道;真空管;怠速调节器;冷却液温度传感器;点火正时。

2)诊断流程

故障诊断流程见表12-6。

起动正常但部分负荷时怠速不稳的故障诊断流程　　表12-6

序号	操作步骤	检测结果	后续步骤
1	检查节气门拉索是否卡死或过紧	是	调整
		否	下一步
2	检查进气系统及连接的真空管道是否存在漏气	是	检修进气系统
		否	下一步
3	卸下怠速调节器,检查节气门体、怠速调节器及怠速旁通气道是否存在积炭现象	是	清洗相关零部件
		否	下一步
4	拔下冷却液温度传感器接头,起动发动机,观察此时发动机是否怠速过高	是	检修线路或更换传感器
		否	下一步
5	检查发动机的点火正时是否符合规范	是	下一步
		否	检修点火正时
6	接上电喷系统转接器,打开点火开关,检查发动机ECU针脚电源供给是否正常,检查发动机ECU针脚搭铁是否正常	是	诊断帮助
		否	检修相应的线路

三、发动机加速不良故障诊断与排除的操作技能

以下以卡罗拉1ZR-FE发动机怠速不良为例,介绍故障诊断流程。

1. 卡罗拉怠速不良故障诊断准备工作

(1)防护装备:工作服、工作帽、手套、劳保鞋。

(2)车辆、台架、总成:卡罗拉整车、发动机台架。

(3)检测设备:KT600 诊断仪、万用表、测试灯泡、专用短接线、二极管试灯、燃油压力表。

(4)专用工具:燃油管拆装专用工具。

(5)手工工具:拆装工具一套。

(6)辅助材料:翼子板布和前格栅布、三件套、抹布、手套、白板笔。

2. 卡罗拉怠速不良故障诊断步骤

1)确认故障现象

起动发动机,怠速运行,确定怠速是否正常。如果不正常,判断故障现象的类型。

2)故障码读取

连接诊断仪器,读取发动机系统故障码,如有故障码,根据内容检修后,清除故障码。

提示:以下步骤分别针对怠速不良的现象进行重点检查。

3)怠速过低或无怠速

读取节气门开度的数据流,如果比正常值低,清洁节气门体。

4)怠速过高

读取节气门开度的数据流,如果比正常值高,清洁节气门体;读取冷却液温度传感器数据,如果比发动机实际的冷却液温度低,检查冷却液温度传感器;如果曾经清洁过节气门或拆卸过线束连接器,进行节气门设定。

5)怠速游车

检查进气系统是否漏气;检查重要的传感器,如空气流量计、节气门位置、加速踏板位置、氧传感器的数据流是否正常,如果这些传感器某个信号不正常,控制单元会进行混合气修正,造成转速忽高忽低的现象。

6)发动机负荷变化但转速不提速

检查数据流,确认负荷变化信号(如空调 A/C 信号)是否发动到控制单元。当空调开关打开或转向盘转动,数据应从“OFF”变成“ON”,见图 12-10。

KINGTEC 故障测试

\发动机和变速箱系统\功能选择\读数据流\数据流测试

发动机转速	644rpm
动力转向开关	OFF
空调信号	OFF

图 12-10 负荷变化数据流

7)怠速不稳

(1)排除发动机机械原因:检测汽缸压力,各汽缸压力应基本一致或在误差范围内。

(2)排除点火系统原因:检查火花塞、点火线圈;检查点火正时。

(3)排除燃油系统原因:检查燃油压力是否偏低;检查喷油器是否工作及堵塞、泄漏、供油量一致。

(4)排除进气系统原因:检查进气管道是否泄漏、堵塞,检查节气门体是否有积炭。

(5)排除排放控制系统原因:检查燃油蒸汽系统是否常工作;检查三元催化转换器是否堵塞。

四、故障实例

故障现象:一辆2005年生产的北京现代SONATA轿车,怠速不稳,排气管冒黑烟。故障诊断与排除:经测量,系统油压为-250kPa,正常;怠速时,喷油时间为6.4ms,过长;怠速时进气压力传感器MAP信号电压为3.3V(怠速时MAP信号电压应为1.9V左右),过大。

检测结果和故障症状一致。怠速时,MAPS信号偏高,导致控制单元指令喷油时间过长,以致喷油太多,使其无法完全燃烧而排黑烟,并使怠速不稳。

分析可知,传感器本身有故障、进气歧管泄漏或MAPS本身有内漏、线路或ECU有故障均会导致MAPS信号偏高。经检查发现,进气压力传感器连接器积水而腐蚀。

修理连接器内插脚并插接到位,起动试车,发动机怠速运转平稳,排黑烟现象基本消失。用仪器检测怠速工况数据:MAPS信号电压约为1.9V,喷油时间为2.6ms。多次起动并怠速运转,发动机运转正常,排黑烟现象完全消失,故障排除。

五、拓展知识

1.怠速调整

1)怠速调整的原因

电控发动机的怠速主要通过怠速阀控制,同时节气门关闭,但仍保持一定的微小开度,当怠速阀不能打开时,通过节气门的开度控制进气量,维持怠速,怠速阀无法调整,为保持怠速的微调,节气门设置有调整螺丝,其实是调节节气门的开度。

2)调整怠速的方法

调整怠速工作,必须在发动机温度正常、气门间隙适当、点火系统情况正常、各管道密封良好、节气门能够关闭严密等正常状况下进行。

调整时,首先旋出节气门开度调整螺钉,使发动机达到最低稳定转速,接着用螺丝刀旋入怠速调整螺钉,当发动机快要熄火时,再缓慢旋出怠速调整螺钉,使发动机稳定运转并达到高速,然后再将节气门开度调整螺钉旋出,使发动机的转速能降到最低,然后再调整怠速调整螺钉,使发动机转速提高。如此反复进行,直到节气门开度最小,发动机在最低稳定转速下运转,最后再提高转速并突然关闭节气门,以发动机不熄火仍然转动为宜。

2.怠速设定

1)怠速设定的概念

基本设定是指人为地创造一个特定的初始状态,即用故障诊断仪命令电控单元作一次基本设定的过程,它由电控单元控制进行,不能人工干预。

2)怠速设定的目的

仔细阅读数据流会发现,当节气门变脏污后,发动机在怠速运转时,节气门开度会增大。这是因为节流阀体变脏后,在相同的开度下,进气量会减小,将不足以维持发动机的额定怠速转速,节气门开度会增大;清洗节气门后,怠速时节气门的开度会减小。同理,怠速控制采用步进电动机的车型,当步进电动机变脏污后,它的开启步数会增大,清洗干净后开启步数会减小。这说明电控单元具有学习功能，不但能够检测到元件参数的变化，还能够适应这种变化。但是，电控单元是要想知道该元件的初始基本参数就需要基本设定，在未作基本设定之前，假如电控单元收到了一个节气门怠速位置的电压信号，但并不知道其开启角度，这是因为电控单元还不知道节气门最小怠速位置、最大怠速位置的电压值等基本参数。如果电控单元知道了节气门最小怠速位置、最大怠速位置，就知道了怠速节气门电位计的电压范围；电控单元知道了怠速节气门电位计的几个中间位置的电压值就知道了怠速节气门电位计的特性。这样，当电控单元收到任一位置的信号电压时，都能判断出节气门的开度。基本设定就是让电控单元了解节流阀体的基本特性、基本参数，这样才会在以后的运行过程中自动地调整它与节气门的动作。

3）需要进行怠速基本设定的情况

由以上原理分析可知，在影响到电控单元与节流阀体协调工作的因素时，需要进行基本设定。

（1）在换用新电控单元后，新电控单元内还没有存储节流阀体的特性，需进行基本设定。

（2）在电控单元断电后，电控单元存储器中的记忆丢失，需进行基本设定。

（3）更换新节流阀体后，需进行基本设定。

（4）更换或拆装进气道后，影响到电控单元与节流阀协调工作及对怠速的控制，需进行基本设定。

（5）在清洗节流阀体后，怠速节气门电位计的特性虽然没有变化，但在相同的节气门开度下，进气量已发生突变，怠速控制特性已发生突变，也需进行基本设定。

六、任务实施过程工单

<table>
<tr><td>学习任务</td><td colspan="7">发动机怠速不良的故障诊断</td></tr>
<tr><td>任务描述</td><td colspan="7">以发动机怠速不良的故障诊断为任务，采用行动导向教学法，引导学生按照汽车维修工作过程（信息、计划、决策、实施、检查、评估）检测并排除故障，在此过程中，学习相关理论知识，掌握发动机怠速不良的故障诊断方法</td></tr>
<tr><td rowspan="4">1. 信息</td><td rowspan="2">车辆信息</td><td>车型</td><td></td><td>出厂时间</td><td></td><td>发动机型号</td><td></td></tr>
<tr><td>车辆识别码</td><td></td><td>已行驶里程</td><td></td><td></td><td></td></tr>
<tr><td>故障描述</td><td colspan="6"></td></tr>
<tr><td>相关问题</td><td colspan="6">发动机怠速不良的可能原因有哪些？各自的故障现象有哪些？
待修车辆的正常怠速标准值是多少</td></tr>
<tr><td>2. 计划</td><td colspan="7">提出诊断排除故障的方案</td></tr>
<tr><td rowspan="4">3. 决策</td><td colspan="3">人员分配</td><td colspan="4"></td></tr>
<tr><td colspan="3">时间安排</td><td colspan="4"></td></tr>
<tr><td colspan="3">工作步骤</td><td colspan="4"></td></tr>
<tr><td colspan="3">设备和工具</td><td colspan="4"></td></tr>
</table>

续上表

<table>
<tr><td rowspan="13">4. 实施</td><td colspan="2">怠速检查项目</td><td colspan="2">冷车快怠速</td><td>正常怠速</td><td>有负荷怠速</td></tr>
<tr><td colspan="2">检测数值</td><td colspan="2"></td><td></td><td></td></tr>
<tr><td colspan="2">检测标准</td><td colspan="2"></td><td></td><td></td></tr>
<tr><td colspan="2">检测结论</td><td colspan="2"></td><td></td><td></td></tr>
<tr><td colspan="6">怠速调整的步骤：</td></tr>
<tr><td colspan="2">检测发动机各子系统</td><td colspan="2">检测与诊断方法</td><td>查出的故障问题</td><td>修复措施</td></tr>
<tr><td colspan="2">电控系统工作情况</td><td colspan="2"></td><td></td><td></td></tr>
<tr><td colspan="2">点火系工作情况</td><td colspan="2"></td><td></td><td></td></tr>
<tr><td colspan="2">燃油供给系工作情况</td><td colspan="2"></td><td></td><td></td></tr>
<tr><td colspan="2">进排气系统工作情况</td><td colspan="2"></td><td></td><td></td></tr>
<tr><td colspan="2">发动机缸压情况</td><td colspan="2"></td><td></td><td></td></tr>
<tr><td colspan="2">进气系统密封情况</td><td colspan="2"></td><td></td><td></td></tr>
<tr><td colspan="2">怠速匹配情况</td><td colspan="2"></td><td></td><td></td></tr>
<tr><td>5. 检查</td><td colspan="6">检查由于发动机加速不良导致的汽车行驶无力的故障诊断步骤和思路，检查汽车修复质量及汽车性能</td></tr>
<tr><td rowspan="10">6. 评估</td><td colspan="2">评 估 项 目</td><td>自我评估</td><td>组长评估</td><td>教师评估</td><td>备　注</td></tr>
<tr><td rowspan="2">素质考评 10 分</td><td>劳动纪律 5 分</td><td></td><td></td><td></td><td></td></tr>
<tr><td>环保意识 5 分</td><td></td><td></td><td></td><td></td></tr>
<tr><td colspan="2">工单考评 20 分</td><td></td><td></td><td></td><td></td></tr>
<tr><td colspan="2">检测与诊断思路 30 分</td><td></td><td></td><td></td><td></td></tr>
<tr><td rowspan="4">实操考评 40 分</td><td>工具使用 5 分</td><td></td><td></td><td></td><td></td></tr>
<tr><td>任务方案 10 分</td><td></td><td></td><td></td><td></td></tr>
<tr><td>实施过程 20 分</td><td></td><td></td><td></td><td></td></tr>
<tr><td>完成情况 5 分</td><td></td><td></td><td></td><td></td></tr>
<tr><td colspan="2">综合评价 100 分</td><td colspan="4"></td></tr>
</table>

学习任务 3　离合器打滑而导致汽车行驶无力的故障检测与诊断

一、故障现象及原因

1. 离合器工作要求与常见故障部位

离合器是依靠摩擦力矩来传递动力的，其功用是保证发动机顺利起动和汽车平稳起步，保证传动系换挡时工作平顺，防止传动系过载。离合器主要由主动部分、从动部分、压紧机构和操纵机构组成，图 12-11 为北京吉普切诺基轿车膜片弹簧离合器零件分解图，其常见故障部位见表 12-7。

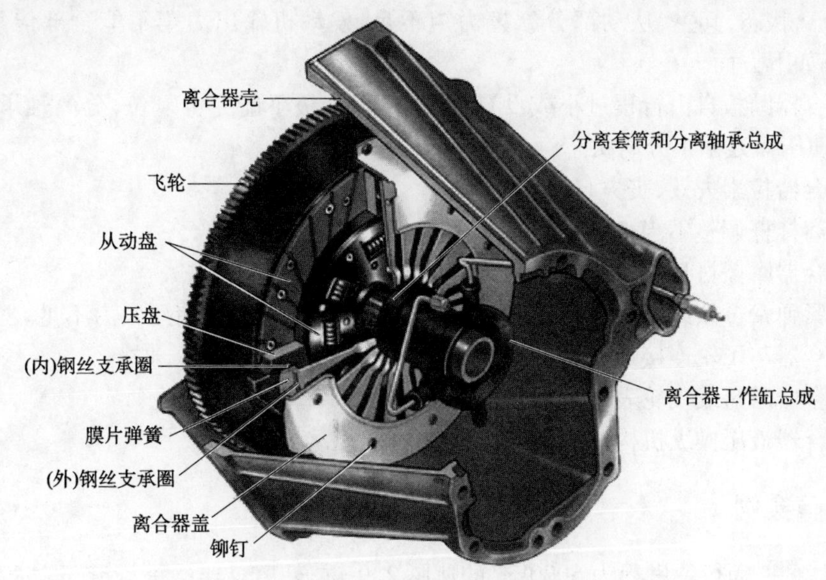

图 12-11 北京吉普切诺基轿车膜片弹簧离合器零件分解图

离合器常见故障部位及原因分析　　表 12-7

序号	故障部位	故障原因	故障现象
1	踏板	不能复位，自由行程过大、过小	打滑，分离不彻底
2	分离杠杆	调整不当，不在一个平面内；支架螺母松动	调整不当，打滑或分离不彻底；支架松旷发响
3	从动盘	油污、变薄、烧损、破裂、铆钉外露，钢片翘曲，盘毂键槽锈蚀	打滑，异响，分离不开
4	分离轴承	严重缺油，复位弹簧过软、脱落	烧蚀卡滞，发响
5	压紧弹簧	过软、折断，弹力不均，膜片弹簧变形	打滑，起步发抖
6	离合器盖	变形，分离杠杆座磨损	壳盖高度不够，分离杠杆位置过低，分离不开
7	压盘	翘曲划伤，龟裂	起步发抖
8	减振弹簧	断裂失效	发抖
9	飞轮	端面翘曲，连接螺栓松动	离合器打滑
10	分离叉轴	衬套松旷	间隙过大，分离不开

2. 故障现象

起步时，离合器踏板接近完全放松汽车方能起步；离合器接合后，出现汽车起步困难、油耗上升、行驶中或加速时发动机转速过高但车速提高缓慢；上坡行驶或重载时，动力明显不足，严重时可嗅到离合器摩擦片的焦臭味等。

3. 故障原因

离合器打滑的故障实质是离合器踏板完全放松时,主动盘与从动盘没有完全接合,离合器处于半分离状态,其主、从动部分摩擦力矩不足,发动机输出力矩不能全部传给传动系。主要原因有如下方面。

(1)离合器踏板自由行程过小或没有自由行程、踏板不能完全复位,分离轴承常压在分离杠杆上,使压盘处于半分离状态。

(2)离合器拉索失效,丧失自调功能。

(3)分离杠杆调整不当,弯曲变形。

(4)离合器摩擦衬片变薄、硬化,铆钉外露或有油污等。

(5)压紧弹簧过软或折断,膜片弹簧受热退火变软或变形,致使压紧力不足。

(6)离合器与飞轮连接螺栓松动。

(7)离合器压盘或飞轮表面翘曲变形。

(8)离合器液压操纵机构中的离合器主缸不良。

二、故障实例

故障现象:一辆行驶里程为5000km的速腾2.0轿车,离合器严重打滑,5挡行车时转速达3000r/min,而车速仅能达到45km/h。

故障诊断与排除:车主反映,离合器一直有打滑的迹象。由于平时该车行驶距离短、速度低,又是新车,以为磨合磨合就好了,所以没有报修。今天跑高速,发现离合器打滑非常严重才来修理。

离合器打滑的检验方法:使车辆处于完全制动状态,踏下离合器踏板,然后在一挡发动,再放开离合器踏板。此时如果发动机能够熄火,说明离合器无故障;反之则离合器有打滑,需拆卸、检查离合器。试车确定是离合器打滑,同时能闻到离合器打滑的煳味。更换离合器片和压盘,行驶了两天后,高速时离合器又出现打滑现象。

通常从两个方面分析离合器打滑的原因:一是离合器无自由行程,分离机构顶死分离拨叉,造成离合器分离拨叉没有复位空间,压盘压紧力降低,离合器传递转矩变小,严重时不能传递转矩,造成离合器打滑;二是驾驶人操作问题,行驶中没有完全放开离合器踏板,过多使用半脚离合状态,超载运行,爬陡坡,使离合器磨损严重。

首先检查离合器踏板自由行程,太小;同时发现,离合器踏到底再松到很高程度,汽车才能起步。拆下离合器工作缸,轻轻按压工作缸推杆,能按压到底,并能复位。轻踏离合器踏板,工作缸推杆能伸出;放松离合器踏板,工作缸推杆能复位。大致判定离合液压系统正常。

这时用手晃动分离拨叉,发现拨叉没有游动余量,同时拨叉烫手,不能复位。通过仔细检查,发现固定换挡支架的固定螺栓拧入变速器壳体过多,正好挡住分离拨叉,致使分离拨叉不能复位。这是造成离合器打滑的根本原因。

通过与新车对比,发现固定支架橡胶内应有一个铁套,而故障车没有铁套,造成螺栓拧入过多,挡住分离拨叉,致使分离拨叉不能复位,导致离合器打滑。装上相同规格的铁套,故障排除。

三、任务实施过程工单

<table>
<tr><td>学习任务</td><td colspan="7">离合器打滑造成的汽车行驶无力故障诊断</td></tr>
<tr><td>任务描述</td><td colspan="7">以离合器打滑的故障诊断为任务，采用行动导向教学法，引导学生按照汽车维修工作过程（信息、计划、决策、实施、检查、评估）检测并排除故障，在此过程中学习相关理论知识，掌握发动机加速不良的故障诊断方法</td></tr>
<tr><td rowspan="4">1. 信息</td><td rowspan="2">车辆信息</td><td>车型</td><td></td><td>出厂时间</td><td></td><td>发动机型号</td><td></td></tr>
<tr><td>车辆识别码</td><td></td><td>已行驶里程</td><td></td><td colspan="2"></td></tr>
<tr><td>故障描述</td><td colspan="6"></td></tr>
<tr><td>相关问题</td><td colspan="6">离合器打滑的原因有哪些</td></tr>
<tr><td>2. 计划</td><td colspan="7">提出诊断排除故障的方案</td></tr>
<tr><td rowspan="4">3. 决策</td><td colspan="2">人员分配</td><td colspan="5"></td></tr>
<tr><td colspan="2">时间安排</td><td colspan="5"></td></tr>
<tr><td colspan="2">工作步骤</td><td colspan="5"></td></tr>
<tr><td colspan="2">设备和工具</td><td colspan="5"></td></tr>
<tr><td>4. 实施</td><td colspan="7">试车，人工确诊离合器打滑的方法：
使用离合器打滑仪确诊的操作步骤：
离合器踏板自由行程的检查：
从车上拆下离合器的步骤：
拆检离合器总成：</td></tr>
<tr><td>5. 检查</td><td colspan="7">检查由于离合器打滑导致的汽车行驶无力的故障诊断步骤和思路，检查汽车修复质量及汽车性能</td></tr>
<tr><td rowspan="11">6. 评估</td><td colspan="2">评 估 项 目</td><td>自我评估</td><td>组长评估</td><td>教师评估</td><td colspan="2">备　注</td></tr>
<tr><td rowspan="2">素质考评 10 分</td><td>劳动纪律 5 分</td><td></td><td></td><td></td><td colspan="2"></td></tr>
<tr><td>环保意识 5 分</td><td></td><td></td><td></td><td colspan="2"></td></tr>
<tr><td colspan="2">工单考评 20 分</td><td></td><td></td><td></td><td colspan="2"></td></tr>
<tr><td colspan="2">检测与诊断思路 30 分</td><td></td><td></td><td></td><td colspan="2"></td></tr>
<tr><td rowspan="4">实操考评 40 分</td><td>工具使用 5 分</td><td></td><td></td><td></td><td colspan="2"></td></tr>
<tr><td>任务方案 10 分</td><td></td><td></td><td></td><td colspan="2"></td></tr>
<tr><td>实施过程 20 分</td><td></td><td></td><td></td><td colspan="2"></td></tr>
<tr><td>完成情况 5 分</td><td></td><td></td><td></td><td colspan="2"></td></tr>
<tr><td colspan="2">综合评价 100 分</td><td colspan="5"></td></tr>
</table>

学习任务4　自动变速器打滑而导致汽车行驶无力的故障检测与诊断

一、故障现象及原因

1. 故障现象

车辆起步时踩下加速踏板，发动机转速很快升高但车速升高缓慢。行驶中踩下加速踏板加速时，发动机转速升高但车速没有很快提高。平路行驶基本正常，但上坡无力，且发动机转速很高。例如：一辆本田雅阁2.2轿车，因碰撞使自动变速器中间壳体破裂。解体自动变速器，修复变速器壳体后试车，发现汽车行驶到车速大约为50km/h时，就出现发动机转速突然升高空转、自动变速器驱动打滑的现象。

2. 故障原因

打滑是自动变速器的故障之一。虽然自动变速器打滑往往都伴有离合器或制动器摩擦片严重磨损甚至烧焦等现象，但如果只是简单地更换磨损的摩擦片而没有找出打滑的真正原因，则会使修后的自动变速器使用一段时间后又反复出现打滑现象。因此，对于出现打滑的自动变速器，不要盲目拆卸分解，应先做各种检查测试，以找出造成打滑的真正原因。

自动变速器打滑的主要原因有如下方面。

(1)自动变速器油油面太低。

(2)自动变速器油油面太高，运转中被行星排剧烈搅动后产生大量气泡。

(3)离合器或制动器摩擦片、制动带磨损过甚或烧焦。

(4)油泵磨损过甚或主油路泄漏，造成油路油压过低。

(5)单向超越离合器打滑。

(6)离合器或制动器活塞密封圈损坏，导致漏油。

(7)主调压阀泄漏或调压电磁阀损坏导致油压过低。

(8)蓄压器活塞密封圈损坏，导致漏油。

(9)滤清器堵塞。

二、故障诊断与排除

(1)先检查其液压油的油位高度和品质。若油位过低或过高，应先调整至正常后再做检查。若油面调整正常后自动变速器不再打滑，可不必拆修自动变速器。

(2)检查自动变速器油的品质。如果油太脏，可进一步拆下油底壳，检查其内部是否有较多杂质，并分析杂质成分。若自动变速器油呈棕黑色或有烧焦味，说明离合器或制动器的摩擦片或制动带有烧焦，应拆修自动变速器。检查集滤器是否因太脏而发生堵塞。

(3)路试以确定自动变速器是否打滑，并检查出现打滑的挡位和打滑的程度。将变速杆拨入不同的位置，让汽车行驶。若自动变速器升至某一挡位时发动机转速突然升高，但车速并没有相应地提高，即说明该挡位有打滑。打滑时发动机的转速愈容易升高，说明打滑愈严重。

(4)检测油压。在拆卸分解自动变速器之前,应先检查自动变速器的主油路油压,以找出造成自动变速器打滑的原因。自动变速器不论前进挡或倒挡均打滑,其原因往往是主油路油压过低。若主油路油压正常,则只要更换磨损或烧焦的摩擦元件即可。若主油路油压不正常,则在拆修自动变速器的过程中,应根据主油路油压,相应地对油泵或阀进行检修,并更换自动变速器的所有密封圈和密封环。

注意:在大多数自动变速器中,正常行驶挡位都充分利用了单向离合器的锁止作用,如果该单向离合器打滑,则会出现驱动无力现象,严重时无挡。单向离合器损坏对低挡位以外的前进挡影响较大,因为在低挡位时通常设置有低挡制动器参加工作,即使单向离合器打滑,其在低挡位也能正常工作。在实际运行中,这类故障往往表现为冷车状况比热车时好,与液压系统泄漏故障极为相似,可通过油压试验来区分。

高速挡打滑一般都是相应地执行元件损坏,液压控制系统有泄漏或压力不够所致,通过失速试验往往无法检验到,只有根据行驶时的状况做出诊断。但对于一些电控自动变速器仍然可采用失速试验来检测。如一些电控自动变速器在对其换挡电磁阀断电后,在选挡手柄位于D位或2位时,变速器会在3挡或4挡工作。利用这个原理,拔掉换挡电磁阀的线路连接器后再对自动变速器进行失速试验,这时便可检查3挡或4挡的执行元件是否打滑。

在诊断时可首先检查变速器油质情况,看变速器是否发生过异常过热的现象及摩擦元件笔记是否有损坏现象,并注意自动变速器是否有异响等现象存在。如果油质正常,可进一步进行油压测试,来检查油压系统是否有故障。

自动变速器打滑的故障诊断流程见图12-12。

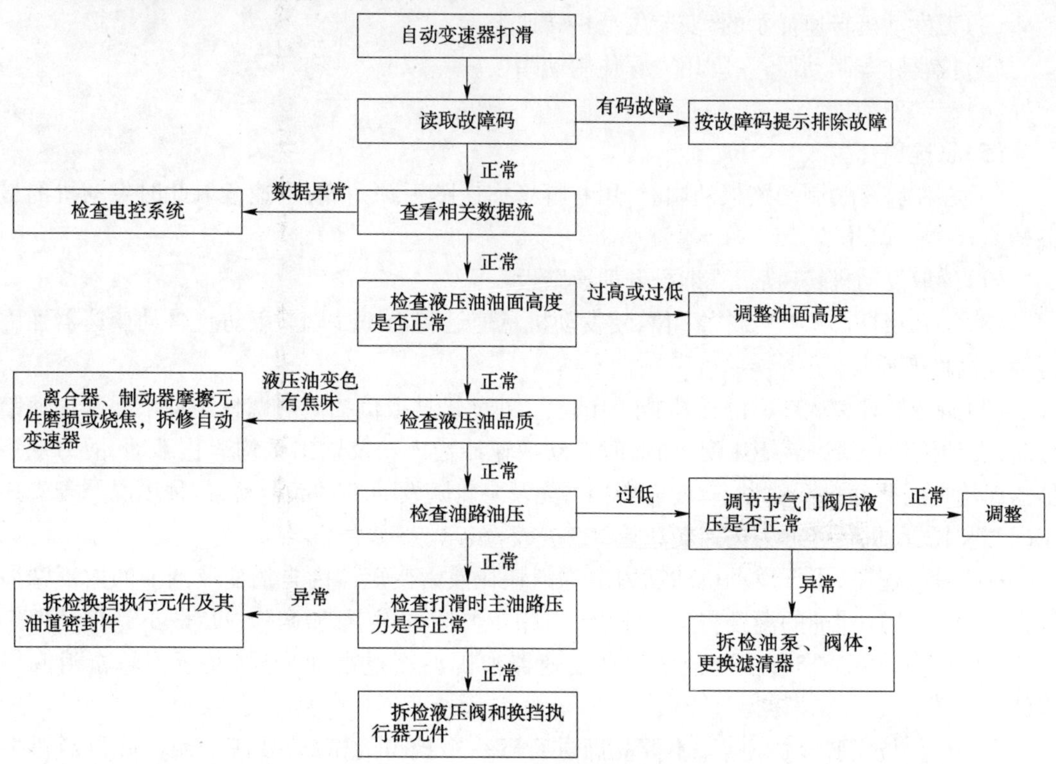

图12-12　自动变速器打滑的故障诊断流程

三、自动变速器试验

1. 失速试验

检查发动机、液力变矩器及自动变速器中有关的换挡执行元件的工作是否正常，失速试验是一种常用方法。

1)失速试验的准备

行驶汽车，使发动机和自动变速器均达到正常工作温度，检查汽车的行车制动和驻车制动系统，并确认其性能良好，且自动变速器的油面高度应正常。

2)失速试验步骤

(1)将汽车停放在宽阔的水平地面上，前后车轮用三角木块塞住，见图12-13。

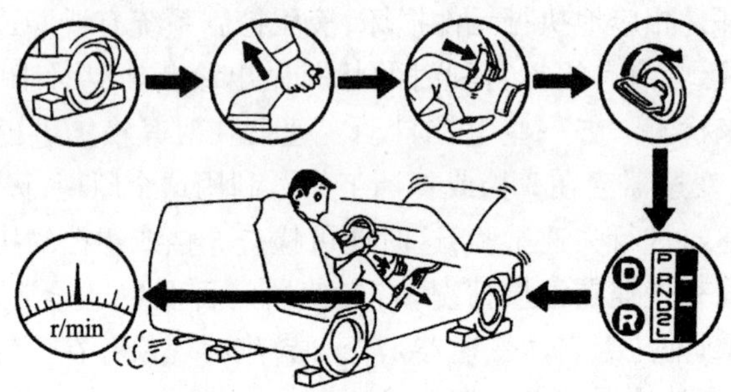

图12-13　自动变速器失速试验

(2)无发动机转速显示的，安装发动机转速表。

(3)拉紧驻车制动器，左脚用力踩住制动踏板。

(4)起动发动机。

(5)将选挡杆拨入"D"位。

(6)在左脚踩紧制动踏板的同时，用右脚将加速踏板踩到底，迅速读取此时发动机的最高转速。

(7)读取发动机转速后，立即松开加速踏板。

(8)将选挡杆拨入"P"或"N"位，使发动机怠速运转1min以上，以防止自动变速器油因温度过高而变质。

(9)将选挡杆拨入"R"位，做同样的试验。在前进挡或倒挡同时踩住制动踏板和加速踏板时，发动机处于最大转矩工况，而此时自动变速器输入轴及输出轴均静止不动，液力变矩器的涡轮也因此静止不动，只有液力变矩器壳及泵轮随发动机一起转动，这种工况属于失速工况，此时发动机转速称为失速转速。

在失速工况下，由于发动机的动力全部消耗在液力变矩器内自动变速器油的内部摩擦损失上，自动变速器油的温度将急剧上升，因此在失速试验中，加速踏板从踩下到松开整个过程的时间不得超过5s，否则会使自动变速器油因温度过高而变质，甚至损坏密封圈等零件。

在一个挡位实验完成之后，不要立即进行下一个挡位的试验，要等油温下降以后再进行。试验结束后不要立即熄火，应将选挡杆拨入空挡或停车挡，让发动机怠速运转几分钟，以使自动变速器油温度正常。如果在试验中发现驱动轮因制动力不足而转动,应立即松开加速踏板,停止试验。

不同车型的自动变速器都有其时速转速标准,若失速转速与标准值相符,说明自动变速器的油泵、主油路油压及各个换挡执行元件的工作基本正常;若失速转速高于标准值,说明主油路油压过低或换挡执行元件打滑;若失速转速低于标准值,则可能是发动机动力不足或液力变矩器有故障。例如,当液力变矩器的导轮单向离合器打滑时,液力变矩器在液力耦合器的工况下工作,其变矩比下降,从而使发动机的负荷增大,转速下降。

2. 时滞试验

在发动机怠速运转时,将选挡杆从空挡拨至前进挡或倒挡后,需要有一段短暂时间的迟滞或延时,才能使自动变速器完成挡位的变换(此时汽车会产生一个轻微的振动),这个短暂的时间称为自动变速器换挡的迟滞时间。时滞试验就是测出自动变速器换挡的迟滞时间,根据迟滞时间的长短来判断主油路油压及换挡执行元件的工作是否正常,其试验有如下步骤。

(1)行驶汽车,使发动机和自动变速器达到正常工作温度。

(2)将汽车停放在水平地面上,拉紧驻车制动器,见图12-14。

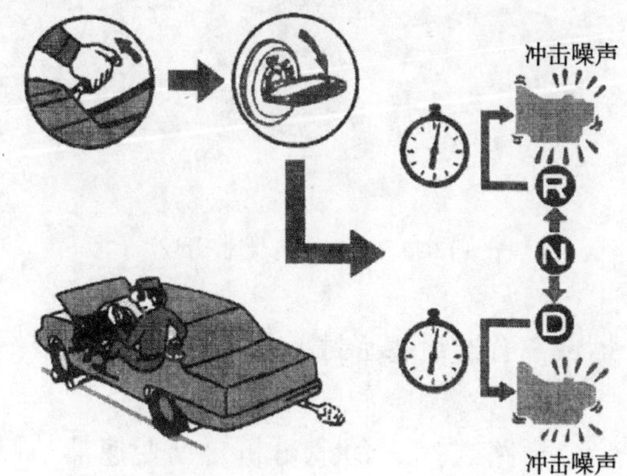

图12-14　自动变速器时滞试验

(3)将选挡杆分别置于"N"位和"D"位,检查、调整怠速。

(4)将自动变速器选挡杆从"N"位拨至"D"位,用秒表测量从拨动选挡杆开始到感觉汽车振动为止所需的时间,该时间称为N-D迟滞时间。

(5)将选挡杆拨至N位,使发动机怠速运转1min后,再做一次同样的试验。共做3次试验,取平均值作为N-D迟滞时间。

(6)按上述方法,将选挡杆由"N"位拨至"R"位,测量N-R迟滞时间。

大部分自动变速器N-D迟滞时间小于1.2s,N-R迟滞时间小于1.5s。若N-D迟滞时间过长,说明主油路油压过低,前进离合器、制动器磨损过甚或间隙过大;若N-R迟滞时间过长,说明倒挡油路油压过低,倒挡离合器、倒挡制动器磨损过甚或间隙过大。

3. 油压试验

油压试验是在自动变速器工作时,测量控制系统各个油路中的油压,为分析自动变速器故障提供依据,以便有针对性地进行检修。自动变速器正常工作的先决条件是控制系统的油压正常,油压过高,会使自动变速器出现严重的换挡冲击,甚至损坏控制系统;油压过低,会造成换挡执行元件打滑,加剧其摩擦片的磨损,甚至会烧毁换挡执行元件。

油压试验的内容取决于自动变速器的类型及测压孔的设置,主要测试前进挡和倒挡的主油路油压,液控自动变速器还需测量调速阀油压。

(1)行驶汽车使发动机和自动变速器均达到正常工作温度,然后将汽车停放在宽阔的水平地面上,前后车轮用三角木块塞紧。

(2)拆下自动变速器壳体上主油路测压孔或前进挡油路测压孔螺塞,接上高量程油压表。

(3)起动发动机,将选挡杆拨至前进挡“D”位,读出发动机怠速运转时的油压。该油压即为怠速工况下的前进挡主油路油压。

(4)用左脚踩紧制动踏板,同时用右脚将加速踏板完全踩下,在失速工况下读取油压。该油压即为失速工况下的前进挡主油路油压,见图12-15。

图 12-15　自动变速器油压试验

(5)将选挡杆拨至空挡或停车挡,使发动机怠速运转 1min 以上。

(6)将选挡杆拨至各前进低挡“S、L 或 2、1”位置,重复操作,读出各前进低挡在怠速工况和失速工况下的主油路油压。

(7)将选挡杆拨至倒挡“R”位,在发动机怠速和失速工况下读取倒挡主油路油压。不同车型自动变速器的主油路油压各不相同,若主油路油压过低,可能是油泵供油不足,主调压阀卡死或弹簧过软,节气门拉线或节气门位置传感器调整不当,节气门阀卡滞、油压电磁阀损坏或线路故障,制动器或离合器活塞密封不良,油路密封圈破损等。

4. 道路试验

道路试验是诊断、分析自动变速器故障的最有效手段之一,试验内容主要有:检查换挡车速、换挡质量及换挡执行元件有无打滑现象。在道路试验之前,应先让汽车以中低速行驶 5 ~ 10min,使发动机和自动变速器都达到正常工作温度。在试验中,如无特殊需要,带有超速挡开关的应将其置于“ON”位置(即超速挡指示灯熄灭),并将模式开关置于普通模式或经济模式位置。

1)升挡过程和升挡车速的检查

将选挡杆拨至前进挡“D”位,踩下加速踏板,使节气门保持在 1/2 开度左右,让汽车起步加速,检查自动变速器的升挡情况。自动变速器在升挡时发动机会有瞬时的转速下降(转速表指针迅速回摆),同时车身有轻微的闯动感。一般四速的自动变速器在节气门开度保持在 1/2 时 1 挡升至 2 挡的升挡车速为 25 ~ 35km/h,由 2 挡升至 3 挡的升挡车速为 55 ~ 70km/h,由 3 挡升至 4 挡的升挡车速为 90 ~ 120km/h。若升挡车速过低,一般是控制系统的故障所致;若升挡车速过高,可能是控制系统有故障,也可能是换挡执行元件有故障。

2)升挡时发动机转速的检查

正常情况下,若自动变速器处于经济模式或普通模式,节气门保持在低于 1/2 开度范围内,则在汽车由起步加速直至升入高挡的整个行驶过程中,发动机转速都将低于 3000r/min。

通常在即将升挡时发动机转速可达到 2500 ~ 3000r/min,在刚刚升挡后的短时间内发动机转速将下降至 2000r/min 左右。如果在整个行驶过程中发动机转速始终过低,加速至升挡时仍低于2000r/min,说明升挡时间过早或发动机动力不足;如果在行驶过程中发动机转速始终偏高,升挡前后的转速为2500~3000r/min,而且换挡冲击明显,说明升挡时间过迟,如果在行驶过程中发动机转速过高,经常高于3000r/min,在加速时达到4000~5000r/min,甚至更高,则说明换挡执行元件(离合器或制动器)打滑。

3)换挡质量的检查

换挡质量的检查主要是指检查有无换挡冲击。正常的自动变速器只能有不太明显的换挡冲击,特别是电子控制自动变速器的换挡冲击应十分微弱。若换挡冲击过大,可能是油路油压过高、换挡执行元件打滑、蓄压器或缓冲阀失效等,应做进一步的检查。

4)锁止离合器工作状况的检查

让汽车加速至超速挡,以高于80km/h的车速行驶,并让节气门开度保持在低于1/2的位置,使变矩器进入锁止状态。此时,快速将加速踏板踩下至2/3开度,同时检查发动机转速的变化情况。若发动机没有太大变化,说明锁止离合器处于接合状态;反之,若发动机转速升高很多,则表明锁止离合器没有接合,其原因通常是锁止离合器控制系统有了故障。

5)发动机制动作用的检查

将选挡杆拨至前进低挡(S、L或2、1)位置,在汽车以2挡或1挡行驶时,突然松开加速踏板,若车速立即随之而降,说明有发动机制动作用,否则说明控制系统或相关的离合器、制动器有故障。

6)强制降挡功能的检查

将选挡杆拨至前进挡"D"位,保持节气门开度为1/3左右,在以2挡、3挡或超速挡行驶时突然将加速踏板完全踩到底,检查自动变速器是否被强制降低一个挡位。在强制降挡时,发动机转速会突然上升至4000r/min左右,并随着加速升挡,转速逐渐下降。若踩下加速踏板后没有出现强制降挡,说明强制降挡功能失效。若在强制降挡时发动机转速异常升高达5000r/min左右,并在升挡时出现换挡冲击,则说明换挡执行元件打滑,应检修自动变速器。

7)"P"位制动效果的检查

将汽车停在坡度大于9%的斜坡上,选挡杆拨入"P"位,松开驻车制动器,检查机械闭锁爪的锁止效果。

四、故障实例

故障现象:一辆本田雅阁2.2轿车,因碰撞使自动变速器中间壳体破裂,解体自动变速器,修复变速器壳体后试车,发现汽车行驶到车速大约为50km/h左右时,就出现发动机转速突然升高空转、自动变速器驱动打滑的现象。

故障诊断与排除:据了解,在自动变速器壳体被撞之前,情况很正常,而现在车速达到50km/h左右后,连一点驱动感觉都没有,发动机突然失去载荷而空转,很明显故障是在维修过程中产生的。自动变速器经几次解体,对壳体、离合器摩擦片及液压活塞、控制阀体等进行检查,均没发现问题。后来决定再次试车,发现汽车各个挡位进挡情况正常,起步后加速情况良好,驱动有力。以D4位行驶,在车速为25~30km/h、发动机转速为1800r/min左右时发生了一次自动换挡,再继续加速行驶也较正常。但车速上升到50km/h左右时,就出现发动机空转自动变速器打滑的现象。

根据试车时的故障症状判断,故障出现在自动变速器由 2 挡到 3 挡的自动转换时刻,极有可能是变速器 3 挡打滑。为了进一步验证此判断,将选挡手柄置于 2 位,加速行驶到 70 ~ 80km/h,放松加速踏板使节气门处于小开度状态,同时将选挡手柄直接从 2 位推到 D4 位,也就是说让自动变速器直接从 2 挡升到 4 挡工作,跳过 3 挡。然后继续加速发动机,车速也能随之升高到 120km/h 以上,但车速降到 50km/h 以下后,再重新加速时又出现打滑现象。由此可确定为 3 挡工作时出现打滑现象。

因为在这以前,已经多次解体并检查了自动变速器的各离合器及行星齿轮机构,故将检查重点放在液压系统。对 3 挡离合器油压进行测试,没发现异常。经分析可知,我们所进行的油压测试是在控制阀体到执行离合器之间的油路中取点进行测试的,在这个位置测得的油压值与油压建立的时刻均正常,说明电控换挡系统与控制阀体正常,油路也不存在泄漏(包括阀体与离合器液压活塞),故障部位在接近离合器液压活塞的油路(即从测试接点至离合器液压活塞的油路),可能存在堵塞或者机械部分故障。根据现象来看,油路堵塞的可能性极小,最后还是决定再次解体变速器。

解体变速器后,检查 3 挡离合器,没发现明显的损坏及其他异常。对主轴上通向 3、4 挡离合器的油道通入压缩气体检查其工作情况:向 4 挡离合器通入气体后离合器接合,将 4 挡齿轮与主轴连为一个整体;向 3 挡离合器通入气压后,用于不能将 3 挡齿轮与主轴连接转动。情况好像很正常,但仔细观察发现,3 挡离合器的摩擦片根本没被压紧接合。经检查并没发现有明显的漏气现象,排出气体后 3 挡齿轮与主轴之间又能相对转动了。

围绕 3 挡离合器摩擦片根本没被压紧接合这个症状进行仔细检查,发现 3 挡齿轮内的 3 挡齿轮轴环装反了。轴环装反后,3 挡齿轮向右移动了一段距离,使离合器活塞与齿轮轴之间的距离变短;在离合器的工作过程中,活塞向左运动到一定位置时,就被 3 挡齿轮毂挡住不能继续向左运动将摩擦片压紧,故不能传递动力。

重新装复轴环,试车,故障排除。此故障是由于维修人员对该变速器结构原理缺乏了解且未养成良好的操作习惯造成的人为故障。此类故障具有较强的隐蔽性,即使单独对 3 挡离合器与齿轮进行工作模拟测试,也不易发现故障。为避免类似故障,不但要熟悉变速器结构原理,还要做好拆装进行标记。

五、任务实施过程工单

<table>
<tr><td>学习任务</td><td colspan="8">自动变速器打滑造成的汽车行驶无力故障诊断</td></tr>
<tr><td>任务描述</td><td colspan="8">以自动变速器打滑的故障诊断为任务,采用行动导向教学法,引导学生按照汽车维修工作过程(信息、计划、决策、实施、检查、评估)检测并排除故障,在此过程中学习相关理论知识,掌握由于自动变速器打滑所造成的发动机加速不良的故障诊断方法</td></tr>
<tr><td rowspan="3">1. 信息</td><td rowspan="2">车辆信息</td><td>车型</td><td></td><td>出厂时间</td><td></td><td>发动机型号</td><td></td></tr>
<tr><td>车辆识别码</td><td></td><td>已行驶里程</td><td></td><td></td><td></td></tr>
<tr><td>故障描述</td><td colspan="6">自动变速器打滑的故障现象及可能的原因有哪些</td></tr>
<tr><td>2. 计划</td><td colspan="8">提出诊断排除故障的方案</td></tr>
</table>

续上表

<table>
<tr><td rowspan="4">3. 决策</td><td colspan="2">人员分配</td><td colspan="5"></td></tr>
<tr><td colspan="2">时间安排</td><td colspan="5"></td></tr>
<tr><td colspan="2">工作步骤</td><td colspan="5"></td></tr>
<tr><td colspan="2">设备和工具</td><td colspan="5"></td></tr>
<tr><td rowspan="9">4. 实施</td><td colspan="7">试车确诊自动变速器打滑的方法：
检查主油路油压油量：
从车上拆下自动变速器的步骤：
拆检自动变速器：</td></tr>
<tr><td colspan="2">检 查 项 目</td><td colspan="2">性 能 要 求</td><td colspan="2">检 查 结 果</td><td>修 复 方 法</td></tr>
<tr><td colspan="2">检查离合器摩擦片</td><td colspan="2"></td><td colspan="2"></td><td></td></tr>
<tr><td colspan="2">检查单向离合器</td><td colspan="2"></td><td colspan="2"></td><td></td></tr>
<tr><td colspan="2">检查制动器摩擦片、制动带</td><td colspan="2"></td><td colspan="2"></td><td></td></tr>
<tr><td colspan="2">检查活塞密封</td><td colspan="2"></td><td colspan="2"></td><td></td></tr>
<tr><td colspan="2">检查油泵磨损情况</td><td colspan="2"></td><td colspan="2"></td><td></td></tr>
<tr><td colspan="2">检查油路是否泄漏</td><td colspan="2"></td><td colspan="2"></td><td></td></tr>
<tr><td colspan="2">检查其他</td><td colspan="2"></td><td colspan="2"></td><td></td></tr>
<tr><td>5. 检查</td><td colspan="7">检查由于自动变速器打滑导致的汽车行驶无力的故障诊断步骤和思路，检查汽车修复质量及汽车性能</td></tr>
<tr><td rowspan="10">6. 评估</td><td colspan="2">评 估 项 目</td><td>自我评估</td><td colspan="2">组长评估</td><td>教师评估</td><td>备　注</td></tr>
<tr><td rowspan="2">素质考评 10 分</td><td>劳动纪律 5 分</td><td></td><td colspan="2"></td><td></td><td></td></tr>
<tr><td>环保意识 5 分</td><td></td><td colspan="2"></td><td></td><td></td></tr>
<tr><td colspan="2">工单考评 20 分</td><td></td><td colspan="2"></td><td></td><td></td></tr>
<tr><td colspan="2">检测与诊断思路 30 分</td><td></td><td colspan="2"></td><td></td><td></td></tr>
<tr><td rowspan="4">实操考评 40 分</td><td>工具使用 5 分</td><td></td><td colspan="2"></td><td></td><td></td></tr>
<tr><td>任务方案 10 分</td><td></td><td colspan="2"></td><td></td><td></td></tr>
<tr><td>实施过程 20 分</td><td></td><td colspan="2"></td><td></td><td></td></tr>
<tr><td>完成情况 5 分</td><td></td><td colspan="2"></td><td></td><td></td></tr>
<tr><td colspan="2">综合评价 100 分</td><td colspan="5"></td></tr>
</table>

学习任务5　制动拖滞而导致汽车行驶无力的故障检测与诊断

一、故障现象及原因

1. 故障现象

在汽车行驶过程中实施制动，当抬起制动踏板后，车辆行驶无力，起步、加速或滑行困难，全部或个别车轮制动鼓（盘）发热，以致影响车辆重新起步、加速行驶或滑行。汽车行驶中感到无力，行驶一段距离后，尽管未使用制动器，但仍有制动拖滞的现象。例如：一辆风神蓝鸟轿车，每次行驶一段路程后，4 个轮的制动便产生拖滞，运行的时间越长，症状越严重，只要稍松加速踏板，车辆便自动停驶。

2. 故障原因

制动拖滞的故障，实质是驾驶人在松开制动踏板后，全部或个别车轮的制动作用不能立即完全解除。制动拖滞故障又分为全部制动拖滞和个别车轮制动拖滞两种情况，主要原因有如下方面。

(1)制动踏板自由行程过小或没有自由行程使制动不能彻底解除。

(2)制动踏板轴锈蚀、磨损发卡，或踏板复位弹簧松脱、折断、太软，不能使其复位。

(3)制动液太脏或黏度过大，使得回油困难。

(4)液压制动主缸故障。

(5)液压制动轮缸故障。

(6)制动油管被压扁或制动软管老化、内壁脱落堵塞导致回油不畅。

(7)车轮制动器故障。

(8)制动伺服机构故障。

(9)制动拖滞故障的其他原因。

(10)制动管路中液压阀或 ABS 液压调压器不良。

二、故障诊断与排除

出现制动拖滞故障后，首先区分是全部车轮拖滞还是某个车轮拖滞，以确定故障区域。停车检查各车轮制动鼓(制动盘)温度，或将车辆升起后检查各车轮转动是否灵活。若各车轮均过热或转动不灵活，故障部位一般在制动主缸之前，应检查制动主缸及真空助力器的工作情况。如仅有个别车轮制动鼓(制动盘)有过热或转动不灵活现象，则为个别车轮制动拖滞(往往伴有制动跑偏或行驶跑偏现象)，其故障部位多在制动轮缸、车轮制动器或液压支路油管。

(1)全部车轮制动拖滞。

①检查制动踏板自由行程，无自由行程或自由行程过小应进行调整。

②检查制动踏板能否复位。若不能完全复位，应检查踏板复位弹簧是否过软、真空助力器有无卡滞。

③打开储液罐盖，踩放制动踏板，同时观察储液罐的回油情况：如回油缓慢，则应检查制动液黏度，以及制动液清洁程度；如看不到回油情况，则应检查制动主缸回油孔是否堵塞，主缸橡胶碗是否老化不能复位，堵住回油孔。

④稍稍拧松制动主缸与真空助力器之间的连接螺母，若拖滞故障消失，可能是主缸活塞推杆、助力器推杆或制动灯开关调整不当，应予以重新调整。

⑤稍稍拧松制动主缸油管接头，若拖滞故障消失，则故障在制动主缸，应更换。

(2)个别车轮制动拖滞。

①不踩制动踏板，旋松该车轮的制动轮缸放气螺钉。

如果制动液从排气螺钉处喷出后(图 12-16)，车轮恢复旋转自如，可能是油管堵塞，则应检查该轮液压支路的油管有无夹扁、堵塞,软管有无老化等。

②如打开排气螺钉后,该车轮仍然拖滞,则需拆检该轮的车轮制动器。

检查制动间隙是否调整过小;检查制动摩擦片是否脱落,有无碎片卡死在制动蹄与制动鼓之间;检查制动蹄轴是否锈蚀、磨损、转动不灵活;检查制动蹄复位弹簧是否脱落、折断;检查制动鼓的圆度、圆柱度,检查制动盘有无翘曲变形。

③如以上检查均符合要求,则需拆检或更换该轮制动轮缸。

检查制动轮缸活塞,轮缸是否磨损过大,活塞是否在缸筒内卡住;检查制动轮缸橡胶碗、橡胶圈是否发胀,使运动不灵活造成制动蹄不复位。

(3)若两后轮同时有制动拖滞现象,应检查驻车制动手柄是否能完全释放。若不能完全释放,应分解驻车制动器,检查驻车制动拉索是否卡滞,见图12-17。

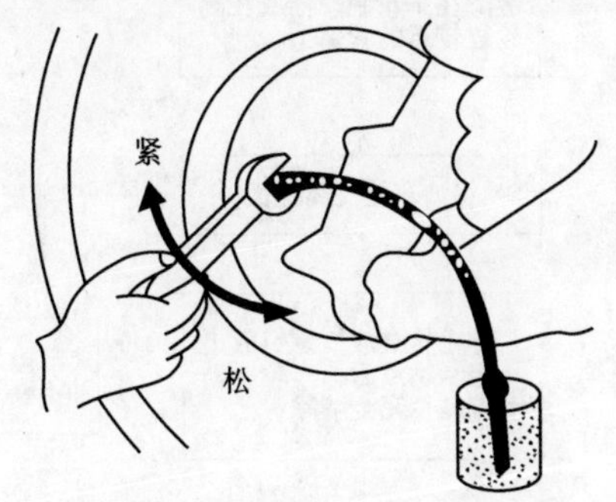

图12-16　拧松制动轮缸放油塞

图12-17　检查驻车制动拉线是否卡滞

汽车制动拖滞的故障诊断流程见图12-18。

三、制动间隙的检查与调整

车轮制动器是汽车制动系中的执行元件,车轮制动器技术状况的完好与可靠是保证汽车安全行驶的必要条件。制动间隙的检查与调整是汽车维护的主要项目,若制动间隙过大,会使制动力不足,造成制动不良,甚至制动失效;若制动间隙过小,会造成制动拖滞,使汽车行驶阻力增大,同时使制动鼓发热,加速了制动摩擦片与制动鼓的磨损。下面以EQ1090型汽车为例,介绍车轮制动间隙的检查与调整方法。

EQ1090型汽车的前轮采用的是气压操纵制动摩擦片式制动器,制动间隙为制动摩擦片与制动鼓之间的间隙,其技术要求是:上端(凸轮端)为0.40~0.55mm,下端(支承销端)为0.25~0.40mm。

车轮制动器制动间隙的正确检测方法是:用规定值的厚薄规从制动鼓检视孔插入,在距摩擦片上、下端20~30mm处测量。来回拉动厚薄规,感到稍有阻力即可。考虑到汽车制动时制动摩擦片与制动鼓之间的磨损,在调整制动间隙时,一般取规定值的下限,即上端间隙调整为接近0.40mm,下端间隙调整为接近0.25mm。

根据制动器的技术状况和维护要求的不同,车轮制动间隙的调整分为局部调整和全面调整两种。

1. 局部调整

车轮制动器的局部调整是指当制动摩擦片磨损不严重,在二级维护时,为恢复正常制动间隙所进行的调整作业。调整方法是通过转动制动臂上的调整臂进行。顺时针转动调整臂,制动间隙变小;逆时针转动调整臂,制动间隙变大。其调整主要有如下步骤。

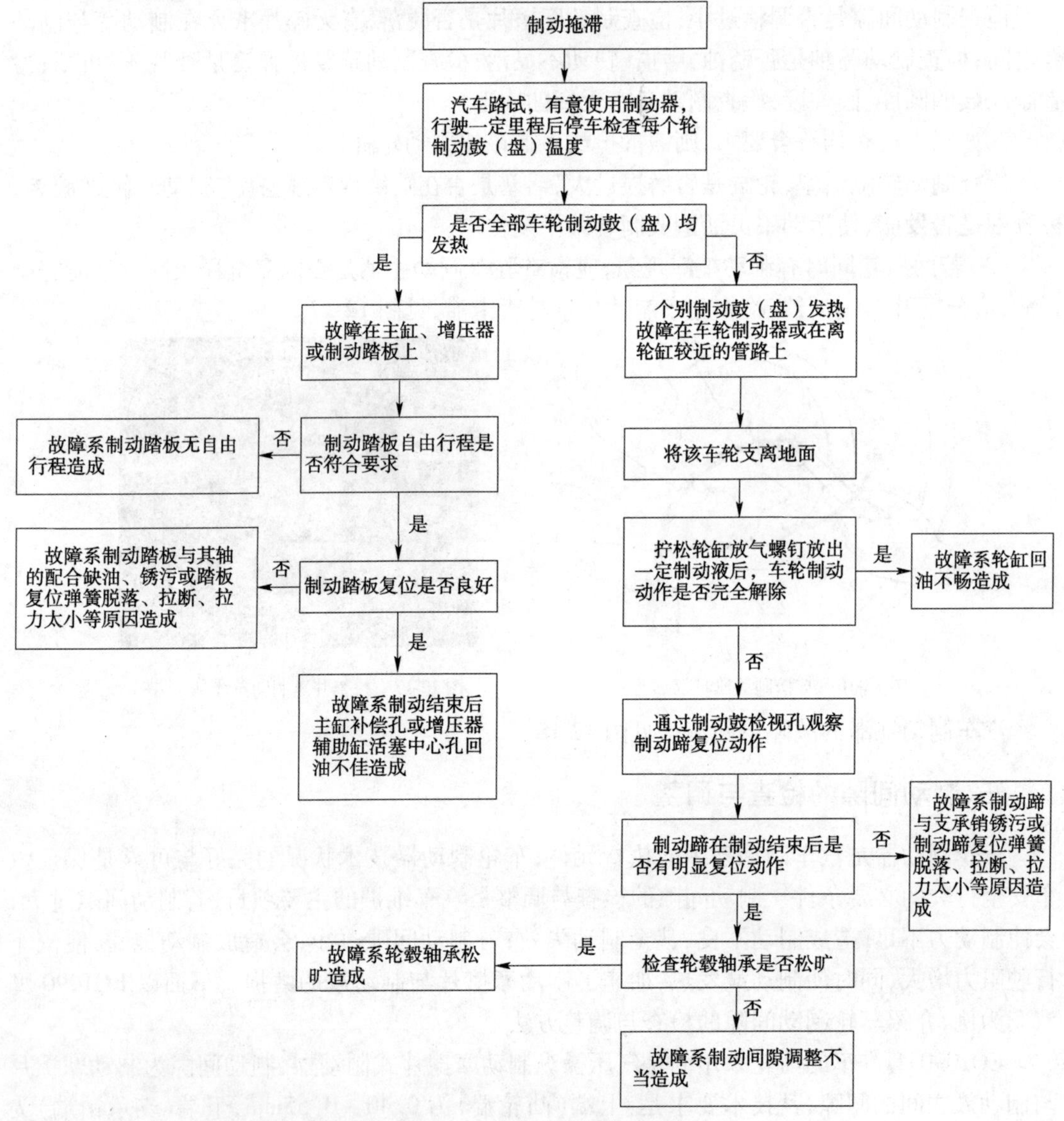

图 12-18　汽车制动拖滞故障诊断流程

(1)举升汽车(或)用千斤顶架起前桥,使前轮能自由转动。

(2)用开口扳手将调整臂转到底(制动间隙为零),然后逆时针转动调整臂,使制动摩擦片与制动鼓之间的摩擦声刚好消失为止。

(3)用厚薄规检测制动摩擦片与制动鼓之间的间隙,若不符合要求,转动调整臂,边调整边检测,直至制动间隙符合要求为止。

注意:进行局部调整时,只通过调整臂进行调整,切不可转动支承销,以免破坏制动摩擦片与制动鼓原有良好的接触状态。禁止用拧动制动室推杆连接叉以改变推杆长度的方法来调整制动间隙。

2. 全面调整

当制动摩擦片与制动鼓磨损严重，需要更换制动摩擦片或制动鼓后，或者对制动器总成进行拆解修理后，由于破坏了制动摩擦片与制动鼓的正确接触状态，需全面调整制动间隙。调整方法是通过转动制动臂上的调整臂和转动制动底板上的两个支承销进行协调调整。向外转动支承销时，制动摩擦片上升，上端间隙变小，下端间隙变大；向内转动支承销时，制动摩擦片下降，上端间隙变大，下端间隙变小。其调整主要有如下步骤。

(1)调整好轮载轴承预紧度(保证制动鼓转动灵活无卡滞)。

(2)松开支承销锁紧螺母，转动支承销，使两支承销的缺口相对。

(3)顺时针转动调整臂，转到底后再逆时针转动调整臂，松到制动鼓能转动并稍有阻力。

(4)用厚薄规检查两块制动摩擦片与制动鼓之间的间隙。若间隙小，松调整臂；若间隙大，紧调整臂。使制动间隙基本符合要求。

(5)慢慢调整支承销，使两端间隙都达到技术要求。若制动间隙不能达到规定值，重新调整调整臂和支承销，直至间隙符合规定值为止。

(6)拧紧支承销的锁紧螺母，复查间隙。

(7)用同样的方法调整另一侧车轮的制动间隙。

注意：进行全面调整时，必须保证以下几个前提条件，否则难以调整好制动间隙：制动摩擦片与制动鼓接触良好(符合规定的技术要求)；先调整好轮载轴承预紧度。；使两支承销的缺口相对。如果按上述要求进行调整，仍不能调整好制动间隙，则可能由于制动器本身的机械故障造成，如制动摩擦片变形失圆、制动鼓起槽或失圆、制动底板变形或螺栓连接松动、制动凸轮变形或凸轮轴支架连接松动、支承销变形等，可逐一进行诊断排除。

四、故障实例

故障现象：一辆风神蓝鸟轿车，每次行驶一段路程后，4 个车轮的制动便产生拖滞，运行的时间越长越严重，只要稍松加速踏板，车辆便自动停驶。

故障诊断与排除：该车制动器为前后盘式并配备 ABS 和真空助力装置。接车后进行了路试，制动性能及 ABS 功能正常，车速低于 10km/h 或拆下一个轮速传感器后使之成为普通制动，4 轮仍然拖滞，证明故障与 ABS 无关。

进一步检查，制动踏板自由行程为 2mm，正常；前后轴不松旷，制动盘与摩擦片厚度符合技术标准且间隙适当，制动盘端面圆跳动为 0.03mm，正常；制动管路没有凹扁并用压缩空气吹没有堵塞；拆检制动轮缸，活塞及皮圈没有老化、变形、发胀、卡死现象。对制动系统进行放气时发现，4 个轮的制动钳不能正常复位。怀疑制动主缸有问题，使更换了制动主缸和制动液，经路试故障依旧。

经检查，故障不在液压系统，可能与真空助力系统有关。首先对助力系统真空性能和密封进行了检查，先将发动机熄火，踩几次制动踏板，消除了助力器中的真空后，再踩下制动踏板使其处在制动状态；然后起动发动机，制动踏板有明显下降趋势，说明真空助力器工作正常。再次起动发动机加速到中速后熄火，迅速抬起加速踏板，使进气歧管产生较高真空度，停顿 90s 后又快速踩下制动踏板，在助力器后部进气口处能听到“呼”的一声进气声，说明真空系统的止回阀、膜片、真空阀及密封环性能良好。

在检修过程中发现,在发动机熄火时,一个人不费力气便能推动车辆,当发动机起动后需要三个人才能推动;拆掉真空助力器通往发动机进气歧管的真空管后制动解除,这种情况可能是空气阀关闭不严。虽对助力器进行过两项性能试验,但制动试验空气阀是在开启状态进行的,并未测出其密封性。因为发动机起动后,不踩制动踏板时,真空阀开启,空气阀应关闭,A、B 两腔真空度平衡,在膜片复位弹簧的作用下将膜片与推杆推回右侧便解除制动,见图 12-19。如果此时空气阀关闭不严,使空气渗入,A 腔的真空度大于 B 腔,在压力差的作用下膜片与推杆自动向左侧移动而实施制动,从而造成制动拖滞。

更换真空助力器总成,故障排除。

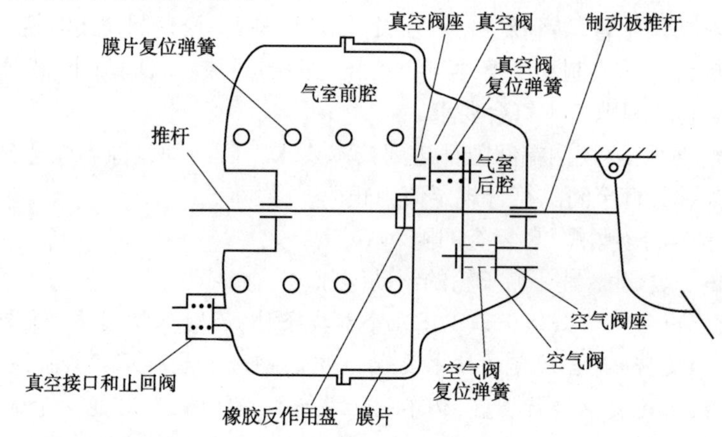

图 12-19　真空助力器示意图

五、任务实施过程工单

<table>
<tr><td>学习任务</td><td colspan="7">制动拖滞造成的汽车行驶无力故障诊断</td></tr>
<tr><td>任务描述</td><td colspan="7">以制动拖滞的故障诊断为任务,采用行动导向教学法,引导学生按照汽车维修工作过程(信息、计划、决策、实施、检查、评估)检测并排除故障,在此过程中学习相关理论知识,掌握由于制动拖滞所造成的发动机加速不良的故障诊断方法</td></tr>
<tr><td rowspan="4">1. 信息</td><td rowspan="2">车辆信息</td><td>车型</td><td></td><td>出厂时间</td><td></td><td>发动机型号</td><td></td></tr>
<tr><td>车辆识别码</td><td></td><td>已行驶里程</td><td></td><td></td><td></td></tr>
<tr><td>故障描述</td><td colspan="6">制动拖滞的故障现象及可能的原因有哪些</td></tr>
<tr><td>相关问题</td><td colspan="6">画图说明制动踏板自由行程和制动间隙的概念。
汽车制动拖滞的原因有哪些</td></tr>
<tr><td>2. 计划</td><td colspan="7">提出诊断排除故障的方案</td></tr>
<tr><td rowspan="4">3. 决策</td><td colspan="2">人员分配</td><td colspan="5"></td></tr>
<tr><td colspan="2">时间安排</td><td colspan="5"></td></tr>
<tr><td colspan="2">工作步骤</td><td colspan="5"></td></tr>
<tr><td colspan="2">设备和工具</td><td colspan="5"></td></tr>
</table>

续上表

<table>
<tr><td rowspan="6">4. 实施</td><td colspan="6">试车确诊自动变速器打滑的方法：
检查主油路油压油量：
从车上拆下自动变速器的步骤：
拆检自动变速器：</td></tr>
<tr><td colspan="2">检 查 项 目</td><td>性 能 要 求</td><td>检 查 结 果</td><td colspan="2">修 复 方 法</td></tr>
<tr><td colspan="2">找出制动拖滞车轮。举升车辆，放松驻车制动器；将换挡杆置于空挡位置；按顺序用于转动各车轮，感觉是否有制动感</td><td></td><td></td><td colspan="2"></td></tr>
<tr><td colspan="2">若只有单一后轮出现制动拖滞现象，应检查拧松该轮制动轮缸的放油螺塞</td><td></td><td></td><td colspan="2"></td></tr>
<tr><td colspan="2">若两个后轮同时有制动拖滞现象，应检查驻车制动手柄是否能完全释放</td><td></td><td></td><td colspan="2"></td></tr>
<tr><td colspan="2">若所有车轮都有制动拖滞的感觉，应检查制动踏板自由行程、检查制动主缸、真空助力器</td><td></td><td></td><td colspan="2"></td></tr>
<tr><td>5. 检查</td><td colspan="6">检查由于自动变速器打滑导致的汽车行驶无力的故障诊断步骤和思路，检查汽车修复质量及汽车性能</td></tr>
<tr><td rowspan="11">6. 评估</td><td colspan="2">评 估 项 目</td><td>自我评估</td><td>组长评估</td><td>教师评估</td><td>备　　注</td></tr>
<tr><td rowspan="2">素质考评 10 分</td><td>劳动纪律 5 分</td><td></td><td></td><td></td><td></td></tr>
<tr><td>环保意识 5 分</td><td></td><td></td><td></td><td></td></tr>
<tr><td colspan="2">工单考评 20 分</td><td></td><td></td><td></td><td></td></tr>
<tr><td colspan="2">检测与诊断思路 30 分</td><td></td><td></td><td></td><td></td></tr>
<tr><td rowspan="4">实操考评 40 分</td><td>工具使用 5 分</td><td></td><td></td><td></td><td></td></tr>
<tr><td>任务方案 10 分</td><td></td><td></td><td></td><td></td></tr>
<tr><td>实施过程 20 分</td><td></td><td></td><td></td><td></td></tr>
<tr><td>完成情况 5 分</td><td></td><td></td><td></td><td></td></tr>
<tr><td colspan="2">综合评价 100 分</td><td colspan="4"></td></tr>
</table>

学习项目十三　汽车油耗过大的检测与诊断

1. 项目描述

一辆桑塔纳2000GLi轿车，加速时排气管冒黑烟，百公里油耗比正常值过大，动力不足。试分析造成该车油耗过大的原因，并制订故障诊断流程。

2. 项目提示

汽车油耗过大是指它的百公里油耗超过规定的标准值。油耗通常是用每百公里耗油量来评定的，而不是单指发动机的比油耗。影响汽车油耗的因素很多，有发动机技术状况方面的因素，也有底盘技术状况方面的因素，驾驶人的不良驾驶习惯、轮胎气压过低、车辆负载过大、制动拖滞、传动系打滑、自动变速器不能升到高挡、液力变矩器无锁止等均会导致油耗过大。所以在诊断时，应首先确诊故障是发生在发动机，还是在变速器、传动系或行驶系。汽车油耗过大可能的原因见图13-1。本项目将以发动机故障和自动变速器无法升挡引起的油耗过高进行具体介绍。

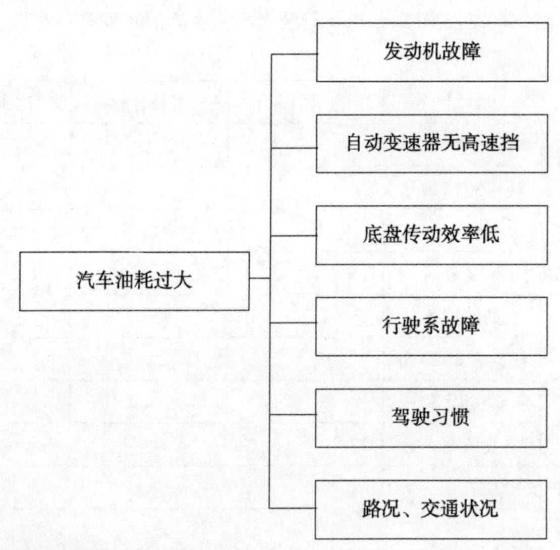

图13-1　汽车油耗过高的主要原因

1. 知识目标

(1)理解百公里油耗的概念。

(2)掌握造成汽车油耗过大的故障原因。

(3)能对汽车油耗过大的具体原因进行深入分析。

2. 技能目标

(1)能通过与客户交流、查阅相关维修技术资料等方式获取车辆信息。

(2)能使用常用诊断设备对汽车油耗过大的相关系统和部位进行检测。

(3)能正确记录、分析各种检测结果并做出故障判断。

(4)能对汽车进行测试,检查和评估故障修复质量。

(5)能根据环保要求,正确处理对环境和人体有害的辅料、废气液体和损坏零部件。

学习任务1　发动机油耗过大的故障检测与诊断

一、故障现象及原因

1. 故障现象

汽车在运行过程中发动机耗油量过大,在加速时排气管冒黑烟,低速运转明显抖动,动力不足,发动机运转噪声较大。

2. 故障原因

(1)真空软管有裂口或扭结。

(2)进气压力传感器及空气流量计信号失准。

(3)燃油系统的压力失常。

(4)进气系统和曲轴箱漏气,空气滤清器脏污或堵塞。

(5)喷油器漏油,冷起动喷油器控制失常。

(6)燃油压力过高。

(7)冷却液温度传感器信号、节气门位置传感器信号、氧传感器信号失常。

(8)点火系统故障。

(9)发动机机械故障导致缸压过低等。

(10)空调运行状态异常。

(11)ECU及连接器故障,控制失常。

二、故障诊断与排除

1. 故障诊断流程

(1)检查发动机怠速是否过高。

(2)检查真空软管是否破裂或脱落,连接是否正确。

(3)检测冷却液温度传感器、空气流量计、氧传感器、节气门位置传感器等信号是否正常。可利用诊断仪读取器数据流,与标准数据对比,信号失常则更换传感器。

(4)测量系统油压,若油压偏高,应检查真空管有无泄漏,回油管是否堵塞,或油压调节器故障。

(5)安装有冷起动喷油器的发动机,应检查冷起动喷油器及其控制线路是否正常。

(6)检查点火系统。如果点火系统的点火能量不足或者点火正时不准确,都会造成发动机的油耗增大。

(7)检查空调是否总处于运行状态。

(8)检查喷油器是否滴漏。

(9)检查发动机机械系统故障。

(10)检查燃油蒸发控制系统的工作情况。

(11)检查排气系统是否堵塞。

(12)检测 ECU 控制是否正常。

发动机油耗过大的故障诊断流程见图 13-2。

2. 利用尾气成分分析故障原因

1)汽车正常排放值

汽车正常运行时,发动机尾气排放物中一氧化碳 CO、二氧化碳 CO_2、氧气 O_2 和碳氢化合物 HC 的体积含量总和应占 15% ~16%。

2)汽车排放物的生成原因

(1)CO 的生成原因及影响因素。

汽车尾气中的 CO 主要来自可燃混合气的不完全燃烧。CO 的含量过高,表明燃烧系统有故障。如:混合气不洁净、活塞环胶结、燃油供应过多、空气量少、点火提前角过大、燃油压力过高或电控系统故障等。

(2)CO_2的生成原因及影响因素。

当混合气充分燃烧时,尾气中 CO_2 的含量达到峰值,无论是否装有催化转换器,峰值均为 13% ~16%。当发动机混合气出现过浓或过稀时,CO_2 的含量都将降低。

(3)O_2的生成原因及影响因素。

燃烧正常时,O_2的含量应为 1% ~2%。当混合气偏浓时,O_2的含量降低;当混合气偏稀时,O_2的含量升高;当混合气浓度偏向失火点时,O_2的含量上升很快。

(4)HC 的生成原因及影响因素。

HC 来自未完全燃烧的汽油和供油系中汽油的蒸发和滴漏。其原因主要有:汽缸压力不足、发动机温度过低、混合气过浓或过稀、点火正时不准确、点火系统间歇性不跳火、温度传感器不良、喷油器漏油或堵塞和燃油压力过高或过低。

(5)NO_x 的生成及影响因素。

NO_x是 N_2和 O_2在发动机高温、高压下的燃烧产物。燃烧温度越高,燃烧越充分,形成的 NO_x也就越多。

3)利用综合排放值进行发动机故障分析

(1)四尾气分析。

利用四尾气体分析仪所测得的排放含量数值,可以综合分析发动机故障,见表 13-1。

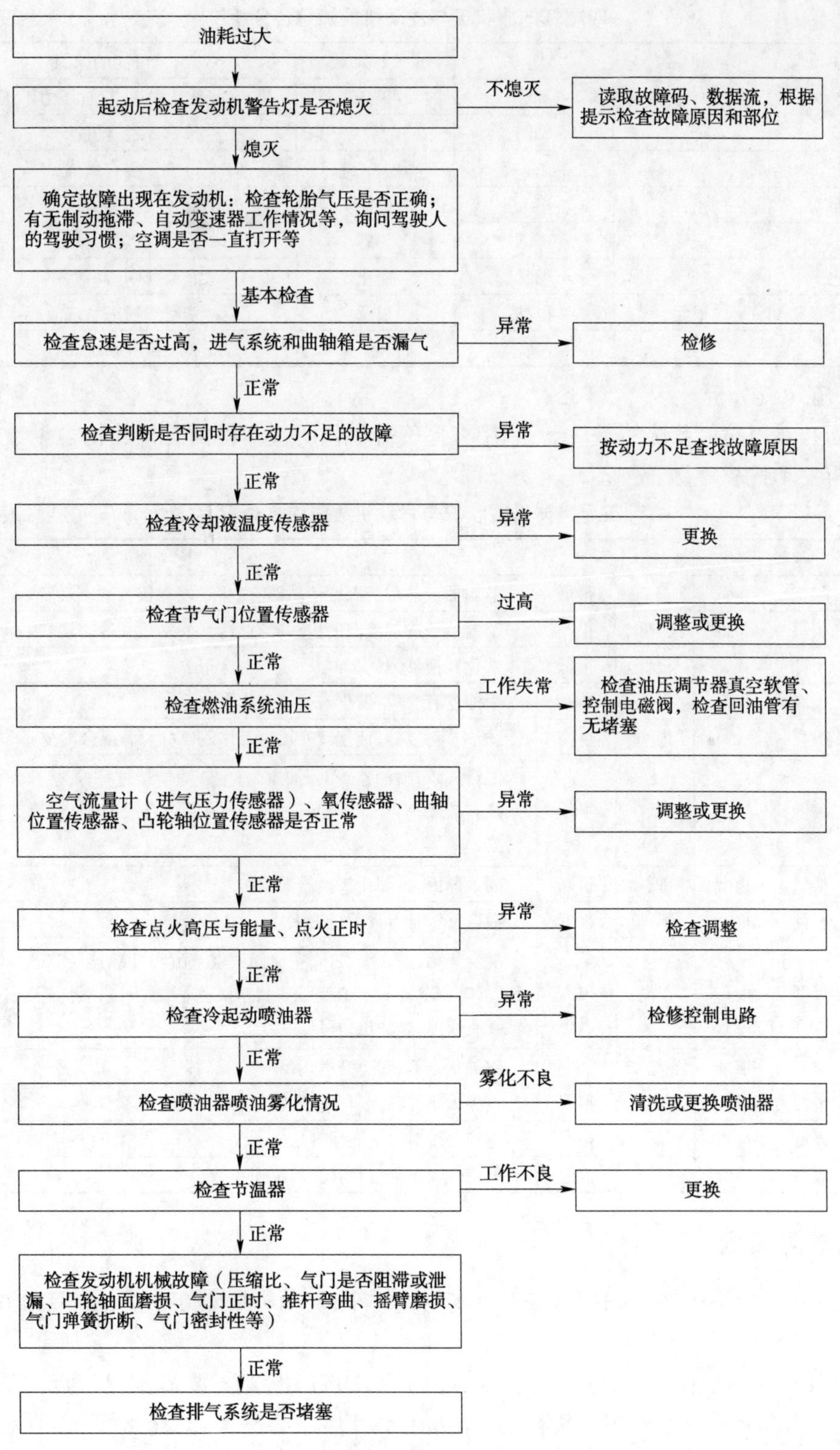

图 13-2　发动机油耗过大的故障诊断流程

四尾气排放状况与发动机故障综合分析 表 13-1

CO	CO_2	O_2	HC	可能的原因
低	低	低	很高	间歇性失火、汽缸压力不正常
很高	低	低	很高/高	混合气浓
很低	低	很高/高	很高/高	混合气稀
高	正常	正常	低	点火太迟
低	正常	正常	高	点火太早
变化	低	正常	变化	EGR 阀泄漏
很低	很低	很高	很低	空气喷射系统故障
低	低	高	低	排气系统漏气

(2)五尾气分析。

在断开空气喷射系统的条件下,利用五尾气分析仪所检测得到的排放物含量数值,可以综合分析发动机故障,见表 13-2。

五尾气体排放状况与发动机故障综合分析 表 13-2

CO	CO_2	O_2	HC	NO_x	可 能 的 原 因
很高	很低	很低	很高	很低	节温器或冷却液温度传感器有故障(发动机在冷态运转)
很低	很高	很低	很低	很高	节温器或冷却液温度传感器有故障(发动机在冷态运转)
很低	很低	很高	很低	很低	催化转换器漏气
很低	很高	很高	很低	中	喷油器有故障,催化转换器工作有效
很高	很高	很高	很高	很高	喷油器有故障,催化转换器未工作,真空泄漏;混合气浓
很高	很低	很低	低	很低	混合气浓;喷油器泄漏;油压高;空气滤清器过脏;燃烧蒸发排放控制系统有故障;PVC 阀系统有故障;电控系统有故障;曲轴箱被未燃汽油污染
高	很低	很低	低	很高	同上原因,且催化转换器未工作
很高	很低	很高	很高	很低	混合气浓且点火系统失火
很低	很低	很高	很高	很高	混合气稀;点火失火;真空泄漏或空气流量传感器与节气门体间的管路漏气;EGR 不良或真空管安装错误;喷油器不良;氧传感器不良;电控系统有故障;燃油压力过低
低	很低	很低	低	低	汽缸压力低;气门升程不足
低	很低	很低	低	很高	点火太早;高压线与搭铁或开路
低	很低	很低	低	很高	电控系统对真空泄漏补偿
很低	很高	很低	很低	很低	燃烧效率高且催化转换器工作有效

三、故障实例

故障现象:行驶 1126km 的 1.6L 新日产轩逸轿车,发动机故障灯点亮,虽不影响行驶,但油耗较高。

故障诊断与排除:用仪器进行检测,故障码为 P0171,混合气偏稀,而且为现存故障;数据流为:815r/min, MASl. 16V, B/FUEL2. 0ms, A/F146%, 89℃, APPO. 77V, TPSO. 68V, 3.0ms, lBTDC,检测结果显示喷油量一直很大。清除故障码,起动后故障灯不亮,此时数据流显示的喷油量数值还是 3.0ms,氧传感器的电压一直是 0 没有变化,将加速踏板踩到底也只能增加到0.4V。显然，氧传感器存在故障。

首先测量氧传感器线路电压，四根线当中只有一根12V，其余均为0，而且与正极之间也有12V左右的电压差；线路没问题，可能是氧传感器自身故障。更换氧传感器后故障依旧，其供电电压基本正常。随后试着更换发动机电脑，测试数据一切正常，初步确定是发动机电脑的问题。因电脑针脚和插头都没有明显的问题，换回原来的电脑后数据亦显示正常。再次装回原车的氧传感器，数据还是显示正常。至此问题初步解决。

使用两天后，故障灯又亮，而且排气管的油味特别大。用电脑进行检测，故障码依然为P0171。初步判断是电脑的问题，但更换发动机电脑后问题没有解决。推断可能是氧传感器由于混合气过浓而中毒，用正常氧传感器更换后故障依旧。

在本案例中，实际混合气浓，而故障码却提示混合气稀，可能原因有漏气、空气流量计故障、油压不够、汽油品质问题等。经检测没有漏气的地方，更换空气流量计后故障依旧；检测油压，为380kPa，正常。随后又更换了优质汽油，故障仍未排除。

该车维修资料提示，产生P0171故障码的可能原因有：进气泄漏、氧传感器、喷油器、油压、空气流量计和废气再循环阀等。结合多年的维修经验和该车的行驶情况，以上并未包含导致该车故障的原因。最后推断该车可能是间歇性故障，故障原因有两个：氧传感器的信号线路间歇性搭铁和发动机ECU内部故障。

查看线路图发现，氧传感器插头共四根线：红色火线、蓝色信号线、灰色搭铁线和绿黄预热负极控制线。首先测量氧传感器的四根线，发现信号线与搭铁线之间有20Ω的电阻值，由于该车是新车，线路的问题应该不是很大。但当动了一下线束又拔掉ECU插头后，发现线路又不搭铁了。至此分不清到底是ECU内部故障还是线路故障了。

本着先外部后内部的原则，应先检查线路。从氧传感器插头到ECU之间的线束并不多，但其余地方都有外皮包裹，只有上水管附近的线束仅仅缠了一些胶带。将这部分线束剥开，起初没有发现问题，后来仔细检查，发现有一根线有不到1mm的两个口子，而这根线正是氧传感器的蓝色信号线。这根线与第4缸进气道螺栓发生摩擦才导致了该车的特殊故障。

将线束包好，并用一根橡胶软管将那个螺栓套住，至此故障彻底排除。

四、任务实施过程工单

<table>
<tr><td>学习任务</td><td colspan="7">发动机油耗偏大故障诊断</td></tr>
<tr><td>任务描述</td><td colspan="7">以发动机油耗偏大的故障诊断为任务，采用行动导向教学法，引导学生按照汽车维修工作过程（信息、计划、决策、实施、检查、评估）检测并排除故障，在此过程中学习相关理论知识，掌握发动机加速不良的故障诊断方法</td></tr>
<tr><td rowspan="4">1.信息</td><td rowspan="2">车辆信息</td><td>车型</td><td></td><td>出厂时间</td><td></td><td>发动机型号</td><td></td></tr>
<tr><td>车辆识别码</td><td></td><td>已行驶里程</td><td></td><td></td><td></td></tr>
<tr><td>故障描述</td><td colspan="6"></td></tr>
<tr><td>相关问题</td><td colspan="6">发动机油耗偏大的可能存在的原因有哪些？
我国目前轻型车尾气排放标准是什么</td></tr>
</table>

续上表

<table>
<tr><td>2. 计划</td><td colspan="2">提出诊断排除故障的方案：</td></tr>
<tr><td rowspan="4">3. 决策</td><td>人员分配</td><td></td></tr>
<tr><td>时间安排</td><td></td></tr>
<tr><td>工作步骤</td><td></td></tr>
<tr><td>设备和工具</td><td></td></tr>
<tr><td>4. 实施</td><td colspan="2">汽车尾气分析仪的操作步骤：
根据尾气检测结果的故障诊断结论：
<table>
<tr><td>检 查 项 目</td><td>检查内容和方法</td><td>检 查 结 果</td><td>修 复 方 法</td></tr>
<tr><td>检查自诊断系统</td><td></td><td></td><td></td></tr>
<tr><td>检查进气系统</td><td></td><td></td><td></td></tr>
<tr><td>检查点火系统</td><td></td><td></td><td></td></tr>
<tr><td>检查燃油供给系</td><td></td><td></td><td></td></tr>
<tr><td>检测相关传感器</td><td></td><td></td><td></td></tr>
<tr><td>检查机械系统</td><td></td><td></td><td></td></tr>
<tr><td>检查 ECU 工作情况</td><td></td><td></td><td></td></tr>
</table>
<table>
<tr><td colspan="3">典型故障诊断</td></tr>
<tr><td>故 障 现 象</td><td>诊断思路步骤</td><td>故 障 点</td></tr>
<tr><td></td><td></td><td></td></tr>
</table></td></tr>
<tr><td>5. 检查</td><td colspan="2">检查由于发动机加速不良导致的汽车油耗偏大的故障诊断步骤和思路，检查汽车修复质量及汽车性能</td></tr>
<tr><td>6. 评估</td><td colspan="2">
<table>
<tr><td colspan="2">评 估 项 目</td><td>自我评估</td><td>组长评估</td><td>教师评估</td><td>备　　注</td></tr>
<tr><td rowspan="2">素质考评 10 分</td><td>劳动纪律 5 分</td><td></td><td></td><td></td><td></td></tr>
<tr><td>环保意识 5 分</td><td></td><td></td><td></td><td></td></tr>
<tr><td colspan="2">工单考评 20 分</td><td></td><td></td><td></td><td></td></tr>
<tr><td colspan="2">检测与诊断思路 30 分</td><td></td><td></td><td></td><td></td></tr>
<tr><td rowspan="4">实操考评 40 分</td><td>工具使用 5 分</td><td></td><td></td><td></td><td></td></tr>
<tr><td>任务方案 10 分</td><td></td><td></td><td></td><td></td></tr>
<tr><td>实施过程 20 分</td><td></td><td></td><td></td><td></td></tr>
<tr><td>完成情况 5 分</td><td></td><td></td><td></td><td></td></tr>
<tr><td colspan="2">综合评价 100 分</td><td colspan="4"></td></tr>
</table></td></tr>
</table>

学习任务2　自动变速器无高速挡引起油耗过大

一、故障现象及原因

1. 故障现象

(1)在汽车行驶中,车速已升高至超速挡工作范围,但自动变速器不能换入高速挡或者超速挡。

(2)行驶中发动机转速较高,车速较低,同时踩加速踏板,加速时汽车无提速现象,汽车无法进入高速挡。

(3)在车速已达到超速挡工作范围后,采用提前升挡(即松开加速踏板几秒后再踩下)的方法也不能使自动变速器升入超速挡。

例如:2011 年的 2.4 新君威轿车,已行驶 75000km,在高速公路上正常行驶,突然仪表显示发动机转速过高,然后车子速度马上就下来了,用力踩加速踏板,发动机转速很高,但是不换挡,好不容易在车流中移到硬路肩停车熄火,重新起动挂 D 挡的时候车子顿挫感很强,感觉变速器就只升了一个挡,然后再怎么踩加速踏板,转速高时就是不换挡了,只能以 30km/h 在高速上行驶。

2. 故障原因

无高速挡有如下故障原因。

(1)节气门位置传感器调整不当。

(2)调速器有故障。

(3)调速器油路严重泄漏。

(4)车速传感器有故障。

(5)高挡离合器有故障。

(6)换挡阀卡滞。

(7)锁止离合器有故障。

无超速挡有如下故障原因。

(1)超速挡开关有故障。

(2)超速电磁阀有故障。

(3)超速制动器打滑。

(4)超速行星排上的直接离合器或直接单向离合器卡死。

(5)挡位开关有故障。

(6)液压油温度传感器有故障。

(7)节气门位置传感器有故障。

(8)超速挡换挡阀卡滞。

(9)锁止离合器有故障。

二、故障诊断与排除

1. 无高速挡的诊断与排除

(1)对于电控自动变速器,应先进行故障自诊断,按所显示的故障代码查找故障原因。

(2)按标准重新调整节气门拉索或节气门位置传感器。

(3)检查车速传感器,如有损坏,应予以更换。

(4)检查挡位开关的信号,如有异常,应予以调整或更换。

(5)测量调速器油压。若车速升高后调速器油压仍为0或很低,说明调速器有故障或调速器油路严重泄漏。对此应拆检调速器。调速器阀芯如有卡滞,应分解清洗,并将阀芯和阀孔用全相砂纸抛光。若清洗抛光后仍有卡滞,应更换调速器。

(6)用压缩空气检查调速器油路有无泄漏,如有泄漏,应更换密封圈或密封环。

(7)若调速器油压正常,应拆卸阀板,检查各个换挡阀。换挡阀如有卡滞,可将阀芯取出,用金相砂纸抛光,清洗后再装入。如不能修复,应更换阀板。

(8)若控制系统无故障,应分解自动变速器,检查各个换挡执行元件有无打滑现象,用压缩空气检查各个离合器、制动器油路或活塞有无泄漏。

2. 无超速挡的诊断与排除

(1)对于电控自动变速器,应先进行故障自诊断,检查有无故障代码。液压油温度传感器、节气门位置传感器、超速电磁阀等部件的故障都会影响超速挡的换挡控制。按显示的故障代码查找故障原因。

(2)检查液压油温度传感器在不同温度下的电阻值,并与标准值进行比较。如有异常,应更换液压油温度传感器。

(3)检查挡位开关和节气门位置传感器的信号。D挡位开关的信号应和操纵手柄的位置相符。节气门位置传感器的电阻或输出电压应能随节气门的开大而上升,并与标准相符。如有异常,应予以调整。若调整无效,应更换挡位开关或节气门位置传感器。

(4)检查超速挡开关。在"ON"位置时,超速挡开关的触点应断开,超速指示灯(O/D OFF)不亮;在"OFF"位置时,超速挡开关触点应闭合,超速指示灯(O/D OFF)亮起。如有异常,应检查电路或更换超速挡开关。

(5)检查超速电磁阀的工作情况。打开点火开关,但不要起动发动机,在按下超速挡开关时,检查超速电磁阀有无工作的声音。如果超速电磁阀不工作,应检查控制线路或更换超速电磁阀。

(6)用举升器将汽车升起,让驱动轮悬空。运转发动机,让自动变速器以前进挡工作,检查在空载状态下自动变速器的升挡情况。

①如果在空载状态下自动变速器能升入超速挡,且升挡车速正常,说明控制系统工作正常,不能升挡的故障原因为超速制动器打滑,在有负荷的状态下不能实现超速挡。

②如果能升入超速挡,但升挡后车速不能提高,发动机转速下降,说明超速行星排中的直接离合器或直接单向离合器卡死,使超速行星排在超速挡状态下出现运动干涉,加大了发动机运转阻力。

③如果在无负荷状态下仍不能升入超速挡,说明控制系统有故障。对此应拆卸阀板,检

查超速挡换挡阀。

④如有卡滞,可将阀芯拆下予以清洗并抛光。

⑤如不能修复,应更换阀板总成。

三、故障实例

故障现象:一辆日产蓝鸟 U13 轿车,自动变速器无超速挡,最高时速只能到 110km/h,汽车燃油消耗量较大。驾驶人反映该车在另外一家修理厂诊断为超速挡离合器故障,并对自动变速器进行了大修,但故障仍然没有排除。

故障检查与排除:接车后,先进行路试,发现该车在正常行驶时换挡时间滞后。手动变速杆从 1 挡拨到 2 挡然后再到 D 挡时基本正常。但是急加速性能不太好,而且不能换至超速挡(4 挡)。检查自动变速器的油质和油量均正常。接着做自动变速器失速试验,经测试,发现每个挡位的失速转速均为 1680r/min 左右。低于标准转速 2050r/min。根据自动变速器的维修经验:如果失速转速超出 200r/min,说明自动变速器变矩器的单向离合器打滑或性能不良;如果每个挡位的失速转速均过低,说明发动机动力不足。因为自动变速器的自动升挡过程是依据不同的车速和发动机的负荷,通过控制单元控制换挡电磁阀的通断打开或关闭相应的油道而实现换挡的。

为了检验发动机动力性能是否有问题,我们又做了如下试验:把汽车用两柱举升机举起,起动发动机挂入 D 挡模仿路试,观察变速器升挡情况。此时由于汽车没有负荷,所以只要在发动机性能不是下降很多的情况下,应该能顺利换挡。我们发现:自动变速器从 1 挡开始逐个升挡一直能升到 4 挡,并且发动机转速为 2500r/min,车速表指示 140km/h。这表明汽车在举升悬起状态下升挡是正常的,同时,也证明自动变速器的超速挡离合器应该没有问题。故障的原因是由于发动机的动力性能不好,造成路上行驶时不能进入超速挡。于是,对发动机进行如下检查。

(1)首先读取发动机的故障码,无故障码显示。

(2)拆下火花塞,发现火花塞颜色有些发白。依据这个现象可以判定混合气浓度可能过稀。

(3)检查进气系统是否有漏气现象,经检查,进气系统没有漏气现象。

(4)拆下喷油器,清洗喷油器,然后做失速试验发现失速转速接近 1800r/min 左右,发动机的动力性依然不足。

通过以上的检查,怀疑该车故障的主要原因是混合气过稀,而进气系统又没有漏气现象,导致混合气过稀的因素只能是空气流量计和发动机控制单元(ECU)。考虑到发动机控制单元不容易损坏,所以,重点要检查空气流量计。该车装的空气流量计是热线式,根据维修经验,空气流量计太脏可能造成检测进气信号失准,而实际喷油量少于当时进气质量相应的喷油量,从而导致混合气过稀。拆下空气流量计,发现空气流量计的热线电阻上很脏。用化油器清洗剂清洗之后吹干,装上又做失速试验。这次失速转速一下达到了 2000r/min,说明发动机动力性已经达到基本要求。再次上路试车,自动变速器升挡正常,而且加速性能良好,至此故障彻底排除。

故障分析:该车由于发动机动力性不足,在节气门打开很大时却得不到相应的动力。也就是说节气门位置传感器反映给变速器控制单元的信号电压过高，而此时的车速没有达到升入超速挡的数值，所以变速器控制单元会判断此时汽车处于爬坡或大负荷模式，于是控制了变速器不换入超速挡。通过排除此例故障，得到的启示是：对于装备自动变速器的汽车的修理切不可盲目判断，首先，必须通过严格的检查和试验来确定故障到底是在发动机还是在变速器，然后才能做具体的故障排除工作。

四、任务实施过程工单

<table>
<tr><td>学习任务</td><td colspan="7">自动变速器无高速挡引起的油耗偏大故障诊断</td></tr>
<tr><td>任务描述</td><td colspan="7">以自动变速器无高速挡或者无超速挡引起的油耗偏大的故障诊断为任务，采用行动导向教学法，引导学生按照汽车维修工作过程（信息、计划、决策、实施、检查、评估）检测并排除故障，在此过程中学习相关理论知识，掌握故障诊断方法</td></tr>
<tr><td rowspan="4">1. 信息</td><td rowspan="2">车辆信息</td><td>车型</td><td></td><td>出厂时间</td><td></td><td>发动机型号</td><td></td></tr>
<tr><td>车辆识别码</td><td></td><td>已行驶里程</td><td></td><td></td><td></td></tr>
<tr><td>故障描述</td><td colspan="6"></td></tr>
<tr><td>相关问题</td><td colspan="6">自动变速器无高速挡或者无超速挡可能存在的原因有哪些</td></tr>
<tr><td>2. 计划</td><td colspan="7">提出诊断排除故障的方案</td></tr>
<tr><td rowspan="4">3. 决策</td><td colspan="3">人员分配</td><td colspan="4"></td></tr>
<tr><td colspan="3">时间安排</td><td colspan="4"></td></tr>
<tr><td colspan="3">工作步骤</td><td colspan="4"></td></tr>
<tr><td colspan="3">设备和工具</td><td colspan="4"></td></tr>
<tr><td rowspan="11">4. 实施</td><td colspan="7">自动变速器无高速挡或者无超速挡的检查与诊断步骤</td></tr>
<tr><td colspan="3">检查项目</td><td colspan="2">检查内容和方法</td><td>检查结果</td><td>修复方法</td></tr>
<tr><td colspan="3">自动变速器基础检查</td><td colspan="2"></td><td></td><td></td></tr>
<tr><td colspan="3">自动变速器自诊断系统</td><td colspan="2"></td><td></td><td></td></tr>
<tr><td colspan="3">节气门位置检查</td><td colspan="2"></td><td></td><td></td></tr>
<tr><td colspan="3">车速传感器检测</td><td colspan="2"></td><td></td><td></td></tr>
<tr><td colspan="3">检查自动变速器油压</td><td colspan="2"></td><td></td><td></td></tr>
<tr><td colspan="7">典型故障诊断</td></tr>
<tr><td colspan="3">故障现象</td><td colspan="2">诊断思路步骤</td><td colspan="2">故障点</td></tr>
<tr><td colspan="3"></td><td colspan="2"></td><td colspan="2"></td></tr>
<tr><td colspan="3"></td><td colspan="2"></td><td colspan="2"></td></tr>
<tr><td>5. 检查</td><td colspan="7">检查由于自动变速器无高速挡或者无超速挡导致的汽车油耗偏大的故障诊断步骤和思路，检查汽车修复质量及汽车性能</td></tr>
</table>

续上表

<table>
<tr><td rowspan="11">6. 评估</td><td colspan="2">评 估 项 目</td><td>自我评估</td><td>组长评估</td><td>教师评估</td><td>备　注</td></tr>
<tr><td rowspan="2">素质考评 10 分</td><td>劳动纪律 5 分</td><td></td><td></td><td></td><td></td></tr>
<tr><td>环保意识 5 分</td><td></td><td></td><td></td><td></td></tr>
<tr><td colspan="2">工单考评 20 分</td><td></td><td></td><td></td><td></td></tr>
<tr><td rowspan="4">实操考评 40 分</td><td>工具使用 5 分</td><td></td><td></td><td></td><td></td></tr>
<tr><td>任务方案 10 分</td><td></td><td></td><td></td><td></td></tr>
<tr><td>实施过程 20 分</td><td></td><td></td><td></td><td></td></tr>
<tr><td>完成情况 5 分</td><td></td><td></td><td></td><td></td></tr>
<tr><td colspan="2" rowspan="2">合计 70 分</td><td></td><td></td><td></td><td></td></tr>
<tr><td></td><td></td><td></td><td></td></tr>
<tr><td colspan="2">综合评价 100 分</td><td colspan="4"></td></tr>
</table>

学习项目十四　汽车行驶状况异常的故障检测与诊断

1. 项目描述

汽车在运行过程中，有时会出现纵向行驶偏斜或横向歪斜、摆头甩尾、操纵控制失灵、制动失灵或跑偏等行驶状况异常现象。汽车行驶状况异常不仅影响其动力性、经济性、操纵稳定性等性能，还将影响汽车行驶安全，甚至会造成严重的交通事故。因此，一旦汽车出现行驶异常状况，必须停车检修，及时排除故障。

2. 项目提示

汽车行驶状况异常主要与车辆的技术状况有关，其中与车辆的转向系、行驶系、制动系相关性最大，同时还与汽车的使用情况有关。汽车行驶状况异常主要原因可归结为汽车底盘机械性能异常、弯曲变形、腐蚀泄漏、异常磨损、定位不牢或维护不够等原因，其主要故障表现及成因见图 14-1。

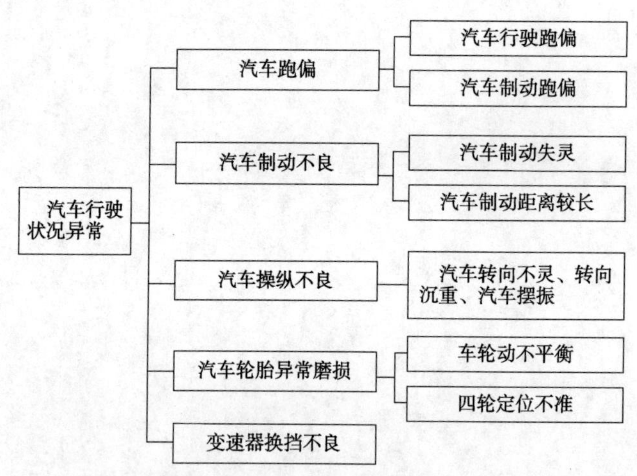

图 14-1　汽车行驶异常的故障现象及主要成因

1. 知识目标

(1)能通过与客户交流、查阅相关维修技术资料等方式获取车辆信息。

(2)能够依据汽车行驶异常的故障现象，分析故障可能产生的原因，并制订维修计划和诊断流程。

2. 技能目标

(1)能使用常用诊断设备对产生汽车行驶异常的相关系统和部位进行检测。

(2)能正确记录、分析各种检测结果并做出故障判断。

(3)能对汽车进行测试,检查和评估汽车行驶异常的故障修复质量。

学习任务1　汽车行驶跑偏的故障检测与诊断

一、故障现象及原因

1. 故障现象

汽车行驶时稍松转向盘就会自动偏向一侧,必须用力握住转向盘才能保证车辆的直线行驶。例如:一辆广州雅阁2.3L排量的轿车行驶过程中出现跑偏现象。路况较好时,跑偏现象不严重;在不平路面或有冲击时,往往会出现明显的跑偏。试分析该车故障成因,并说明如何排除跑偏故障。

2. 故障原因

车辆行驶跑偏主要是两侧车轮受力不等所致。

(1)两个前轮轮胎气压不等、磨损程度不同,导致车轮滚动半径不等,汽车行驶时将自动向车轮滚动半径小的一侧跑偏。

(2)两个前轮轮胎规格、牌号不一致,造成车轮半径不等、滚动阻力不等,汽车向车轮半径小、滚动阻力大的一侧跑偏。

(3)两个前轮轮载轴承预紧度不等。若一侧车轮轮载轴承调整过紧,该车轮行驶阻力较大,汽车向轮载轴承过紧的一侧跑偏。

(4)汽车存在单边制动拖滞现象。制动解除后,存在制动拖滞的车轮行驶阻力很大,汽车会向这一侧跑偏。

(5)前悬架两侧减振弹簧弹力不等。汽车重心向减振弹簧较软的一侧偏移,车身倾斜,行驶过程中汽车将向该侧跑偏。

(6)悬架减振器工作性能存在较大差异,汽车将向减振器漏油或失效的一侧跑偏。

(7)两个前轮定位参数不一致。

(8)车辆两侧前后轮轮距不相等,汽车行驶时有转弯的趋势,向轮距较小的一侧跑偏。

(9)车架、下控制臂变形,连接松动,橡胶衬套损坏等,破坏了零部件之间正确的装配关系,改变了车轮定位,造成两侧车轮行驶阻力不等,汽车向行驶阻力大的一侧跑偏。

二、故障诊断与排除

(1)检查两个前轮的轮胎气压,不符合要求时按规定气压充气。

(2)检查两个前轮轮胎规格、牌号是否一致,有无异常磨损,视情更换轮胎。

(3)如果出现汽车行驶跑偏现象,停车后触摸跑偏一侧的制动鼓和轮毂轴承是否过热。

若制动鼓过热,说明该侧车轮存在制动拖滞现象。悬空前桥用于转动前轮,若车轮转动不灵活,表明制动盘与制动摩擦片不能完全分离,产生制动拖滞,按“制动拖滞”故障予以排除。若轮毂轴承过热,说明轴承过紧,应予调整或检修。

(4)观察汽车有无横向倾斜现象。若两侧高度不同,则较低一侧悬架弹簧损坏或弹力下降,应予更换。

(5)检查减振器的工作性能。用力压下车辆前端一侧,迅速松开,若车身上、下振动2~3次后马上静止,表明减振器工作正常,否则应更换减振器。

(6)测量汽车两侧轴距,轴距不相同时,应查明原因予以修复。

(7)进行前轮定位的检测与调整。

(8)检查车架、下控制臂有无变形,连接松动等现象,视情修复或更换。

三、操作技能——四轮定位的检测与调整

1. 四轮定位的检测

为了保证汽车的工作性能,延长其使用寿命,目前,四轮定位的检测也已纳入定期检测的内容。在下列情况下均需做四轮定位检测:新车驾驶3个月后或行驶3000km,汽车每行驶半年或10000km;汽车在年检时,更换轮胎、减振器、转向系零件,以及事故车维修后,汽车直线行驶时转向盘不正、车辆跑偏、油耗增加、零件磨损加快、转向盘发沉、车辆发飘、轮胎异常磨损等。

车轮定位正确与否将直接影响汽车的操纵稳定性、安全性、燃油经济性以及轮胎等有关机件的使用寿命,因此,对高速汽车进行四轮定位检测就显得尤为重要,四轮定位仪的使用也越来越广泛。

四轮定位仪是专门用来检测车轮定位参数的设备,其检测项目包括前轮前束、前轮外倾角、主销后倾角、主销内倾角、后轮前束、后轮外倾角、轮距、轴距、转向20°时的前张角、推力角和左右轴距差等。下面以SUN汽车四轮定位仪为例,说明四轮定位仪的使用方法及四轮定位参数的检测过程。

汽车四轮定位仪属于电脑式静态检测车轮定位仪,主要由主机(计算机主机、显示器、打印机)、测试光学机头、传感器连接线、机头固定夹具、四柱举升机等组成。此仪器可以记录有关测试信息,并存储于本机内,以便下次调用;还可以提供有关帮助信息,便于调整和操作。该仪器储存了许多常见车型的四轮定位参数的标准数据,使用者可随时调用,以便与实测数据进行比较,做出正确判断。操作步骤详见各种类型四轮定位仪使用说明书。

2. 四轮定位的调整方法

一般说来,所有的车型前束都可调整,大部分车型车轮外倾可调整,少部分车型主销后倾可调整,几乎所有的车型主销内倾都不可调。

调整车轮定位参数时,应按顺序进行。一般先调整后轮外倾角、后轮前束;然后调整前轮主销后倾角、前轮外倾角、前轮前束。

1)车轮定位的调整方法

由于各车型的结构设计不同,车轮定位调整有如下常用方法。

(1)螺杆螺母调整法,如前轮前束。

(2)凸轮偏心轴调整法,如后轮前束、车轮外倾、主销后倾。

(3)加减垫片调整法、开槽支架调整法、转动球头销调整法、模型块调整法以及在减振器上部加工工艺孔检修法等,如车轮外倾、主销后倾。

2)车轮定位的调整部位

几乎所有的车型主销内倾都不可调。主销内倾角和车轮外倾角的关系已被转向节结构所决定,车轮外倾角一经调好,主销内倾角自然正确。如严重失差,可进行钻孔、更换偏心等修理工艺维修到正确位置。

(1)在上控制臂调整主销后倾、车轮外倾。

增减垫片调整适用于别克、丰田、马自达、陆地巡洋舰等车型;移动上控制臂来调整适用于克莱斯勒等车型;旋转凸轮来调整适用于别克、凯迪拉克、雪佛兰、福特等车型;旋转上控制臂上两个偏心凸轮来调整适用于皇冠、福特等车型;分别旋转两个偏心螺栓来调整适用于本田、丰田等车型。

(2)在下控制臂调整主销后倾、车轮外倾。

旋转偏心凸轮可调整车轮外倾角,该方法适用于丰田、凌志、林肯、马自达等车型;调整主销后倾角时,松开环销并旋转即可,调整车轮外倾角时,旋转偏心螺栓,该方法适用于梅塞德斯—奔驰等车型;松开控制臂安装螺栓,旋转偏心凸轮可调整前轮外倾角,该方法适用于皇冠、福特等车型;松开下控制臂前端的球头安装螺栓,可以推进或拉出球头,从而调整前轮外倾角,该方法适用于奥迪、大众系列等车型。

(3)在减振器顶部调整主销后倾、车轮外倾。

松开前减振器顶上几个定位螺栓,可以沿前卡孔左右移动减振器来调整前轮外倾角,该方法适用于奥迪等车型;松开前减振器顶上定位螺栓,向下推着前减振器并旋转 180°,顺时针转增大外倾角,逆时针转减小外倾角,该方法适用于福特、马自达等车型。

(4)在减振器支架调整主销后倾、车轮外倾。

松开减振器支架上两个螺栓,旋转上部带偏心凸轮的螺栓即可调整前轮外倾角,该方法适用于克莱斯勒、三菱、尼桑、丰田、佳美、花冠、保时捷等车型;松开两个螺栓向里推或向外拉轮胎,可以调整车轮外倾角,适用于别克、凯迪拉克、雪佛兰、克莱斯勒等车型;松开减振器两个螺栓向外或向内移动轮胎上部,可以调整车轮外倾角,调整后可以加进模型锯齿边铁片,既能固定又可防松脱,该方法适用于福特等车型。

(5)改变转向横拉杆长度调整前束。

一般前束的调整通过改变转向横拉杆的长度来完成。如图 14-2 所示,用螺丝刀松开防尘箍;用开口扳手松开锁紧固定螺母;用开口扳手转动螺杆,调整转向横拉杆的长度。

(6)转动偏心凸轮调整前束。

在前束杆的一端装有偏心凸轮或偏心螺栓,松开锁紧螺母,转动偏心凸轮改变前束值。这种方法往往适用于后轮前束的调整。

四、故障诊断实例

故障现象:一辆帕杰罗 V33,行驶里程超过 250000km。直线行驶时必须紧握转向盘,否则立刻向右跑偏。

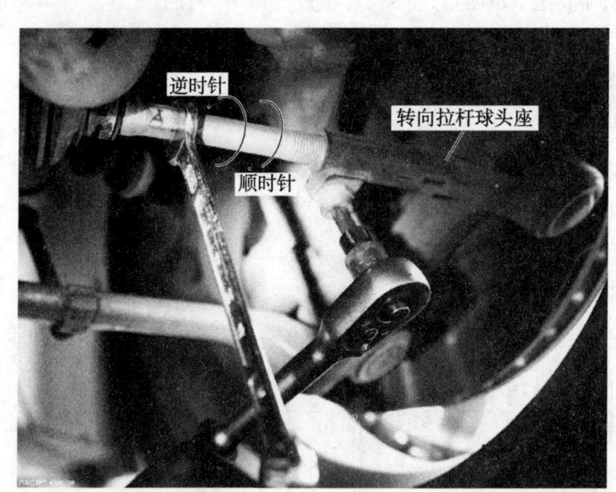

图 14-2　前束的调整

故障诊断与排除:检查转向系、制动系及行驶系均无明显异常。该车采用发动机前置后轮驱动形式,不等长双横臂前独立悬架。下控制臂是非“I”字形 A 架结构,在上控制臂可用调整垫片的方式来调整前轮外倾角和主销后倾角;后悬架采用非独立悬架,定位参数不可调。

理论分析和实践证实,对于后轮驱动的汽车,前轮主销后倾角左右差异太大是引起跑偏严重的主要因素。因此推断对于此车主要是因为右前轮主销后倾角过小引起直行时偏右严重。用四轮定位仪检测后的数据证实了推断,右主销后倾角为 -2°25′,左边是 1°21′,其他数据均无太大异常。如果能够想办法使 -2°25′靠近 1°21′,问题应能得到解决。

根据帕杰罗 V33 的维修手册,在前悬架上摆臂的前端垫片厚度不变的情况下,后端每增加 1mm 的垫片,则主销后倾角增加约 27′。根据这些数据,大致计算出使 -2°25′靠近 1°21′应在右上摆臂后端增加垫片的厚度:[1°21′-(-2°25′)]/27′=8mm;这样,就只在右上摆臂后端加 8mm 的垫片,而前端的垫片厚度不变。再用四轮定位仪检测,数据显示两边的主销后倾角值已基本接近了。重新调整前束后试车,故障彻底排除。

什么原因会造成了主销后倾角变小甚至变负,汽车在行驶过程中,使下摆臂向后窜动的倾向有多种原因,但主要是由紧急制动、不同程度的碰撞、上路肩太猛等因素造成的,在这种情况下,下控制臂和车轮已减速或制动,但车身因惯性仍向前运动,下控制臂必然要被向后推动,久之,后倾角便变小甚至变负了。

汽车前轮设置主销后倾角的目的是为了使转向盘稳定和自动回正转向盘,以保证汽车稳定的直线行驶,当两个前轮主销后倾角都变得太小时,因转向盘稳定性能变差而导致方向发飘。另一种情况,因转向轮左右两边主销后倾角变化不均使两边角度相差太大,这样两个前轮自动回正能力差异就会太大,从而导致两个前轮直行时行驶阻力差别太大,后倾角太小的前轮比后倾角大的前轮阻力要大得多,从而有直行时偏向后倾角太小一边的倾向,这样便出现了直行时跑偏的故障。

五、任务实施过程工单

<table>
<tr><td>学习任务</td><td colspan="7">汽车行驶跑偏的故障诊断</td></tr>
<tr><td>任务描述</td><td colspan="7">以汽车行驶跑偏的故障诊断为任务，采用行动导向教学法，引导学生按照汽车维修工作过程（信息、计划、决策、实施、检查、评估）检测并排除故障，在此过程中学习相关理论知识，掌握故障诊断方法</td></tr>
<tr><td rowspan="4">1. 信息</td><td rowspan="2">车辆信息</td><td>车型</td><td></td><td>出厂时间</td><td></td><td>发动机型号</td><td></td></tr>
<tr><td>车辆识别码</td><td></td><td>已行驶里程</td><td></td><td></td><td></td></tr>
<tr><td>故障描述</td><td colspan="6"></td></tr>
<tr><td>相关问题</td><td colspan="6">说明汽车车轮的定位参数主要有哪些？这些参数对汽车的行驶性能有哪些影响？
汽车行驶跑偏的原因有哪些</td></tr>
<tr><td>2. 计划</td><td colspan="7">提出诊断排除汽车行驶跑偏故障的方案</td></tr>
<tr><td rowspan="4">3. 决策</td><td colspan="2">人员分配</td><td colspan="5"></td></tr>
<tr><td colspan="2">时间安排</td><td colspan="5"></td></tr>
<tr><td colspan="2">工作步骤</td><td colspan="5"></td></tr>
<tr><td colspan="2">设备和工具</td><td colspan="5"></td></tr>
<tr><td rowspan="9">4. 实施</td><td colspan="2">检查项目</td><td colspan="2">检查内容和方法</td><td colspan="2">检查结果</td><td>修复方法</td></tr>
<tr><td colspan="2">检查同轴的左右轮胎气压和规格参数是否一致</td><td colspan="2"></td><td colspan="2"></td><td></td></tr>
<tr><td colspan="2">检查制动鼓或制动盘有无过热现象，有无变形现象</td><td colspan="2"></td><td colspan="2"></td><td></td></tr>
<tr><td colspan="2">检查汽车悬架各部分连接是否有松动或变形，减振器是否失效，悬架弹簧有无错位、折断，检查左右弹簧的弹力是否一致，同时检查左右减振器有无漏油或被击穿的现象</td><td colspan="2"></td><td colspan="2"></td><td></td></tr>
<tr><td colspan="2">利用四轮定位仪检查前轮的定位参数</td><td colspan="2"></td><td colspan="2"></td><td></td></tr>
<tr><td colspan="2">检查汽车的前桥和后桥有无变形、弯曲、锈蚀或移位</td><td colspan="2"></td><td colspan="2"></td><td></td></tr>
<tr><td colspan="7">典型故障诊断</td></tr>
<tr><td colspan="2">故障现象</td><td colspan="3">诊断思路步骤</td><td colspan="2">故障点</td></tr>
<tr><td colspan="2"></td><td colspan="3"></td><td colspan="2"></td></tr>
<tr><td>5. 检查</td><td colspan="7">检查由于汽车行驶跑偏的故障诊断步骤和思路，检查汽车修复质量及汽车性能</td></tr>
</table>

续上表

	评估项目		自我评估	组长评估	教师评估	备注
6. 评估	素质考评 10 分	劳动纪律 5 分				
		环保意识 5 分				
	工单考评 20 分					
	实操考评 40 分	工具使用 5 分				
		任务方案 10 分				
		实施过程 20 分				
		完成情况 5 分				
	合计 70 分					
	综合评价 100 分					

学习任务 2　汽车制动力不足与跑偏的故障检测与诊断

一、故障现象及原因

制动系统典型的故障是制动力不足和制动跑偏等。例如一辆卡罗拉轿车，客户描述说制动时车子效果差，好几次差点造成追尾的事故。还有客户描述在直线制动时汽车的制动痕迹有很大偏斜，严重时能感觉到汽车制动跑偏。

1. 制动力不足

1）制动力不足的故障现象

（1）汽车制动时，制动效果不明显。

（2）紧急制动距离过长。

2）制动力不足的故障原因

（1）制动液缺乏，或制动液变质。

（2）制动管路系统有空气。

（3）制动液泄漏。

（4）制动主缸磨损（内部泄漏）。

（5）制动轮缸泄漏。

（6）制动摩擦片磨损、脏污。

（7）制动摩擦片间隙过大。

（8）制动踏板自由行程过大。

（9）制动盘磨损。

（10）真空助力器泄漏。

2. 制动跑偏

1）制动跑偏的故障现象

车辆行驶过程中，如果踩下制动踏板，车辆会向偏向一边，严重时甚至甩尾。制动系统故障指示灯正常。

2)制动跑偏的故障原因

与 ABS 相关的原因:ABS 控制单元收到某个车轮轮速太高(打滑),对相应车轮施加更大的制动力;ABS 液压总成的电磁阀不良,导致某个车轮制动力和其他车轮不一致。

与制动器相关的原因:如果制动时车辆向一侧偏转,通常起因于制动力不均。首先,校验另一侧制动器的运行是否正常,车辆会向制动器工作的一侧偏转。

制动偏转的原因:衬块沾染了制动液、油或脂;制动卡钳被卡住;活塞黏在制动卡钳内;制动卡钳松动;制动摩擦片不匹配;制动衬块弯曲或扭曲。

与制动系统无关的原因:轮胎型号或气压不一致;四轮定位参数不准;悬架弹簧或减振器失效,悬架部件松动。

二、故障诊断与排除

1. 制动系统典型的故障诊断准备工作

(1)防护装备:工作服、工作帽、手套、劳保鞋。

(2)车辆、台架、总成:卡罗拉整车或其他同类车辆。

(3)车间设备:举升机。

(4)检测设备:KT600 诊断仪、万用表。

(5)测量工具:螺旋测微器、百分表。

(6)手工工具:拆装工具一套,气动工具。

(7)辅助材料:翼子板布和前格栅布、三件套、抹布、手套、白板笔等。

2. 制动力不足故障诊断步骤

故障诊断流程见图 14-3。

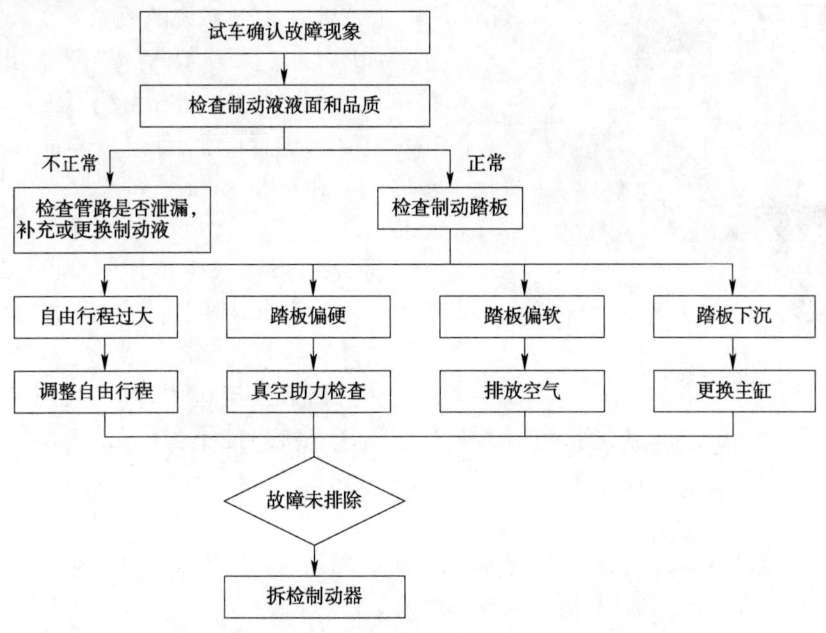

图 14-3　制动力不足故障诊断流程图

(1)询问驾驶人制动液更换时间或检测制动液。不正常时更换制动液。

(2)如果制动液不足,应检查液压管路是否泄漏。

(3)检查制动踏板自由行程,不正确则调整。

(4)起动发动机,踩下制动踏板,如果觉得“软”,进行系统排放空气,见图14-4。

(5)踩住制动踏板,如果踏板缓慢下沉,则制动主缸泄漏。

(6)起动发动机,反复踩踏制动踏板,如果觉得“很硬”,检查真空助力器是否泄漏真空。

(7)如图14-5所示,拆卸车轮制动器,检查制动轮缸、制动摩擦片、制动盘,异常则更换。

图14-4　踩下制动踏板

图14-5　检查制动摩擦片

3. 制动跑偏故障诊断步骤

以丰田卡罗拉为例,具体介绍制动跑偏的故障诊断与排除方法。

(1)排除和制动系统无关的原因。

检查轮胎型号和气压、四轮定位参数以及悬架系统等和制动系统无关的因素。

图14-6　中断ABS控制单元电源

(2)排除ABS系统的故障。

如图14-6拆下ABS的熔断器、继电器或电控单元的连接器,让ABS系统不工作(此时故障指示灯亮),进行试车,如果故障还存在,说明故障原因不在ABS系统。如果故障依旧,进行如下检查。

警告:ABS系统不工作,必须由经验丰富的驾驶人小心驾驶试车!

①检查轮速传感器信号。进入数据流,读取轮速传感器数据流(因故障出现时ABS指示灯不亮,轮速信号即使异常,但没达到故障码设定条件,系统可能不会记忆故障码),观察车辆直线行驶时4个轮速传感器数据流,如果出现某个不一致,检查对应的传感器。不正常则更换。

②如果轮速信号正常,故障原因出现在液压制动系统,检查对应的制动轮缸及管路,必要时更换轮缸。如果故障依旧,更换液压控制总成。

提示:制动系统的元件涉及行车安全,请勿分解和修理,必须更换。

三、操作技能——制动系检测与调整

1. 检查制动摩擦片

测量制动摩擦片厚度，是否存在不均匀磨损，见图 14-7。

2. 检查制动轮缸

检查轮缸活塞是否生锈或有划痕；检查轮缸防尘罩有无老化、破损，如有必要，则更换防尘罩或盘式制动器轮缸总成，具体见图 14-8。

提示：在安装新的防尘罩前，涂抹锂皂基乙二醇润滑脂。

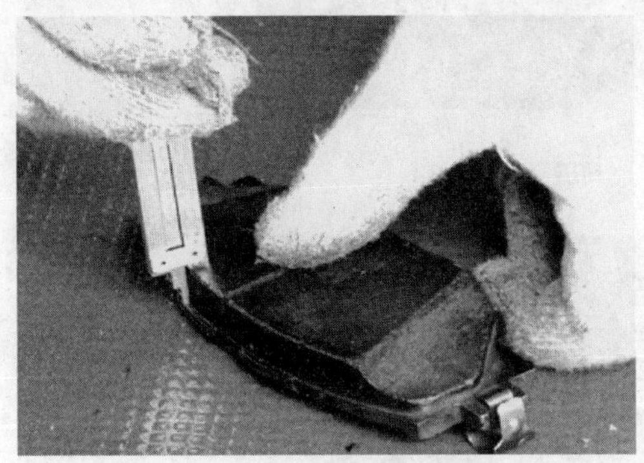

图 14-7　检查制动摩擦片

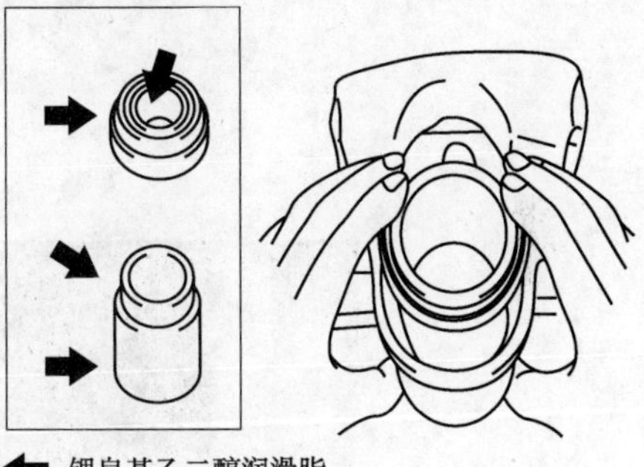

锂皂基乙二醇润滑脂

图 14-8　检查制动轮缸和活塞

3. 检查制动器制动缸滑套

检查滑套有无老化、破损，如有必要，则更换制动器制动缸滑套，见图 14-9。

图 14-9　检查制动缸滑套

4. 检查制动器制动缸滑销

检查滑销在滑销孔中的运动情况，能否自由运动，有无卡滞，有如必要，清洁滑销及滑销孔，见图 14-10。

5. 检查制动盘

1）检查外观

观察制动盘是否存在擦伤。

2）检查制动盘厚度

用螺旋测微器测量制动盘厚度，标准厚度为 22.0mm，最小厚度为 19.0m，如果制动盘厚度小于最小值，则更换前制动盘，见图 14-11。

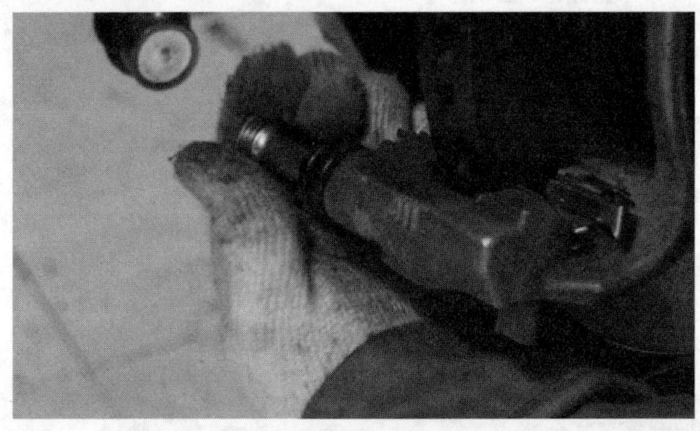

图 14-10　检查盘式制动器制动缸滑销

图 14-11　测量制动盘的厚度

3）制动盘轴向跳动检查

固定制动盘，使用百分表，在距离前制动盘外缘 10mm 的地方测量制动盘的轴向跳动，见图 14-12。

图 14-12　检查制动盘轴向跳动

制动盘最大轴向跳动为 0.05mm。如果轴向跳动超过最大值，则改变车桥轮毂上制动盘的安装位置以减小轴向跳动；如果安装位置改变后轴向跳动量超过最大值，则抛光制动盘；

如果制动盘厚度小于最小值，则更换前制动盘。

四、故障诊断实例

故障现象：一辆丰田乘用车，夏天在高速公路上行驶时，有一次紧急制动时，突然出现方向跑偏、制动距离变长的现象。起初怀疑是因雨天路滑引起的，后来曾数次出现ABS报警灯在行驶中常亮，紧急制动时常有偏左或偏右的现象，且没有规律，制动距离也时短时长，有加剧的趋势。

故障诊断与排除：由于该车仪表板上的ABS报警灯时有常亮现象，首先读取故障代码，而ABS ECU中没有存储故障代码。然后用万用表分别检查各车轮的轮速传感器、ABS、ECU及连接线路，结果均正常；将连接制动执行器总成上的4个线束插接件都拔下，但不拆下与其相连的6根油管，分别对各个电磁阀及电动油泵通电，各个电磁阀及油泵均有反应，但动作有时显得缓慢，似乎有阻力；最后检查ABS系统制动液，发现颜色深黄，似乎较长时间未更换过。

询问车主得知，该车4年前曾更换过制动液。由于ABS系统制动液有较强的吸水性，超过两年的制动液吸水率可达3%～14%，更何况该车已使用4年之久，制动液黏度大大增加，胶质严重，形成制动迟滞，在炎热的夏季还容易出现气阻。

针对以上情况，对该车的制动管路进行清洁并更换制动液，试车，该车的制动性能恢复正常。

五、任务实施过程工单

<table>
<tr><td>学习任务</td><td colspan="7">汽车制动力不足与跑偏的故障诊断</td></tr>
<tr><td>任务描述</td><td colspan="7">以汽车制动力不足与跑偏的故障诊断为任务，采用行动导向教学法，引导学生按照汽车维修工作过程（信息、计划、决策、实施、检查、评估）检测并排除故障，在此过程中学习相关理论知识，掌握故障诊断方法</td></tr>
<tr><td rowspan="4">1. 信息</td><td rowspan="2">车辆信息</td><td>车型</td><td></td><td>出厂时间</td><td></td><td>发动机型号</td><td></td></tr>
<tr><td>车辆识别码</td><td></td><td>已行驶里程</td><td></td><td></td><td></td></tr>
<tr><td>故障描述</td><td colspan="6"></td></tr>
<tr><td>相关问题</td><td colspan="6">依据实车说明制动踏板的自由行程和制动间隙的概念。
汽车制动跑偏的原因有哪些</td></tr>
<tr><td>2. 计划</td><td colspan="7">提出诊断排除汽车制动跑偏故障的方案</td></tr>
<tr><td rowspan="4">3. 决策</td><td colspan="3">人员分配</td><td colspan="4"></td></tr>
<tr><td colspan="3">时间安排</td><td colspan="4"></td></tr>
<tr><td colspan="3">工作步骤</td><td colspan="4"></td></tr>
<tr><td colspan="3">设备和工具</td><td colspan="4"></td></tr>
</table>

续上表

<table>
<tr><td rowspan="12">4. 实施</td><td colspan="2">检 查 项 目</td><td colspan="2">检查内容和方法</td><td colspan="2">检查结果</td><td colspan="2">修 复 方 法</td></tr>
<tr><td colspan="2">试车检查汽车制动跑偏的方向</td><td colspan="2"></td><td colspan="2"></td><td colspan="2"></td></tr>
<tr><td colspan="2">检查轮胎气压及其磨损程度是否一致</td><td colspan="2"></td><td colspan="2"></td><td colspan="2"></td></tr>
<tr><td colspan="2">检查制动踏板或制动钳支架是否有松动</td><td colspan="2"></td><td colspan="2"></td><td colspan="2"></td></tr>
<tr><td colspan="2">检查制动摩擦片是否有油污</td><td colspan="2"></td><td colspan="2"></td><td colspan="2"></td></tr>
<tr><td colspan="2">检查压力调节器或制动压力分配阀工作是否正常</td><td colspan="2"></td><td colspan="2"></td><td colspan="2"></td></tr>
<tr><td colspan="2">检查汽车前轮定位</td><td colspan="2"></td><td colspan="2"></td><td colspan="2"></td></tr>
<tr><td colspan="2">检查悬架系统</td><td colspan="2"></td><td colspan="2"></td><td colspan="2"></td></tr>
<tr><td colspan="2">检查车身是否发生变形</td><td colspan="2"></td><td colspan="2"></td><td colspan="2"></td></tr>
<tr><td colspan="8">典型故障诊断</td></tr>
<tr><td colspan="2">故 障 现 象</td><td colspan="3">诊断思路步骤</td><td colspan="3">故 障 点</td></tr>
<tr><td colspan="2"></td><td colspan="3"></td><td colspan="3"></td></tr>
<tr><td>5. 检查</td><td colspan="8">检查汽车制动力不足与跑偏的故障诊断步骤和思路，检查汽车修复质量及汽车性能</td></tr>
<tr><td rowspan="11">6. 评估</td><td colspan="2">评 估 项 目</td><td>自我评估</td><td colspan="2">组长评估</td><td colspan="2">教师评估</td><td>备　注</td></tr>
<tr><td rowspan="2">素质考评 10 分</td><td>劳动纪律 5 分</td><td></td><td colspan="2"></td><td colspan="2"></td><td></td></tr>
<tr><td>环保意识 5 分</td><td></td><td colspan="2"></td><td colspan="2"></td><td></td></tr>
<tr><td colspan="2">工单考评 20 分</td><td></td><td colspan="2"></td><td colspan="2"></td><td></td></tr>
<tr><td rowspan="4">实操考评 40 分</td><td>工具使用 5 分</td><td></td><td colspan="2"></td><td colspan="2"></td><td></td></tr>
<tr><td>任务方案 10 分</td><td></td><td colspan="2"></td><td colspan="2"></td><td></td></tr>
<tr><td>实施过程 20 分</td><td></td><td colspan="2"></td><td colspan="2"></td><td></td></tr>
<tr><td>完成情况 5 分</td><td></td><td colspan="2"></td><td colspan="2"></td><td></td></tr>
<tr><td colspan="2" rowspan="2">合计 70 分</td><td></td><td colspan="2"></td><td colspan="2"></td><td></td></tr>
<tr><td></td><td colspan="2"></td><td colspan="2"></td><td></td></tr>
<tr><td colspan="2">综合评价 100 分</td><td colspan="6"></td></tr>
</table>

学习任务3　汽车转向沉重的故障检测与诊断

一、故障现象及原因

1. 液压式助力转向系统

由于机械转向系统很难同时满足转向轻便和转向灵敏两方面的要求，所以在中型以上的载货汽车以及大部分乘用车的转向系统中，均采用了助力转向装置。助力转向装置是以发动机输出的部分动力为能源来增大驾驶人操纵转向轮转向的力量，从而使转向操纵轻便，同时转向器的角传动比比较小，故又能满足转向灵敏的要求。

助力转向系统按传能介质的不同，可分为液压式和气压式两种。液压式助力转向系统的部件结构紧凑、尺寸小、工作滞后时间短、工作时无噪声、能吸收冲击和振动，故目前广泛应用于各类各级汽车。

液压式助力转向系统由机械转向器、转向控制阀、转向动力缸以及将发动机输出的部分机械能转换为液压能的转向油泵、油罐等组成，其组成结构见图14-13。

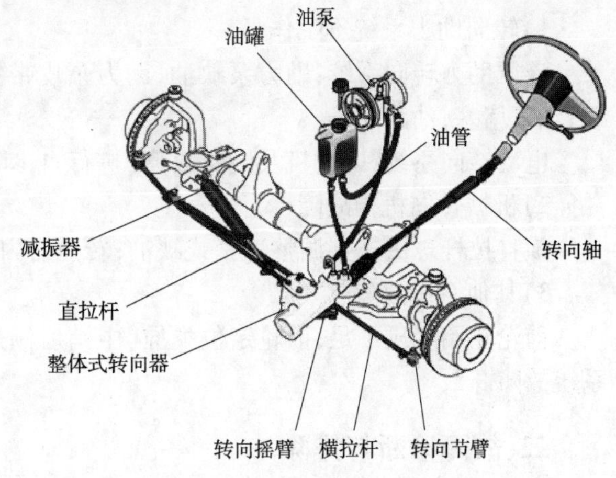

图14-13　液压式助力转向系统

2. 电控式助力转向系统

电控式助力转向系统可使汽车在停车或低速行驶时转向操纵力减小，而在高速行驶时又可适当增大转动操纵力，从而提高整车的操纵稳定性能和行车的安全性能，达到最令人满意的汽车驾驶性能。

电控助力转向系统根据动力源不同可分为电控液压助力转向系统和电控助力转向系统。

电控液压助力转向系统（简称EHPS）是在传统的液压助力转向系统的基础上增设了控制油液流量的电磁阀、车速传感器和电子控制单元等，电子控制单元根据检测到的车速信号来控制电磁阀，使转向动力放大倍率实现连续可调，从而满足高、低速时的转向助力要求，见图14-14a）。

电控助力转向系统（简称EPS）是利用直流电动机作为动力源，电子控制单元根据转向参数和车速等信号，控制电动机转矩的大小和方向。电动机的转矩由电磁离合器通过减速机构减速增加转矩后，加在汽车的转向器上，使之得到一个与工况相适应的转向作用力，见图14-14b）。

3. 转向沉重的故障现象

（1）汽车行驶中驾驶人向左、右转动转向盘时，感到沉重费力，无回正感。

（2）当汽车以低速转弯行驶或掉头时，转动转向盘时感到吃力，甚至打不动。

a)

b)

图 14-14　电动助力转向系统示意图

4. 转向沉重的故障原因

1)转向助力系统不工作

液压助力转向系统:助力泵缺油;助力泵皮带打滑;助力泵磨损,不工作;液压系统有空气;油管堵塞,油路不畅。

电动转向系统:电动机及线路故障(进行自诊断)。

2)机械转向机构故障

横直拉杆球头连接调整过紧或缺油;转向器内部机械故障。

3)其他系统故障

前轮轮胎气压不足;前轮定位失准(主销后倾过大、主销内倾过大或前轮负外倾);悬架系统故障。

二、故障诊断与排除

1. 准备工作

(1)防护装备:工作服、工作帽、手套、劳保鞋。

(2)车辆、台架、总成:卡罗拉整车。

(3)车间设备:举升机、台虎钳。

(4)手工工具:拆装工具一套,气动工具。

(5)辅助材料:翼子板布和前格栅布、三件套、抹布、手套、白板笔等。

2. 实施步骤

转向系统故障诊断流程见图 14-15。

(1)排除轮胎气压、四轮定位、悬架系统造成的故障。

参照其他系统的内容。

(2)检查助力转向系统。

①对于液压助力转向的车型。

a. 检查助力转向液液位。首先让发动机怠速时,保持汽车原地不动时转动转向盘数次,使转向液温度上升到 40 ~ 80℃(104 ~ 176°F),然后回退转向盘到中间位置;然后发动机熄火,拧开转向助力油储蓄罐盖,检查储液罐中的液位是否处于规定的范围内,见图 14-16(MAX 和 MIN 之间)。

注意:不要使转向盘完全停留在任何一侧超过 10s。

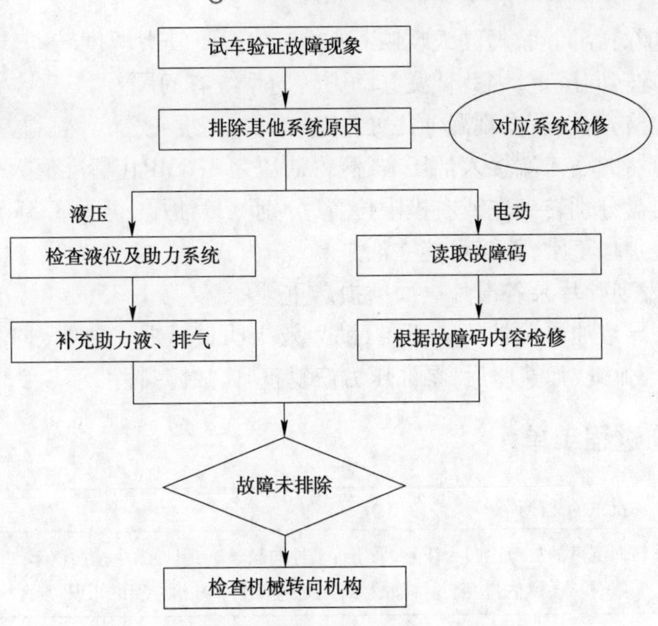

图 14-15　转向系统故障诊断流程图

b. 助力转向系统排空气。发动机怠速运转,原地转动转向盘数次,直到储液罐没有气泡出现。

c. 检查助力泵皮带是否磨损和打滑。

d. 如果以上都正常,分解检查助力泵是否磨损。

②对于电动助力转向的车型。

如卡罗拉采用电动转向系统(图 14-17),应进行采用检测仪器进行故障自诊断。如果有故障码,根据故障码内容检修。

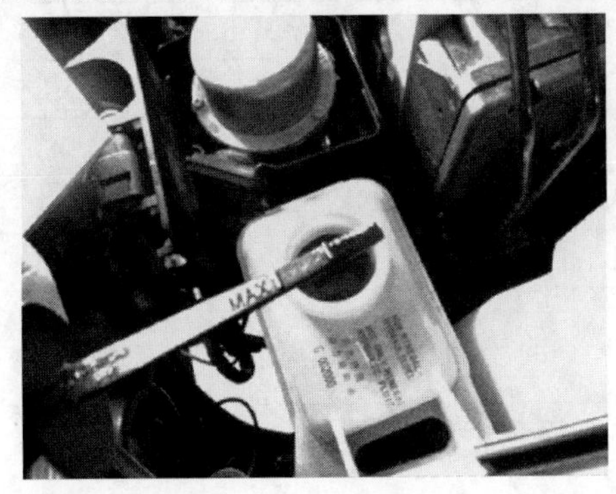

图 14-16　检查助力转向系统

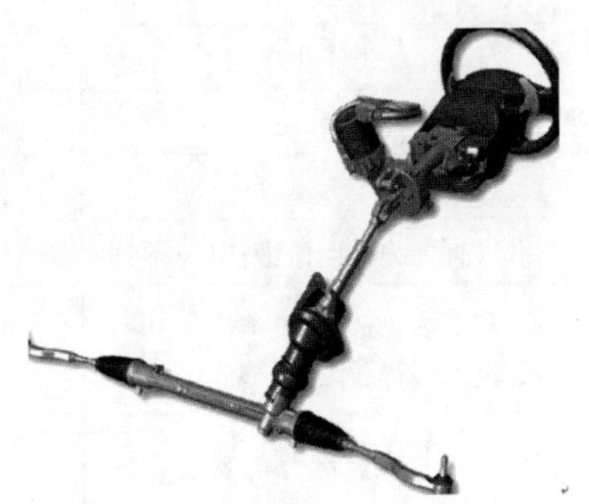

图 14-17　卡罗拉电动助力转向系统

(3)机械转向机构故障。

检查检查横直拉杆球头和转向机(转向器),如有损坏必须换用新件(转向机构涉及行车安全,不可维修)。

三、故障诊断实例

故障现象:丰田皇冠 2.5 轿车转向不灵敏,需用较大的力才能使车轮偏转。

故障诊断与排除:经询问,驾驶人反映行驶转向时,要较大幅度转动转向盘才能控制汽车的行驶方向,感觉转向沉重,因此怀疑其动力转向系统有问题。

首先进行外观检查,没有发现漏油之处;检查油面,高度正常。然后检查油泵,在油泵的输出端和转向助力器的输入端接入油压表,测得油压为3.5MPa(标准值大于7.0MPa),说明油压过低。将转向盘分别转到左或右极限位置,分别测量油压,仍为3.5MPa,这说明转向助力器、安全阀、溢流阀均正常,故障可能在油泵。

拆检叶片泵,发现叶片泵各滑片表面磨损严重,厚度仅为1.35mm(标准值为1.55mm)。显然,叶片已磨损,导致油泵泵油压力不足,助力效果明显减弱,造成转向不灵敏、沉重。更换一套(6组)滑片、弹簧、弹簧座后,泵油压力恢复正常,故障排除。

四、任务实施过程工单

<table>
<tr><td>学习任务</td><td colspan="7">汽车转向沉重的故障诊断</td></tr>
<tr><td>任务描述</td><td colspan="7">以汽车转向沉重的故障诊断为任务,采用行动导向教学法,引导学生按照汽车维修工作过程(信息、计划、决策、实施、检查、评估)检测并排除故障,在此过程中学习相关理论知识,掌握故障诊断方法</td></tr>
<tr><td rowspan="4">1. 信息</td><td rowspan="2">车辆信息</td><td>车型</td><td></td><td>出厂时间</td><td></td><td>发动机型号</td><td></td></tr>
<tr><td>车辆识别码</td><td></td><td>已行驶里程</td><td></td><td></td><td></td></tr>
<tr><td>故障描述</td><td colspan="6"></td></tr>
<tr><td>相关问题</td><td colspan="6">依据实车说明制动踏板的自由行程和制动间隙的概念。
汽车制动跑偏的原因有哪些</td></tr>
<tr><td>2. 计划</td><td colspan="7">提出诊断排除汽车制动跑偏故障的方案</td></tr>
<tr><td rowspan="4">3. 决策</td><td colspan="2">人员分配</td><td colspan="5"></td></tr>
<tr><td colspan="2">时间安排</td><td colspan="5"></td></tr>
<tr><td colspan="2">工作步骤</td><td colspan="5"></td></tr>
<tr><td colspan="2">设备和工具</td><td colspan="5"></td></tr>
<tr><td rowspan="8">4. 实施</td><td colspan="2">检 查 项 目</td><td colspan="2">检查内容和方法</td><td colspan="2">检 查 结 果</td><td>修 复 方 法</td></tr>
<tr><td colspan="2">检查助力转向液液位</td><td colspan="2"></td><td colspan="2"></td><td></td></tr>
<tr><td colspan="2">对电动助力转向系统采用检测仪器进行故障自诊断</td><td colspan="2"></td><td colspan="2"></td><td></td></tr>
<tr><td colspan="2">转向系的机械部分的检查与调整,重点检查机械部分的外观包括:连接情况、变形情况、润滑情况、干涉情况</td><td colspan="2"></td><td colspan="2"></td><td></td></tr>
<tr><td colspan="2">检查前轮定位情况</td><td colspan="2"></td><td colspan="2"></td><td></td></tr>
<tr><td colspan="7">典型故障诊断</td></tr>
<tr><td colspan="2">故 障 现 象</td><td colspan="3">诊断思路步骤</td><td colspan="2">故 障 点</td></tr>
<tr><td colspan="2"></td><td colspan="3"></td><td colspan="2"></td></tr>
</table>

续上表

5. 检查	检查汽车转向沉重的故障诊断步骤和思路，检查汽车修复质量及汽车性能					
6. 评估	评估项目		自我评估	组长评估	教师评估	备　注
	素质考评 10 分	劳动纪律 5 分				
		环保意识 5 分				
	工单考评 20 分					
	实操考评 40 分	工具使用 5 分				
		任务方案 10 分				
		实施过程 20 分				
		完成情况 5 分				
	合计 70 分					
	综合评价 100 分					

学习任务4　轮胎异常磨损的故障检测与诊断

一、故障现象及原因

1. 故障现象

轮胎磨损速度加快，并出现轮胎花纹磨损不均匀、局部磨损严重等现象，见图 14-18。实车中轮胎异常磨损会引起低速时行驶不稳或振动，例如：一辆丰田轿车在行驶中车身摇摆，且在低速时尤为严重，高速时反而不太明显。经分析，初步判断故障不是由于车轮质量不平衡所致，因为若车轮质量不平衡应在高速时表现明显，且以上下跳动为主。试分析、判断该车故障成因。

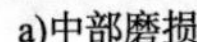
a)中部磨损

b)胎肩磨损

c)单侧磨损

d)羽状磨损

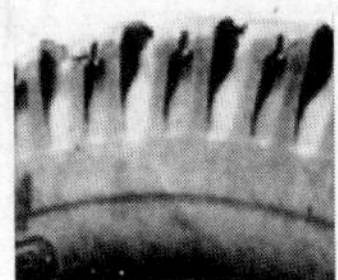
e)环状槽形磨损

图 14-18　轮胎异常磨损示意图

2. 故障原因

(1)造成轮胎异常磨损有如下主要原因。

①前轮定位不正确，前束和外倾角调整不当。车轮外倾角过大、过小，使车轮倾斜过多，轮胎两侧负荷过重，造成内侧或外侧磨损严重。前束过大或过小，导致车轮滚动方向与汽车行驶方向相差过大，轮胎侧向受力增大，在汽车行驶过程中车轮产生横向滑移趋势，轮胎磨损加剧。

②轮胎气压过高、过低。气压过高，轮胎与地面接触面积减小，增加了单位接地面积的

负荷，加速了胎冠中部的磨耗，并使轮胎内应力增大，受到冲击载荷时容易爆胎。

③汽车经常超载。超载使轮胎承受的负荷增大，变形量和内应力均增大，帘线容易断裂，轮辐产生永久变形，从而导致轮胎早期损坏。

④轮胎换位不及时。汽车前后桥载荷分配不均衡，负荷大的车桥轮胎磨损比较严重；驱动轮比随动轮轮胎磨损严重；一般右侧车轮比左侧车轮轮胎磨损大；轮胎换位不及时将导致一侧车轮轮胎磨损加剧，缩短轮胎的使用寿命。

⑤轮辋变形、车轮不平衡，使车轮承受的交变、冲击载荷增加，造成轮胎磨损异常。

⑥悬架零件磨损或连接松旷，车轮在转动时产生横向窜动，轮胎的横向磨损加剧。

⑦轮毂轴承松旷、转向主销磨损松旷等，使车轮摆差过大，加剧了轮胎的横向磨损。

⑧经常紧急制动，将造成轮胎的局部磨损。

(2)轮胎两胎肩磨损、胎壁擦伤的故障原因为轮胎气压过低或长期超载。

(3)胎冠中部磨损的故障原因为轮胎气压过高。

(4)胎冠外、内侧偏磨的故障原因为车轮外倾角过大、过小。只有转向轮才出现此现象。

(5)胎冠成波浪状或碟片状磨损的故障原因为车轮不平衡、轮毂轴承松旷、轮毂拱曲变形等。

(6)胎冠两侧成锯齿状磨损的故障原因为轮胎换位不及时、经常紧急制动或长期超载。

(7)胎冠由里向外或由外向里侧成锯齿状磨损的故障原因为前束不当。前束过大，则胎冠由外侧向内侧呈锯齿状磨损；前束过小，则胎冠由内侧向外侧呈锯齿状磨损。

二、故障诊断与排除

根据轮胎的磨损状况检查具体故障部位，并进行相应调整、维修或更换。

(1)询问轮胎异常磨损是否由于使用不当如经常超载、紧急制动所致，合理行车。

(2)检查轮胎气压。轮胎气压应符合标准要求，如奥迪 A4 轮胎的充气压力为 0.35MPa。

(3)及时进行轮胎换位，紧固车轮螺栓。轿车车轮多采用前后换位的方法，对于没有明确规定轮胎换位方法的车型，可采用交叉换位法或循环换位法，见图 14-19。

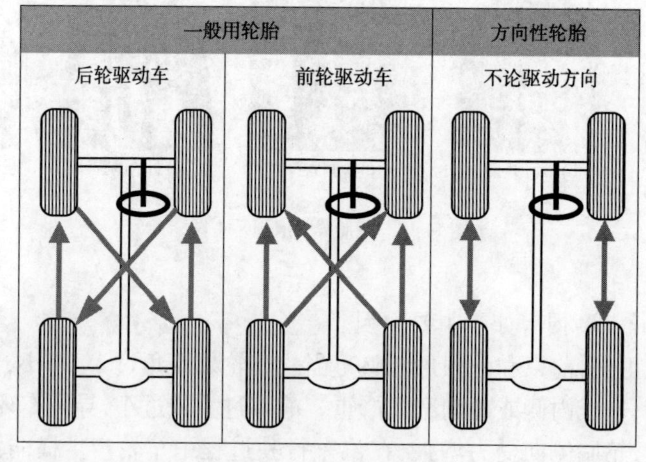

图 14-19　轮胎换位方法

(4)检查、调整前轮前束和前轮外倾角。

(5)检查悬架、轮毂轴承、转向主销等,如有松旷,应进行调整、紧固或更换。

(6)检查轮辆是否变形。

(7)检查车轮平衡块是否脱落,进行轮胎动平衡检测和校正,见图14-20。

图14-20　车轮平衡块的检查

三、操作技能——车轮动平衡的检测

1. 车轮静不平衡和动不平衡

1)车轮静不平衡

支起车轴,调整好轮载轴承预紧度,用手轻轻转动车轮,使其自然停转。停转后在车轮离地最近处作一个明显标记,然后多次重复上述试验,如果每次试验标记都停在离地最近处,则车轮静不平衡。车轮上所做的标记点称为不平衡点或垂点。反之,若车轮经几次转动自然停转后所作标记的位置各不一样,或强迫停转消除外力。后车轮不再转动,则车轮是静平衡的。静平衡的车轮,其重心与旋转中心重合;而静不平衡的车轮,其重心与旋转中心不重合,在旋转时产生离心力。

车轮静不平衡将引起轮胎异常磨损,旋转时造成跳动,使前轮出现摆振现象,当左、右前轮的不平衡质量相互处于180°位置时,前轮摆振最为严重。

2)车轮动不平衡

静平衡的车轮由于质量分布相对车轮纵向中心面不对称,也可能造成动不平衡,见图14-21。静平衡但动不平衡点的离心力合力为零,而离心力的合力矩不为零,旋转时产生方向反复变动的力偶,使车轮处于动不平衡中。

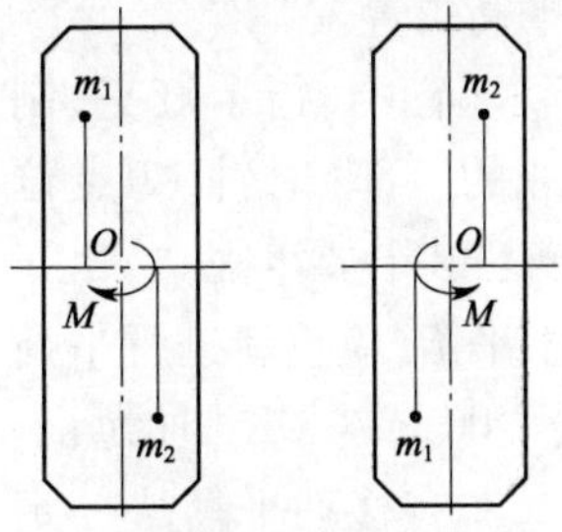

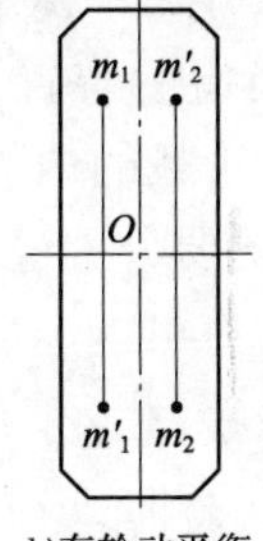

a)车轮静平衡但动不平衡　b)车轮动平衡

图14-21　车轮平衡示意图

动不平衡的前轮绕主销摆振。而动平衡的车轮肯定是静平衡的,因此对车轮应主要进行动平衡检测。

2. 车轮不平衡的故障原因分析

(1)轮毂、制动鼓(盘)加工时定心定位不准、加工误差大、非加工面铸造误差大、热处理变形、使用中变形或磨损不均。

(2)轮胎螺栓质量不等。

(3)轮毂质量分布不均或径向圆跳动、端面圆跳动太大。

(4)轮胎质量分布不均、尺寸或形状误差过大、使用中变形或磨损不均。

(5)使用翻新胎或垫、补胎。

(6)并装双胎的充气嘴未相隔180°安装,单胎的充气嘴未与不平衡点标记相隔180°安装(经过平衡试验的新轮胎,往往在胎侧标有红、黄、白或浅蓝色的□、△、○或◇符号,用来表示不平衡点位置)。

(7)轮毂、制动鼓(盘)、轮胎螺栓、轮钢、内胎、衬带、轮胎等组装成车轮后,累计的不平衡质量或形位误差过大,破坏了原来的平衡。

3. 车轮平衡的检测方法

通常采用车轮动平衡仪来检测车轮的平衡度，而车轮动平衡仪又分为离车式和就车式，两种动平衡仪的检测原理及安装、调整方式均不相同，下面介绍离车式车轮平衡机（图14-22）的使用方法。

（1）清除被测车轮上的泥土、石子和旧平衡块；检查轮胎气压，视必要充至规定值。

（2）根据轮轴中心孔的大小选择锥体，用大螺距螺母上紧，见图14-23。

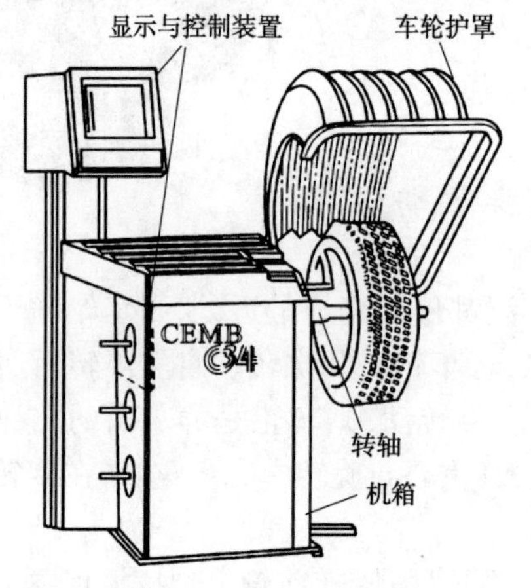

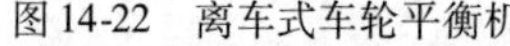
图14-22　离车式车轮平衡机

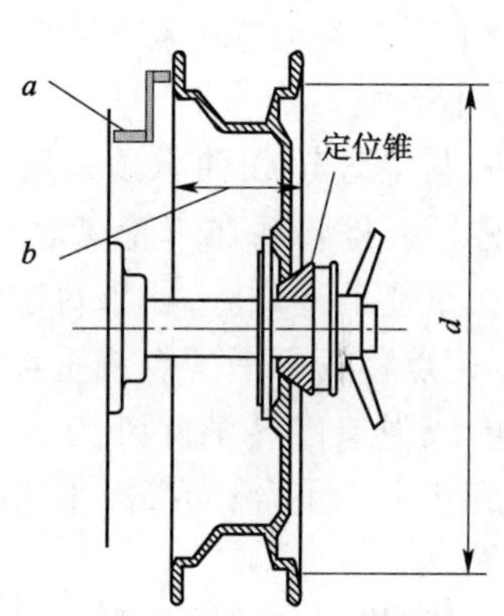

图14-23　车轮在平衡机上的安装

（3）用专用卡尺测量轮辐宽度 b、轮毂直径 d（也可由胎侧读出），用平衡机上的标尺测量轮辐边缘至机箱的距离 a，用键入或选择器旋钮将 a、b、d 直接输入指示与控制装置中。

（4）放下车轮防护罩，按下起动键，车轮旋转，平衡测试开始，微机自动采集数据。

（5）车轮自动停转后，从指示装置读取车轮内、外不平衡量和不平衡位置。

（6）抬起车轮防护罩，用手慢慢转动车轮。当指示装置发出指示（音响、指示灯亮、制动、显示点阵或显示检测数据等）时停止转动。在轮毂的内侧或外侧的上部（时钟12点位置）加装指示装置显示的该侧平衡块质量。内、外侧要分别进行，平衡块装卡要牢固。

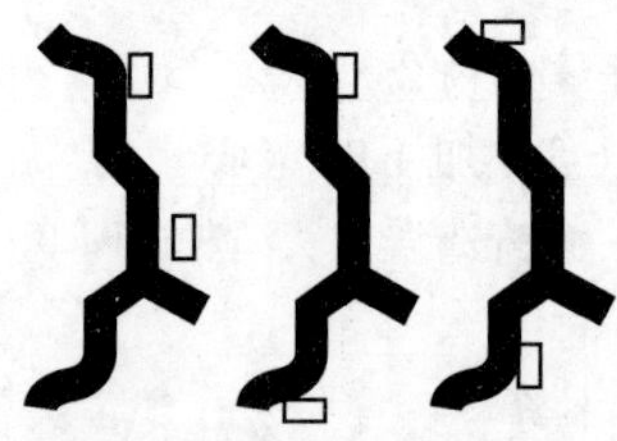
图14-24　铝合金轮辆平衡块添加位置图

（7）安装平衡块后有可能产生新的不平衡，应重新进行平衡试验，直至不平衡量 $<5g$，指示装置显示“00”或“OK”时为止。当不平衡量相差10g左右时，沿轮辐边缘左右移动平衡块一定角度，即可获得满意的平衡效果。

（8）平衡铝合金轮毂时，应注意选择加装平衡块的位置。图14-24所示为几种常用铝合金轮毂平衡块添加位置，图中自左向右分别表示以下功能：标准——平衡一般的轮毂时，用弹簧平衡块，将配重加在轮毂边缘；功能1——将结附平衡块加到轮毂肩部；功能2——用暗藏外部结附平衡块来平衡；功能3——组合平衡，弹簧平衡块加在外侧，结附平衡块加在内侧；功能4——组合平衡，教附平衡块加在外侧，弹簧平衡块加在内侧。

四、故障诊断实例

故障现象：一辆丰田轿车，行驶中车身摇摆，且在低速时尤为严重，高速时反而不太明显。故障诊断与排除:经分析,初步判断故障不是由于车轮质量不平衡所致,因为若车轮质量不平衡应在高速时表现明显,且以上下跳动为主。

将车辆停放在举升机上,使4个车轮悬空,然后用手沿轮轴方向分别推拉4只轮胎,均无间隙感觉;再用手转动车轮,也未发现轮毂变形摆动的情况,且车轮转动灵活自如,说明轮载轴承的间隙正常。进一步检查各轮胎,发现左后轮胎的胎面上有一处不规则的凸起,可以肯定正是由于这个鼓包造成了汽车在行驶时摇摆。由于在高速时晃动的频率增大,所以反而感觉不太明显。换用了新轮胎后,汽车行驶恢复平稳状态。

根据使用经验分析,造成轮胎鼓包的原因往往是轮胎受到铁钉之类的尖锐物扎伤或刺穿,轮胎气压缓慢下降,导致胎体帘布层与橡胶合成物脱离,特别是钢丝帘布层,在水气的作用下会发生锈蚀,降低了轮胎局部的强度,所以形成不规则的鼓包。

五、任务实施过程工单

<table>
<tr><td>学习任务</td><td colspan="7">轮胎异常磨损的故障诊断</td></tr>
<tr><td>任务描述</td><td colspan="7">以轮胎异常磨损的故障诊断为任务,采用行动导向教学法,引导学生按照汽车维修工作过程(信息、计划、决策、实施、检查、评估)检测并排除故障,在此过程中学习相关理论知识,掌握故障诊断方法</td></tr>
<tr><td rowspan="11">1. 信息</td><td rowspan="2">车辆信息</td><td>车型</td><td></td><td>出厂时间</td><td></td><td>发动机型号</td><td></td></tr>
<tr><td>车辆识别码</td><td></td><td>已行驶里程</td><td></td><td></td><td></td></tr>
<tr><td>故障描述</td><td colspan="6"></td></tr>
<tr><td rowspan="8">相关问题</td><td colspan="6">说明轮胎异常磨损的原因有哪些</td></tr>
<tr><td colspan="2">轮胎异常磨损状态</td><td colspan="4">原　因　分　析</td></tr>
<tr><td colspan="2">轮胎胎面磨损不均匀</td><td colspan="4"></td></tr>
<tr><td colspan="2">胎冠中部磨损</td><td colspan="4"></td></tr>
<tr><td colspan="2">胎冠外侧及内侧磨损</td><td colspan="4"></td></tr>
<tr><td colspan="2">胎冠呈锯齿状磨损</td><td colspan="4"></td></tr>
<tr><td colspan="2">胎冠呈波浪状、碟片装磨损</td><td colspan="4"></td></tr>
<tr><td colspan="6"></td></tr>
<tr><td>2. 计划</td><td colspan="7">提出诊断排除轮胎异常磨损故障的方案</td></tr>
<tr><td rowspan="4">3. 决策</td><td colspan="3">人员分配</td><td colspan="4"></td></tr>
<tr><td colspan="3">时间安排</td><td colspan="4"></td></tr>
<tr><td colspan="3">工作步骤</td><td colspan="4"></td></tr>
<tr><td colspan="3">设备和工具</td><td colspan="4"></td></tr>
<tr><td rowspan="2">4. 实施</td><td colspan="3">轮胎异常磨损状态、轮胎气压</td><td colspan="2">诊断异常磨损的方法</td><td colspan="2">故障处理方法</td></tr>
<tr><td colspan="3"></td><td colspan="2"></td><td colspan="2"></td></tr>
<tr><td>5. 检查</td><td colspan="7">检查轮胎异常磨损的故障诊断步骤和思路,检查汽车修复质量</td></tr>
</table>

续上表

	评估项目		自我评估	组长评估	教师评估	备　注
6. 评估	素质考评10分	劳动纪律5分				
		环保意识5分				
	工单考评20分					
	实操考评40分	工具使用5分				
		任务方案10分				
		实施过程20分				
		完成情况5分				
	合计70分					
	综合评价100分					

学习任务5　变速器换挡不良引起行驶不良的故障检测与诊断

一、手动变速器换挡不良的故障诊断

手动变速器在工作中由于负荷的作用，内部零件的磨损和变形会随着汽车行驶里程的增加而随之加大，从而导致相互配合关系变坏而引起一系列故障。变速器常见的故障有跳挡、乱挡、异响、漏油等。手动变速器出现故障，汽车的表观现象主要有如下情况。

(1)变速器盖周边、壳体侧盖周边、加油口螺塞、放油口螺塞、第一轴回油螺纹、第二轴油封(或回油螺纹)或各轴承盖等处有明显漏油痕迹。

(2)由于变速器齿轮的啮合、轴承的运转等而产生的噪声很大。

(3)变速器发出干磨、撞击等不正常的响声。

(4)汽车在重载加速或爬越坡度时，变速器有时从某挡位自动跳回到空挡位置。

(5)在离合器彻底分离的情况下，挂挡不上或摘挡不下。

(6)有时要挂某挡，结果却挂到别的挡位上去了。

1. 手动变速器跳挡

1)故障现象

汽车正常行驶中，变速器自动跳至空挡。此现象多发生在重载加速或爬坡时。

2)故障原因

变速器跳挡的根本原因是换挡啮合副在传递动力时，产生的轴向推力大于自锁装置的锁止力与齿面摩擦力之和，导致啮合副脱离啮合位置；或变速器挂挡时，啮合副未能全齿啮合，当汽车振动或变负荷行驶时，导致跳挡。其具体有如下原因。

(1)变速器自锁装置失效，自锁钢球磨损严重，自锁凹槽磨损严重或沿轴向磨损成沟槽，自锁弹簧疲劳、折断。

(2)换挡拨叉及其叉轴变形或磨损严重。

(3)锁销式惯性同步器的锁销松动、散架或定位弹簧弹力不足;锁环式同步器的锁环齿或锁环内锥面螺纹槽磨损过甚。

(4)相啮合的齿轮或齿套在啮合部位沿齿长方向磨损成锥形。

(5)滑动齿轮与轴的花键连接磨损严重,配合间隙过大。

(6)变速器与离合器壳的固定螺栓松动或其接合面与曲轴轴线垂直度超过标准,使变速器第一轴、第二轴、曲轴三者不在同一轴线上。

(7)变速器各轴、常啮合齿轮的轴向间隙或径向间隙过大。

(8)远距离操纵的变速器操纵机构调整不当。

3)故障诊断与排除

(1)检查远距离操纵的变速器操纵机构是否松动或失调。若有松动或失调,应予以修理或调整。

(2)检查变速器与离合器壳的固定螺栓是否松动。若松动,予以调整。

(3)若变速器与离合器壳固定螺栓不松动,应拆下变速器盖,检查齿轮轮齿、齿套是否磨损成锥形,并检查滑动齿轮与第二轴花键的配合情况,若磨损严重或配合松动,应更换损坏严重的零部件。

(4)上述检查均正常,再检查变速杆、拨叉是否磨损、变形,拨叉紧固螺钉是否松动。应视情修复或更换。

(5)若检查拨叉和变速杆均正常,则应检查拨叉轴自锁装置,其凹槽和自锁钢球是否磨损严重,弹簧有无变形、折断或疲劳变软。若凹槽和钢球磨损严重,弹簧不符合要求,应予以更换。

(6)若上述检查均正常,应拆下变速器解体,检查轴承是否磨损严重、松旷,见图14-25。若轴承磨损严重、松旷,应予以更换。

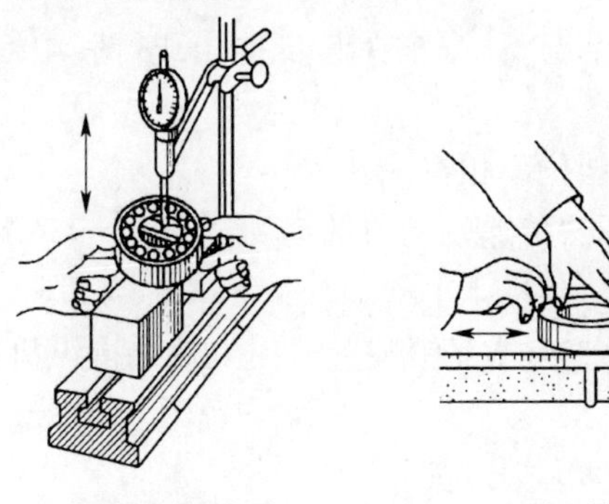

a)检查轴承轴向间隙　　b)检查轴承径向间隙

图14-25　检查轴承

(7)检查齿轮与轴配合的轴向间隙和径向间隙,见图14-26。若超过规定值,应予以更换。

(8)若齿轮与轴的配合正常,应检查同步器是否松动、散架,衬套和锥环是否磨损、破碎,见图14-27。若损坏,应更换同步器。

(9)若仍未发现故障,则应检查变速器第一轴与发动机曲轴的同轴度是否超限。旋松变速器固定螺栓,挂上直接挡,松开驻车制动器,用于摇柄摇转发动机,观察变速器与离合器壳的接触面是否一致。若接触面间隙一边大一边小,说明变速器第一轴与曲轴不同轴;若同轴度超限,应拆检飞轮壳承孔和变速器第一轴轴承盖、第一轴前轴承的磨损情况,若磨损过甚,视情加以修复或更换。

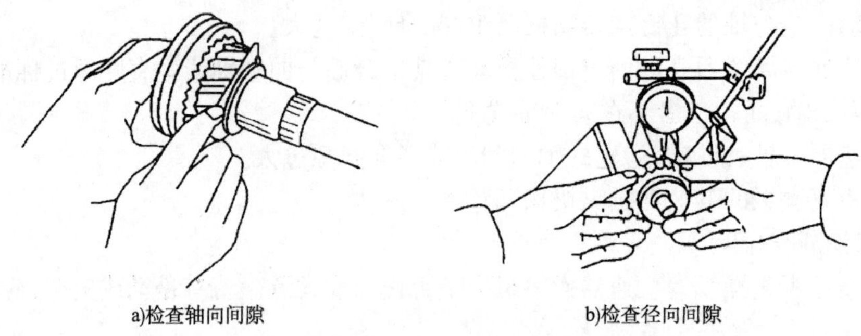

图 14-26　齿轮与轴配合的轴向间隙和径向间隙测量

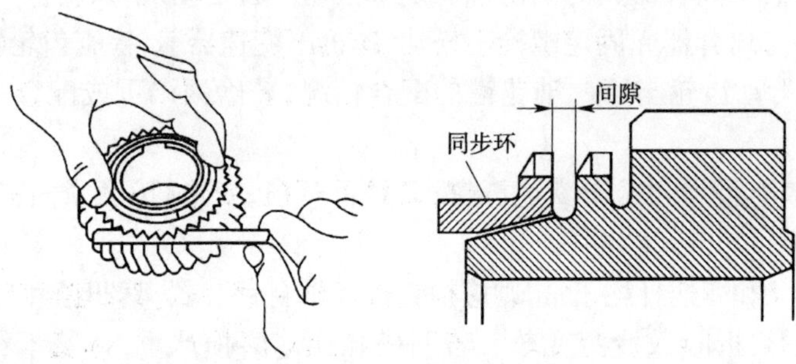

图 14-27　检查同步器

2. 变速器乱挡

1)故障现象

(1)在离合器技术状况正常的情况下,汽车在起步挂挡或行驶中换挡时,挂不上所需挡位;挂上挡后不能退回空挡挡位。

(2)挂入的挡位与应该挂入的挡位不相符。

(3)一次同时挂入两个挡位,无法传递发动机的动力。

2)故障原因

变速器乱挡的根本原因是由于变速器互锁装置磨损失效或操纵机构磨损而松旷。其具体有如下原因。

(1)互锁装置的凹槽、锁销、钢球磨损过甚。

(2)变速杆弯曲变形,变速杆球头磨损过大,限位销钉松旷或折断。

(3)变速杆下端长度不足,下端工作面磨损过大或拨叉导块凹槽磨损过大。

(4)第二轴前端滚针轴承烧结,使第一轴和第二轴连成一体。

(5)变速器同步器损坏,同步器锁环卡在锥面上。

3)故障诊断与排除

(1)若变速杆能任意转动,表明其球头限位销磨短或脱落,或球面严重磨损,应予以修理或更换。

(2)若变速器同时挂入两个挡,第二轴卡住不转,应拆下变速器盖,检查变速器互锁装置。

(3)若变速器不能挂入所需要的挡位,挂挡后不能退回空挡,应拆下变速杆,检查变速杆下端弧形工作面和拨叉导块凹槽磨损是否过大,若磨损过大,应予以修理。

(4)若只有直接挡和空挡能行驶,而其他挡均不能行驶,则应拆下变速器检查第二轴前端滚针轴承是否烧结,见图14-28。若已烧结,应更换滚针轴承,并对支承的轴颈和轴孔做相应的修整。

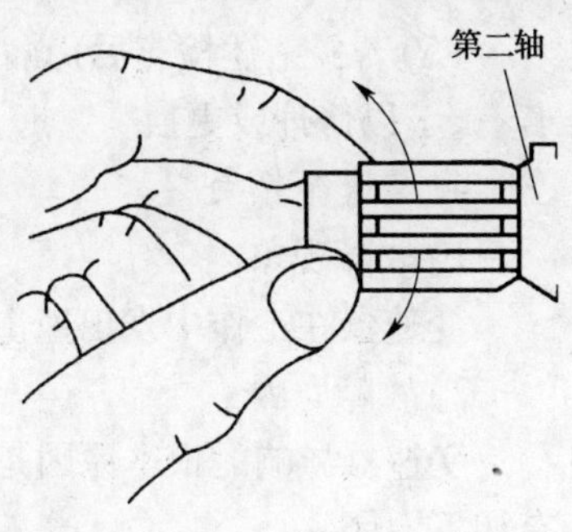

图14-28　检查第二轴前端滚针轴承

(5)若只有直接挡能行驶,其他挡均不能行驶,说明变速器中间轴前端常啮合齿轮的半圆键被切断,应换用新件。

(6)拆检变速器同步器,见图14-29。视情更换同步器磨损严重的零部件。

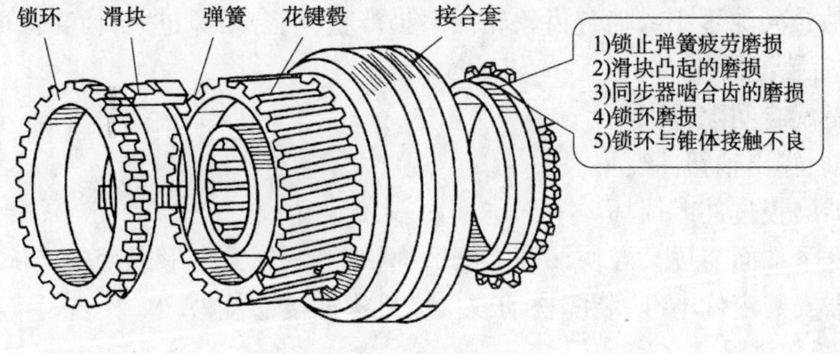

图14-29　拆检同步器

3. 变速器漏油

1)故障现象

变速器盖、侧盖、轴承盖和一、二轴回油螺纹或油封处有明显漏油痕迹。

2)故障原因

(1)加注润滑油过多或通气孔堵塞使变速器内压力增加,造成各密封部位渗漏。

(2)各接合面变形、加工粗糙或密封衬垫变形损坏。

(3)变速器盖、轴承盖等处固定螺钉松动或拧紧顺序不符合要求。

(4)加油、放油螺塞松动或螺纹损坏。

(5)变速器壳体有铸造缺陷或裂纹。

(6)油封装反或磨损、硬化,弹簧失效,油封轴颈与油封不同轴或轴颈磨出沟槽。

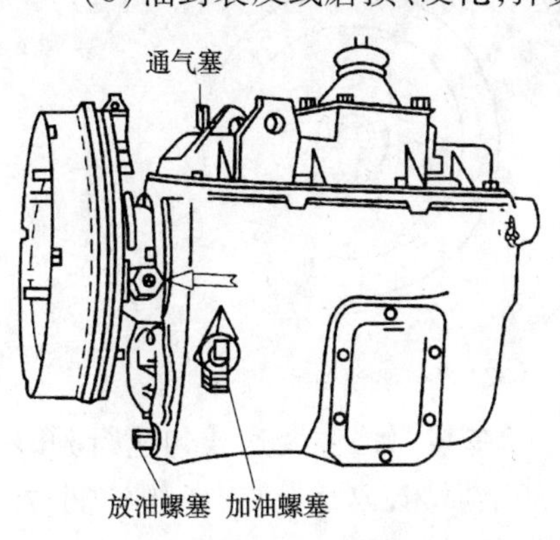

图14-30　检查通气塞、加油螺塞及放油螺塞

3)故障诊断与排除

(1)检查各紧固螺钉是否松动。若松动,加以紧固。

(2)检查变速器润滑油量是否过多,若过多,应按规定放出多余的润滑油。检查通气孔是否堵塞。若堵塞,予以疏通。

(3)检查加油螺塞、放油螺塞是否松动、滑扣,见图14-30。若松动,予以紧固;若滑扣,视情予以修理或更换。

(4)观察变速器漏油处并检查漏油处油封的完好情况。若有损坏,予以更换。

(5)若经上述检查后仍漏油,应将变速器拆下,检查变速器壳体有无裂纹、砂眼、气孔等。若有,予以修理或更换。

4. 变速器异响

1)故障现象

变速器在工作中发出撞击、干磨等不正常的响声。

2)故障原因

变速器异响的根本原因是由于轴承磨损松旷和齿轮啮合失常或润滑不良所致。其具体有如下原因。

(1)变速器润滑油不足或油质变坏。

(2)轴承磨损过甚或损坏。

(3)齿轮啮合间隙过小或啮合齿轮轮面磨损严重,啮合间隙过大;齿轮齿面金属剥落、轮齿断裂或修理后装配错位。

(4)各花键配合间隙过大。

(5)输入轴、输出轴扭曲变形。

(6)同步器磨损过甚或损坏。

(7)变速杆下端面与拨叉导块凹槽之间磨损松旷;变速叉变形或变速叉固定螺钉松动。

(8)变速器安装定位不准,装配松动或操纵机构连接部位松动。

3)故障诊断与排除

(1)若汽车以任何挡位、任何车速行驶,变速器均有金属干磨声,用手触摸变速器外壳感觉过热,应检查变速器润滑油油量和油质,视情况添加或更换润滑油。

(2)发动机怠速运转时,若变速器空挡有异响,而踩下离合器踏板后响声消失,则应拆下变速器,检查第一轴后轴承和常啮合齿轮,见图14-31。若零部件严重磨损或损坏,应予以更换。

(3)汽车在起步或在换挡过程中踩离合器踏板的瞬间,变速器发出强烈的金属摩擦声,而在离合器完全接合后响声消失,应检查变速器第一轴前端轴承是否磨损松旷或损坏,见图14-32。若磨损松旷或损坏,应予以更换。

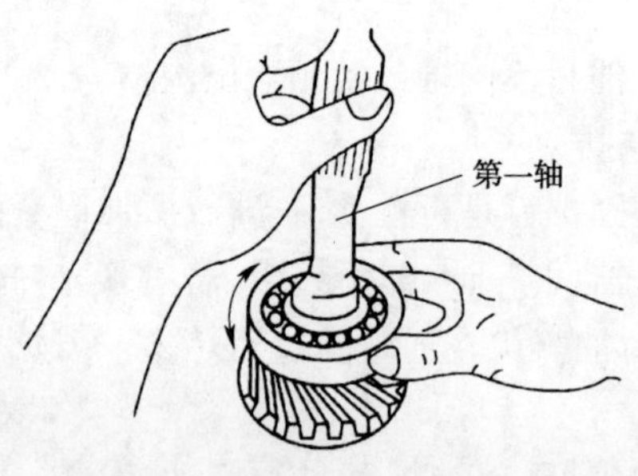

图14-31 检查第一轴后轴承

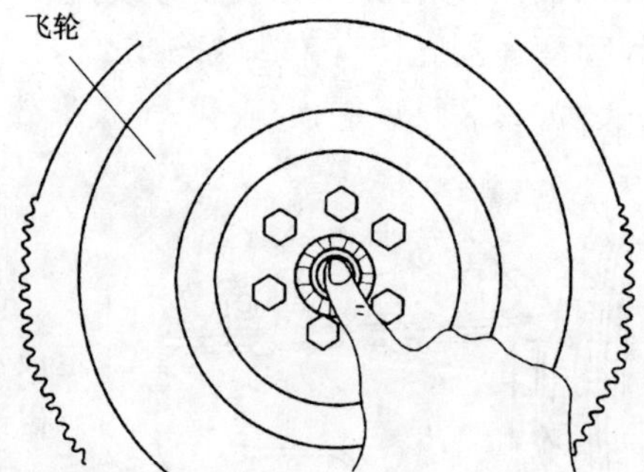

图14-32 检查变速器第一轴前轴承

(4)若空挡滑行时无异响,变速杆置于某一挡位起步,或在某一挡位变速或匀速行驶时产生异响,应检查该挡位齿轮或花键的啮合是否磨损松旷甚至损坏,或存在啮合间隙过小的情况。

(5)若变速器在低速挡行驶时有异响,而在高速行驶时声响减弱或消失,空挡滑行时可听到"哗哗"的异响声,应检查变速器第二轴后轴承的松旷程度。若过于松旷或损坏,应更换。

(6)若变速杆位于直接挡行驶时无异响,而其他挡行驶均有异响,应检查变速器中间轴轴承和第二轴前端轴承。若磨损松旷或损坏,应更换。

(7)汽车在不平路面上行驶时,变速杆摆动且出现无节奏的响声,用手握紧变速杆手柄时,响声消失。此时应检查变速叉有无变形或固定螺钉松动;变速叉、拨叉导块凹槽或变速杆下端工作面是否磨损过甚。若有松动或磨损过大,应修复或更换。

(8)若在挂挡或换挡时,发出"嘎嘎"声并伴有换挡困难的现象,应检查同步器锥环是否磨损严重。若磨损过大,应更换。

(9)变速器在各挡行驶均有异响,且加速时响声更为明显,则应分解变速器,检查变速器壳体、轴、齿轮、花键和轴承等是否严重磨损或变形,必要时进行修理或更换。

二、自动变速器引起的行驶异常故障诊断

汽车电子控制液力自动变速器由于利用了大量计算机辅助设计和优化,通过先进的模糊控制和神经网络技术等智能控制方法,使自动变速器换挡规律和换挡特性能精确适应汽车不同的行驶工况,不但汽车驾驶的操控方便性和行驶舒适性得到有效改善,而且经济性也得到极大提高,使其在汽车自动变速器市场中占据较大的市场份额。如今中大型轿车自动变速器技术向多挡化方向发展,8 挡的电控液力自动变速器已经批量进入市场,必然引起售后服务技术相应的变革与改进。过去不少维修企业基于多方面原因,遇到自动变速器故障常常采用整体拆检,更换整套大修零件等手段来解决自动变速器的故障,而今变速器挡位更多、结构更紧凑、控制系统更复杂,这种方法因不能有效找到故障原因,容易造成维修资源的极大浪费,人为故障发生的概率大幅增加。

汽车自动变速器在使用中,随着技术状况的下降会出现一系列故障,常见的故障会通过一定的现象特征表现出来,不同车型由于结构上有所不同,其故障原因会有所差异,但故障产生的常见原因和诊断排除方法是基本相同的。

1. 自动变速器换挡冲击过大故障的诊断

1)故障现象

(1)在起步时,由停车挡或空挡挂入倒挡或前进挡时,汽车振动较严重。

(2)行驶中,在自动变速器升挡的瞬间汽车有较明显的窜动。

在自动变速器的众多故障表现中,挂挡和换挡冲击(包括变矩器锁止离合器工作异常造成的行驶冲击)是自动变速器常见的一类疑难故障,它不但影响乘坐舒适性,还会造成车辆传动系统动载荷增大,离合器、制动器等摩擦片产生异常磨损,影响零部件寿命,降低自动变速器工作的可靠性和耐用性,必须及时排除。

2)故障原因

常见液力自动变速器通过约束行星齿轮系中不同的运动元件来实现不同传动比,约束的执行机构是离合器、制动器或单向离合器。换挡的过程就是通过液压操纵机构分离一个接合元件和接合一个接合元件的转换过程,接合元件的工作过程是非线性的,过程的平顺与

否也涉及众多的影响因素。

(1)故障生产机理。

①接合元件摩擦力矩的转矩扰动。

②惯性能量冲击。发动机转矩传递至汽车输出转矩过程中,由于车辆惯性大,可以认为换挡后车速变化极小,当速比变化时会造成发动机的转速急剧变化,瞬间巨大的速度变化,导致发动机及变速器全部旋转零件都将释放或获得巨大惯性能量,其能量转换成反作用转矩作用到车辆上,使车辆受到巨大的换挡冲击。

③接合元件动作定时影响。换挡的理想状态是原挡位接合元件的放松和新挡位接合元件的接合能同时进行,但在实际工作中,放松和接合两者作用时间是重叠或间断的。当原接合元件放松与新接合元件接合时间重叠时,会出现行星齿轮机构"双锁止"的现象,引起传动系统产生很大的动载荷,同时使摩擦元件严重磨损。当接合元件动作时间出现间断时,发动机会突然空载"飞车",再接合时输出转矩急剧变化,造成车辆较大的换挡冲击。在液力变速器的设计时会考虑在低挡位变换过程中,一般利用单向离合器的单向传递转矩特性来克服上述困难。当单向离合器损坏或安装错误而失效时,就会造成相应挡位的换挡冲击。

④电控单元控制措施失效。电控液力自动变速器在控制换挡品质方面,除充分考虑执行机构油压增长规律的要求来设计油路控制阀体外,特别在电子控制方面进行大量换挡品质控制的改进。首先是发动机输出转矩控制,发动机 ECU、变速器 ECU 之间信息共享,对发动机输出转矩采用反馈控制,通过减小节气门开度、点火滞后或停止向部分汽缸供油等方法,将发动机转矩主动变化到换挡后所需转矩,减小换挡冲击,缩短换挡时间。

(2)具体的故障原因。

通过以上换挡主要成因的分析,结合"故障树"的逻辑分析方法,我们可以从换挡的输入转矩变化、机械执行机构、液力控制系统和电控系统总结出电控液力自动变速器的换挡冲击底层事件,方便按故障诊断原则制订合理的故障诊断流程。

发动机输出转矩异常影响到自动变速器的换挡规律和换挡特性,当发动机动力性能下降时,会使自动变速器的升挡滞后,挡位、车速、节气门开度不符合常用规律,容易误判为自动变速器故障,此时换挡会造成冲击。故障原因主要有发动机相关油路电路故障、发动机进气增压系统工作异常、排气管堵塞、电控单元间传输信号线路故障等。

3)故障诊断与排除的一般流程

由于电控液力自动变速器换挡冲击故障原因复杂,故障分析应准确把握故障的特征,如果换挡冲击故障是各个挡位都存在时,应考虑工作主油压不良,包括电控单元主要输入信号传感器或换挡电磁阀、主油路压力调节 PC 电磁阀等执行器在工作性能及控制线路方面是否出现故障。如果为个别挡位出现换挡冲击,参考各挡位执行元件图表,利用动力流分析法初步确定出现故障的接合元件,并结合液压控制图分析参与工作的换挡液压控制阀、油路缓冲阀、储能器的工作性能及其油路情况,以备在拆检清洗时重点检查。当在高挡位行驶时出现冲击现象,要考虑是否变矩器内锁止离合器工作异常所致,可先检查锁止电磁阀和锁止继动阀的工作状况。注意在拆卸自动变速器的油路阀体或变速器总成前,应按照"由简到繁、先外后内"的诊断原则进行全面细致的检测。电液自动变速器换挡冲击故障诊断通常按以下流程进行检测:自动变速器基本检查→时滞试验→道路试验→故障码检测→失速试验→油压测试→数据流分析→电控执行元件测试(可由诊断仪器驱动)→线路分析及电控单元检测→油路阀体检查清洗→自动变速器拆检,个别步骤次序视自动变速器型号与故障现象特点可进行适当调整。

自动变速器换挡冲击大的故障诊断流程见图14-33。

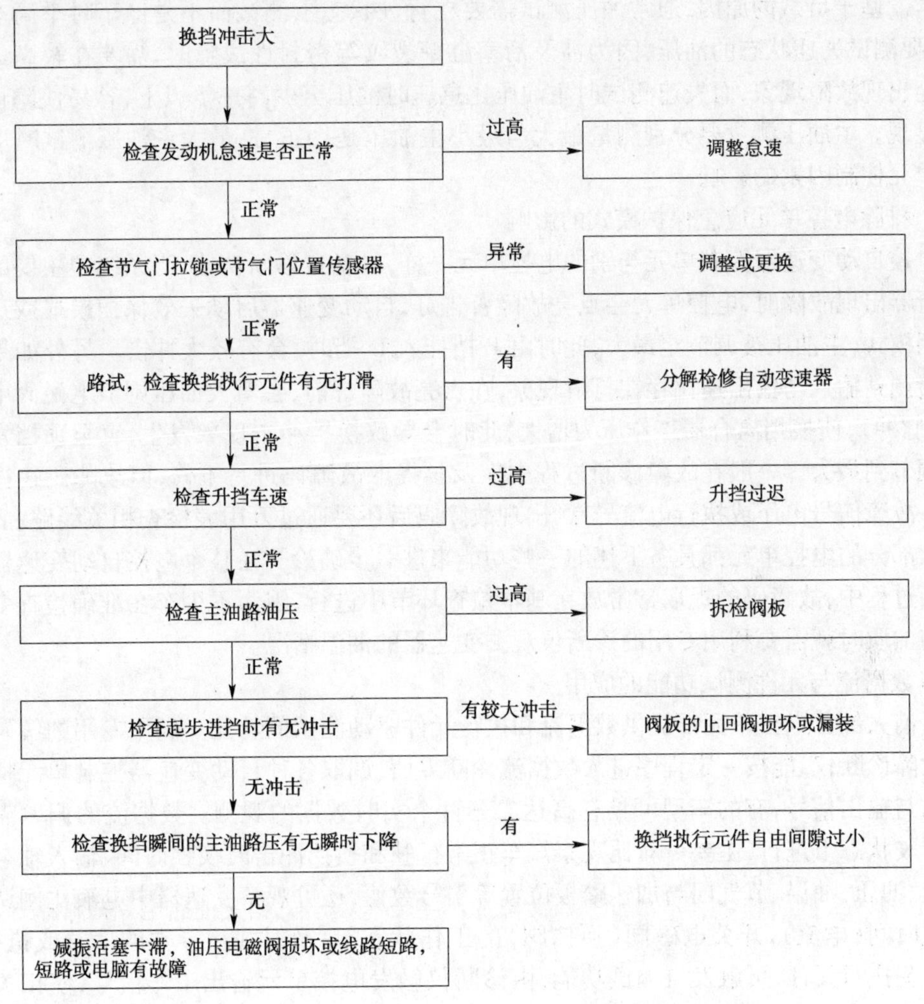

图14-33　换挡冲击大故障诊断流程图

4)排除发动机性能下降的影响

自动变速器失速试验不仅仅用来判断接合元件是否打滑,它还常用来判断发动机动力性能。不少自动变速器的换挡时间延迟或冲击故障都是由于发动机性能下降,同样的输出转矩需要更大的节气门开度,使电控单元控制换挡点延迟。例如三元催化转换器部分堵塞、增压涡轮工作失常等情况,通常此时汽车发动机表现怠速平稳,停驶空加油时发动机转速响应看似正常,容易使修理人员疏忽,通过自动变速器失速测试进行判断,其失速转速一般为1700～2200r/min,比正常失速值低200～300 r/min。

5)自动变速器的油压测试分析

油压测试不能简单观察故障诊断仪数据来代替,有的车型本身不带油压传感器,其在故障诊断仪上显示的压力值并不是实际的油压值,而是控制单元传给EPC电磁阀的命令值,加上可能存在油压传感器故障因素,应通过变速器测压孔测量变速器油压值是否正常。另外观察到如果油压测试值与故障诊断仪的读取值相同,说明EPC电磁阀、油压调节阀和油泵工作正常。基于负载的原因,通常油压测试需要在行驶状态下测试而不是停车时举高车辆进行,还要测试失速状态的油压,因为涉及活塞缸壁裂纹等密封性故障时,需要在较高的压力下才会出现故障现象,而失速测试时主油压比怠速时油压至少高一倍以上,容易使隐性故障得到显现。主油压测量要分别测量最大与最小主油压是否正常,最大主油压测试时应排除电控单元控制因素的影响。

6)排除电控单元应急保护模式的影响

电控自动变速器控制单元与别的电控单元一样,具备自诊断功能,当系统中主要的信号或执行器出现故障时,电控单元会点亮故障警告灯,自动变速器启动失效保护模式或进入应急备用模式,主油压被调节至最大,此时由P挡挂入D挡时,会有较大冲击。另外如果电控单元检测到输入与输出速比存在打滑现象,在点亮故障灯前,会增大油压调节电磁阀电压值(增大脉冲),使换挡离合器工作压力增大,此时会导致换挡冲击现象发生,直至锁挡发生时油压调节到最大。一般在故障诊断过程中应及早提取故障码进行维修,但故障码往往只指向某一故障信号电压或执行电流异常,出现故障码后还要通过万用表检查相关线路和元件,现在大部分的电控单元都具备下述的一些功能来进一步确诊。在整个电控自动变速器的故障诊断过程中,故障码的提取常常放在基本检查环节中进行,因为不少车在准确检查变速器油量与油质时就需要利用专用的诊断仪观测变速器的油温情况。

7)数据流与元件测试功能的应用

目前大部分电控单元都提供数据流和执行元件驱动测试的功能。利用专用的解码器或综合故障诊断仪,能按一定程序进入数据流诊断界面,调取各种自动变速器控制单元检测到的输入与输出信号,有的车型可具有高达二三百个实时数据的观测。数据流的调取需要在汽车行驶状态下进行,主要可对比观察汽车正常行驶和换挡冲击时换挡时间、输入轴与输出轴转速、油压、油温、节气门与加速踏板位置等信号数值,还可观察变速器中电液比例调节阀的通电时间(电流),开关电磁阀(换挡阀)的工作状态等,及时找出异常的信号或执行器。针对一些执行元件,可触发自测试功能,由诊断仪触发电控单元输出工作信号,使相关电控执行元件工作,同时观察其电流信号是否正常,或执行元件是否执行了正常的运作、达成效果如何等。例如表14-1是别克君威4T65E自动变速器控制单元在20℃时,利用292.5 Hz信号驱动油液压力调节电磁阀,观察其控制电流与执行工作情况。

品牌专用的诊断仪会列出相关标准数据进行参考,比如大众VAS5052,虽然在变速器控制单元自诊断的测量值没有显示参考值,但可以利用其"引导性功能查询→功能检查→读取变速器控制单元测量值"功能进行数据的读取与正常值的比对。数据流的阅读一般均需在汽车实际行驶工况下进行,以获得负载情况下有效的结果。自动变速器使用的某些重要信号参数可从发动机的数据流中进行读取比较。例如大众B5及宝来车系的发动机数据流中060组到063组分别可观察G187、G188和G79、G185的信号值,并做自适应设置。

油压调节阀占空比、平均电流与主油压关系　　表 14-1

占空比(%)	平均电流(A)	主油压(kPa)
5	0.02	1400
40	1.1	512

2. 自动变速器打滑引起汽车行驶不良的故障诊断

1)故障现象

(1)起步时踩下加速踏板,发动机转速很快升高但车速升高缓慢。

(2)行驶中踩下加速踏板加速时,发动机转速升高但车速没有很快提高。

(3)平路行驶基本正常,但上坡无力,且发动机转速很高。

2)故障原因

(1)液压油油面太低。

(2)液压油油面太高,运转中被行星排剧烈搅动后产生大量气泡。

(3)离合器或制动器摩擦片、制动带磨损过甚或烧焦。

(4)油泵磨损过甚或主油路泄漏,造成油路油压过低。

(5)单向超越离合器打滑。

(6)离合器或制动器活塞密封圈损坏,导致漏油。

(7)减振器活塞密封圈损坏,导致漏油。

3)故障诊断与排除

打滑是自动变速器中最常见的故障之一。虽然自动变速器打滑往往都伴有离合器或制动器摩擦片严重磨损甚至烧焦等现象,但如果只是简单地更换磨损的摩擦片而没有找出打滑的真正原因,则会使修后的自动变速器使用一段时间后又出现打滑现象。因此,对于出现打滑的自动变速器,不要急于拆卸分解,应先做各种检查测试,以找出造成打滑的真正原因。自动变速器打滑的故障诊断流程见图 14-34。

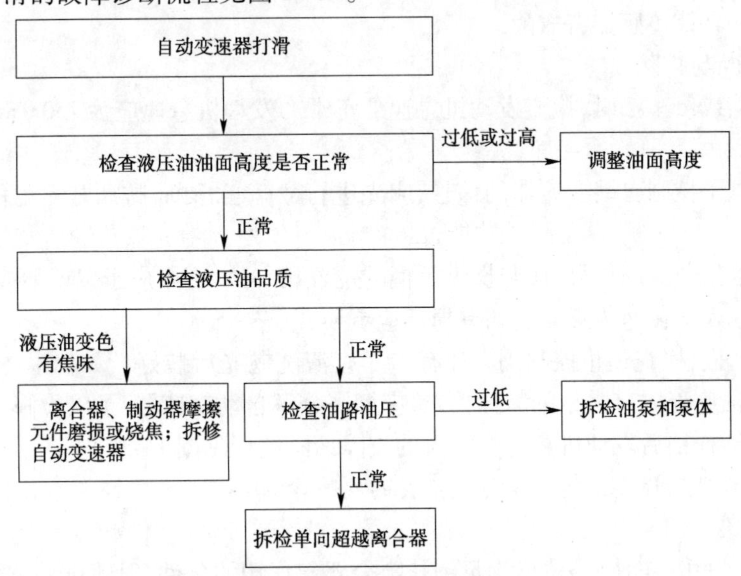

图 14-34　自动变速器打滑故障诊断流程图

(1)对于出现打滑现象的自动变速器,应先检查其液压油的油面高度和品质。若油面过低或过高,应先调整至正常后再做检查。若油面调整正常后自动变速器不再打滑,可不必拆修自动变速器。

(2)检查液压油的品质。若液压油呈棕黑色或有烧焦味,说明离合器或制动器的摩擦片或制动带有烧焦,应拆修自动变速器。

(3)做路试,以确定自动变速器是否打滑,并检查出现打滑的挡位和打滑的程度。将操纵手柄拨入不同的位置,让汽车行驶。若自动变速器升至某一挡位时发动机转速突然升高,但车速没有相应地提高,即说明该挡位有打滑。打滑时发动机的转速愈容易升高,说明打滑愈严重。

(4)对于有打滑故障的自动变速器,在拆卸分解之前,应先检查自动变速器的主油路油压,以找出造成自动变速器打滑的原因。自动变速器不论前进挡或倒挡均打滑,其原因往往是主油路油压过低。若主油路油压正常,则只要更换磨损或烧焦的摩擦元件即可。若主油路油压不正常,则在拆修自动变速器的过程中,应根据主油路油压,相应地对油泵或阀进行检修,并更换自动变速器的所有密封圈和密封环。

3. 自动变速器挂挡后发动机怠速易熄火故障的诊断

1)故障现象

(1)发动机怠速运转时将操纵手柄由 P 位或 N 位换入 R 位、D 位、S 位、L 位(或 2 位、1 位)时发动机熄火。

(2)在前进挡或倒挡行驶中,踩下制动踏板停车时发动机熄火。

2)故障原因

(1)发动机怠速过低。

(2)阀板中的锁止控制阀卡滞。

(3)挡位开关有故障。

(4)输入轴转速传感器有故障。

3)故障诊断与排除

(1)在空挡或停车挡时,检查发动机怠速。正常的发动机怠速应为750r/min。若怠速过低,应重新调整。

(2)对于电子控制自动变速器的信号,应先进行故障自诊断,按所显示的故障代码查找故障原因。

(3)检查挡位开关的信号,应与操纵手柄的位置相一致,否则应予以调整或更换。

(4)检查输入轴转速传感器。如有损坏应更换。

(5)拆卸阀板,检查锁止控制阀。如有卡滞应清洗抛光后装好。如仍不能排除故障,应更换阀板。若油底壳内有大量的摩擦粉末,应彻底分解自动变速器,予以检修。

自动变速器挂挡后发动机怠速易熄火的故障诊断流程见图 14-35。

4. 自动变速器无锁止引起汽车行驶不良的故障诊断

1)故障现象

(1)汽车行驶中,车速、挡位已满足锁止离合器起作用的条件,但锁止离合器仍没有产生锁止作用。

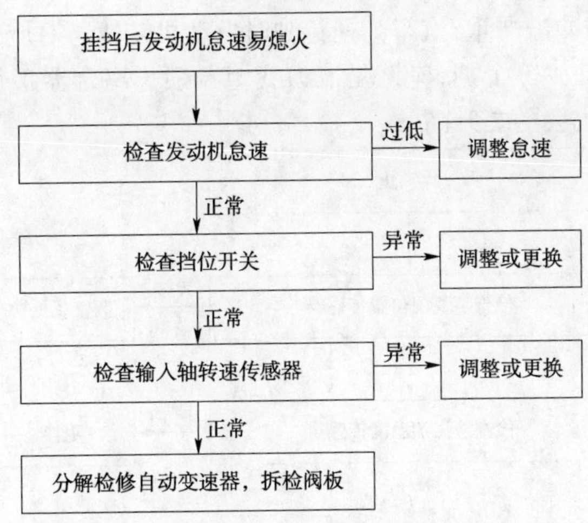

图 14-35　挂挡后发动机怠速易熄火故障诊断流程图

(2)汽车油耗较大。

2)故障原因

(1)液压油温度传感器有故障。

(2)节气门位置传感器有故障。

(3)锁止电磁阀有故障或线路短路、断路。

(4)锁止控制阀有故障。

(5)变矩器中的锁止离合器损坏。

3)故障诊断与排除

(1)对于电子控制自动变速器,应先进行故障自诊断,检查有无故障代码。如有故障代码,则可按显示的故障代码查找相应的故障原因。与锁止控制有关的部件包括液压油温度传感器、节气门位置传感器、锁止电磁阀等。

(2)检查节气门位置传感器。如果在一定节气门开度下的节气门位置传感器输出电压过高或电位计电阻过大,应予以调整。若调整无效,应更换节气门位置传感器。

(3)打开油底壳,拆下液压油温度传感器。检测液压油温度传感器。如不符合标准,应更换液压油温度传感器。

(4)测量锁止电磁阀。如有短路或断路,应检查电路。如电路正常,则应更换电磁阀。

(5)拆下锁止电磁阀,进行检查。如有异常,应予以更换。

(6)拆下阀板。分解并清洗锁止控制阀。如有卡滞,应抛光装复。如不能修复,应更换阀板。

(7)若控制系统无故障,则应更换变矩器。

自动变速器无锁止的故障诊断流程见图 14-36。

三、故障诊断实例

1. 故障现象

一辆 2004 年款上海大众帕萨特 1.8 GSi 轿车,搭载大众 AG4 01N 型 4 速电子控制自动变速器,车主反映该车变速器存在换挡冲击的症状。接车后对该车进行路试,确定该车变速器存在故障：入前进挡和倒挡冲击;入前进挡变速器动力接合后,变速器内部会长时间发出类似摩擦的声音;2-3 挡冲击严重;汽车高速行驶时发动机转速与对应车速不匹配,明显感觉发动机转速偏高,感觉缺少 1 个挡,应该是液力变矩器锁止离合器工作不良;随着车速的升高,变速器内部的噪声也会随之升高。

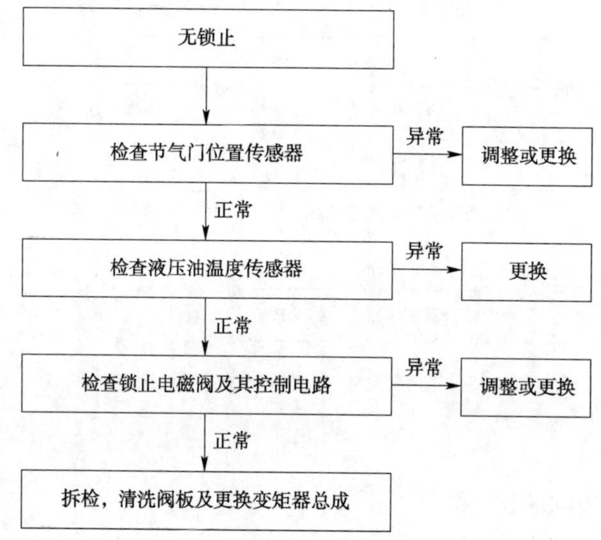

图 14-36　无锁止故障诊断流程图

2. 故障分析与排除

根据以往维修该款变速器的经验并结合该车的故障现象,认为必须对变速器进行解体维修。在将变速器分解后,经过仔细检查,在机械及液压部件方面发现了问题。

(1)N93 主油压调节电磁阀、N92 和 N94 换挡品质电磁阀有问题,从而导致入挡冲击和换挡冲击的问题。

(2)K1 离合器内转鼓上的 4 个定位支架损坏,导致 K1 最下面的摩擦片花键不能与该转鼓接合,从而导致变速器挂入前进挡变速器动力接合后,变速器内部长时间发出类似摩擦的声音。

(3)通过目视观察液力变矩器外观发现,变矩器已经受过高温呈现出青蓝色,为此判定变矩器锁止离合器烧损。

(4)差速器及主减速器内部因缺少齿轮油润滑,导致变速器噪声较大。在更换损坏部件并按照大修标准作业后,将变速器装复后进行长时间路试,其他问题得以解决,但 2-3 挡冲击的问题仍然存在。而且有个现象比较特别,节气门开度越小,2-3 挡冲击感越强,如果恰恰在 2-3 挡换挡点时松开加速踏板,冲击感会更加强烈,大节气门开度时冲击感不明显。既然 2-3 挡冲击与节气门开度有直接关系,而变速器系统压力是随节气门开度增大而增大的,因此基本可以排除变速器内部机械元件的问题,同时也可以排除液压控制阀体及电磁阀的问题。因为从油路上分析,2 挡时 N88 电磁阀断电接通 1-3 挡离合器 K1 的油路,N89 电磁阀通电打开 2/4 档制动器 B2 油路,N90 电磁阀通电切断 3/4 挡离合器 K3 的油路;3 挡时 N88 继续断电 K1 继续接合,此时 N89 电磁阀断电则切断 B2 的油路,N90 电磁阀断电接通 K3 油路。2-3 挡无非就是 B2 与 K3 之间的切换,电磁阀之间的切换则是 N89 和 N90 之间的转换,同时 N92 电磁阀还需协助维持换挡点的工作压力(注:电磁阀全部为新部件),因此问题应该出在控制信号上。

四、任务实施过程工单

<table>
<tr><td>学习任务</td><td colspan="7">变速器换挡不良引起的汽车行驶不良的故障诊断</td></tr>
<tr><td>任务描述</td><td colspan="7">以变速器换挡不良引起的汽车行驶不良的故障诊断为任务，采用行动导向教学法，引导学生按照汽车维修工作过程（信息、计划、决策、实施、检查、评估）检测并排除故障，在此过程中学习相关理论知识，掌握故障诊断方法</td></tr>
<tr><td rowspan="4">1. 信息</td><td rowspan="2">车辆信息</td><td>车型</td><td></td><td>出厂时间</td><td></td><td>发动机型号</td><td></td></tr>
<tr><td>车辆识别码</td><td></td><td>已行驶里程</td><td></td><td></td><td></td></tr>
<tr><td>故障描述</td><td colspan="6"></td></tr>
<tr><td>相关问题</td><td colspan="6">手动变速器有哪些换挡不良的现象有哪些？
自动变速器换挡异常的现象有哪些</td></tr>
<tr><td>2. 计划</td><td colspan="7">提出手动变速器和自动变速器换挡不良引起汽车行驶不良的故障诊断方案</td></tr>
<tr><td rowspan="4">3. 决策</td><td colspan="3">人员分配</td><td colspan="4"></td></tr>
<tr><td colspan="3">时间安排</td><td colspan="4"></td></tr>
<tr><td colspan="3">工作步骤</td><td colspan="4"></td></tr>
<tr><td colspan="3">设备和工具</td><td colspan="4"></td></tr>
<tr><td rowspan="9">4. 实施</td><td colspan="3">故障表现</td><td>检查内容</td><td>诊断方法</td><td colspan="2">故障处理方法</td></tr>
<tr><td colspan="3">手动变速器跳挡</td><td></td><td></td><td colspan="2"></td></tr>
<tr><td colspan="3">手动变速器乱挡</td><td></td><td></td><td colspan="2"></td></tr>
<tr><td colspan="3">手动变速器漏油</td><td></td><td></td><td colspan="2"></td></tr>
<tr><td colspan="3">手动变速器异响</td><td></td><td></td><td colspan="2"></td></tr>
<tr><td colspan="3">自动变速器换挡冲击大</td><td></td><td></td><td colspan="2"></td></tr>
<tr><td colspan="3">自动变速器打滑</td><td></td><td></td><td colspan="2"></td></tr>
<tr><td colspan="3">自动变速器无锁止</td><td></td><td></td><td colspan="2"></td></tr>
<tr><td colspan="3">自动变速器挂挡后车辆熄火</td><td></td><td></td><td colspan="2"></td></tr>
<tr><td>5. 检查</td><td colspan="7">检查手动变速器和自动变速器换挡不良引起汽车行驶不良的故障诊断步骤和思路，检查汽车修复质量</td></tr>
<tr><td rowspan="11">6. 评估</td><td colspan="3">评估项目</td><td>自我评估</td><td>组长评估</td><td>教师评估</td><td>备　注</td></tr>
<tr><td colspan="2" rowspan="2">素质考评 10 分</td><td>劳动纪律 5 分</td><td></td><td></td><td></td><td></td></tr>
<tr><td>环保意识 5 分</td><td></td><td></td><td></td><td></td></tr>
<tr><td colspan="3">工单考评 20 分</td><td></td><td></td><td></td><td></td></tr>
<tr><td colspan="2" rowspan="4">实操考评 40 分</td><td>工具使用 5 分</td><td></td><td></td><td></td><td></td></tr>
<tr><td>任务方案 10 分</td><td></td><td></td><td></td><td></td></tr>
<tr><td>实施过程 20 分</td><td></td><td></td><td></td><td></td></tr>
<tr><td>完成情况 5 分</td><td></td><td></td><td></td><td></td></tr>
<tr><td colspan="3" rowspan="2">合计 70 分</td><td></td><td></td><td></td><td></td></tr>
<tr><td></td><td></td><td></td><td></td></tr>
<tr><td colspan="3">综合评价 100 分</td><td colspan="4"></td></tr>
</table>

参考文献

[1] 姜大源.论高等职业教育课程的系统化设计——关于工作过程系统化课程开发的解读[J].中国高教研究,2009(4)

[2] 张庆尧,武文侠,李松林.汽车检测与维修技术专业职业能力系统化课程体系设计[J].职业技术教育,2010(02)

[3] 安宗权,申荣卫,高武.基于工作过程的汽车检测与维修技术专业课程开发与探索[J].芜湖职业技术学院学报,2009(01)

[4] 邓泽民,侯金柱著.职业教育教材设计[M].北京:中国铁道出版社, 2006

[5] 罗伯特·M.戴尔蒙德.课程与课程体系的设计和评价实用指南[M].黄小苹,译.杭州:浙江大学出版社, 2006

[6] 吴全全.学习领域:职教课程内容重组的新尝试——德国职业教育课程改革的启示[J].职教论坛,2004(18)

[7] 王盛良.汽车故障诊断与检测技术[M].2 版.北京:人民交通出版社,2013

[8] 王大鹏,王秀贞.汽车综合故障诊断[M].上海:上海交通大学出版社,2013

[9] 陈焕江.汽车检测与诊断[M].3 版.北京:机械工业出版社,2012

[10] 谷祖威.汽车综合故障诊断[M].北京:人民邮电出版社,2013

[11] 安相璧.马麟丽.汽车检测诊断技术[M].北京:北京理工大学出版社,2005

[12] 杨永先.汽车故障诊断与综合检测[M].北京:人民交通出版社,2006

[13] 曹家喆.现代汽车检测诊断技术[M].北京:清华大学出版社, 2003

[14] 饶运涛.现场总线 CAN 原理与应用技术[M].北京:北京航空航天大学出版社, 2003

[15] 肖云魁.汽车故障诊断学[M].2 版.北京:人民交通出版社,2006

[16] 朱军.汽车故障诊断方法[M].北京:人民交通出版社,2008

[17] 廖发良.汽车典型电控系统的结构与维修[M].北京:电子工业出版社,2007

[18] 罗仁芝,黄振宇,李雨露,等.汽车检测与维修专业教学改革探讨[J].中国高新技术企业,2010(01)

[19] 万志良.计算机技术在汽车检测中的运用[J].云南交通科技,2002(06)

[20] 香旭培.汽车检测与维修计算机网络教学系统的组建及应用[J].中国培训,2004(04)

[21] 宋双羽.汽车检测诊断室的设计及应用(下)[J].汽车维修与保养,2006(11)

[22] 桑楠,白玉.浅析汽车检测与维修专业人才培养模式[J].高教论坛,2007(01)

[23] 吕光辉.营运车辆综合性能检测方法研究[D].西安:长安大学,2014

[24] 廖发良.汽车典型电控系统的结构与维修[M].北京:电子工业出版社,2007

[25] 杨庆彪.丰田轿车电控系统维修速查手册——汽车维修速查手册丛书[M].北京:电子工业出版社,2005

[26] 魏建秋,蒋耕农.国产大众系列轿车维修手册[M].北京:金盾出版社,2009